L'ÉTRANGÈRE

NELSON ALGREN

LA RUE CHAUDE

ROMAN

TRADUIT DE L'ANGLAIS PAR ROGER GIROUX

L'ÉTRANGÈRE
GALLIMARD

Titre original :

A WALK ON THE WILD SIDE

Nelson Algren est né en 1909 à Chicago. La ville est alors au cœur de la tradition réaliste du roman américain ainsi que du mouvement favorable au roman poétique, voire symboliste.

Faisant la synthèse de ces deux courants, Nelson Algren décrit dans un style naturaliste, direct et dépouillé l'univers brutal du West Side de Chicago (*Le matin se fait attendre*, 1942, *L'homme au bras d'or*, 1949). Il utilise également le point de vue d'un personnage, sa candeur ou son ivresse pour dévier son récit vers le rêve ou la poésie, comme dans *La rue chaude* (1956).

Nelson Algren est aussi l'auteur de recueils de contes et d'articles (*Le Désert de néon*, 1948, *Notes for a Sea Diary*, 1965) et d'un long essai (*Chicago, City on the Make*, 1951), portrait sans concession de sa ville natale.

Nelson Algren est mort le 9 mai 1981.

À SIMONE DE BEAUVOIR

1

— C'est qu'un pauv' vieux qu' sa bonne femme l'est clamsée, dit de Fitz Linkhorn le plus finaud des deux ; l'a plus de gonzesse, c'est ça qui l'a rendu dingue.

— L'est tellement contrariant c' gars-là, dit le moins futé, qu' si on foutait sa carcasse à la flotte, a'remonterait l' courant toute seule.

Fitz n'avait pas de mots pour ce qui lui avait aigri le cœur. Mais chaque matin en s'éveillant il se sentait refait, et chaque soir il s'endormait en se disant qu'on l'avait encore eu. Le sentiment d'avoir été possédé, voilà ce que c'était. Possédé. Personne ne savait pourquoi ni par qui.

Mais seulement que tout était perdu. Perdu depuis longtemps, dans un pays plus froid. Et encore perdu par les générations qui s'étaient succédé depuis. Il ne cessait de retourner cette idée entre ses doigts, par moments comme une faim héréditaire, et de nouveau comme une blessure secrète. C'était là, quelque chose d'aussi palpable que le sang dans les veines, quelque chose qu'il s'efforçait vainement de tirer de sa nuit. Il y avait quelqu'un derrière lui, là, juste derrière, qui le poussait sans cesse à se retourner contre lui-même, jusqu'à ce que toute sa force ne soit plus qu'une grande faiblesse. Des hommes plus faibles, pleins des folies de ce monde, réussissaient mieux que Linkhorn ici-bas. Et ses yeux, lentement, se consumaient d'envie.

— Moi, j' lèche le cul à personne, affirmait-il, bien que personne ne lui eût jamais demandé de le faire.

Baladant son mètre quatre-vingt-cinq de viande molle, il était de la race des traîne-grolles. Cette tribu de grands flandrins d'où étaient sortis des gars comme Calhoun et Jackson. La vraie famille des Jesse James et des Jeff Davis. Des Lincoln. Des solitaires de la forêt, secs et boucanés, qui, de mémoire d'ancêtre, n'avaient jamais possédé plus que leur chemise, et qui étaient toujours rois de la dèche et grands maîtres ès débine maintenant que les forêts avaient disparu.

Les Blancs les appelaient « white trash » et les Nègres « po' buckra ». Depuis que le premier rocher avait émergé au-dessus des eaux mouvantes il n'y avait jamais eu d'autres princes que princes de la mouise dans la branche Fitzbrienne de la tribu Linkhorn.

Des rois immémorés les avaient chassés de leurs champs, dans ce pays plus froid. Les moissons de ce pays n'étaient plus que de sable maintenant, et les ossements des vieux rois pourrissaient dans les antres marins.

Mais chaque roi, avant de lâcher la rampe, avait pris soin de passer en mains sûres la consigne de baiser tous les Linkhorn. Foutre dedans tous les rouspéteurs, telle était la devise.

Ducs et barons, seigneurs et châtelains, négociants, clergé et tiers-état, propriétaires petits et grands, tous avaient constitué un front uni pour la bonne cause. Lorsqu'un Linkhorn avait fini par se faire la paire, fuyant son servage écossais pour le paradis du meilleur des mondes, on s'était passé le mot : gaffez le gars qui n'appartient à aucun clan, prêt à tout, toujours armé. Qui préfère se battre à travailler, boire à se battre, chasser les filles à se battre ou picoler. Qui peut même vouloir faire les trois à la fois.

Le premier Linkhorn libre qui mit le pied sur la côte du Vieux Dominion eut vite fait de se trouver un nouveau maître, et il se remit à gratter la terre moyennant un léger salaire. Parfois il se disait qu'il y avait quelque chose qui clochait.

Les Linkhorn avaient un peu gratté la terre de Virginie, embaumant ses étés de doux effluves de tabac, et gratté encore moins de fric. Mais tant qu'il restait de l'espace dans ce continent plein de promesses, ils ne grattaient pas longtemps au même endroit.

Increvables et crève-la-faim, ils ne possédaient ni terre à épuiser ni esclaves à faire crever de faim. Si un homme pouvait en envoyer paître un autre qui possédait un millier d'acres, c'était lui le champion, même s'il ne possédait qu'une cabane et un cruchon. Burns était leur poète.

Fermiers sans esclaves, ils avaient vu pourtant comment les gros propriétaires, dès l'instant où ils possédaient quelques travailleurs noirs, posaient leur cul sur leur belle véranda blanche et après moi le déluge. Alors les Linkhorn carraient leurs épaules maigres contre les planches de leurs cabanes, attrapaient leur cruchon à gnôle, et après moi le déluge. Burns était toujours leur poète.

Cherchant éternellement à ne pas travailler de leurs mains, les plantations les avaient refoulés au fin fond du Missouri. Où ils s'étaient planqués si longtemps, maudissant également l'un et l'autre clan, que c'en était devenu leur unique façon de vivre. « — C'est la guerre de Mr. Linkhorn, se disaient les autres. Nous, on veut pas de lui. »

Plus tard ils vinrent en ville assez souvent pour constater que les droits prescriptibles du maître sur les hommes avaient été entièrement transférés de la plantation à la filature. Aussi, un beau printemps, les vit-on pousser en direction des collines de Cookson.

Une soixantaine d'années après Appomatox, par une après-midi fleurant bon l'oranger, un Linkhorn se pointa dans la vallée du Rio Grande en gueulant : « — Allez Tous Vous Faire Foutre, Sacrée Bande De Cons... Qui C'est-Y Qui Paie Une Bière ? » S'il y avait eu une Conférence Internationale des Pauvres Blancs cette semaine-là, Fitz en eût certainement été le président.

Le coton poussait, les fruits poussaient, le pétrole jaillissait une année, puis la source tarissait. Avant qu'elle tarisse Fitz fit un an comme contremaître, ramassa un peu de fric et se trouva une femme. Une fille qui se croyait assez dessalée.

Le coton se dessécha, les fruits pourrirent — le pétrole avait pollué le sol. Ce fut bientôt un pays de monoculture : on n'y cultivait plus que de la poussière. Quinze ans de cette vie eurent raison de la fille ; elle en avait eu assez du pétrole.

La vie avait commencé avec des oranges et de l'amour, et puis la poussière avait emporté l'amour jusqu'au fond du Golfe avec les oranges. Laissant Fitz plus démuni que jamais, et encore plus seul qu'avant. Vers les années trente il parcourait la ville, un tuyau sur l'épaule, et allait pomper les fosses d'aisance pleines à déborder.

Et ne voyait aucune malice quand on l'interpellait, dans ses grandes bottes d'égoutier ruisselantes, d'un « — Salut, mon Révérend ! »

Il y avait cependant des gens dans cette petite ville qui ne saluaient jamais le veuf. Il était par trop lunatique. Il était homme à ne pas s'offenser d'un quolibet, et l'instant d'après se fâchait tout rouge contre un type qui lui lançait au passage un « Bonsoir, vieux ! » avec la meilleure intention du monde. Dans une ville où presque tout le monde dansait, jurait et jouait aux dés, la seule badinerie que se permît Fitz était de se fâcher tout rouge.

Il était contre les danses modernes, la mode moderne, les jurons, le jeu, les cigarettes et le péché. Il prêchait que la longue disette de 1930 avait été envoyée par Dieu pour mettre un terme à ces choses. Mais, la sécheresse se prolongeant, il changea d'idée et dit que ce devait être la faute du Pape.

On disait aussi qu'il était contre la fornication. Mais alors on disait qu'il était aussi contre l'alcool de maïs.

Le samedi soir il enfilait une vieille redingote noire par-dessus ses nippes : une redingote avec une poche sous un des pans où il glissait une petite bouteille brune qu'il appelait son « Tue-Diable ». Planté sur les marches du tribunal et dénonçant les turpitudes du clergé catholique romain, il attirait régulièrement les railleurs aussi bien que les croyants, les uns comme les autres étant également dépourvus de chaussures. Et qu'il fût saoul comme une bourrique ou raide comme une bitte, Fitz était aussi à l'aise dans la religion qu'un pourceau dans son auge.

Parfois une fille s'arrêtait un moment au milieu des hommes, feignant de s'intéresser à la Parole. Mais la faim a une odeur plus sèche que l'amour et elle s'en allait en rêvant à celui qui l'emmènerait à Dallas.

Pour beaucoup le samedi était Jour du Seigneur à Arroyo ; mais pour Fitz c'était tous les soirs Jour du Seigneur.

— Et quand ils ont voulu du vin, disait-il pour remettre à sa place un farceur qui voulait savoir ce qui faisait cette bosse sur ses fesses, la mère de Jésus lui a dit : « Donne-leur du vin », et Satan il a pas fait des histoires à la mère de Jésus pour ce pinard, alors pourquoi qu'il irait me chercher des crosses pour une demi-pinte de goutte, hein ?

— Et pourquoi c'est-y alors qu'on envoie les gens en enfer ? demanda un croyant qui voulait connaître la réponse tout de suite.

— On a pas besoin de vous y *envoyer*, en enfer ! Vous y êtes nés en plein *dedans*. Et Dieu y a mis une grande barrière tout autour. Alors y a pas moyen d'en sortir pour un pécheur ! Un pécheur y peut pas creuser par en dessous ! Trop profond ! Un pécheur y peut pas ramper à travers ! Y peut pas grimper par en dessus ! Parce que c'est une barrière é-lec-tro-cu-tée !

— Alors comment que t'en es sorti ? demanda doucement le farceur, à califourchon sur le canon de l'obusier, unique relique de la ville, le visage et le corps cachés dans l'ombre comme un canonnier qui a perdu la bataille et oublié la cause.

— Ah grimpez, expliquait Fitz en grimpant tout droit vers son thème favori. Ah grimpez su' le premier fil, parce que c'est le fil de l'AMOUR. Ah grimpez su' le deuxième fil parce que c'est le fil de MISÉRICORDE. Ah grimpez su' le troisième parce que ah ! c'était la LONGUE SOUFFRANCE !

— T'as pourtant dit qu' la barrière elle était électrocutée, lui rappela le canonnier, mais Fitz peinait trop dans son ascension pour l'entendre.

— Ah grimpez bien su' le plus haut fil parce que c'est çui-là de SON TRÈS PRÉCIEUX SANG ! Frères ! Sœurs ! Mettez vot' pied su' le fil de l'AMOUR ! Mettez vot' pied su' le fil de la MISÉRICORDE ! Mettez vot' pied su' le fil de la LONGUE SOUFFRANCE et tenez-vous prêts... pour traverser le fil du SANG !

— Dis donc, je commence à la connaître ta chanson, commenta le canonnier, et il cracha. Mais Fitz ne daigna pas prêter attention au commentaire.

— J' sais bien qu'y a des gars qui m'écoutent qu'ont fait un sacré bout de chemin pour que j' leur indique la route de la Maison Céleste, reconnut-il. Et c'était bien c' que j'*avais* l'intention de faire. Mais maintenant que j' vois vos binettes comme elles sont, j'ai changé d'idée. Les gars, ça m' fait bougrement du regret, mais l' Seigneur y veut pas qu'un tas d' mangeurs de merde y-z-aillent fout' leurs pieds sales dans les Rues Pavées d'Or. Le Seigneur y s' fout des pécheurs, mais y peut pas blairer les craspecs. Et y m'aurait pas à la bonne, le Seigneur, si je prenais cette responsabilité-là !

Et ouvertement, d'un geste de défi, il siffla un bon quart de sa petite bouteille brune. Sceptiques et croyants acclamèrent en chœur cette hardiesse : il savait vous réchauffer le cœur, ce vieux.

— Ça c'est causé, Révérend ! Vas-y, vide-la ! Faut jamais lécher l' cul à personne !

Fitz s'essuya les lèvres, reficela son foulard crasseux autour de sa bouteille et la remit dans la poche secrète.

— Et maintenant parle-nous de la Tentation, Padre, demanda l'homme à cheval sur son canon, essayant d'aiguiller Fitz sur le thème du Pape.

— J' vais te dire quelque chose sur la Tentation, Byron Linkhorn, répondit le vieil homme en se tournant vers lui : y a ici, dans cette assemblée, des soi-disant chrétiens qu'ont voté pour le Pape en 28. Vous croyez qu' le Seigneur y peut oublier ça en deux ans ?

Fitz pouvait pardonner à un homme de s'adonner à

la marijuana, mais pas d'avoir voté pour Al Smith[1]. Ceux qui avaient voté pour le Pape en 28 se turent, laissant Byron porter tout le poids de leur culpabilité. Ce silence impliquait que c'était la faute de Byron si leurs chances à tous d'entrer dans la Nouvelle Jérusalem étaient à jamais compromises.

— Mais les autres, comment qu'y peuvent être sauvés, dites, Révérend, supplia un hypocrite.

— Ou de la fois qu' t'es tombé dans la fosse à merde, insista Byron.

Si le Pape était la bête noire de Fitz, Fitz était la bête noire de Byron.

— Sûr que l' Seigneur y travaille par des voies mystérieuses, dit le vieillard en se rappelant son texte. Par exemple que c' pauvre corniaud qu'est assis su' l' canon d' la ville y s' trouve que c'est mon fils, ça c'est un mystère.

— C'est maintenant qu' ça devient intéressant, se dit quelqu'un qui était venu de loin pour ça, en enfonçant son gros orteil dans la poussière et en savourant son plaisir par avance. C'est maintenant que cette gnôle elle commence à faire son effet.

— ... un corniaud qu'a plus bien longtemps à faire dans c' monde, poursuivait Fitz en laissant toute la création espérer ce jour. Le Seigneur y donne, le Seigneur y reprend, et plus tôt y reprendra c't' animal-là, mieux qu' ça s'ra pour tout le genre humain. L'a plus d'éponges, l'a l'esprit dérangé, l'a l' cœur qu'est sec comme une feuille d'automne. La p'tite ficelle de sa vie l'est prête à péter. Ben j' l'envie parce que ses épreuves elles sont pas loin d' finir !

L'homme assis sur le canon tenta de répliquer, mais

1. Candidat démocrate aux élections présidentielles de 1928. Hoover fut élu contre lui.

il fut saisi par une quinte de toux si déchirante que tous les visages se tournèrent vers lui. Il ne valait pas mieux qu'un mort, voilà ce que disaient ces regards froids, et personne ne lui faisait l'aumône d'une larme.

Pressant un foulard sur ses lèvres, Byron descendit avec d'infinies précautions. La voix fêlée de son père et une douzaine d'autres tout aussi fêlées braillèrent un hymne que tous connaissaient. Qui s'éleva, savourant tous ses accords dissonants, en un chœur éclatant d'assurance, irréfutable :

O douce apparition de la mort
Il n'est vision plus délicieuse sur la terre.
Tous les charmes d'un corps qui respire ne se peuvent comparer
A la beauté d'un corps immobile, éternel...

et le poursuivit jusqu'au bas de la rue, graillonnant du sang à chaque pas.

Ils étaient venus pour voir perdre quelqu'un. Que ce soit toujours le même pantin qui fît les frais de la cérémonie leur était un surcroît de volupté. Tous les samedis soirs, c'était Byron qui était élu. Entre ses poumons, la foule et son père, il jouait toujours perdant. Qu'y avait-il donc en lui qu'ils avaient besoin de réfuter ? Et qu'ajoutait cette répétition ?

Byron avait eu des débuts plus courageux que la plupart d'entre eux, voilà ce qu'il fallait réfuter.

Il fallait voir les bonds que faisait Fitz à ce moment-là — il *bondissait* littéralement — frappant dans ses mains levées au-dessus de sa tête et aboyant d'un ton triomphal :

Tout agité, tout ballotté que je sois
Par maintes luttes et conflits
Et craintes et doutes au-dedans comme au-dehors
O agneau de Dieu, je viens ! Je viens !
Comme je suis ! Comme je suis !...

... au nom de Jésus maintenant, venez, venez comme vous êtes !...

Et il descendait les marches en sautillant, son sermon achevé, pour accepter la première bouteille qui se présenterait, et les premières félicitations qu'on lui adresserait, sincères ou moqueuses.

— Gardez vos bottes, Révérend ! Venez comme vous êtes !

Fitz se dégageait doucement de la foule de ses supporters. Mais derrière son regard voilé pétillait une joyeuse lueur de victoire. Le Seigneur serait miséricordieux pour celui qui avait si bien défendu Son Arche.

— Révérend, ça m'a fait du chaud dans l' cœur ce soir, lui dit un de ses fidèles. V'là que j' me sens mieux maintenant. La semaine prochaine, faudra qu' j'amène les mômes, qu'y z'ont bien b'soin d'un coup d' ravigote eusses aussi. La vieille, elle a pus b'soin qu'on la ravigote. Elle est pus la même depuis qu'elle a été terrassée par la Puissance.

— T'aurais jamais dû la ramasser, lui dit Fitz en se rappelant le jour où une de ses auditrices s'était trouvée mal. T'aurais dû la laisser là ousque Jésus y lui en avait filé un bon coup. Comment qu'elle va ?

— Mieux, merci bien. Dites, on aura un p'tit boulot pour vous quand l'idée vous dira d' passer par chez nous.

Il n'en demandait pas plus, le vieux Fitz. Si la route qui mène à la Cité de l'Or Pur était bordée des deux côtés par de bons gogues de protestants, par Dieu il pomperait toute cette merde qui conduit au salut. Mais personne ne lui ferait jamais pomper de la colique de catholiques pour tout l'or d'ici-bas. Ça non, il avait jamais léché le cul à personne.

Il était un Témoin de Jéhovah et, pour lui, le Saint-Siège était engagé dans une conspiration internationale contre la race anglo-saxonne en général et la tribu Linkhorn en particulier.

Ces enfoirés de Papistes ! C'était d'eux que venait tout le mal !

Dove Linkhorn ne se rappelait pas que personne eût jamais cherché à gagner son affection. Pas même un chat ou un chien. Mais parfois, dans les profondeurs d'un sommeil agité, il avait la vague et fugitive impression qu'une femme aux cheveux d'or lui effleurait la main et disparaissait derrière un rideau qui masquait une porte.

Une porte dont on n'avait pas remplacé le rideau depuis des années. La porte d'une chambre dont le plafond descendait si bas qu'il touchait la tête de son lit. Le lit à l'ancienne mode qu'ils appelaient « le pieu de M'man ». Toute la literie était aussi « les affaires de M'man », les « affaires » consistant en un matelas en balle de maïs, un couvre-pieds en piqué et deux coussins carrés en tapisserie en guise d'oreillers. Le coussin de gauche était orné d'une légende brodée : *J'ai dormi et rêvé que la vie était Beauté.* Sur celui de droite : *Je me suis éveillé et j'ai vu que la vie était Devoir.* Le plus souvent, en dormant, la tête de Dove sombrait juste entre les deux.

C'était aussi bien comme ça, car malgré ses seize ans il était aussi incapable de lire ses oreillers que la légende couverte de suie derrière le poêle :

CHRIST
est le maître de cette maison
L'HÔTE INVISIBLE
présent à chaque repas
CELUI QUI ÉCOUTE EN SILENCE
toutes les conversations

Fitz ne l'avait jamais envoyé à l'école pour protester contre le papisme du Directeur. Mais il n'y eut personne pour protester contre sa protestation. Personne n'avait invoqué en faveur du garçon le principe de l'instruction obligatoire. L'instruction n'était pas obligatoire.

Si on voulait que les gosses apprennent, on les envoyait à l'école. S'ils avaient envie d'y aller, ils y allaient. Si vous ne vouliez pas les envoyer ou s'ils n'avaient pas envie d'y aller, ils se mettaient à travailler.

Il n'y avait pas de travail. Alors ils allaient au ciné. Dove n'y avait encore jamais été, mais il projetait de le faire bientôt. Quand John Barrymore et Marian Marsh vinrent à Arroyo dans les rôles de Svengali et de Trilby, il demanda à Byron de lui payer une place.

— Et qu'est-ce qui arrivera si l'Eternité descend juste pendant que tu es sur le territoire du Démon ? Quelle chance aurais-tu ? demanda Byron, se moquant ainsi à la fois du père et du fils ; et pour ne pas avouer qu'il n'avait pas un sou en poche.

Dove n'était jamais allé danser non plus. Mais il se tenait parfois à la porte d'un dancing et il regardait, et battait la mesure avec les autres :

Prends-lui sa douce et blanche main
Fais-la danser jusqu'au matin
Fais-la danser le charleston
Et qu'elle en perde la raison.

Ce soir-là, la lueur de la veilleuse le tint éveillé longtemps dans son lit. La veilleuse consistait en un morceau de chiffon maintenu par une pierre au fond d'une vieille bassine où l'on versait chaque matin le restant de la graisse qui avait servi à faire frire le lard. Byron l'appelait une « marie-salope », mais Fitz disait toujours « allume la graisse » et c'était bien l'expression qui convenait.

A la lueur de la flamme toujours inquiète, Dove regardait la paire de fous, le vieux et le jeune, qui remettaient ça à côté de lui. Pendant ce temps il restait immobile, et exerçait ses lèvres en silence sur les mots les plus longs qu'il pouvait prononcer. « Corruption ». « Générations ». « Holocauste ». « Action de Grâces ». « Expiation ». Parfois des phrases entières : « D'où vient la chaleur de cette puissante colère ? » « Que vienne le matin ! Car ton cœur tremblera de crainte au spectacle qui s'offrira à tes yeux. »

— J' peux plus discuter avec toi, capitulait Byron tandis que la flamme commençait à baisser. J' me sens trop malade.

— C'est un autre nom pour la corruption de l'âme, lui affirma Fitz.

— Et toi, comment que tu t' sens ces jours-ci, P'pa ? demanda Byron.

— Frais et dispos, et l'âme en paix, répondait le vieillard.

Même Dove savait que le vieux mentait.

Les gens de la ville, Mexicains comme Américains, savaient que le prédicateur était un peu dingue et que Byron fumait trop d'herbe à rêves pour ses poumons.

« — J' suis né pour fumer l'herbe à rêves, disait-il avec orgueil. J' mourrai p't-êt' pauvre, mais j' mourrai pas pendu. » Mais qu'adviendrait-il de Dove avec ses cheveux ni rouges ni jaunes ? Et des sourcils si clairs qu'on aurait dit qu'il était chauve au-dessus des yeux. « — T'es sûr que c' gars-là il a pas qué'que chose qui lui manque ? » demandait un sceptique à un autre.

Si le gamin s'achetait une carotte de tabac, il s'appuyait contre la porte de l'épicerie et il restait là toute la matinée à chiquer et à juter. Si un passant lui demandait : « — Qu'est-ce que t'es en train de faire ? » il murmurait : « — J' m'appuie et j' rêve », et il faisait pivoter son corps d'un ou deux centimètres à droite ou à gauche. Mais parfois une force irrésistible déferlait en lui comme une grosse vague, et il se mettait à courir sans but et à crier pour rien.

— L'est en train d' pousser, c' gamin, expliquait Fitz mal à l'aise.

Dans l'esprit de Dove aussi, il y avait quelque chose qui poussait. Un éclair subit tout au fond de sa cervelle illuminait parfois la terre et le ciel... un simple buisson devenait une splendeur, un oiseau sur une petite branche élastique une merveille... puis la lumière se ternissait et s'éteignait, comme un rideau gris qui retombe lentement sur toutes choses. C'étaient de ces visions qui surgissent sans raison et que l'on ne retrouve jamais.

Un jour de mars il vit un jeune arbre sur une colline, courbé sous le vent contre un solide mur de bleu, et il eut l'impression qu'il ne se trouvait pas là l'instant d'avant et qu'il s'évanouirait dès qu'il se retournerait. Souvent après cela, il regarda ce même petit arbre mince ; mais jamais il ne le revit dans une telle lumière d'évidence.

Il lui arrivait aussi d'entrevoir son frère Byron sous un jour étrange. Il allait et venait dans la cuisine, ce frère inutile occupé à ses inutiles besognes, et l'instant d'après il devenait totalement étranger, faisant nul ne savait quoi. Ce n'était plus qu'un fantôme de Byron, immobile, fixe ; gonflé de vie et pourtant rigide comme la mort. Plus tard, lorsque Dove entendait le sourd grondement des voitures sur un pont, il lui venait en un bref éclair la vision d'une aube enfumée par une porte ouverte ; et une longue colonne de vapeur blanche déchirant la nuit lui évoquait toujours l'image de Byron étendu tout de son long, la bouche ouverte comme un mort, ses orteils sales pointant en l'air sur un lit en désordre, dans un coin de la cabane. Mais jamais il ne sut, de toute sa vie, qui était réellement Byron.

Un autre mystère était la bougainvillée. Elle poussait sous un cadre de bicyclette suspendu à un clou tout en haut de la façade nord de la cabane. Pourquoi avait-on été suspendre un cadre de bicyclette rouillé par la pluie contre ce mur de planches ? Personne ne le savait, et personne ne venait le prendre. Le bougainvillier grimpait vers cette carcasse inutile. Il touchait presque le guidon qui avait perdu ses poignées depuis longtemps. La bougainvillée brûlait du désir de cacher tout cela sous ses feuilles. Le matin, la plante semblait à moitié endormie, indifférente ; mais à mesure que le soir avançait, elle commençait à s'agiter inlassablement. Une bourrasque parfois la faisait frissonner comme si des mains de poussière l'avaient rudoyée. Mais quand le soleil était juste au-dessus de sa tête, toute la plante pliait de douleur.

Toute la cabane branlait et gémissait au moindre souffle.

Le sol était de boue. Les rideaux étaient des sacs de

guano. Le tuyau du poêle passait par un trou dans le mur. Derrière la cabane se dressait une falaise déchiquetée aussi vieille que l'Amérique.

Une nuit, une petite pluie vint coucher la poussière dans la cour. Dove entendit les doigts de la pluie qui tapotaient sur un rythme haletant. Et le souffle rauque des deux ivrognes endormis, terrassés une fois de plus par de vaines libations.

Il souffla sur la veilleuse fumante. Dans la cour, les étoiles mexicaines s'étaient éteintes ; les chiens mexicains aboyaient. Quelqu'un chantait « Poy ! Pooey ! Poy ! » d'une voix si aiguë qu'on aurait dit qu'elle voulait faire la nique aux chiens. Dove toucha la plante, les yeux bien fermés, pour mieux comprendre les feuilles. Sous ses doigts il sentait qu'elle se mettait à fleurir.

Au matin, la bicyclette gisait dans la boue, et la bougainvillée poussait auprès d'elle. Personne ne remarqua que Dove avait décroché la bicyclette. Et lui-même ne savait pas bien pourquoi.

Mais tandis que le printemps magique de 1930 agonisait en d'interminables averses, les heures de Dove elles aussi devinrent plus sèches de jour en jour. Et, gonflé d'une trouble nostalgie, il s'en allait traîner du côté de cette route qu'empruntaient, il y avait longtemps de cela, les hommes attirés par le mirage de l'Ouest. Qui ne menait plus maintenant qu'à de vagues terrains, mi-campements, mi-dépotoirs, où s'installaient les trimardeurs quand ils quittaient le dur de Santa-Fé.

Un fourgon avait rompu son attelage, il y avait longtemps de cela, et, dévalant la pente, était venu s'enliser dans le sable. A demi enfoui maintenant, démantibulé et privé de sa bâche, il n'y avait plus que son squelette de fer nu et quelques barres pour jeter une ombre maigre les jours où l'ombre était aussi précieuse que l'eau ; et il y avait toujours un ou deux clodos qui venaient se reposer là-dessous.

Un jour que Dove passait par là, en quête d'il ne savait quoi, il aperçut un homme vêtu d'un pantalon kaki et d'une chemise déchirée étendu sur le dos, les bras en croix, une bouteille à la main. Il s'approcha et, voyant que c'était son frère, resta un moment à l'observer : un étranger enfoui dans le sable, comme le squelette démantibulé du fourgon. Il avait souvent vu Byron ivre à la maison ; mais le voir là, exposé à tous les regards, fit pâlir de honte le garçon.

Il voyait pourtant souvent des gars pas plus âgés que lui qui se repassaient la boutanche ; qui faisaient bouillir du café noir dans de vieilles boîtes de conserve et mangeaient des haricots enfilés sur une baguette ; qui roulaient des cigarettes d'une seule main et se vantaient du temps qu'ils avaient déjà passé en taule.

En taule où la nourriture était immangeable, comme dans toutes les taules du monde, entendit raconter Dove, les hommes s'en procuraient à l'extérieur en taxant d'office tout nouveau venu à concurrence de tout ce qu'il possédait. S'il n'avait pas d'argent il payait son impôt en chaussures. S'il arrivait fauché et pieds nus, les autres détenus lui comptaient autant de coups de pied au cul que le tribunal secret en avait décidé pour lui faire expier le crime d'être venu en prison sans le consentement de ses locataires. Mais nu-pieds ou bien chaussés, hommes ou fouines, ils ne mangeaient que la nourriture venue du dehors.

Il entendit parler d'une prison dans le sud de la Louisiane où les prisonniers avaient amassé un trésor de plus de deux cents dollars et où ils invitaient à dîner le gardien-chef et le shérif une fois par semaine. Et à la prison du comté de Grayson, les prisonniers publiaient un journal hebdomadaire intitulé *Le Journal des Verrous*.

Il apprit qu'à Laredo les cellules étaient toutes d'un même côté, qu'à Huntsville le garde-chiourme se nommait Tom le Gueulard, et qu'à Hillsboro, Missouri, les prisonniers avaient des matelas et des draps.

Ils parlaient aussi de leurs bonnes fortunes : une fois, un gars avait été condamné à passer deux mois dans la famille d'un pasteur ; un autre était tombé sur une fille saoule dans une charrette à bestiaux ; un autre avait trouvé une veste toute neuve dans un dur où il était grimpé une nuit à Carrizozo.

Dove apprit que Baumont était vache. Que Greensboro dans un endroit appelé Caroline quelque chose était une jolie petite ville où on avait toutes les chances d'y rester. Que Boykin, juste au-dessous, était encore plus dégueulasse. Mais qu'il n'y avait pas pire que n'importe quelle ville n'importe où en Georgie. Si on vous emmenait faire une balade par là-bas, vous étiez bon pour le boulet aux chevilles. Mais ils vous donnaient quinze cents par semaine et une carotte de tabac le dimanche. « — Ça, c'est pas tellement dégueulasse », se disait Dove.

— T'approche pas de Waycross, le prévint un vieux biffin, 'moins qu' t'aies envie d' passer un an à l'hosto quand t'en sortiras. Et il se mit à taper sur une vieille boîte pour accompagner sa chanson :

J'ai pas élevé mon gars pour en faire un troufion,
J' l'ai fait pour qu'y soye mon orgueil et ma joie.

Dans l'est du Texas c'était pas facile mais dans la vallée du Rio Grande ça marchait bien : tout ce que les employés demandaient, c'était que vous restiez peinards sans vous approcher de la gare. Vous pouviez aller jusqu'en Alabama pourvu que vous ne mettiez pas le nez à la portière comme des touristes et ne saluiez pas le shérif au passage. Et que vous fassiez gaffe aux cognes.

Si tu passes dans le Mississippi, regarde bien une ville qui s'appelle Flomaton, parce que c'est la ville de Binga le Manchot. Une nuit il a seringué deux gars et ils sont revenus et ils l'ont fourré sous les roues. C'est comme ça qu'il a perdu son aile droite. Il était déjà pas bien costaud avant ça, mais après il était encore plus faiblard.

Regarde bien Marsh City : c'est la ville de Hank Pugh. Regarde bien Greenville : c'est le secteur à Buck Bryan. Tu verras Buck descendre la rue habillé comme n'importe quelle cloche, la seule façon que tu puisses le repérer c'est à son grand chapeau avachi avec trois trous dans le haut. Et au bout de tuyau qu'il a dans la main.

Tout c' que t'as de mieux à faire c'est de te geler les couilles et d'attendre. Pas moyen de te tirer. Il aime bien son bout de tuyau dans sa main, mais ce qu'il aime encore mieux c'est un bon Colt à la ceinture. Alors bouche-toi les yeux et écoute le *chuisch*... Il a des p'tits copains qui s' ramènent des deux côtés. Fais ta prière si tu cavales, fais ta prière si tu te bigornes. Si t'as pas un rond sur toi ou si t'as la peau noire, alors mon gars, t'as plus qu'à faire ta prière.

Regarde bien Lima... c'est dans l'Ohio. Et regarde bien Springfield, celle qu'est dans le Missouri. Regarde bien quand tu passes à Denver : à Denver, y a Jack Duncan. Regarde bien à Tulsa. Regarde bien à Tucson. Regarde bien à Joplin. Regarde bien à Chicago. Regarde bien à Fort Wayne... regarde bien à St-Paul... regarde bien à St-Joe... regarde... regarde... regarde...

Dove vit un estropié ébloui comme un lapin par les projecteurs de la locomotive, tournant ses yeux aveuglés vers le mécanicien qui lui faisait signe de monter...

De leurs efforts pathétiques pour rester propres, Dove ne les entendit jamais parler. Mais ils étaient toujours noirs de charbon et passaient leur vie à mendier de l'eau et du savon. Dès que sa soif était étanchée, le vagabond se mettait à laver son unique chemise. Près de chaque aiguillage on était sûr de voir des chemises complètement décolorées qui séchaient sur une barrière, qu'il pleuve ou qu'il fasse sec. Peigne, miroir de poche et brosse à dents attachés à une ficelle passée autour du cou étaient des trésors sur lesquels ils veillaient jalousement.

Il y avait aussi les garçons de piste, qu'il reconnaissait à leur façon de sortir l'argent de leurs sacoches râpées, tristes bourses serrées par un cordon comme des blagues à tabac.

Un jour il vit une vieille main grisonnante enfiler un long gant de femme noir, du genre de ceux que les strip-teaseuses agitent sous le nez des premiers rangs de spectateurs. Puis l'objet passa de main en main, et chacun le reniflait et jurait qu'il pouvait sentir encore le parfum. Finalement son propriétaire le rempocha comme s'il était secrètement soulagé de ne pas avoir à se battre pour le récupérer.

Puis quelqu'un parla d'un jeune garçon qu'on avait trouvé mort baignant dans son sang, là-bas en plein désert, près de la voie.

Dove sentit alors un malaise, comme tout à l'heure le gant parfumé, faire le tour des hommes sans foyer.

Leur foyer, c'était dix mille réservoirs d'eau ; leur foyer, c'était n'importe quel dépotoir. Leur foyer, c'était partout où les lois n'avaient rien à faire ; c'était les anciens fourgons à bestiaux qui s'enlisaient doucement dans les sables de l'Ouest.

Il voyait brûler leurs feux dans la nuit, dans la nuit de leur cœur vagabond, et il se sentait lui aussi de cette race de vagabonds en marche vers l'Ouest. Il sentait qu'il n'était encore arrivé nulle part, mais qu'il repartirait.

Il avait été refait par la faute de quelqu'un, c'était sûr.

— J' crois qu' j'ai l' bourdon ce soir, décida-t-il, et il revint vers l'odeur pénétrante de la viande rance qui mijotait dans un bol, sur le poêle couvert de traînées de graisse. Dans la cuisine où les torchons de vaisselle pendaient à une ficelle tendue de la clef du poêle à un piton au-dessus de l'évier. L'évier consistait en une bassine de fer-blanc sauvée d'un tas de détritus. Débordant de plats et d'assiettes sales. Il n'y avait pas de robinet.

Le robinet était dehors et commun aux deux autres cabanes voisines de celle des Linkhorn. Ces trois cabanes de planches si sèches et travaillées qu'elles laissaient un peu partout des fentes pour la pluie et le vent formaient une enclave au beau milieu du quartier mexicain. Les hommes étaient soit basanés comme Fitz et Byron, soit d'une peau plus délicate comme Dove. Les femmes s'étiolaient loin de la forêt. Davy Crockett était parti pour de bon.

Les anciennes forêts avaient façonné leurs mains pour le fusil mais pas pour la cueillette du coton. Ils n'étaient pas faits pour le travail de l'usine, ils n'avaient rien à vendre et ne pouvaient rien acheter. Ni la plaine ni la montagne n'avaient plus besoin d'eux. Ils avaient abandonné cette prétention à la montagne comme à la plaine, et Crockett ne reviendrait jamais plus parmi eux.

C'étaient des défricheurs de forêts qui n'avaient plus de forêts à défricher, les derniers de ceux qui ne cueilleraient plus jamais de coton. Usines et plantations les faisaient déguerpir comme des lapins quand on moissonne un champ. Ils méprisaient l'usine tout autant que la ville, et ils portaient des salopettes brunes de préférence aux bleues.

Et toute la nuit, au fond de cette ruelle obscure, parfois à voix basse et parfois sur un registre suraigu, Dove entendait une étrange mélopée. Dans leurs cambuses enfumées et sans lumière, les Mexicains chantaient et se sentaient bien.

Tres Moricas tan lozanas
Mas lindas que Toledanas
Iban a cojer manzanas a Jaen.
Axa, Fatima, Marien.
Dixayles quien sois señoras
De mi alma robadoras
Christianas de ramas Moras de Jaen.
Axa, Fatima, Marien.
Trois filles maures de grande vertu
Plus belles que les filles de Tolède
S'en allaient cueillir des pommes à Jaen.
Axa, Fatima, Marien.
Dites-moi qui vous êtes, mesdames,
Vous qui m'avez volé mon âme,
Chrétiennes au sang maure de Jaen.
Axa, Fatima, Marien.

Les Mexicains n'avaient point de forêts à pleurer.

La vieille route de l'Ouest, les vieilles pistes : pistes à chariots et pistes à bétail qui vont se perdre dans des milles et des milles de prairie. Disparues sous les cactus desséchés. Espoirs, orgueil et patience, tout cela disparu, tout cela pour rien. Tout l'amour qu'ils avaient autrefois porté à cette lourde terre brune envolé en poussière, étouffé sous le chiendent, mort dans le cœur.

La route de l'Ouest ne menait plus maintenant qu'à une salle basse, obscure et délabrée, tout ce qui restait du grand Hôtel Davy Crockett brillant et animé.

Derrière la vitre ternie brûlaient deux petites lampes inquiètes, comme le double fantôme du grand lustre qui avait jadis illuminé une salle de bal houleuse comme la mer. Et les verres sur l'étagère gardaient encore le reflet nostalgique des grandes orgies de lumière qui s'étaient succédé là soir après soir. Les verres d'alcool, d'alcool et de vin.

BAL À LA LUMIÈRE ÉLECTRIQUE. Qui avait fait bouillonner le sang du vieux Davy Crockett tous les samedis soirs. Les grands gars des forages, portant ces grands foulards verts et rouges, venus boire et saouler les filles. Des filles qui auraient pu siffler la lune.

La vieille lune aztèque à la robe fauve du Rio Grande, qui ne savait pas baisser les yeux, et qui avait vu les rudes gars des puits claquer leur fric sur le comptoir luisant de bière et entendu le piano mécanique moudre sa rengaine :

Des fois j'habite à la campagne
Des fois j'habite en ville...

et un joueur de guitare de l'Arkansas qui grattait pour les buveurs, les danseurs, les perceurs de roc et les joueurs de poker. Buvaient et dansaient et jouaient sous la véritable lumière électrique...

Des fois j'ai bien envie
De sauter dans la rivière
Pour me noyer...

immuable grattement qui avait autrefois fait jaillir, là-haut sur un lit, les sources d'une grande fille increvable, un peigne d'argent piqué dans ses cheveux roux comme de l'or ; des bas de résille noirs et rien d'autre.

Fitz avait passé la trentaine en cette année 1909, mais c'était quand même un vrai dur de dur. Qui allait tout droit aux filles increvables à l'heure où il descendait en ville. Jusqu'au soir où il s'assit sur le lit de la rouquine en lui versant le fond de sa bouteille dans la gorge. Les yeux clos à toute lumière tandis que le whisky descendait dans sa gorge, sans relever une seule fois sa tête rousse comme de l'or. Il lui avait brûlé la gorge en dedans et inondé la gorge en dehors... et puis sa bouche s'était faite encore plus douce que ça. Il l'avait tenue serrée tandis que sa chair, creusant tout au fond, l'avait tenue encore plus serrée que ça. Jusqu'à ce que toute la chambre bascule dans la lumière de leur regard et les enferme dans le double battement d'un même cœur.

Tandis que la lune, toujours présente, regardait l'alcool, le peigne d'argent et le vin.

Tandis que dans toutes les chambres en haut ou en bas, grands lits ou lits étroits, les lumières brillaient d'un éclat de plus en plus clair.

Sur le marbre, sur le comptoir luisant de bière, sur le vin.

Jusqu'à ce que les joueurs de dés se mettent à pousser des cris de désespoir pour quelque chose de beaucoup plus profond que pour l'argent qu'ils avaient perdu, et que la roulette se mette à tourner comme si chaque tour devait être le dernier ; et le piano mécanique se mit à moudre un air qui tournait comme si tout espoir était perdu :

Des fois j'ai bien envie
De sauter dans la rivière
Pour me noyer...

en suivant le rythme de l'homme solidement amarré entre ces cuisses gainées de résille noire qui haletait dans sa bouche, et elle haletait dans la sienne, jusqu'à ce qu'un gémissement lui écarte les lèvres ; en bas la bande perforée claqua et la musique s'arrêta, mais le rythme continuait à battre comme un gémissement. Ses paupières palpitaient dans le flot de sa passion — elle n'avait encore jamais connu cela. Fitz sentait le chatouillement contre sa joue. Le piano mécanique continuait à trépider à vide, et cela ne lui était encore jamais arrivé d'une manière aussi bouleversante que ce soir-là.

Et la lune toujours présente faiblit comme un manchon à gaz qui rougeoie encore un peu avant de s'éteindre. Buveurs et danseurs, joueurs de cartes et joueurs de dés, tous étaient partis.

Dehors, dans le sable et la mesquite au parfum de miel, sous les fleurs et les épines de la prairie, le crapaud à cornes se taisait et le chacal dormait dans son terrier. Les ossements blancs pâlissaient au soleil. Avant que la musique s'achève ; avant que la danse se termine.

Et un petit vent curieux se leva et fit trois petits tours pour demander Où sont partis ces amoureux qui ont quitté la danse avant la fin ?

Tout était bien. Ils avaient respiré d'un même souffle, ils avaient bu à la même bouche.

Tout était bien, car ce qui était poussière avait connu l'amour du temps qu'elle vivait.

Fitz avait épousé sa fille increvable, qui lui avait

donné deux fils, et qui était moins increvable qu'il l'avait cru. Et depuis qu'elle était morte il n'était retourné qu'une fois vers ce coin de la ville où le *Davy Crockett* était toujours debout.

Pour voir qu'il n'y avait plus que des fenêtres barrées par des planches et au-dessous une salle où ne brûlaient plus que deux petites lampes tristes. Et le nouveau nom était peint sur la vitre :

LA FE EN DIOS
Bien venidas, todas ustedes

La ville qui avait commencé dans un bal à la lumière électrique se mourait doucement à la lueur des lampes à acétylène. Le temps avait marché à reculons dans la petite ville perdue.

Vers 1930 la vieille route de l'Ouest ne menait plus qu'à l'ombre d'un réservoir d'eau où les vieux trimards éclusaient leur gnôle derrière leurs foulards déchirés et ne laissaient d'autres témoignages de leur passage inutile qu'une espadrille sans semelle, une chemise brûlée par le vent ou une bouteille vide avec son étiquette encore lisible : *White Swan Gin — Mis en bouteille à Chicago.*

Trognes ravagées ou bouilles roses, glabres ou hirsutes, éteints ou florissants, efflanqués ou malabars, recuits par le soleil ou crottés par les averses, tous passaient les uns après les autres la porte de *La Fe En Dios.* Et se tenaient là, entre la machine à disques et la fougère en pot, tortillant leur casquette en attendant que les Mexicaines aient fini de servir leurs clients payants. Puis ils recevaient le fond du percolateur, une moitié de tarte à l'ananas rassise et un morceau de savon de Marseille.

S'ils désiraient davantage, il fallait qu'ils reviennent

le lendemain et qu'ils travaillent pour le gagner. Glabres ou nu-pieds, vieux ou jeunes, tous promettaient sincèrement, et même avec gratitude, d'être là le lendemain à sept heures tapant.

Mais à sept heures il n'y en avait pas un qui ne fût déjà en route sur quelque convoi de marchandises pour la destination impossible de leur rêve. Et s'il s'en présentait un pour l'Ouest, ils dédaignaient celui qui allait vers l'Est. Ils cherchaient toujours la vieille route qui les mènerait enfin chez eux.

Et cette vieille route les menait toujours au cul-de-sac où l'on finit par aboutir dans n'importe quelle ville américaine, n'importe quel samedi après-midi. Où il y avait toujours des pavés usés par le vent, le sable et les cognes. Et une pancarte qui disait SORTIE DE CAMIONS.

Où une vieille ceinture avec sa boucle rouillée à moitié enfouie dans le sable attend la Résurrection en compagnie d'une boîte de bière au couvercle percé de deux trous.

La vieille route qui les mènerait chez eux, et qui, au bout du compte, ne menait à rien de plus qu'à la lueur vacillante d'un bec de gaz au-dessus d'une pancarte, et c'était vraiment le bout de la route et le commencement de rien :

VOUS ENTREZ MAINTENANT À ARROYO
Population 955

Une statistique qui ne tenait pas compte de cette Mexicaine qui habitait suffisamment en dehors des limites de la ville pour ne pas payer les taxes locales. Qui, onze mois sur douze, montait tous les soirs, par un escalier rongé des vers, à une petite chambre qui n'était gardée que par la Vierge Marie.

Terasina Vidavarri dormait dans une double ruine. La ruine de ce qui avait été autrefois l'Hôtel Crockett, et la ruine de tous ses espoirs. Le dernier locataire était parti, et des deux côtés du vestibule qui n'avait plus de tapis, les portes, comme la porte de son âme, étaient barrées par des planches.

Mais dans son sommeil elle entendait parfois jouer le piano mécanique. Les portes barrées de planches s'ouvraient, et toute la maison s'illuminait de cette clarté qui ne brille que dans les rêves ; pour éclairer un spectacle d'hommes et de femmes faisant l'amour sur tous les lits, jusqu'à ce qu'elle s'éveille. Et voie se lever une lune gonflée d'un désir qui n'appartenait qu'à elle.

« C'est bon parfois d'aimer, songeait Terasina, parce qu'alors on a un but dans la vie. Mais c'est aussi bien de n'aimer personne. Parce qu'alors on n'a pas de soucis. »

En fait elle avait à peine eu le temps d'essayer. Son premier et unique amant l'avait marquée d'une telle terreur qu'elle ne s'y était plus jamais risquée depuis.

Orpheline, bonniche dans un hôtel où elle pourvoyait aux besoins des touristes américains, là-bas à Meridan, dans le vieux Yucatan, Terasina s'était fiancée à seize ans à un Floridien entre deux âges, chauve et d'origine espagnole.

Ancien sous-lieutenant, il était devenu fleuriste à la fois par vocation et par nécessité et à quarante ans il avait déjà remporté des prix à diverses expositions florales et il exportait des orchidées. Ancien tafiateur en képi de l'American Legion, la fille n'avait jamais soupçonné quelle plante rare était son fleuriste jusqu'à sa nuit de noces.

Elle s'était réveillée après un léger somme. A côté du lit une petite lampe jetait une profonde lueur orangée. Elle entendit l'ex-lieutenant qui allait et venait dans la salle de bains et elle réalisa tout à coup qu'il s'y trouvait depuis beaucoup plus longtemps qu'il n'était raisonnable. Elle l'appela par son nom. Pas de réponse.

Elle fixait encore cette porte quand il sortit, complètement nu, un casque sur la tête et un bâton qu'il portait d'un air conquérant sur l'épaule comme un fusil : « *Ein ! Zwei ! Drei !* Quoi ? Peur d'un soldat ? » Mais l'envie de rire se glaça tout à coup dans sa gorge, car son visage était un masque sinistre qui ne prêtait pas à rire. Marchant au pas de l'oie en levant très haut la jambe, il passa trois fois devant le lit et se mit au garde-à-vous devant la lampe qui émettait une lumière brumeuse et accablée de chaleur. Puis il lui posa le bout de son bâton entre les deux yeux.

— Quoi ? Peur d'un soldat ?

Alors elle vit qu'il n'avait pas un poil sur le corps.

Pour la honte qui la souilla ensuite, Terasina n'avait toujours pas de mots. Mais une fois elle l'avait prévenu : « Maintenant je vais crier. »

L'ombre du bâton conquérant tomba en travers du drap. Mais elle avait mordu l'oreiller au lieu de crier.

Et l'odeur d'eau de Cologne, comme un cauchemar parfumé au lilas, d'abord forte, puis plus faible, lui avait soulevé le cœur.

Jusqu'à ce que l'aube vienne enfin vider le soldat de tout, sauf du dégoût de soi-même. Trop épuisé pour crier, il bavait doucement sous le parfum de lilas qui s'éteignait lentement comme les quinquets d'un coiffeur à minuit.

Deux jours plus tard, elle s'était regardée dans un miroir : au-dessus des bandeaux de ses tempes d'un noir de jais, en une petite tache triangulaire, ses cheveux avaient pris la teinte de la neige fraîche.

Son Floridien était retourné à ses parterres de fleurs et à son Nègre qui l'assistait dans ses cultures.

Maintenant, après dix ans, les seules fleurs de Terasina étaient de grandes roses trémières de basse-cour à tiges poilues. Et ses rêves abritaient de bien plus étranges créatures.

Elle se voyait dans un corral aux grands ombrages, vêtue d'une simple chemise de nuit, attendant quelqu'un dont les longs cheveux lui balayaient le visage comme une crinière; dont l'odeur était lourde d'effluves de sel et de sueur. Un étalon de clair de lune se cabrait devant elle, et elle poussait un long hennissement, tout son désir dressé devant elle. Puis l'odeur de sel et de sueur tournait à l'aigre et au dégoût, et elle se réveillait et percevait des relents de boutique de coiffeur qui rampaient et flottaient le long des portes condamnées par des planches. Elle se levait, découragée, s'habillait en frissonnant et se donnait l'absolution pour retrouver sa fierté. Prête à jouer son rôle de serveuse en bas, au bénéfice de la grande confrérie des cheminots de tous poils, sous une pancarte qui annonçait :

Tarte à la mode : 10
Tarte à la mode avec glace : 15
Repas et sandouiches :
25 et 35

Et quand la laitue faisait défaut, elle mettait du chou à la place.

— Les Mexicains sont des gens adorables, se plaisait à lui assurer un grand corniaud à l'air fat sous sa casquette à galons, et si je puis me le permettre, señora, j'ajouterai que vous êtes rudement bien balancée.

— Vous aussi vous êtes des gens adorables, affirmait Terasina au grand corniaud.

Depuis dix ans, cette femme hantée par une indicible horreur, cette femme aux cheveux poudrés de neige servait des ouvriers de la voie, des chauffeurs, des contrôleurs, des mécaniciens, des agents de la sûreté, des touristes, des ingénieurs, des chefs de trains et des serre-freins.

Antijitoes Mexicanos, pouvait-on lire au dos de ses menus, mais en dix ans elle n'avait pas accordé un seul caprice mexicain à aucun d'eux.

Abierta hasta a las 12 de la noche — EMPUJE ; sa porte les invitait à pousser et à rester tard. Mais elle se gardait close tout le tour du cadran.

Pas un croquant qui n'ait tenté sa chance :

— D'vez en connaître un bout dans les ch'mins de fer ; z'avez une rudement chouette cabane.

— Vous me rappelez Dolores Del Rio, disait un autre, tandis que son moteur tournait doucement. Que dirait la señora si je lui ouvrais un petit compte en banque pour éviter à ma femme de tout dépenser en whisky ? Que dirait la señora si on la couchait sur un testament ? Est-ce que ça lui dirait de venir essayer un wagon neuf du côté de Matamoros pour le week-end ?

Quant aux camionneurs, leur aplomb lui coupait toujours le souffle. Ces gars-là passaient les trois quarts de leur vie dans leur cabine et ils finissaient par se croire aussi puissants que leur moteur. Bougez pas, j' vais d'abord aller me débarbouiller. Quand il voulait savoir quel genre de chauffage elle avait là-haut, elle disait : « Le même qu'en bas. » Ah, bon ; il demandait ça comme ça, parce qu'il avait justement un pote à lui dans les radiateurs. Gracias, non, il était très gentil, mais elle avait déjà un poêle là-haut ; à quoi ça lui servirait d'en avoir deux ? Pas besoin d'avoir quelque chose dont on ne se sert pas.

Et est-ce qu'elle se servait de tout ce qu'elle avait, ou est-ce qu'elle portait des postiches ?

— Dieu a été généreux, répliquait-elle en pointant ses seins avec orgueil. Elle le laissait pourtant lui chatouiller le creux de la main quand il prenait sa monnaie, lui adressait un sourire éblouissant de blancheur et empochait deux thunes pour la peine.

Le petit restaurant attirait les chauffeurs de camions parce que c'était le bout d'une longue route étroite. Il y avait toujours quelque monstre en train de reculer et de tourner entre la pompe à essence et la prairie.

La seule chose en pantalon des parages qu'elle avait plaisir à voir était le jeune rouquin sans sourcils et dépenaillé qui s'était amené un jour avec une page comique du journal du dimanche à la main.

— J'ai jamais appris comment qu' les lettres elles font des mots, lui dit-il. Alors j'aimerais bien si vous m' lisiez ça, m'dame.

D'abord elle n'avait pas compris pourquoi c'était vers elle qu'il était venu. Puis elle s'était aperçue qu'il avait honte de demander à quelqu'un d'autre. Alors elle avait lu avec lui les petites légendes qui sortaient de la bouche des personnages image par image. Puis elle avait été prendre un de ses deux livres, *Comment Rédiger De Meilleures Lettres d'Affaires,* et ils avaient travaillé dessus jusqu'à l'arrivée d'un chauffeur qui avait un pneu crevé, et le gamin dépenaillé était parti se coucher.

Parfois elle le voyait faire le tour d'un camion comme un chien intrigué, une épaule plus haute que l'autre, une clef anglaise à la main. D'autres fois il n'y avait que deux gros pieds sales qui pointaient de dessous un camion, les orteils écartés par l'effort, comme s'il craignait que le boulot ne soit pas terminé quand le chauffeur serait prêt à grimper dans sa machine. Qu'est-ce qui l'intriguait donc tant ?

Ou bien il restait simplement appuyé pendant des heures contre le panneau en fer — RÉPARATIONS EN TOUS GENRES — qui se balançait au gré du vent qui ébouriffait la prairie.

— Qu'est-ce que je te dois, Rouquin ? entendit-elle demander un camionneur.

— Du perlot et une tasse d' jus, ça f'ra l'affaire pour moi, M'sieur.

Mais au ton de sa voix elle savait qu'il n'avait pas seulement envie de tabac et de café. « Il a toujours faim », devinait Terasina.

Il ne semblait pas attacher de valeur à l'argent. Du café et un paquet de Bull Durham, c'était son tarif pour n'importe quel boulot et sa sueur au soleil. Elle était outrée, la Terasina, elle qui aurait pu distinguer un billet de dix dollars d'un nickel mexicain de l'autre côté de la rivière, de voir qu'il se faisait exploiter par de plus âgés que lui.

A la fin elle avait dit elle-même à un chauffeur :

— Pour les pneus et la batterie ça fera soixante-quinze cents, s'il vous plaît.

— Mais le gamin a dit une tasse de jus et du tabac.

— Soixante-quinze pour les pneus et la batterie, s'il vous plaît. C'est moi qui fais les prix au *La Fe*.

Le chauffeur compta soixante-quinze cents. Terasina ne les toucha pas.

— Et un pourboire pour le garçon, s'il vous plaît.

Le chauffeur sortit encore une dîme et partit sans un mot. A voir l'humeur de Dolores Del Rio, ce serait perdre son temps que de faire un bout de causette aujourd'hui.

— Prenez-les, lui dit Dove quand elle déposa les

quatre-vingt-cinq cents à côté de sa tasse, j' vais les dépenser ici.

— Très bien, je te les garde ! dit-elle en ouvrant promptement le tiroir-caisse. *Dzing !*

Il avait quatre-vingt-cinq cents de crédit dans la maison.

Après mûres réflexions, il se décida pour des *Sesos lampreados :* de la cervelle enrobée d'œuf. Elle apporta la commande digne d'un ouvrier de la voie.

Alors, pendant un moment, elle ne vit plus que ses grandes oreilles épaisses qui pointaient sur sa tête comme deux anses. Et elle n'entendit rien d'autre que le couteau et la fourchette qui martelaient l'assiette comme un tambour de brousse.

— ... et de la galette ed' maïs aussi, m'dame. J' pourrais manger d' la galette ed' maïs jusqu'à ce que l'monde y crève.

Une minute plus tard :

— J' prendrais ben un bol ed' pois rouges aux piments, s'iou plaît, m'dame.

— *Segundoes ?* demanda-t-elle quand les pois rouges furent engloutis.

— Si, *señora*, dit-il en délogeant avec sa langue le dernier pois qui s'était coincé entre deux dents.

Et sous ses yeux sans sourcils brûlait le souvenir des faims ancestrales ; de nouveau le tambour de brousse se mit à battre sur un rythme précipité.

— Tu veux autre chose ? dit-elle avec un faible sourire. *Chicharrones* peut-être ?

— J' crois que j' peux plus rien faire entrer, avoua-t-il à la fin. Sauf p't-êt' ben un bout d' cette tarte là-bas.

Elle lui apporta une portion de tarte et du café. Avançant ses lèvres au-dessus de la tasse posée sur la table, le dos rond, il ressemblait à une baleine qui fait surface et il lapa le café brûlant avec un magnifique bruit de succion.

Aussi juste qu'elle pouvait lui compter le repas, il lui devait maintenant quatre-vingt-quinze cents. Elle apporta un balai.

Il le prit et s'avança lourdement vers la porte, l'épaule droite toujours plus haute que la gauche. Puis, subitement enflammé par le plus brûlant bol de pois rouges aux piments de tout Chihuahua, fit tourbillonner la poussière de la porte d'entrée à la porte de la cuisine en une tempête qu'aucun signe précurseur n'avait laissé prévoir. Puis il monta au premier, balaya la chambre comme s'il la préparait pour un office religieux, et balaya ensuite les marches jusqu'en bas dans un nuage si dense qu'elle accourut avec une boîte pleine d'eau pour tasser la poussière.

Ensuite il lava les plats, récura les casseroles et trempa un torchon en une minute. Puis il annonça triomphalement du fond de la cuisine : « *Uno! Dos!* » Il tapait sur les mouches avec la *Gazette de la Police.*

— Tu peux t'arrêter maintenant, lui dit-elle pour essayer de calmer son ardeur. C'est *très* bien comme ça.

Ensuite, dans cette paix qui étreint toutes les vieilles auberges du monde au milieu de l'après-midi, ils reprirent ensemble l'art de rédiger des lettres d'affaires.

— Voilà comment les lettres font des mots, lui dit-elle. La première lettre est A. Elle le lui montra et l'aida à en reconnaître d'autres dans la page. Très bien. Ensuite il y a B.

Une enfant qui apprenait à lire à un enfant.

Quand il eut bien appris ces deux lettres, elle en eut assez et trouva un autre jeu : comment tourner la clef derrière la machine à disques pour qu'elle marche sans qu'il soit besoin de mettre une pièce. La machine se mit à jouer *Meet Me Tonight In Dreamland;* car, comme Terasina, elle connaissait autant de chansons américaines que mexicaines.

La suivante était une de ses préférées : *Cuando Sale de la Luna,* et Dove ne se lassait pas de l'écouter. Elle versa de la tequila dans un verre de coca-cola et lui demanda comment les Yankees pouvaient boire ce machin visqueux sans le corser un peu. En guise de réponse, et pour marquer qu'il était d'accord avec elle, il ajouta encore un peu de tequila. Puis il se mit à se balancer, sur un pied, puis l'autre, comme un ours heureux qui n'avait encore jamais su ce que c'était que d'être heureux...

J'aimerais vivre au Pays des Rêves
Avec une fille comme vous.

Il y avait bien longtemps qu'elle ne s'était pas sentie heureuse et détendue, elle aussi, et ça lui faisait du bien de voir quelqu'un d'heureux avec elle. Un drôle de gars pas compliqué, et qui n'avait rien d'un fleuriste. Il sentait la sueur et le sel. Il n'avait probablement jamais vu d'orchidée.

— J'aime voir danser les hommes... s'entendit-elle déclarer, toute surprise, et elle changea de disque en s'adressant au répertoire mexicain de l'appareil.

Adios, mi corazon.

Chaque fois que la machine susurrait « *corazon* », Terasina avait un hoquet. A la troisième fois, elle saisit la main de Dove et l'appuya contre sa bouche et ses narines, en l'encourageant à appuyer plus fort. « *Empuje.* » Elle prescrivait le remède mexicain contre le hoquet. Passant un bras autour de ses épaules, il appuya si fort son autre main qu'elle commença à suffoquer et il dut s'arrêter.

— La mort n'est pas un bon remède contre le hoquet, lui apprit-elle.

Elle préférait la danse au hoquet ou à la mort. Son bonheur, c'était d'entendre chanter en chœur, surtout quand il y avait aussi des voix d'enfants, comme aux soirées d'anniversaire, quand on écoute sous la fenêtre, et que les gens ne savent pas qu'on les écoute.

Une fois elle avait entendu un jeune père demander pardon et vu la jeune mère, pour toute réponse, donner le sein à son enfant. Ce souvenir tiraillait encore ses seins blancs si douloureux, et gonflait ses mamelons auréolés de brun.

— En Jésus est ma paix, dit-elle au miroir dans sa petite chambre, *en tristes hojas de tentacion, en Jesus tengo paz*. Et le miroir la regarda de son haut, comme pour dire : je crois bien qu'il y a quelqu'un qui vient de faire un mensonge.

Et, fait étrange pour une personne si dévote, elle ne rêva ni à Jésus ni à sa paix. Elle se trouvait dans une ville mexicaine, en plein midi. Pas une ombre sur le sol, et devant les portes falotes, des chiens mexicains et falots rêvaient falotement.

Tout le monde dormait, sauf un homme, la main posée sur le bouton de sa porte comme si elle était là depuis des heures.

— Il fait si chaud dans la rue, se plaignit l'homme qui écoutait sous la fenêtre d'une voix très habituée à mentir. Puis-je avoir de l'eau ?

— Il n'y a que Jésus qui peut boire ici, refusa-t-elle, et elle s'éveilla la gorge serrée par l'angoisse. Dehors le vent chassait la pluie qui faisait de chaque fossé un miroir. Elle vit les vraies étoiles qui descendaient, la main dans la main sur les pavés luisants, jusqu'au bout de la ville. Puis revenaient... comme des amoureux qui rentrent chez eux.

Soudain la tasse qu'elle tenait à la main lui parut si vide qu'elle jeta l'eau par terre, et la remplit de tequila ; à ras bord.

Et elle but, les mains tremblantes, en tournant le dos au mur pour que la Vierge Marie ne la voie pas.

Après avoir goûté aux *Sesos lampreados*, le café et le tabac laissèrent Dove aussi insatisfait que les pages comiques du dimanche maintenant qu'il avait vu à quoi ressemblait un livre.

Alors, après le départ du dernier chauffeur de la journée, Terasina alla lui chercher son autre livre.

Et cette fois Dove vit un prince chinois qui volait dans les airs et portait légèrement sur son dos un garçon aux cheveux couleur de lin qui avait une grande plume piquée dans son chapeau ; une princesse qui naviguait dans une coquille de noix et qui se blottissait au fond, tout effrayée par une gigantesque grenouille-bœuf qui disait « Croa ! Croa ! Croa ! » C'est tout ce que son fils savait dire : un petit homme rapiécé qui conduisait un troupeau de vaches en fumant sa pipe en terre ; et des rennes, des Pères Noëls, des danseurs, des lutins, des canards, des mandarins, des anges, des châteaux et des théières et des arbres aussi vieux que la terre.

Mais celui qui captivait le plus Dove, c'était le soldat de plomb inébranlable qui portait bravement son mousquet sur l'épaule bien qu'il n'eût qu'une jambe. On l'avait fabriqué le dernier et il n'y avait pas eu assez de plomb pour l'achever, mais il se tenait tout aussi droit sur son unique jambe que les autres qui en avaient deux. Dove prévoyait déjà que, de toute l'armée, ce serait celui-là qui verrait le plus de monde, qui vivrait les plus grandes aventures et qui finirait par gagner l'amour que tous les autres convoitaient aussi.

Le soldat qui se tenait très droit sur sa jambe n'avait pas besoin de regarder bien loin : il y avait une danseuse de papier vêtue de la gaze la plus légère, avec un ruban bleu maintenu sur sa poitrine par une paillette aussi grosse que sa tête. Elle faisait les pointes et tendait ses deux bras vers le soldat, et de là où il était, il avait l'impression qu'elle n'avait qu'une seule jambe. Cela fit qu'il se sentit tout proche d'elle, et Dove en éprouva un malaise car une erreur aussi grossière ne pouvait qu'avoir de fâcheuses conséquences. Mais le soldat avait pris sa décision, et il s'étendit de tout son long derrière une tabatière, de sorte que lorsqu'on viendrait ranger les autres soldats dans leur boîte et que les gens iraient se coucher, il pourrait rester toute la nuit pour admirer sa danseuse.

Puis l'horloge sonna minuit et tout à coup, vlan ! le couvercle de la tabatière se releva, et ce n'était pas du tabac qu'il y avait dedans, non ! C'était un petit lutin noir, une espèce de diable, qui venait de jaillir de sa boîte à malice.

« — Soldat de plomb, dit le lutin, prends garde à toi ! » Mais le soldat de plomb fit celui qui n'avait pas entendu. « — Attends ! Tu verras demain ! » menaça le diablotin.

Dove l'avait deviné, c'est maintenant que les ennuis allaient commencer. En effet, pas plus tard que le lendemain matin, tandis qu'il montait la garde sur le rebord de la fenêtre, le lutin lui souffla dessus et le soldat tomba la tête la première du troisième étage et sa baïonnette alla se planter entre deux pavés. Les gens passaient sans le voir et il manqua plus d'une fois être écrasé. Puis il se mit à pleuvoir, un vrai torrent, et quand la pluie cessa et que les gouttières commencèrent à dégorger, deux petits garçons le trouvèrent, fabriquèrent un bateau avec une feuille de journal, mirent le soldat au milieu, et le voilà qui navigue et s'enfonce dans un grand tunnel où il faisait aussi noir que dans sa boîte.

Le courant devint plus fort, le bateau de papier devenait de plus en plus lourd et le bateau finit par sombrer avec le soldat. Un poisson l'avala, mais il portait toujours fièrement son fusil sur l'épaule, jusqu'au moment où un éclair perça les ténèbres et quelqu'un s'écria : « Un soldat de plomb ! » Le poisson avait été pris, emmené au marché, vendu et apporté à la cuisine où on lui avait ouvert le ventre avec un grand couteau. La cuisinière prit le soldat entre deux doigts et l'apporta au salon où tout le monde voulut voir le merveilleux personnage qui avait fait un si long voyage. On le plaça sur la table et, merveille des merveilles ! c'étaient les mêmes enfants, les mêmes jouets sur la table et au milieu, comme auréolée de lumière, sa petite danseuse qui faisait les pointes ! Il était rentré à la maison !

Le soldat fut si ému de tout cela, et surtout de revoir sa bien-aimée, qu'il avait envie de verser des larmes de joie. Mais les soldats ne doivent pas pleurer, aussi regarda-t-il droit devant lui, un peu sur le côté, comme lorsqu'on rend son regard à un officier ; mais *elle,* elle le regardait *droit* dans les yeux. A ce moment-là un des petits garçons prit le soldat et, sans rime ni raison, le lança dans la cheminée où brûlait un grand feu, et où il mourut, l'arme à l'épaule, regardant droit devant lui ; mais il ne voyait plus personne.

Dove se leva d'un bond et ferma le livre si fort que le pouce de Terasina resta pris dedans. « — *Basta !* » Assez de contes de fées. Apparemment il n'avait pas apprécié cette fin-là. Il courut vers l'appareil à disques, tripota la clef et entreprit un pas de danse, comme s'il voulait oublier la triste fin du soldat...

Tout entière
Prends-moi donc tout entière...

Levant un pied, puis l'autre, il se mit à branler lentement la tête, les bras ballants, en une danse où, elle le voyait, l'amour et le désespoir se mêlaient étrangement.

— Le Roi des Eléphants ! l'encourageait Terasina, mais elle applaudit surtout pour masquer son malaise. Elle se sentait gênée de le voir danser ainsi, sans bien savoir pourquoi.

Les mains sur les hanches, une grimace obscène au coin de la bouche, les joues luisantes de sueur et la respiration oppressée, il émettait de telles ondes de lascivité que sa danse devenait une invite à toutes les femmes et que Terasina sentit ses cuisses s'écarter sous elle. Puis, l'air tourmenté et comme honteux, son visage vira au gris, et il s'abattit sur la table la tête dans ses mains. Et tandis que la musique se retirait doucement de la pièce, elle vit que ses épaules tremblaient.

Quand elle lui toucha les épaules, il leva vers elle un visage angoissé qui s'efforçait de sourire et qui toucha son cœur comme le regard suppliant d'un animal.

Joignant les doigts de sa main gauche, en tenant le pouce bien écarté, elle saupoudra de sel le tendon saillant puis le lécha d'une petite langue agile.

— Il faut te trouver une fille, décida-t-elle tout à

coup, comme si le sel lui avait ouvert les yeux, et elle lui tendit sa main, pour que le sel lui ouvre les yeux à son tour. Il en prit une pincée, la porta à sa langue, réfléchit un moment et déclara :

— Y a pas une fille dans tout c' bon dieu d' bled qui vaut la peine qu'on la r'garde deux fois. Puis, avalant le sel, il se ravisa et dit d'un petit air malin : à part vous, pour sûr, señora.

— Bon, dit-elle vivement en faisant semblant de ne pas saisir l'allusion, c'est vrai que ce n'est pas bien fameux par ici. Mais s'il y avait quelque chose de bon, des jolies filles ou de belles récoltes, alors il y aurait des sales types qui arriveraient de tous les sales coins du monde et qui amèneraient avec eux d'horribles filles. Et les choses seraient encore pires que ce qu'elles sont maintenant. C'est que les bonnes choses ne sont pas si bonnes que ça.

Cette nuit-là, Terasina dormit mal. Dans son demi-sommeil le sourire angoissé du rouquin la poursuivait.

Une semaine avant Noël, elle lui donna la clef du *La Fe* et le chargea de veiller sur la maison jusqu'à son retour. Elle ne rentrerait pas chez elle tant qu'elle aurait le cœur troublé. Mais cette année-là c'est à la Noël que survint le véritable trouble, en lui fournissant une pieuse excuse.

Pendant la sécheresse de 1930, quand il fallut beaucoup compter sur les sous des vieux copains, les boutiquiers de toutes les petites villes passaient leurs journées sur le pas de leur porte à adresser des saluts engageants à tous les passants. Mais quand la pluie fut revenue et que les touristes qui se rendaient au Mexique commencèrent à perdre une heure entre la boutique aux souvenirs et la poste, ils étaient bien trop occupés pour sourire. Les affaires étaient les affaires ; le temps devenait de l'argent.

Les hommes et les gars en salopette, pieds nus, rôdaient autour des Buick des touristes, en se montrant tous leurs petits perfectionnements d'un air si solennel qu'il semblait bien que l'époque où l'on allait à pied d'un endroit à un autre fût déjà révolue pour tous. Si l'un d'eux avait eu l'idée de crever un pneu, les autres l'en auraient empêché, car ils avaient déjà une mentalité de propriétaires. Ils ne rêvaient plus que de kilomètres-heure, de pare-chocs étincelants, de faire bon voyage et de ne pas crever en route.

Ils savaient qu'ils venaient du mauvais bord d'une ville qui n'en comportait que deux, le mauvais et le pire, et qu'il fallait par conséquent faire bonne mine aux étrangers qui avaient du pognon plein les poches. Et si les femmes des voitures immatriculées dans l'Est paraissaient plus arrogantes que vulgaires, on ne convenait de cela qu'en espagnol, cette langue de la courtoisie.

Dans ce coin perdu, la crise amena une modeste prospérité sous la forme d'un bureau d'allocations de chômage dont le préposé fit repasser la rivière à une douzaine de resquilleurs. Les vieux copains leur souhaitèrent bonne chance : « Comme ça ça nous fera plus d'ignames à bouffer. »

Un soir que Dove flânait dans la Grande-Rue, il vit le pharmacien devant son magasin avec son visage renfrogné qui disait : « Circule, Bon-à-rien. Les Affaires c'est les Affaires. »

Bon-à-rien circula, parce que les affaires c'est les affaires.

Bon-à-rien ciculait toujours, à moins qu'on ne lui dise de s'arrêter. Alors il s'arrêtait, jusqu'à ce qu'on lui dise de circuler. Et toute l'année Dove s'arrêtait ou circulait, toujours indésirable.

Sur les marches du tribunal Fitz faisait son numéro de clown devant quelques ballots hirsutes comme des cactus. Byron était appuyé contre l'obusier, comme s'il était trop fatigué ce soir-là pour monter dessus.

— Révérend, lui demanda un loqueteux aux yeux caves, cassé en deux comme sous un invisible fardeau, c'est-y qu'une femme d'un homme elle peut s' couper les tifs ras dans l' cou ?

— Va voir dans l' Deutéronome, lui promit Fitz, ta réponse elle est là.

— Mais j' *crois* pas qu' c'est mal, dit la voix de la femme en refusant de reconnaître l'autorité du Deutéronome.

— Femme, lui dit Fitz d'une voix cinglante, est-ce que t'es jamais tombée à genoux pour d' mander à Dieu si c'était mal ?

— Non, jamais, Révérend.

— Ben quand tu l' feras, Y te l' fera savoir. S'Y voulait qu'une femme a's' fasse couper les tifs, Y lui dirait d' se les faire couper à ras, pas vrai ?

Il semblait bien qu'il n'y eût pas de réponse à cela.

— A quelle vitesse qu'y volent, les anges ? fut l'énigme que Fitz eut ensuite à résoudre. Celle-là était facile.

— Ben, un ange y peut quitter la Nouvelle Jérusalem à six heures du matin, faire l' tour d' la Terre et être rentré à six heures du soir là ousque le lion il est couché avec l'agneau. L' Paradis l'est tout près d' là ! Là où qu'y a pas de mites et pas d' rouille pour faire du dégât ! Là où qu' les voleurs y cambriolent rien du tout ! Là où qu'y a pas de maladies. Là où qu'on a jamais de souffrances ! Et mille ans sont comme un seul jour !

— Alors pourquoi qu'y s' dépêche de rentrer à six heures du soir c' con-là ?

Fitz ignora Byron.

— Y a du baume dans Galaad ! Pas d' guirlandes de douleur su' les portes... et les portes a' sont toutes d'or pur ! Oui, d' l'or pur ! — Puis le vieux s'avisa de quelque chose. — Seulement faut pas compter là-dessus... Y aura personne pour s' gourrer à prendre une bande de voleurs de poules comme vous pour des anges. Non, mes pauv's' amis. C' qu'on a mis d' côté pour vous c'est la Nouvelle Jérusalem.

— C'est l' bon vieux Feu de l'Enfer, Révérend, déclara un croyant impatient d'étaler son savoir.

— L' Feu d' l'Enfer l'est encore trop bon pour nous, pas vrai, Révérend ? dit un autre pour essayer de se mettre dans ses bonnes grâces et d'y gagner peut-être un coup de son Tue-Diable.

— On est pas avec l'Enfer !

Ils exagéraient tout. Car ils savaient que Fitz mettait à leur portée la Cité de l'Or Pur pour le seul plaisir de la leur reprendre.

Et pour l'heure ils se foutaient éperdument de n'importe quelle Cité de l'Or. La misère partout et toujours, c'était *ça* leur plat unique. Alors le soufre aveuglant, les tortures éternelles et tous les coups en vache du guignon, ils n'avaient que ça à espérer. Ils ne croyaient jamais réellement que le Paradis pût être à portée de leur main, tandis que rien ne leur était plus familier que la certitude du Feu de l'Enfer. Et il appartenait à Fitz de les conduire tout au bord de l'abîme hurlant. Le Révérend savait très bien ce qu'on attendait de lui.

Avec l'exaltation de celui qui avait été là-bas et qui en était revenu, Fitz les conduisait de plus en plus près du bord indicible...

— Y a des souffrances *in-des-crittibles* pour tout le monde... telle était sa bonne parole, à ce Père Noël qui n'avait dans sa hotte que des horreurs, qui appuyait sur chaque syllabe pour rendre l'Enfer si imminent qu'ils avaient à peine la patience d'attendre leur tour sur le plongeoir. Des souffrances *in-des-crittibles!* Damnation *é-tar-nelle!* Visions *en-fer-nales!* Invasion par une armée! Une armée de lépreux! Deux cents millions de cavaliers vomis par les flammes! Un fleuve de sang et de chairs brûlées sur deux cents kilomètres de long! Sept mois sans s'arrêter pour enterrer les morts! Une armée qui arrive! Une armée de lépreux!

— L'armée de Gédéon! s'écriait un ballot emporté par le mouvement.

Oh, ils aimaient tellement ces cavaliers de la lèpre qu'ils se bousculaient pour arriver avant eux! Cela ne faisait rien : il n'y avait pas de cause trop démente pour eux, pourvu que l'action soit rapide et qu'il y ait du sang plein le champ de bataille. Ils étaient entraînés par l'énorme solitude de leur vie jusqu'aux portes de la cité dorée, et puis de nouveau emportés au cœur des plaines brûlantes de la Damnation. Dans un mouvement si rapide qu'il ne leur était pas accordé un seul instant pour reprendre haleine et regarder au fond. Pour regarder au fond de leur cœur, si vide et si obscur, comme le sont les cœurs.

— Des mères qui mangent la chair de leurs nouveau-nés! Des souffrances plus horribles qu'y en a jamais eu depuis qu'y a des nations *même à c't' heure qu'il est!* Des pierres d'Enfer grosses comme des blocs de glace! Des torrents d' feu pleins d' sang! Des fontaines et des rivières de sang avec de l'écume de sang! El Paso englouti sous des fleuves de lave rouge! Ben maintenant, c'est ça qu' vous allez prendre su' la gueule, pauv' bougres que vous êtes tous.

— Et New York, dites Révérend ? — Il y en avait qui ne voulaient jamais aller nulle part tout seuls.

— Ensevelie sous un déluge de crapauds ! Des crapauds gros comme des chats jusqu'au sommet d' la tour de Wall Street !

Wall Street avait encore de la chance.

— Toutes les îles disparaîtront et on verra plus les montagnes ! Fuir ou mourir ! Tous ceux qui adorent Jehovah devront recevoir la marque de la bête ou mourir ! Des murailles de briques et des murailles d'acier défoncées par des pierres d'Enfer pesant cinquante-six livres chacune !

Même Byron ignorait où il allait chercher toutes ses images.

— Les agents de l'ennemi, ces enfoirés de catholiques, sont déjà parmi nous, y s' préparent à s'emparer d' la Maison Blanche. Et Satan il a son image vivante su' la Terre : c'est l' *Pape* de Wall Street !

Certains jetaient sur Byron des regards soupçonneux. Les yeux de Fitz suivaient le mouvement, et de la foule subitement prise de transes jaillissait un cri unanime :

Dans une joie solennelle, je veille
Un cadavre d'où l'esprit s'est envolé
Et qui ne désire plus que dormir dans sa tombe.

Byron ne pouvait pas supporter d'entendre chanter des hymnes, et pour lui celui-là était le plus horrible de tous :

Cette terre n'est plus affligée
Par la maladie, ni secouée par le chagrin ;
La guerre dans les membres est terminée
Et plus jamais ne le tourmentera.

— O Dieu, leur demandait Byron à tous dans un cri, O Dieu qui méprises ceux qu'ont pas d' souliers... t'occupe pas de not' pain quotidien mais hâte ta vengeance ! Hâte-toi ! Hâte-toi !

« Après qui qu'il en a maintenant ? » se demanda quelqu'un.

Avant qu'aucun ait hasardé une réponse, Byron avait tourné les talons et disparu dans le noir. Mais la voix de son père le poursuivit.

— Mes amis, j' me disais quand j' vous parlais y a une minute de l'invasion des lépreux et des pierres d'Enfer pesant cinquante-six livres et d' deux cents millions d' cavaliers vomis par les flammes et d'une pluie d' crapauds gros comme des chats et des mères dévorant leur nouveau-nés et d'un vent défonçant les murailles de briques et les murailles d'acier et d'un fleuve de sang brûlant qui emportait les chevaux, qu' vous alliez au-d' vant d' pas mal de p' tits ennuis. Maint'nant y faut que j' vous dise qu' les ennuis véritables y vous arriv'ront pas avant qu' l'Antéchrist y s' mette à vous travailler vot' peau d'pécheurs.

« Déjà y répand la *dau-trine* de l'évolution, la paternité universelle de Dieu et la fraternité des hommes. Déjà les syndicats d' Wall Street y s' mettent en marche pour lui donner un coup d' main, et y préparent le jour où y aura pas un homme qui pourra gagner son pain à la sueur de son front s'il a pas la marque de la bête sur lui. Et y pourra rien acheter et y pourra rien vendre. Les syndicats des villes y vous disent que les Chinois c'est vos frères ! Qu' les Arabes c'est vos frères ! Qu' les Mexicains c'est vos frères !

« *Vous v'nez nous dire qu' les grandes villes elles sont favorables à l'étalon-or ; mais nous on répond qu' les villes elles reposent sur nos vastes et fertiles prairies. Brûlez vos villes et laissez nos fermes, et vos villes resurgiront comme par magie ; mais détruisez nos fermes et l'herbe poussera dans les rues de toutes les villes par tout le pays. Vous n'enfoncerez pas cette couronne d'épines sur le front du travail, vous ne crucifierez pas l'humanité sur une croix d'or.* » Il fit un bond en l'air et retomba sur ses pieds en aboyant comme un gibbon :

La croix ! La croix !
La croix sanglante !
Je vois la sainte croix !
O, le sang, le précieux sang
Que Jésus a versé pour moi !
Sur cette croix de sang écarlate
Par les yeux de la foi maintenant, je vois...

— Oh ! Regardez ! Regardez là-bas ! Venez vers les rues de l'or ! Je vois une grande foule en robes blanches lavées dans le sang !

Une douzaine de têtes se tournèrent vivement pour voir Dieu sait quoi, mais ils ne virent que Dove, l'air malheureux, comme s'il souhaitait que son pauvre fou de père descende de son perchoir. Quand les yeux de la foule se portèrent sur lui il fit demi-tour pour suivre son frère dans le noir.

Il passa devant le petit cinéma qui affichait Thomas Meighan dans *Jeunesse du Péché.* Mais il s'arrêta devant le bazar pour regarder les souvenirs garnis de franges en soi-disant peau de buffle authentique gravés au fer à marquer les bêtes.

Là où les lèvres sourient plus longtemps
Là où les mains applaudissent plus fort
C'est là que l'Ouest commence.

Byron lui avait lu ces mots il y avait longtemps. Par toute la ville il y avait des affiches et des pancartes, des légendes, des avis et des prières que Dove savait par cœur. Et il s'amusait à regarder tous ces écrits en remuant les lèvres, de sorte qu'un passant aurait pu croire qu'il les lisait réellement. Il fronçait même les sourcils de temps en temps pour faire croire qu'il en avait trouvé un qui présentait certaines difficultés même pour un garçon instruit comme lui.

Mais les passants ne faisaient guère attention à ce lourdaud à la tignasse avachie. Alors il s'arrêtait sous les fenêtres grillagées de la vieille prison. Les prisonniers, au moins, avaient le temps de s'intéresser à lui.

Mais la prison n'avait qu'un locataire ce soir-là : Riley Œil-de-Poule. L'Indien, les doigts noués si fort autour des barreaux que ses articulations étaient toutes blanches, portait les cheveux longs serrés en un chignon maintenu par un gros peigne. Il pointait son visage osseux entre les barreaux pour humer un peu l'air de la nuit qu'il ne pouvait pas voir. Dove voyait scintiller le peigne d'écaille.

— T'as du perlot pour moi, là-d'sous ? demanda Riley.

Dove ramassa une pierre, l'introduisit dans son paquet de Bull Durham pour le lester, et regarda autour de lui pour voir si le shérif était dans les parages. Le vieil homme fulminait toujours contre cette habitude qu'avaient les gens de par ici de lancer des paquets de ceci ou de cela à travers les barreaux, jusqu'à des pamplemousses, ce qui l'obligeait à gravir le petit escalier trop raide pour ses jambes et à passer l'inspection de la cellule.

— Recule-toi, Œil-de-Poule, dit Dove à Riley. Puis il balança le tabac... et il entendit le paquet retomber sur les dalles de la cellule. Le bec réapparut entre les barreaux.

— Merci, fiston.

— C'est pourquoi cette fois, Riley ?

— Toujours pareil. Pas voulu faire l'amour à ma femme quand elle était malade. Pour qui qu'y m' prennent, non mais des fois ?

— Qu'est-ce que c'est, comme maladie qu'elle a chopée, Riley ?

— Ben t'es plus un p'tit garçon. Tu sais comment sont les femmes. Tu crois pas qu'un homme y s'rait pas une vraie bête si y grimpait sa femme à c't' époque du mois ?

— Ça pour sûr qu'y s'rait une bête. Dove se demandait ce que cela pouvait bien être. Il ne savait pas comment étaient les femmes.

— Si j' l'avais forcée malgré elle, si j' l'avais battue, ou torturée, ça ça s'rait quéque chose pour m'arrêter. Si jamais j' faisais une chose comme ça, j'irais moi-même me fourrer en taule.

— Tu d'vrais pas battre une femme, Grand Chef.

— J'y ai jamais donné d' coups, c'est ça qu' j'essaie de t'espiquer. Jamais j'y foutrais des coups à ma truie, alors y a pas d' raison qu' j'en file à ma femme.

— Faut jamais filer des coups à un' bête qu'est pas méchante.

— T'as raison d' voir les choses comme ça. Mais suppose que j' l'aie fait ? Suppose seulement que j'y aie filé des coups de pompe à ma truie et que l' shérif y s' radine par là juste à c' moment. Tu crois qu'y m' dirait quéque chose ?

— Ben y d'vrait t' dire d' pas faire ça.

— Y m' dirait rien du tout. Tu sais pourquoi ? Parce que la truie elle est à moi et qu' j'ai l' droit d'y faire c' que j' veux. Y dirait rien du tout, pas plus qu'y dirait au coiffeur comment qu'y doit m' couper les ch'veux. Alors pourquoi qu'y vient fourrer son nez maint'nant quand j' file pas des coups d' pied à ma truie mais que j' suis seulement tendre avec elle en attendant qu' ma femme elle aille bien ? J'y peux rien moi si ma femme elle est encore plus jalouse que d'habitude à c't' époque du mois ? Juste un peu d' tendresse et y vous traitent comme un monstre.

— Sûr qu' t'es pas un monstre, Chef, mais le ton de Dove n'était pas convaincu. Ben maint'nant faut qu' j'aille boulonner. C'est moi qu' je surveille l'hôtel qu'est au bout d' la route. Viens faire un tour par là quand tu sortiras, j'y dirai à mon cuisinier d' te soigner.

Dove laissa le tendre monstre tirer avec satisfaction sur sa pipe entre les barreaux. « Ça c'est un gars qu'a des manières » se dit le surveillant d'hôtel, tout fier de la bonne impression qu'il avait faite.

Il devait faire attention à ne pas trébucher dans les fondrières qu'on appelait ici des « trous d'amour » parce qu'ils étaient réputés, à l'époque des voitures à chevaux, jeter les amoureux dans les bras l'un de l'autre.

Il passa devant l'église nègre, une bâtisse délabrée où la douzaine de Nègres de la ville se réunissaient pour prier, et leur service commençait justement :

Bien, chut, O chut,
Il y a quelqu'un qui m'appelle.
Bien, chut, O chut,
Il y a quelqu'un qui m'appelle.

C'était l'heure, avant que les grenouilles préludent, où les Mexicains et les Mexicaines tiraient leur châle sur leur bouche pour se protéger de l'humidité. Dans le crépuscule de poussière bleue les fenêtres barrées de planches du *La Fe* étaient aussi aveugles que Riley. L'escalier pourri, les murs rongés par le vent, les portes grignotées par le sable, en bas, dans la salle au cœur inquiet, tout gardait le souvenir de Terasina.

Terasina Vidavarri.

La gelée blanche frappait au carreau. Bien qu'elle ne lui ait pas demandé de le faire, tous les soirs il allumait la lampe devant sa vierge. A sa lumière il faisait ronfler le poêle. Puis il s'allumait une petite tige de l'herbe à rêves de Byron et tirait d'un air de défi une profonde bouffée.

— Vieux cinglé de pompe à merde... si tu m'avais envoyé à l'école au lieu de jouer les prophètes à la con devant une bande d'encore plus cinglés qu' toi, j'aurais un boulot d'homme qui sait lire et écrire à c't' heure.

A chaque bouffée il s'élevait de quelque centimètres au-dessus du plancher.

— Vieille punaise de Juste-Comme-Je-Suis, Hâtez-Vous, Pas-Le-Temps-De-Vous-Repentir... brusquement la cigarette s'amollit au coin de sa bouche et il se signa et fit une génuflexion, bien que ses genoux ne prissent appui sur rien.

C'était le chevet de *son* lit ; c'était *son* lit. C'était là qu'elle couchait, qu'elle dormait, qu'elle rêvait, et bientôt elle reviendrait dormir là.

Entre la lueur rougeoyante de la lampe à acétylène et celle, jaune et tremblotante, de la vierge, il regarda les mots de l'histoire qui raconte COMMENT UN HOMME AU CŒUR PUR EST TOUJOURS DANS LE DROIT CHEMIN, car il la connaissait par cœur :

« *Toujours gai et content bien que la pente descende toujours ! C'est là le secret qui vaut de l'or.* »

Le bout de sa mince cigarette dansait comme une

minuscule ballerine dans l'obscurité. Il tourna la page où le vent d'est, habillé en Chinois, disait au Prince de tenir bon sinon il tomberait.

« — *Oh, tu viens de là-bas ? dit la mère. Je croyais que tu étais allé au Jardin du Paradis.*

« — *J'irai demain, dit le vent d'est. Cela fera cent ans demain que je n'y suis pas retourné. Je viens de Chine, où j'ai dansé autour d'une tour de porcelaine jusqu'à ce que toutes les cloches se mettent à danser. Dans les rues on donnait la bastonnade aux fonctionnaires. On leur brisait des cannes de bambou sur les reins et ils criaient :* « *Mille Mercis, Père et Bienfaiteur* », *mais ils ne pensaient pas ce qu'ils disaient. Et j'ai continué à faire danser les cloches qui chantaient* « *tsing, tsang, tsu !* »

Un parfum d'Orient vint flotter autour de lui. Il laissa le livre et suivit son nez, flairant comme un lapin, qui le mena tout droit à un tiroir de la commode.

Une blouse de tulle, un slip blanc aux ourlets effilochés et un soutien-gorge noir, comme des habits sacerdotaux de quelque ordre religieux. Dove les flaira avec cette vénération propre à ceux qui ont vécu totalement en marge des femmes. Sous ces vêtements, cela le frappa comme la révélation d'un mystère, la señora était nue. Cette évidence le laissa si faible qu'il s'assit sur le bord du lit avec le slip en travers des cuisses, et il se mit à lui donner des petits coups comme si c'était la chair de Terasina. Dans la coupe de son soutien-gorge, avec le petit creux supplémentaire du mamelon, il respira son odeur à elle, et un parfum de *Cuir de Russie*.

Son sein s'était niché là dans ce creux, et il devait être encore plus doux que ça. Et il frotta l'étoffe soyeuse contre la peau rugueuse de sa joue.

Señora, laissez-moi toucher votre cœur nu.

Une intense émotion le saisit et le fit rouler sur le ventre, serrant le slip sur sa poitrine. Puis, étreignant l'oreiller où sa tête avait reposé, les membres convulsés, une vague étourdissante le submergea, et le laissa inerte et mou comme le slip. Transpirant, coupable et épuisé, le garçon resta étendu un long moment, les yeux fermés. Cela ne lui était encore jamais arrivé, sauf la nuit en dormant.

— C'est rudement chouette, se dit Dove.

Et il sombra dans le sommeil et ronfla.

Il rêva qu'il traversait une fête de village et qu'il s'approchait d'un manège où on allait donner le départ d'une course d'autos miniatures montées par des singes qui portaient des casquettes de jockey assorties à la couleur de la voiture, une rouge, une verte, une jaune, une bleue ; les gens se pressaient et se penchaient sur la barrière et il enfonça la visière de sa casquette sur ses yeux pour qu'elle ne s'envole pas quand les voitures partiraient...

Juste comme je suis ! Juste comme je suis !

entonna joyeusement la fanfare.

Il perdait du terrain, il en regagnait... il était presque en tête. Oh... Hâte-toi ! Hâte-toi ! Du visage hurlant de son père il vit émerger le crâne de Riley l'aveugle, le rêve tournait et se soulevait, les barreaux s'écartaient et glissaient.

— Señora ! Sauvez-moi de Riley !

Il se retrouva assis par terre, l'oreiller toujours pressé contre sa poitrine. Au-dessus de sa tête la vierge brillait doucement. Le poêle baissait. Là-bas dans la nuit, les Nègres prophétisaient sans fin :

O chut, un beau matin
La mort entrera en rampant dans la chambre...

Les yeux de Terasina dans le feu le sauvèrent de Riley tandis que la grande roue du rêve s'immobilisait.

— L' général est arrivé c'te nuit.

C'est par ces mots qu'un triste matin Fitz salua la neige qui était tombée dans la nuit. Les toits de Bidonville étaient tout blancs et il n'y avait rien d'autre à brûler que des cageots de pamplemousses, et encore ceux-ci étaient-ils rares.

L'unique robinet gela, mais un couple de Mexicains deux maisons plus bas partagèrent leur puits avec leurs voisins. La nouvelle qu'un train de charbon allait passer circulait de porte en porte comme l'annonce d'un mariage pour le printemps. Vrai ou faux, ça vous réchauffait déjà rien que d'en parler.

Dove et un garçon appelé Jehova descendirent vers la voie ferrée munis d'une longue perche fourchue et d'un sac. Une troupe flottante d'une cinquantaine d'hommes, de femmes et d'enfants poussant des brouettes ou traînant des caisses se dirigeait vers le réservoir d'eau. Une petite fille mexicaine serrait dans les plis de son châle jaune une poupée de bois. Les franges du châle qui lui descendait plus bas que les chevilles avaient ramassé assez de poussière de charbon pour qu'on pût en faire un bon feu. L'enfant et la poupée gardaient une petite poussette vide aux roues cagneuses.

— Ton bébé y va attraper froid, belle gosse, lui dit Dove pour la taquiner, mais elle ne lui adressa pour toute réponse qu'un regard hostile.

— Quand on t' parle, tu pourrais répondre, lui fit observer Jehova d'un ton de reproche, mais il obtint la même réponse que Dove. L'a froid, la pauv' poulette, dit Jehova pour excuser la petite, tandis que les wagons s'immobilisaient dans un interminable grincement de ferraille et que la locomotive commençait à prendre de l'eau.

Sautant sur un des wagons comme s'il lui appartenait, Jehova escalada la masse de charbon où il choisit les plus gros morceaux qu'il déposa sur le rebord plat du wagon. Sans que l'on sût pourquoi, l'opération devait se faire de cette manière ; les autres auraient peut-être été trop simples. Dove se tenait en dessous avec sa perche. Il ne s'agissait pas seulement de prendre les plus gros morceaux dans le temps le plus court, mais aussi d'empêcher les voisins de les prendre les premiers.

Jehova achevait de garnir le rebord du wagon quand le convoi s'ébranla. Et il sauta juste à temps pour prendre le sac et le tenir ouvert au bout du wagon. Le premier morceau, heurtant la perche que tenait Dove, tomba dans le sac. L'un après l'autre les autres morceaux suivirent le même chemin et pas un ne fut perdu.

— Et si c'étaient des ignames ? demanda Dove ; mais Jehova n'avait rien à répondre à cela. Et si c'étaient des oignons ? se dit Dove, et à la pensée d'une soupe à l'oignon l'eau lui vint à la bouche. Qu'on dise seulement à Dove Linkhorn où il pourrait voler des oignons, et Byron ferait la soupe. Un homme poussa un cri, et ils dévalèrent le remblai à toute vitesse, en traînant le sac entre eux deux. Dans le fossé gisait la petite poussette vide, les roues en l'air, l'une tournant dans un sens et l'autre dans l'autre. A quelques pas de là quelqu'un avait perdu un châle jaune. Il bougeait encore. Puis son jaune commença à virer au noir.

— La roue a attrapé la voiture mais elle voulait pas lâcher la poignée, disait quelqu'un.

— Faut attendre le prêtre, dit un autre, et Dove songea que le prêtre, quand il viendrait, expliquerait à voix basse, avec des mots simples, comment une si petite enfant aimait tellement sa poupée qu'elle n'avait même pas eu peur des roues qui lui passaient sur le corps.

Dans la dernière semaine de janvier il était dans le bûcher du *La Fe* en train de réchauffer dans ses mains un œuf de porcelaine en souvenir des poussins de l'été passé, quand il entendit quelqu'un qui essayait d'ouvrir la porte de devant. Son cœur bondit hors du bûcher plus vite que ses jambes.

Terasina.

Portant de longs gants noirs et ressemblant si fort à ces touristes intouchables de New York qu'il s'arrêta net, pieds nus et interdit.

Elle sourit de son grand sourire éblouissant. Elle sentait le soleil mexicain et elle lui bécota la joue quand il s'approcha. Il lui tendit l'œuf de porcelaine et dit : « Y a une 'tite môme qui s'a fait craser » en guise de remerciement.

— Tu me raconteras plus tard, lui dit-elle, et il monta derrière elle le vieil escalier usé par les désirs des hommes en portant sa valise qui en avait vu pas mal elle aussi.

A la porte de sa chambre il s'écarta et elle entra devant lui.

Il avait fermé les volets et les avait assujettis avec un fil de fer. La pièce sentait l'obscurité, le savon et la paix. Sa bouche tomba droit sur la sienne et c'était une grosse bouche de gars : elle y sentait la lourde et profonde chaleur de tout son être. Puis le baiser se dilata en un baiser d'homme qui lui ouvrit les lèvres et se rua dans son baiser. Qui creusa le dos de la femme et saoula son cœur. Le bout de sa langue chatouilla le bout de la sienne jusqu'à ce qu'il la lui donne tout entière. Les yeux fermés, elle la tirait doucement au fond d'elle. Sa force commençait à s'épuiser tandis que sa force à lui croissait et d'une seule main enveloppante il la maintenait debout. Son autre main remontait entre ses cuisses d'une manière si possessive qu'elle s'épanouit de gratitude sous sa douce caresse. Et puis les yeux furent trop serrés pour la gratitude, et ils s'ouvrirent tout grands, presque douloureusement, tandis que ses lèvres trouvaient sa gorge et que son dos touchait le lit, le devant de sa jupe relevé jusqu'à la taille. Alors la honte et la colère l'envahirent. Elle baissa sa jupe et la tira sur ses genoux.

Il s'avança vers elle mais elle lui montra ses ongles. Ils luisaient dans le noir comme de fins couteaux spécialement forgés à l'intention des yeux des hommes. D'un coup de tête il releva ses cheveux qui lui descendaient dans les yeux et sourit timidement.

— Faudra te trouver un autre boulot, lui dit-elle.

Il se retourna, comme pour dissiper le brouillard de l'affront.

— J' crois ben qu'y faudrait faire le feu.

Une minute plus tard elle entendit le gros poêle qui se mettait à ronfler. Toutes les fois qu'il ne savait pas quoi faire de sa carcasse il se mettait à allumer le feu, comme si cela devait l'aider à voir plus clair en lui. Enfin elle entendit la porte d'en bas se refermer.

Elle courut à la fenêtre et vit s'éloigner, d'un pas traînant, ce garçon qui serait un homme si elle consentait à être une femme. Trébuchant de son gros pas mal assuré, et chaque fois qu'il trébuchait elle trébuchait avec lui. « — Ça ne me regarde pas. » Terasina dressait un mur autour d'elle.

Haut dans le ciel immobile un vol de pélicans s'incurvait en direction du Golfe, faisait la grande roue selon la coutume des pélicans, l'oiseau de tête prenant place à la queue, en un cycle immuable ; vers une mer inutile.

« Oui, un homme est triste quand une femme se moque de lui. » Cette pensée fulgura son esprit, et un douloureux élancement de remords la fit frissonner. Où irait-il se trouver une autre amie, ce lourdaud ?

Cette nuit-là, comme la neige de ses cheveux dormait à la lueur ronronnante du poêle à bois, elle s'agenouilla avant de se coucher et confessa toutes ses fautes. Une femme de trente ans avec un gamin de seize... elle fit de son mieux pour se sentir honteuse, mais un insidieux sentiment de bonheur monta aussitôt en elle. Et avec bonheur elle laissa reposer sa tête sur le lit, pour mieux entendre, venue de quelque rue lointaine, une musique désuète apportée par les faibles bouffées d'une mer désuète.

Des filles marchaient en se tenant par la main, et des garçons venant en sens inverse les attrapaient au passage. Mais elle se tenait à l'écart, comme il convenait à plus chanceuse que certaines, mais plus solitaire qu'aucune. Et elle vit qu'une pauvre chienne sans maître la suivait, le museau dans la poussière. Elle avait la queue brisée, comme si elle avait manqué de justesse se faire écraser ; les gens riaient à voir la façon dont le bout tressautait à droite et à gauche, comme une invite à tous les mâles. De l'aube au crépuscule elle errait par les ruelles, la langue pendante, en quête des moindres recoins d'ombre où se cacher ; puis de nouveau son odeur attirait les chiens et elle se remettait à courir sur des pattes de plus en plus fatiguées.

Epuisée, la chienne vint se coucher aux pieds de Terasina, les flancs haletants, l'arrière-train couvert de sang, les yeux vides.

— Ne riez pas parce que les autres la suivent — Terasina la défendait contre ceux qui osaient se moquer d'elle — c'est elle qui fait marcher les autres, qui fait jouer les chiens au jeu qu'elle décide, et maintenant le jeu lui a donné soif, voilà tout. A quoi allons-nous jouer maintenant ? demandait-elle pour bien lui faire voir qu'il n'y avait pas de honte à faire marcher les autres ; si tu n'étais pas si affreuse je t'emmènerais à la maison avec moi. (Mais comme elle haletait dans cette chaleur étouffante !)

Elle avait la peau si fine qu'on devinait la viande rouge au travers, et passant sa main doucement tout le long de son échine, elle sentit que sa main se confondait avec cette peau, avec cette viande rouge. Ce n'était assurément pas un chien qu'elle tenait dans sa main.

— Il n'est pas à moi ! expliquait-elle à tout le monde. Elle m'a suivie et n'a plus voulu me quitter ! Et elle s'éveilla, toujours agenouillée, tandis que les flammes du poêle faisaient danser les ombres tout autour des murs et que ses mains s'étreignaient désespérément.

— Faut gonfler vos pneus, m'sieur ?

Le lendemain matin Dove était déjà au travail de bonne heure comme si rien ne s'était passé la veille. Terasina se mit à la fenêtre et le vit qui maintenait le tuyau sur la valve. Il portait une salopette propre, ses cheveux étaient soigneusement peignés de part et d'autre d'une raie impeccable, et il avait dû se frotter énergiquement le visage car il luisait de propreté. Il s'était noué autour du cou un foulard vert irréprochable, et même ses chevilles étaient propres ! S'était-il dit qu'on n'avait pas voulu de lui parce qu'on l'avait trouvé trop sale ?

Quand il entra prendre un café elle n'eut pas le courage de lui dire qu'elle parlait sérieusement quand elle lui avait dit de s'en aller. Elle vit que cela ne servirait à rien. Il continuerait à venir travailler comme avant.

Mais elle pourrait lui mener la vie dure. Il n'avait pas fini d'allumer le poêle qu'elle le houspillait déjà pour laver la vaisselle de la veille. Et l'évier était à peine nettoyé qu'elle lui reprochait d'avoir trop laissé baisser la pression dans le percolateur. Il se demanda comment elle s'en était tirée avant sans lui ; et elle se le demanda aussi un petit peu. Perché sur une chaise, il remplissait le gros percolateur chromé quand elle lui poussa le balai dans les côtes :

— Le plancher a besoin d'un sérieux coup de balai.

— Posez-le sur ma queue, murmura-t-il entre ses dents, comme ça j'pourrais laver et essuyer les murs en même temps.

— Qu'est-ce que tu dis ?

— Y a une 'tite môme qui s'a fait craser.

Elle lui jeta un regard soupçonneux et tourna les talons. Il se sentait mieux maintenant qu'il s'était moqué d'elle, mais il n'en était pas apaisé pour autant.

Juste avant midi deux espèces de clowns vinrent distraire un moment Terasina : un petit Mexicain poilu comme un ours avec des rouflaquettes et un visage de fouine, qui donnait la main à un Suédois efflanqué deux fois grand comme lui, et trois fois plus âgé.

— On s'est arrêtés en passant pour vous souhaiter l' bonjour dans votre nouvelle taule, dit le plus jeune en espagnol. Notre famille a souvent mangé avec la vôtre dans le temps.

— L'établissement n'est pas nouveau, l'informa-t-elle dans la même langue. Je suis ici depuis dix ans et je n'ai pas de famille.

— Présente mon père, dit-il en anglais cette fois. On vient juste de lui proposer la place de chef de district à Dallas, et il a b'soin que d'un p'tit pourboire pour aller là-bas. Ayez la bonté de lui prêter un dollar cinquante. Si y vous les renvoie pas par la poste avant deux jours c'est moi qui m'en chargerai... en souvenir d'autrefois, du bon vieux temps.

— Cause donc anglais, fils de pute, entendit Dove murmurer le Père.

— Vous devriez avoir honte, un gentil petit garçon espagnol comme vous, reprocha Terasina à Rouflaquettes, et elle posa deux tasses de café devant eux, en souvenir du bon vieux temps.

Le Père s'empressa d'y fourrer toute la longueur de son nez, mais Rouflaquettes avait plus de dignité.

— Allons voir ailleurs, Papa, décida-t-il en entraînant vers la porte le Suédois qui maugréait.

Aussitôt Terasina prit son crayon et s'appliqua à rédiger une nouvelle pancarte en passant souvent la mine sur sa langue. Puis elle passa une ficelle dans le carton et le suspendit à la poignée du percolateur :

Pas de réchauffé. Pas de tout petit peu.

Elle lui lut son œuvre, et Dove eut envie de demander : « — Qu'est-ce que ça veut dire ? », mais il n'osa pas car la chose semblait assez claire à Terasina, et il se contenta de s'asseoir pour réfléchir.

— Tu es payé pour t'asseoir ? lui dit-elle, et il se remit à l'ouvrage.

Simon le Pâtissier arriva à temps pour se payer un gâteau de sa fabrication.

— J'admire les femmes au type latin, confessa-t-il, le menton barbouillé de chocolat, car il commandait toujours les plus chers, et je songe à m'établir.

Comme on ne répondait rien à cela, il essaya son érudition sur Terasina.

— Je suis du genre intellectuel, confia-t-il. Tenez, un exemple : vous saviez que les Indiens réagissent pas au détecteur de mensonge ?

— Peut-être que les Indiens ne mentent pas.

— Z'avez réponse à tout. Tiens, répondez à celle-là : vous saviez que les Navajos y mangent des sauterelles ?

Elle feignit un léger étonnement. « — Tiens, voyez-vous ça. »

— Ben j' vais vous dire pourquoi en plus, moi. Si ça vous intéresse...

— Pourquoi ?

— Parce qu'ils sont d'une culture différente. *Voilà* pourquoi.

— Alors vous en feriez autant si vous étiez d'une culture différente, lui affirma Terasina en posant devant lui un sandwich tomate-laitue où elle avait remplacé la laitue par du chou marin.

— Vous voudriez pas me réchauffer ça ?... dit-il en poussant la tasse de café à moitié vide vers elle. Rien qu'un p'tit peu.

Terasina lui montra du doigt la nouvelle pancarte. Il ne vit que trop tard qu'il lui en coûterait un autre nickel s'il voulait une autre tasse pleine.

— Qu'est-ce que vous voulez donc ? Etre la femme la plus riche du cimetière ?

Mais il lui chatouilla quand même le creux de la main en partant, le pâtissier intellectuel.

Ce n'étaient pas précisément des étalons de clair de lune, ces rois du camion et de la locomotive. C'étaient des lourdauds dont les vices débordaient un peu comme le café dans leurs soucoupes. Bâfreurs, éternels soiffards, mâchcuilleurs de carottes, et grands pécheurs devant Dieu et le Diable à les entendre, quoique leur plus gros péché fût en réalité de secouer le billard électrique. Leurs conquêtes ne se comptaient plus, laissaient-ils entendre. Leur éternel problème étant celui de soulever des femmes à moindres frais. Quand elle déclara à l'un d'eux que ce week-end à Matamoros ne lui déplairait pas, il se rétracta. En fait, ce n'était pas à Matamoros, mais à Brownsville. Pas pour un week-end, mais juste pour la journée. Et naturellement il serait obligé d'amener sa famille.

Le seul aux flatteries de qui elle éprouvât de la peine à résister était Dove. Dans ses yeux elle lisait de la vénération.

— C'est-y vraiment du chocolat au lait ? demanda-t-il comme s'il pensait que ç'aurait pu être de la banane séchée.

Elle lui ferma la porte du placard au nez.

Il se remit à astiquer les vitres, sans amour, sans chaussures, sans chocolat. Quand les fenêtres furent claires, elle lui tendit un petit chasse-mouches... mais n'avait pas prévu qu'il tiendrait le compte des victimes.

Uno ! annonça-t-il de la cuisine. *Dos ! Tres ! Cuatro !* Il mentait, elle le savait car elle n'entendait frapper sur rien. Elle écouta néanmoins monter l'annonce de ses victoires à mesure qu'il gravissait l'escalier. *Seis ! Siete ! Ocho !* Il en était à *Nueve* sur le palier, *Diez* l'amena à la porte de la chambre, *Once* sur le lit. A *Doce* elle l'entendit cingler l'air au-dessus de sa tête, faisant semblant de pourchasser une grosse mouche verte imaginaire, tournant et retournant autour du lit.

Il feinta — elle entendit ses pieds valser de gauche à droite en une pathétique imitation d'un homme qui fait une fausse attaque contre une mouche en plein vol — puis se pencha au-dessus du lit et abattit son arme comme s'il avait enfin cloué sa proie. Puis le silence.

Un silence douloureux où elle croisait ses chevilles sur son dos, sur ce bon vieux lit dur. Et elle se prit la tête dans les mains, souffrant de cette naturelle bonté du corps et du cœur qu'on lui avait appris à tenir pour péché mortel.

— *En Jesus tengo paz,* essaya-t-elle de prier pour chasser l'image du bon lit dur.

Pas de réchauffé, l'avertissait la petite pancarte dans son dos. *Pas de petit peu.*

Tandis que Dove l'attendait sur son lit.

A la fin il redescendit en balançant tristement son chasse-mouches, l'accrocha à sa place, poussa la porte et se retrouva dehors. Elle essaya de le rappeler :

— Viens prendre du chocolat...

Il cracha entre ses dents dans la poussière et disparut.

Disparut dans le crépuscule argenté sous un ciel pur de tout pélican.

Terasina délaissa son amie du mur ce soir-là. Ce n'était pas un soir pour les vierges, voilà tout.

Fermée en son cœur dans sa chambre close, seule dans le noir verrouillé, elle entendit la pendulette tisser le cocon soyeux de sa solitude. Jusqu'à ce que le silence de la nuit prenne pitié d'elle et que le sommeil l'entraîne un moment dans ses images.

Vêtue d'une robe du soir bleu de nuit au profond décolleté, pailletée de sequins verts mais barbouillée de chocolat d'une manière répugnante, elle demanda : « Quel est le chemin de l'église ? » à un élégant petit gentleman bossu en queue de pie et cravate noire... « Je voudrais me faire nonne aujourd'hui. »

— Je suis grand admirateur de nonnes, lui assura l'élégant petit gentleman, et il s'inclina encore plus bas. En fait mon père était évêque de Séville. Notre famille connaissait très bien la vôtre, Señora.

— Monsieur, répondit-elle respectueusement, nos deux familles descendent de Cortez. Peut-être vous souvenez-vous de *mon* père ?

— Mais certainement. C'était un maquereau boiteux de Puebla.

— Il y a toujours eu un bon maquereau dans notre famille, déclara-t-elle sur un ton de tranquille fierté.

— Il y a toujours eu une bonne putain dans la nôtre, se vanta-t-il modestement à son tour. Peut-être vous souvient-il de ma mère ?

— Qui pourrait oublier cette royale dame qui tenait si royalement les tables de jeu ? Comment se porte-t-elle ?

Mais avant qu'elle pût apprendre comment se portait la dame royale, le rêve s'effilocha et elle ne retrouva pas le chemin de l'église.

Elle était assise, vêtue de son slip de dentelle noire, sur le bord du lit, le matin suivant, lorsque Dove entra, les bras chargés de bois pour le poêle comme prétexte pour ne pas frapper.

— Prends la porte et descends, lui dit-elle. On n'en a plus besoin.

Il évita son regard, mais elle le regardait de tous ses yeux ; elle vit la main qui tenait l'allumette trembler légèrement, attendant que la flamme prenne. Quand elle se mit à flamber, la lueur hésitante illumina par en bas son visage contrit.

Alors, tout au fond d'elle, une petite flamme de joie

s'élança bravement ; ce n'était pas la peine de refuser le feu.

— Toi, viens donc un peu vers moi, lui ordonna-t-elle, et il s'approcha et attendit ses ordres, tel un deuxième classe interpellé par l'adjudant. Regardant derrière son épaule nue. Prêt à répondre à n'importe quel ordre. Se soumettant si totalement que le cœur de Terasina en fut doucement touché, comme une très ancienne revanche.

Elle poussa malicieusement la valise avec le bout de son pied jusqu'à ce qu'elle touche ses orteils.

— Qu'est-ce que tu restes planté là ? Tu attends peut-être que je te décore pour ta bravoure ?

— Jamais été dans point d'armée, m'dame.

— Et pourquoi ? Tu as tellement peur d'être soldat ?

— Point peur d'êt' soldat. M' la jamais d'mandé.

— Je vois. Tu as seulement peur de Terasina.

— C'est qu' j'ai rud'ment du respect, m'dame.

— Alors tu as rudement changé depuis hier. Hier tes mains ne me respectaient guère... et brusquement elle lui prit les deux mains, les tourna les paumes en l'air et les considéra d'un air consterné. Pouah ! Toujours aussi sales ! Pourquoi me déçois-tu *toujours ?*

La porte du poêle s'ouvrit et une flamme de passion orangée lui déchira le visage. Son visage si jeune, et pourtant si vieux.

— J'avais point l'intention d' vous décevoir, m'dame. Et dans le bras qu'il mit autour de ses épaules elle sentit une douceur pleine d'autorité.

— Qu'est-ce qu'une femme peut faire d'un homme aussi malfaisant ? Puis elle attendit qu'il lui fasse des excuses, et qu'ainsi il gâche tout.

Au lieu de cela il baissa doucement ses bretelles, comme s'il avait lui-même payé ses vêtements, lui enleva tout jusqu'à la taille et la fit se pencher contre lui. Puis il prit son sein dans sa main pour l'examiner : un melon brun avec un bout rose. Apparemment satisfait de son examen, il le lâcha pour étudier l'autre.

— Il est pareil, lui assura-t-elle. Y a-t-il autre chose pour votre service, monsieur le bon à rien ?

Pour toute réponse, Bon-à-rien imprima aux deux seins une petite pression approbatrice.

— Prêt à troncher, lui dit-il. Puis le contact de ses lèvres lui fit venir les larmes aux yeux sous la caresse vagabonde de sa main. Dans un baiser qui durait et se prolongeait et ne finissait pas. Jusqu'à ce que ses yeux plongés dans des ténèbres de désir s'illuminent soudain d'une jouissance électrique.

La salopette collante et le slip de dentelle noire gisaient inextricablement enlacés sur le plancher. « *Empuje* », et ses bras le tiraient en bas et plus au fond. Comprimant son plaisir jusqu'à ce qu'elle s'abandonne et jaillisse. Alors il relâcha sa pression ; avec la même lenteur qu'il l'avait pressée.

Et il commença une sorte de relâchement contrôlé qui la fit s'émerveiller et se désoler de tout ce qui lui avait manqué. « Si lentement… Je ne savais pas. Je ne savais pas. »

Il l'amena tout au bord du précipice, la laissant s'enfoncer pour mieux la ramener plus près du bord. Prolongeant son plaisir jusqu'à ce qu'il se confonde avec la douleur. Jusqu'à ce qu'elle ne puisse plus le supporter, et l'étreigne plus sauvagement, lui frappe la poitrine de ses deux poings, lui frappe la tête dans un sursaut fulgurant et tombe, tombe et s'écroule dans une volupté sans poids, déchargée de tout plaisir, de toute douleur.

Tombe plus bas dans un rêve de chute où plus rien n'était vivant, mais seulement deux voix lointaines au fond d'un océan de paix, tout au fond d'une profondeur sans fond de paisible, paisible paix. Le souffle rauque et lointain d'un homme, et le sanglot lointain et reconnaissant d'une femme.

Puis une main, légèrement, erra sur son visage et elle sentit, de très loin, que c'étaient ses propres yeux qu'une main essayait de sécher. Le sceau de ses larmes qu'une main essayait de briser.

Après les instants de la joie, il avait ressenti cette angoisse profonde du coupable, angoisse qui dure moins longtemps qu'il n'en faut à la chair pour retomber inerte, et disparaît, bon débarras.

Elle lui caressa le dos pour lui montrer qu'elle comprenait, bien qu'elle ne comprît rien du tout. Puis se laissa nonchalamment aller. Terasina Vidavarri s'endormit comme un grand bébé.

— J' sais pas c' que j' f'rai d' grand dans la vie — Dove supputait tranquillement ses chances d'avenir — tout c' que j' sais d' sûr c'est que j' f'rai trembler l' monde.

Et il enfila sa salopette comme un conquérant.

L'homme qui allait faire trembler le monde nouait un tablier autour de sa taille et se préparait à faire la vaisselle quand il vit Byron fouler à grands pas de ses pieds nus la poussière de la route. Prendrait sûrement pas longtemps avant que ça fasse le tour de cette putain de saloperie de ville. Dove eut juste le temps de s'emparer d'un cigarillo dans le tiroir à tabac et de l'allumer pour se donner une contenance avant que Byron pousse la porte et jette un coup d'œil autour de lui. Dans l'ombre mouchetée du petit matin il ne voyait rien.

— Salut, Byron, dit Dove pour signaler sa présence.

— 'Jour, Dove.

— Què'que chose à ton service ce matin ?

— J' passais juste dans l' coin.

— T'as envie d'un jus ?

— J' suis pas en fonds c' matin.

Dove tira une tasse de café.

— Aux frais d' la maison. Un croissant ?

— Rudement chouette de ta part, Dove. Rudement chouette. Dis donc, t'as pas l'air de t'embêter ici, hein ?

— Pas à m' plaindre.

— Comment qu'elle va, la Dolores ?

— C'est pas c' que tu crois — Dove le voyait venir. J' fais qu' travailler ici, Byron.

— Quel âge qu'elle a, c'te Mexicaine ?

— Vingt et un, à c' qu'elle dit.

— M'est avis qu'elle a paumé son mètre à ruban ! Combien qu'a t' paie ?

— Qu' ça peut t' foutre ?

— J'ai comme qui dirait dans l'idée qu' le P'tit Papa y trouverait pas ça bien.

— Comme qui dirait qu' j' vais pas y en causer au P'tit Papa.

— C'est pas qu' ça m' démange pas d' le faire.

— Ben j' dirais qu' ça s'rait rudement cochon.

— Alors fais pas ta tête de cochon.

— Tu veux un cigare aussi ?

Byron émit une petit toux sèche. Il secoua la tête, bien que cette offre eût suffi à lui chatouiller agréablement la gorge. Pressant son foulard contre sa bouche, il tendit la main vers le tiroir-caisse et leva un doigt.

Dove regarda. Byron fit claquer ses doigts. « — *Pronto ! Pronto !* »

Dove s'empressa d'obéir, espérant que la sonnette ferait le moins de bruit possible. Il y avait des billets, il y avait des pièces d'argent. Il prit quatre quarters et les soupesa un moment, comme s'il changeait d'avis.

La paume ouverte de Byron s'avança au-dessus du comptoir. Les quarters tombèrent un à un.

Ce n'est que lorsque Byron fit claquer la porte que Dove s'aperçut que le tiroir-caisse était toujours ouvert.

Elle s'éveilla, se sentant mieux qu'elle ne s'était jamais sentie depuis des années. Un grand soleil blanc dessinait une mosaïque mexicaine sur le plancher.

Elle lui était indolemment reconnaissante de se donner tout ce mal rien que pour Terasina. Elle sentait qu'elle avait été malade et que le soleil l'avait guérie. Rudement bon ce soleil.

Mais qui avait donc claqué une porte ?

Puis elle vit un petit mouchoir espagnol de dentelle noire encore humide de ses larmes. La mémoire lui revint comme les mauvaises nouvelles qu'apporte un étranger. Les nouvelles de quelque injustice qui ne pourrait jamais être réparée. Et se vit convulsée sur un lit bestial. La chambre qui n'avait senti que le savon et la chasteté empestait maintenant la luxure. Elle ramassa avec dégoût sa chemise de nuit sur le plancher comme une chose immonde.

Juste comme le tiroir-caisse sonnait.

Elle arrangea ses cheveux, s'habilla sans hâte et descendit l'escalier en s'assurant que rien n'était différent de la veille, bien qu'une rage de plus en plus sourde bouillonnât en elle à chaque marche.

Et quand elle vit Dove, elle se dit qu'il y avait beaucoup de choses de changées. Il transportait une tasse de café avec l'air d'un idiot somnambule, doux et satisfait. Le mégot de cigare entre ses lèvres brûlait d'un air suffisant, comme si on avait payé pour le fumer.

— Arrive ici, toi, lui dit-elle du tiroir-caisse. Yé vais té montrrer quelqué chose d'amousant. (D'ordinaire elle parlait sans le moindre accent espagnol, à moins qu'elle ne fût sous le coup d'une intense émotion. Cela seul aurait dû le prévenir du danger.) Quelqué chose d'amousant ; *mira !*

Elle montrait un billet d'un peso.

— Tu vois. C'est une compagnie américaine qui les fabrique. Les Mexicains ont besoin des Américains pour leur fabriquer leur argent !

Il hocha la tête d'un air pensif. Il ne voyait pas très bien où elle voulait en venir et fit un pas en avant, en tenant soigneusement son café.

— Mais c'est très bien comme ça, le rassura-t-elle. Les Mexicains fabriquent l'argent des Chinois... et d'un coup de sa petite patte ouverte elle fit voltiger la tasse, la soucoupe et le café en l'air. Il la regarda, le visage ruisselant de café, avançant la lèvre inférieure pour ne pas tout perdre. La tasse et la soucoupe gisaient en miettes à ses pieds.

Saisissant la bride de sa salopette d'une main et lui attrapant le fond de culotte de l'autre, elle le précipita vers la porte si vite que ses orteils ne touchèrent que deux fois le sol durant le trajet, et d'une seule poussée de ses deux mains elle l'envoya rouler dans la poussière où elle l'avait ramassé.

Dove se mit à quatre pattes en faisant semblant d'avoir perdu quelque chose. Puis il se releva lourdement, secoua lentement la poussière de ses vêtements. Pour observer le visage de Terasina rayé de soleil derrière l'écran de la porte.

— Je t'ai déjà dit une fois de t'en aller, lui rappela-t-elle. Maintenant je te le répète : va-t'en. Va-t'en. Va-t'en.

Elle le regarda s'éloigner.

Alors toute sa colère s'éteignit.

Elle n'était plus qu'une femme accablée, un bas tombant sur sa cheville, sous une pancarte qui disait :

Bien venidas, todas ustedes

Pendant une bonne partie de cette nuit-là Dove entendit Byron discuter avec Fitz de la question de savoir si le monde bougeait ou était immobile.

— Prends un papillon, insistait le vieillard ; la façon qu'y plane dans l'air rien qu'au-d'sus d'un seul endroit. Si la Terre elle bougeait y s' retrouverait dans la cour d'à côté, pas vrai ?

— C' papillon, il a plus d' cervelle que toi, rétorqua Byron. Y sait que l' monde est rond, lui, et toi t'en sais pas autant. Alors y vole juste assez vite pour rester au-d'sus d' l'endroit. T'as p't-être l'impression qu'y fait qu' battre des ailes, mais il avance quand même.

— Est-ce que t'as jamais lancé une balle dans l'air et qu'elle t'est rev'nue dans la main ?

— Naturellement.

— Alors l' bon sens y t' dira qu' si la Terre elle bougeait tu s'rais déjà trop loin pour qu'elle retombe vers toi, non ? Tu vas p't-être me dire qu' la balle a sait qu' la terre elle bouge, hein ? Le vieillard tenait la victoire à portée de la main.

— Mais nom de Dieu, quand on dit qu' la Terre elle bouge ça veut pas dire qu'elle fait du soixante à l'heure, vieux, protesta Byron.

— Et qui c'est qui l'empêcherait d' faire du

soixante ? demanda Fitz sèchement. Si elle était ronde comme tu dis qu'elle est, a d'vrait aller d' plus en plus vite, comme une boule de neige sur une pente. J' vas t' dire la raison qu'a bouge pas, moi : c'est pour la même raison qu'elle est pas ronde : elle a des coins qui l'empêchent de bouger. Et j' te l' prouv'rai par l' bon Livre.

Dove l'entendit froisser les pages de sa Bible à la recherche du passage qui prouverait qu'il avait raison.

— T' fatigue pas, vieux, dit Byron d'une voix lasse. J' sais c' que tu cherches : « et les vents soufflèrent des quatre coins de la Terre... » Alors comment qué'que chose qu'est rond ça pourrait avoir des coins ? Allez, va pioncer, vieux cinglé.

La lampe était éteinte. Dove entendit le vieillard se retourner sur son matelas. Tant que le monde serait plat il pourrait dormir dessus. C'étaient les mondes ronds qui empêchaient Fitz de dormir.

Tout doucement, comme s'il ménageait sa salive, Byron demanda :

— Quel jour d' la Création c'était que Dieu il a dit : « Que la lumière soit » et la lumière fut ?

— Le premier, pardi, répondit Fitz d'un ton satisfait.

Dove entendit le silence aller et venir un moment dans la chambre. Byron avait l'art de ménager ses effets.

— Et quand c'est-y qu'il a fait les deux grands luminaires, l' plus gros pour présider au jour et l' plus p'tit pour présider à la nuit ?

— Ben, l' quatrième évidemment.

— Alors réfléchis à ça, vieux. Byron se tourna de l'autre côté. Il dormait mieux sur une étoile ronde.

Dove entendit le vieillard réfléchir à ça, branlant du

chef et ronchonnant. Tandis que Byron dormait du sommeil du juste, en ronflant doucement.

Dove était heureux que Byron ait gagné pour une fois. Mais personnellement ça ne l'aurait pas dérangé si le monde avait eu la forme d'un cor de chasse. Il avait des problèmes autrement urgents à résoudre.

— D'abord elle me file la main aux fesses et tout c' que j' sais après ça c'est qu' me v'là l' cul en l'air su' la route. Elle aurait pas dû m' faire ça.

Bah, ce n'était pas le gars à tourner autour d'une porte qu'on lui avait balancée dans la gueule. Si elle voulait qu'il travaille pour elle, faudrait qu'elle l'envoie chercher. Un peu... !

Il n'y a quand même pas de loi qui interdise à un homme de marcher sur la grand-route.

De petits tourbillons de poussière le suivaient, très tôt, le lendemain matin, et un vent inquiet flairait devant lui comme un chien qui ménage sa patte de devant blessée ; du bec de gaz au poteau télégraphique, d'un bord de la route à l'autre. Jusqu'à ce qu'il arrive sous la lampe qui penchait vers le *La Fe* autant que le *La Fe* penchait vers elle. Et le vent fila tout à coup comme un dératé, fit le tour de la bâtisse et entra dans la cour. Plantant là Dove, purement et simplement.

Il n'avait jamais entendu parler non plus d'une loi qui interdirait à un homme de faire le tour d'une bâtisse délabrée et d'entrer dans la cour.

Terasina lui tournait le dos. Ses boucles d'oreilles jetaient des feux verts qui tranchaient sur le blanc de la lessive et faisaient comme l'annonce d'un printemps précoce. Des slips et des combinaisons, des choses roses et des choses jaunes, voltigeaient autour d'elle comme des invites à l'amour dans le petit matin. La lumière crue et frisante dessinait ses cuisses dans tous leurs détails.

Sûr, elle faisait sécher sa chemise de nuit noire de la veille. Il regarda le vent lui donner des petits coups de pattes et la chemise s'écarter un peu du vent comme une fille esquivant les coups d'un amant jaloux. Un vent qui ne pouvait pas laisser les choses en place, il fallait qu'il les tripote et les tortille pour qu'il soit content.

Se haussant sur la pointe de ses pieds chaussés de sandales pour atteindre la corde, elle étirait ses bras nus et bruns, et ses fesses étaient serrées très fort. Tout comme il les avait serrées dans sa grande main, tandis que, de l'autre, il lui soutenait la tête.

Qu'il ne tiendrait plus dans sa main. Il cracha par-dessus la palissade et vit son crachat s'étrangler sur une épine.

Regarde qui c'est qui étend son linge sale.

Du coin de l'œil Terasina le vit se pencher. Encore un va-nu-pieds qui vient se rincer l'œil. Eh bien reluque. Si ça te fait du bien pour ta santé, moi ça ne me fait pas de mal. Ce n'est pas moi qui ai été te chercher.

L'a gagné un concours d' beauté pour connasses y a quarante piges de ça, et a s' prend pour la Reine de Mai.

Quand tu en auras assez tu t'en iras.

Attends un peu qu' les gens y t' voyent t'éziber. A croit qu'è peut s' montrer pa'ce qu'elle vend des vieux fayots à la con. Faudrait pas s'étonner si un d' ces quatre a s' faisait sauter dans un coin par un mec.

Si je dois faire la putain ce sera pour des gens de ma race.

Il irait à Dallas ou à Houston un de ces jours, et il montrerait ce qu'il sait faire, et il aurait une poule pour lui seul, une Yankee aux yeux bleus qui dirait pas « yé vais té montrrer » et qui lui ferait des petits plats américains et pas cette saloperie de bon Dieu de fayots et qui irait à l'église chrétienne et porterait un tas de fringues sur son dos pour que les passants voient pas comment qu'elle est foutue des chevilles au nombril. A Houston. Ou p't-être bien à Dallas.

— Pas de travail aujourd'hui, déclara-t-elle en ôtant une pince à linge de sa bouche.

— J' m'ai trouvé un boulot plus chouette, lui assura-t-il.

— Ah oui ? Mais c'est très bien, ça.

— Et c'est pas dans c'te putain d' ville.

— Et dans quelle ville est-ce donc ?

— A Dallas, pardi.

— Et qu'est-ce que tu fais là-bas, à Dallas ?

— Vous lirez ça su' l' journal.

— Alors tu m'apporteras le journal et je te le lirai, pour que toi aussi tu puisses savoir ce que tu fabriques là-bas.

— C'est pas difficile de s' moquer des faiblesses des autres. J' vous paierai l' dollar que j' vous dois.

— Tu ne me dois rien qu'un au revoir, lui dit-elle, et elle se pencha, la taille bien prise et large d'épaules, sa jupe découvrant le creux de ses genoux.

Elle ne l'avait pas entendu approcher lorsque ses mains lui emprisonnèrent la taille. Alors elle se retourna comme un chat sur sa proie et lui planta sa pince à linge dans les dents. Il vacilla comme frappé par un éclair.

— *Segundos ?* demanda Terasina poliment.

Il recula, en secouant la tête et en crachant des éclats de bois. Non, il n'avait pas envie d'une seconde pince à linge. Il tira une langue de vache pour lécher le sang qui coulait sur son menton et elle lui tendit le petit mouchoir de dentelle noire.

Il secoua la tête.

— Pas b'soin d' vot' chiffon.

— Alors c'est tout ce que je peux faire pour toi aujourd'hui.

Le débat était clos.

— M'avez rien fait d' tellement fortiche l'aut' jour, lui dit-il en s'essuyant la bouche du revers de la main, mais ça vous a rudement plu c' que j' vous ai fait.

Le visage de Terasina ne trahissait aucun souvenir de la chose.

— Ça f'sait bon, c'est ça que vous disiez, lui rappela-t-il galamment. *Douc'ment* qu' vous disiez, hein, z'aimiez bien quand ça f'sait *doucement*, et il lui prit la nuque dans le creux de la main. Elle lui enfonça alors les dents dans la paume ; il les sentit s'enfoncer jusqu'à l'os, mais il l'obligea à tomber à genoux, les dents toujours plantées dans sa paume.

— Ça s'ra un peu plus vite aujourd'hui, la prévint-il. J'ai pas beaucoup d' temps.

Vert printemps et jaune soleil, le linge voltigeait et claquait. Les foulards à pois dansaient la polka. La chemise de nuit fit un pas de côté, découvrant un bas noir qui pendait comme un linceul.

Gisant sur le flanc, la tête dans ses mains, sa robe lui découvrant les fesses par-derrière, fendue par-devant jusqu'à la taille. Un petit vent furtif balança une poignée de poussière et passa son chemin. C'était fini.

Dove ramassa le mouchoir et se barbouilla le menton. Il se tâta une dent d'en bas. Elle branlait un petit rien. A trois kilomètres de là le train de marchandises de midi arrivait en sifflant.

Comme un homme qui traverse un gué il se dirigea

d'un pas lourd et titubant vers le réservoir à eau. Le train ulula comme un Sioux qui a trop vu de westerns.

Il se cacha pour laisser passer les premiers wagons.

Les premières étoiles se levèrent tôt ce soir-là pour voir comment se portait Dove Linkhorn. Et elles virent que le gars qui était là y fallait pas se foutre de lui. Y avait des gens qui l'avaient pris pour un pauv' couillon et qu'avaient changé d'avis maintenant qu'ils avaient mal. « L'est pas commode, c' client-là », reconnurent les étoiles, jusqu'à ce que Dove leur ferme la porte au nez à ces foutues bavardes d'étoiles.

Il tassa de la paille pour s'en faire un matelas, et tira sur son menton une vieille page de journal en guise de drap. Qui c'est qui avait besoin de Texas ? Laissez rouler Texas.

Et il s'endormit sans remords.

Une seule fois, posant ses deux mains sur son ventre tandis que le wagon le chahutait entre rêves et cauchemars, il geignit un peu.

Quand il s'éveilla, les wagons fracassaient les dernières ombres, et l'aurore tira le sans-chemise, le sans-chaussures, le boiteux, le sans-logis, le tout-mal-fichu de sa paille et le poussa dehors, à reculons sur la petite échelle de fer, les jambes molles, la main enflée, la dent branlante, comme un soldat qui a quitté le champ de bataille, et il partit en boitillant vers le centre d'hébergement.

« Y a des tas de gens bien qui s' baladent dehors, se dit Dove pour se donner du courage. J' savais seul'ment pas qu'y en avait tant à c'te saison. » Et il couvrit péniblement les quatre cents mètres qui le séparaient d'un groupe de bâtiments à moitié écroulés où aurait pu tenir toute la cavalerie fédérale qui avait jadis poursuivi Pancho Villa.

Et c'est précisément la destination qu'ils avaient eue. Quoique les chevaux fussent morts depuis longtemps, et Villa avec. Ils servaient maintenant d'abris aux chemineaux, trimardeurs et autres traîne-grolles. Cuvant leur vin ou agonisant doucement ; et qui avaient tous oublié depuis bien longtemps à se tenir sur une selle. Morts et moribonds, ivres ou dévoyés, capitaines ou simples soldats, tous logés à la même enseigne.

Tout le pays avait l'air chiffonné comme un lit d'hôtel miteux.

« Les gens y z'ont pas l'air bien portants par ici », remarqua Dove, qui ne se sentait pas tellement bien en point lui-même. Une pancarte portant des lettres l'arrêta comme les lèvres d'un étranger, remuant sans bruit, arrêtent un sourd-muet.

— Qu'est-ce que ça dit c'te pancarte, m'sieur ? demanda-t-il en tapant légèrement sur un chapeau mou qui déambulait au-dessus d'une veste à carreaux délavés et qui ne lui arrivait pas plus haut que l'épaule.

— Ça dit qu'ici c'est un centre d'hébergement de la ville. L'explication sortit comme un aboiement de renard d'une face pointue, un visage ni mâle ni femelle, mais la voix était d'une petite fille. Ça dit qu' tu peux bouffer ici tout c' que tu veux et de r'mercier tous les citoyens de San Anton pour ça dans tes prières. Ça dit aussi d' pas fout' tes pieds dans leur ville, sans ça les mêmes citoyens y t' bott'ront l' cul qu' tu pourras plus t'asseoir pour bouffer.

— Ça dit tout ça, frangine ?

— Ça dit aussi Vous Approchez Pas Des Trains Qui Sont Arrêtés. Ça dit qu'y faut qu' tu t' conduises comme tu vois qu' les gens bien y s' conduisent. Alors amène ton cul derrière le mien et fais comme moi. *Fais rien que tu m'ayes pas d'abord vu faire.* Et m'appelle pas frangine. Appelle-moi frangin.

— C'est-y qu' vous pensez qu' vous êtes de ces gens bien et qu' moi j' suis qu'un ignorant ? demanda Dove en s'étonnant de la parfaite absurdité de cette idée.

Frangin leva un doigt en signe d'avertissement.

— J'ai une veste. T'as pas d' veste. J'ai une liquette. T'as pas d' liquette. J'ai des pompes. T'as pas d' pompes. Mais on a tous les deux une bouche pour bouffer. J'ai bouffé hier soir et j'ai bouffé c' matin, et toi t'as pas bouffé depuis Dieu sait quand. Alors qui c'est l' type le plus malin de nous deux ?

Dove posa un regard critique sur les nippes de l'autre et déclara :

— T'es si malin qu' ça en fait pitié. Mais dis donc, est-ce qu'y z-auraient pas du pâté de foie dans c'te cuisine, des fois ?

— Y z-ont pas rien qu' du pâté d' foie, vieux. Y z-ont des ignames au sucre, du jambon de Virginie, et pis du pâté d'opossum.

— Ben, la bouffe des Yankees l'est un peu trop riche pour mon sang, déclina Dove.

Frangin leva la tête pour voir lequel se foutait de l'autre maintenant.

Mais Dove avait le visage si creusé, les cheveux lui tombaient si piteusement dans les yeux qu'il avait si sombres et si enfoncés qu'il était difficile de croire qu'un type pouvait plaisanter dans cet état-là.

— Tu d'vrais aller à l'hosto jusqu'à ce qu'y te coupent les tifs, lui conseilla-t-il.

— J' parie que si t'enlevais c' galure ça te f'rait pas d' mal d'y aller aussi, répliqua Dove. Il sentit une main amicale se poser sur son épaule.

— J' parie que t'es du pays de la Grande Courbe, pas vrai ?

Dove écarta ses cheveux d'un mouvement de tête pour voir si c'était quelqu'un de connaissance, oubliant un instant qu'il ne connaissait personne dans le coin. C'était un sergent de la marine qui l'examinait en souriant.

— Moi ? Non, m'sieur, le détrompa Dove avec fierté. J' suis du Rio Grande.

— Et qu'est-ce que tu dirais de trois vrais repas par jour, Rouquin ? L'occasion de voir les tropiques, de défendre ta patrie, de toucher deux paires de pompes et une pension au bout de quelque temps ? Il fit à Dove un clin d'œil si appuyé que Dove crut devoir rendre un clin d'œil aussi appuyé. Sans parler de toutes ces filles de l'Amérique du Sud qui feraient n'importe quoi pour c't' uniforme-là.

— Ben ça m'a l'air d'être une rudement chouette planque, m'sieur, décida Dove. C't' idée d' défendre ma patrie, ça, ça m' plaît bien, m'sieur. Mais faut d'abord que j' me trouve quéque chose à bouffer.

— Je crois que tu feras un bon soldat, fiston, dit le sergent d'un ton convaincant. Seulement, t'aurais pas un petit défaut physique par hasard ?

— Vise un peu comme y louche, conseilla la fille déguisée.

— Loucher, c'est pas un défaut, expliqua le sergent avec autorité... C'est tout au plus ce que nous appelons un handicap. On lui donnera des verres fumés pour remédier à ça. Les femmes espagnoles, elles en pincent pour les soldats à lunettes.

— Regarde un peu ses crocs.

Sans qu'on le lui demande, Dove ouvrit la bouche, et le sergent fourra son gros pouce sale sur sa langue pour l'abaisser.

— Dans six mois, c' toquard-là l'aura pus un croc dans la bouche ; la fille en paraissait tout à fait certaine.

— Ben, on lui demande pas de casser des cailloux avec, dit le sergent, trouvant déjà à Dove une excuse pour un simple détail.

— J'en ai déjà une qui branle, réussit à dire Dove en prenant le gros pouce entre ses doigts et en le retirant momentanément ; puis il remit le pouce en place dans l'espoir que le sergent la ferait branler pour lui.

— Le dentiste de l'armée arrangera ça. Le sergent ôta son poing de la figure de Dove. Tu feras un sacré marsouin, moi je te le dis. Tu peux fermer ta bouche maintenant.

Il prit un petit carnet et un crayon.

— Dis-moi, qu'est-ce que t'as encore comme autres défauts, fiston ?

Dove rougit. C'était quand on ne peut ni lire ni écrire.

— Ben, j' pense qu'avec le temps ça aussi ça pourra s'arranger, répondit-il évasivement.

— Rien de grave, j'espère. Il poussa Dove du coude. Pas de ces trucs que les filles vous collent en ville, non ?

Le sergent avait décidément l'esprit porté sur les filles.

— La deuxième crise qu'il a eue après son souper hier soir il écumait un p'tit peu. Est-ce que ça s'rait pas quéque chose de grave ? demanda l'amie de Dove d'un ton doucereux.

— Il a des *crises ?* Le sergent commençait à s'inquiéter. Il ne voulait pas perdre un bleu, mais il ne voulait pas agrafer un poids mort.

— J'ai jamais pris une crise dans toute ma putain

d' vie, se défendit Dove avec force. Z'occupez pas de c' que déconne ce frangin, capitaine : l'est jaloux pa'c' que j' suis plus grand qu' lui. J'ai même pas des *tendances* à avoir des crises.

— Ça c'est bon, le félicita le sergent. Tex, t'es l' gars tout c' qui a de bien. Dis-moi, question de pure forme, rien de personnel : si un ennemi avec des idées de viol t'enfermait avec ta sœur et ta mère et qu'il fallait que l'un de vous trois reste en arrière, lequel que tu choisirais ?

— Tiens, y parle plus des señoritas. Frangin donna à Dove un coup de coude qui le fit chanceler.

— T'occupe pas, dit le sergent tourné vers la fille.

— J'ai pas d' mère ni d' sœur. Dove trouva que cette réponse était plus sûre.

— Suppose que t'en ayes ?

— Faudrait qu' la sœur elle y passe, entendit-il chuchoter le museau de renard.

— Faudrait qu' la sœur elle y passe, répondit Dove plein d'espoir.

— J' t'ai déjà dit d' nous foutre la paix, dit le sergent d'un ton menaçant à l'adresse du chapeau mou ; puis il se retourna vers Dove. 'Coute voir. T'as un bataillon de cent bonshommes qu'est encerclé par des bandits sanguinaires du Nicaragua, mais tu peux les sauver en sacrifiant ta vie. Qu'est-ce qui te viendrait d'abord à l'idée ? La vie des quatre-vingt-dix-neuf autres ou la tienne ?

Dove n'avait pas besoin qu'on l'aide pour celle-là.

— La mienne, pardi. Il rayonnait.

Cela fit un peu de peine à Dove de voir que le sergent s'en allait en hochant la tête.

— C'était pas la bonne réponse ? Dove avait besoin de savoir.

— Y avait pas d'autre réponse, le rassura-t-elle. Comment qu' tu t' sens, Rouquin ?

— Vachement faible, avoua Dove. L'odeur de la soupe chaude lui ébranlait l'estomac comme une cloche.

— Et qu'est-ce que j' t'avais dit, Rouquin ?

— J' sais pus, vieux.

— J' t'ai dit faut rien qu' tu fasses si tu m' l'as pas vu faire. Tu m'as vu d'mander à c' mirliton un costard neuf ? Tu m'as vu y montrer mes crocs ? Tu m'as-t-y vu planté là qu'on m' prenne mes m'sures pour qu'on file un fusil ?

— Personne t'avait d'mandé, lui fit remarquer Dove.

— T'as encore temps d' le rappeler, et d' passer l' restant d' tes jours à faire l'exercice au pays des bananes au lieu d' prendre les trains d' voyageurs et d' dormir à l'ombre quand ça t' chante. C'est pas moi qui t'en empêcherai.

Juste à ce moment quelqu'un tendit à Dove un bol de quelque chose qui fumait, et toute idée de s'engager s'évanouit avec la fumée.

Quand il eut fini le bol, il leva la tête et vit que celui de son amie était à peine entamé. La fille le lui mit dans les mains.

— Merci, frangine. Elle lui jeta un regard sévère. Ben, j' veux dire frangin, se reprit-il.

— Tu m' remercieras aussi de t'avoir évité la caserne un jour.

Un être à l'air hagard portant un tablier maculé de taches de graisse posa entre eux un morceau de papier déjà si couvert de taches de doigts que Dove pensa qu'il voulait ses empreintes.

— Faut marquer combien qu' vous avez eu d' gamelles, s'excusa le fantôme. Les citoyens y z-ont l' droit d' savoir comment qu' leur argent y s' dépense.

— Mon frangin que v'là, y est r'tourné trois fois au rab. Qu'est-ce qu'y vont dire de ça, les citoyens ?

— Dès qu' vous aurez fini, leur proposa le fantôme en traînant la patte vers sa cuisine, vous pourrez v'nir me donner un p'tit coup de main pour le bois. L'en faut drôlement, du bois, pour vous faire cuire d' la galette de maïs à vous autres.

— C' qu'il a dans l'idée, c' frère-là, c'est d' nous y faire couper un arbre, moi ça m'étonnerait pas.

— L'a des bonnes manières, c't homme-là. Et l' boulot ça m' fait pas peur, ajouta Dove, craignant de rater l'occasion d'en faire un peu.

— J'ai pas peur d'un p'tit boulot léger moi non plus, avoua-t-elle à son tour.

Une demi-douzaine de clodos assis en tailleur faisaient cercle autour d'un sac de haricots, don des citoyens charitables. C'était juste un petit boulot pas très lourd. Une gamelle et un seau entre eux, Dove et sa frangine se mirent à égrener les haricots entre leurs doigts. Scarabées, pierres, vieux tessons, herbes et capsules de bière pour le seau, et les haricots pour la gamelle. Comme c'était pour leur propre souper qu'ils triaient, ils faisaient attention. Dove trouva une agate bleue et écornée et mit ce trésor dans sa poche.

— Tout l' monde mange, tout l' monde meurt, leur dit un Grec aux cheveux blancs assis à la turque, comme si c'était là une nouvelle considérable.

Un minuscule personnage à côté de Dove lui cria d'une voix pointue dans le tuyau de l'oreille :

— J' suis l' plus p'tit et j' suis l' plus vieux ici. Faut pas qu'on s'étonne si j' suis aussi l' plus malin. Moi, j' sais que j' suis l' plus rusé.

Les yeux de Dove suivaient les doigts de son amie.

Ils ne laissaient pas passer le plus petit caillou, et ils étaient trois fois plus agiles que les siens.

— Un jour j'ai fait la plus grosse récolte qu'on ait jamais vue dans le Michigan, se vanta un rougeaud engoncé dans une peau de mouton élimée. Ça j' peux l' dire, ça été la plus grosse récolte de l'année dans c' coin-là, et p't-êt' ben dans tout l' pays aussi. Et y a eu personne pour m'aider. Et y avait personne pour m'aider à la tambouille aussi. Et j' lavais mon linge tout seul. J' préparais mes propres conserves. Jamais eu envie d' femme. Jamais eu b'soin. Jamais eu d' valet. Jamais eu envie d'un. La plus grande ferme coopérative de l'état, p't-êt' ben la plus grosse de tout l' pays, l'était juste à côté. Cinquante gars qui travaillaient la nuit et le jour avec des tracteurs et tous les outils les plus modernes. Quatre professeurs pour étudier le sol. Moi, tout c' que j'avais c'était une vieille charrue qu' mon grand-père il avait taillée tout seul dans un pin qu'il avait abattu tout seul, avec un soc qu'il avait forgé tout seul dans du minerai qu'il avait extrait tout seul. J'ai récolté presque l' double qu'eux, un p'tit peu mieux même que l' double, ça faut l' dire, pa'ce que c'est la vérité. Jamais eu envie d'un valet, moi. Jamais eu b'soin. Jamais eu d' femme. Jamais voulu en avoir.

— Faut ben dire que l' soleil, il a jamais gêné personne, fit remarquer Dove d'un ton sentencieux.

Dès que les haricots furent terminés, le fantôme déchargea un sac de pois aux yeux noirs, et pour quelque obscure raison tous s'en réjouirent comme s'il avait apporté un sac de cerises en leur disant d'en manger tant qu'ils en voudraient.

Quand il arriva avec un panier de tomates et qu'il en offrit à la ronde, tous en prirent une ou deux, à l'exception de Dove.

— J' voudrais pas manger d' la pomme d'amour pour rien au monde, prévint-il son amie. C'est un fruit empoisonné.

L'après-midi s'égrena ainsi entre leurs doigts avec plus ou moins de soin. Puis le hangar s'obscurcit et l'humidité tomba. La cuisse épaisse de Dove pressa la cuisse mince de son amie et il sentit qu'on lui rendait légèrement sa pression. Une fois, leurs doigts se touchèrent dans le sac.

— Tu penses que les temps sont durs au jour d'aujourd'hui ? demandait le fermier du Michigan. Eh ben, comparés aux temps que j'ai connus, moi j' te dis qu' c'est un temps de richesse. On a jamais connu plus d'abondance que maintenant. Tiens, regarde-nous là à nous bourrer de fayots et de galettes de maïs à s'en faire péter la ceinture.

— C'est vrai, reconnut Dove, on bouffe tellement qu'on est juste pas trop maigres pour pouvoir avancer un pied d'vant l'autre.

— Tiens, 'coute voir un peu, poursuivit le croquant, quand j'étais môme dans le Michigan, nous autres on savait pas qu'il existait autre chose à manger que du p'tit lait avec des oignons sauvages. On buvait d' l'eau d' ruisseau et on mangeait d' l'oseille et on s' trouvait plus fortunés que beaucoup. La mé' elle tenait un restaurant et c'était que d' l'oseille, des oignons et du p'tit lait qu'elle servait. Jamais vu une chiotte avant dix-sept ans, même que j'en avais jamais entendu parler. Jamais vu une pompe. Et j'étais déjà un homme fait quand j'ai goûté une glace pour la première fois.

— Chez nous on bouffe surtout des papayes. C'était pas chouette quand elles voulaient pas venir mûres ou que l' vent y les séchait sur pied.

— J'ai jamais oublié l'hiver 17, poursuivait toujours le fermier. La neige elle était plus épaisse que le monde. Les loups y tuaient mes chèvres, les faucons y chopaient mes poulets, une bande de rôdeurs elle a brûlé ma grange et ma mère elle a foutu l' camp avec un prêcheur. Ça m'a comme qui dirait donné l'idée d'abandonner la ferme et d'aller me placer quéque part...

Les visages qui faisaient cercle ressemblaient à une rangée de plats d'étain sur une étagère. Ils dégageaient une odeur faite d'un mélange de désinfectant et de fumée. En cette année 1931, les bouclés dedans et les bouclés dehors vivaient entre la fumée des petits feux de bois et le désinfectant de prison.

— J' suis l' plus vieux et l' plus p'tit, annonçait joyeusement la souris en fourrant son museau remuant sous le nez de tous les nouveaux arrivants. Et j' suis l' plus malin aussi. Faudrait pas s'étonner si j' suis aussi l' plus dessalé. Comment qu' ça se fait qu' j' soye l' premier en *tout ?*

— T'es l' dernier pour trier les fayots, lui dit Dove.

— Mais j'ai été l' premier à voter pour Hoover, dit le rongeur, qui parlait plus comme un jeune rat maintenant que comme une souris décatie... et l' premier à r'connaître que j'ai eu tort.

— Hoover est un grand homme — le fermier du Michigan en était certain — mais il est trop en avance sur son temps. Tout l' Parti Républicain il est en avance sur son temps.

— Moi aussi j'ai balancé Hoover, dit un autre. Ça me donne une véritable force. Maintenant j' peux balancer n'importe quoi.

Le fantôme de la cuisine apparut et souffla dans un sifflet. Instantanément toutes les mains lâchèrent ce qu'elles tenaient. Dove enjamba le sac avec précaution.

Quand il entra dans le réfectoire, il vit le fantôme qui canalisait la circulation d'un doigt graisseux. Mexicains à droite, Nègres à gauche. Mais il fit avancer Dove tout droit, là où les Blancs américains mangeaient sur la plus longue planche des trois.

— Papa il approuverait pas cette façon de faire, se dit Dove. Mélanger les catholiques et les protestants comme ça !

— Où qu'est la table des Peaux-Rouges ? demanda son amie en entrant.

— Prends l'ascenseur, Yankee, la renseigna le fantôme.

Dove reçut une part de galette de maïs dans de la mélasse et un tas de haricots empilés si net qu'on avait dû les compter un à un. Quand il réfléchit à la quantité qu'il avait écossée, il se dit qu'au pourcentage il était nettement lésé.

— Les autres en ont toujours plus qu' moi, se plaignit-il, et une fois de plus la fille poussa son assiette devant lui.

— Pourquoi qu' t'es si gentille avec moi ? lui demanda Dove.

— Pour que toi, tu soyes gentil avec moi, lui dit-elle si franchement qu'il comprit qu'il lui devait une faveur, et il nettoya toutes ses assiettes jusqu'à la dernière miette.

— Tout l' monde faut qu'y bouffe, se lamenta quelqu'un. Tout l' monde faut qu'y crève.

Dove avait à peine fini son troisième rab qu'ils entendirent siffler le train de Houston.

— Tirons-nous d'ici avant qu' ce dingue y nous fasse abattre son arbre, lui dit la fille d'un ton pressant. Fous c' machin dans ta poche, Rouquin.

Dove fourra sa portion de maïs dans sa salopette et ils coururent vers les voies.

La plupart des wagons étaient vides et roulaient trop vite pour qu'ils se risquent à l'escalade. Ils attendirent, à plat ventre sur le ballast, que les wagons de minerai, dont les échelles descendaient presque jusqu'à terre, commencent à défiler.

— On n'y voit rien, dit Dove, et y roulent salement vite les cochons.

— C'est le dernier pour Houston avant demain soir, répondit-elle. Tu viens ?

Dove finit par escalader un wagon, et vit que ses flancs n'étaient que des toboggans qui descendaient droit sur les rails. A califourchon au sommet, il l'entendit lancer un cri de triomphe tandis qu'elle se hissait à côté de lui. Mais ses doigts glissèrent sur le rebord et il lui saisit vivement le poignet car elle ne sentait rien sous ses pieds. Tout son poids le tirait vers le bas, mais sa main libre agrippa le rebord de fer et tint bon.

Tint bon, sans plus. Les pieds ballants sur la pente trop raide, trop lisse. Il ne pouvait pas la tirer en haut. Il ne pouvait pas la lâcher. Elle tenait son poignet à deux mains, son poids lui faisant saillir les côtes, et il comprit que si elle partait il partirait avec elle. Les roues jetaient des étincelles vertes dans le noir. Il entendit des pierres du ballast heurter les chaussures de la fille. Sa main droite crispée sur le métal était gelée. Elle ne tenait plus le métal, c'était le métal qui tenait sa main.

Sa petite figure, brièvement éclairée par intervalles, essayait de lui dire un dernier quelque chose. Dove saisit alors la ceinture de son imperméable entre ses grosses dents saillantes et la héla, la nuque bandée à se rompre, jusqu'à ce qu'il sente que la fille s'accrochait des mains au rebord et pouvait se hisser toute seule en haut. Il l'assura encore des épaules, bien que ses bras tremblassent de tous leurs muscles.

Elle était couverte d'une croûte de poussière noire, et la terreur lui avait creusé les yeux. Quand le convoi ralentit pour se garer au passage d'un train de voyageurs il l'aida à descendre. « — Ça dit écartez-vous de tous les trains qui marchent pas », lui rappela-t-il. Le tremblement de la gosse se changea alors en un faible rire.

Ils se reposèrent le dos contre un tas de coke à l'abri du vent. Et là elle laissa son rire se changer en sanglot.

— Qu'est-ce qui va pas, môme ?

— Laisse pisser, lui dit la môme en essayant de se remettre debout. Dove la prit par les épaules.

— Où tu crois qu' tu vas aller ? Et il pesa sur son épaule pour l'obliger à se rasseoir.

— Laisse pisser.

— Vaut p't'-êt' mieux qu' tu chiales un bon coup, suggéra-t-il.

Elle trouva cela si facile qu'elle continua un peu trop longtemps, comme une enfant.

— Après quoi qu' tu chiales comme ça ? finit par demander Dove.

— Paumé ma veste, se rappela-t-elle.

— Si t'avais porté c'te veste sur toi...

— Je sais... Elle l'assurait qu'elle savait où elle serait si elle n'avait pas eu cet imperméable avec une ceinture pour la hisser.

Son souffle commença à s'apaiser, et bientôt la suie et le sommeil scellèrent ses yeux.

Dans le sommeil son visage avait un air sournois avec quelque chose d'innocent cependant, comme d'un être déjà puni pour un crime qu'il n'a pas encore eu l'âge de commettre. Quand elle serait assez vieille pour le commettre, elle le trouverait.

Sa main serrait la sienne tout en dormant. Il glissa l'autre main entre ses cuisses et remonta, jusqu'à ce qu'il la tienne tout entière dans le creux de sa paume. Et laissa sa main là.

Elle remua et il retira sa main.

— Laisse-la là, lui dit-elle. J' te dois bien ça.

Les lanternes passaient et repassaient le long des rails, jetant de grandes ombres mouvantes sur les portes des fourgons. Les équipes de nuit de la voie se moquaient bien de savoir combien il en montait une fois que le mécanicien avait lancé le coup de sifflet du départ. Mais ça les rendait nerveux d'avoir l'air d'attendre les touristes quand le train était à l'arrêt.

— Mon blaze c'est Kitty la Tordue, dit la môme à Dove ; pas mon vrai blaze bien sûr. Mais c'est comme ça qu'on m'appelait à la Correctance. J'ai dix-sept berges, presque dix-huit, et j' me suis d'jà fait la paire de cinq taules. J' vais continuer à rouler jusqu'à c' que j'aye mes dix-huit ans. Alors j'épouserai un bon truand et j' s'rai peinarde.

— J'aimerais autant pas qu'on parle d' ce mec-là, dit Dove mal à l'aise, et il se leva et s'en alla inspecter les échelles des wagons. Quand il s'estima satisfait il la siffla, l'aida à grimper dans le wagon qu'il avait choisi, et ferma la porte. De temps en temps un mince rayon dansait sous la porte lorsqu'un pas faisait crisser le gravier.

— Rouquin, dit-elle dans le noir quand le wagon se mit enfin à rouler, mets ta main sous moi avant que ces planches m'aient raboté l' cul.

Dove mit ses deux mains sous les fesses de la fille noueuses comme un pin, et la Tordue frétilla confortablement jusqu'à ce qu'elle ait bien chaud. Dove gelait ferme sur ses arrières, mais elle ne s'en souciait pas.

— Je t'aime, bébé, lui dit-il parce qu'il supposait

que c'était ça qu'il fallait dire après lui avoir sauvé la vie. J' te paierai des bricoles et pis des fleurs. J' m'apprendrai un boulot et j' prendrai soin de toi.

Il sentit ses petites lèvres froides et sa petite bouche froide et ses petites mains froides qui semblaient tellement avides.

— Papa, t'auras jamais b'soin d' travailler, lui dit Kitty la Tordue. J' bosserai dur et j' te donn'rai tout mon fric.

Il ne vit pas son sourire trop roublard dans le noir.

— C'est toujours les plus fauchés qu'ont l' plus envie d' vous aider, dit Kitty le lendemain matin quand ils eurent une fois de plus laissé wagons et locomotive aux mains des préposés.

Ils traversèrent une cour jonchée de ferraille et elle attendit que Dove ait frappé à la porte d'une baraque en planches couleur de suie. Une grosse femme couleur de suie vint ouvrir.

— Mon frangin il a fait une petite chute, supplia Dove. Est-ce qu'y pourrait pas s' rincer à vot' pompe ?

— Qu'est-ce qu'il dit ? demanda la femme en se tournant vers Kitty.

— Y d'mande si j' peux m' laver chez vous.

— Entre, petit, dit la femme en ouvrant toute grande sa porte à Kitty.

Dove attendit dans la cour en fredonnant doucement :

Bon, chut, oh chut,
Y a quelqu'un qui m'appelle

Jusqu'à ce que Kitty sorte récurée et luisante, un bout de sparadrap sur la joue et un morceau de savon à la main.

— Les vieux y s'y sont pas laissé prendre une

minute, rapporta Kitty. M'ont tout d' suite appelée frangine et m'ont collée dans la baignoire et m'ont frotté l' dos et m'ont fait m' laver entre les doigts de pied. Regarde, dit-elle en levant sa cheville blanche. Et tu m' croiras pas, mais la vieille elle m'a s'riné tout l' temps sa chanson.

— Qu'est-ce qu'elle s'rinait comme chanson ?

— Mords pas la main qui te donne à manger.

— Y sont pas comme toi et moi, expliqua Dove. C'est des gens simples. Mais j' me lav'rais bien la figure moi aussi.

— Tu t' laveras en ville, promit Kitty. Vise, j' peux lancer comme un mec, et elle lança le savon en plein sur les wagons.

— Ça, tu lances vachement bien pour une gonzesse, dut reconnaître Dove.

— Merde alors. Walter Johnson il a jamais mieux lancé. J' suis née dans une vraie ville, moi.

— J'ai jamais vu une vraie ville, avec des tas d' magasins, avoua Dove. Y z'en ont à Houston ?

— Tu parles qu'y z'en ont, mais faudra faire tes emplettes toi-même. Moi, j'ai qu'à descendre la grand-rue et j' me retrouve à la Correctance. J'ai toujours eu la poisse.

— J' f'rai gaffe que les flics y t' ramassent pas, Kitty, promit Dove.

— Et moi j' f'rai gaffe que t'ayes des pompes et une liquette aussi, Rouquin, promit-elle pour ne pas être en reste. J' t'habillerai comme un marle.

— J' te paierai une robe en soie rouge avec une ceinture avec des glands, et pis des boucles d'oreilles en or.

— Rouquin, tu comprends donc pas que j' *bosserai* pour toi si tu veux que j' le fasse.

— J' bosserai pour toi aussi, promit-il.

« Nom de Dieu, se dit la môme, y s' figure que j' veux dire que j' f'rai l' garçon cordonnier pour lui. Faudra qu' je l' convertisse, ce tonton-là. »

Bien que Kitty la Tordue n'ait jamais travaillé de sa vie, elle connaissait le boulot par d'autres tapineuses qu'elle avait connues dans diverses maisons de redressement, et elle s'était évadée avec l'intention de s'établir à son compte dans cette branche.

Au bas d'une rue transversale, une pancarte les invita : COMITÉ D'ENTRAIDE DES PRISONNIERS.

— Ici le tarif habituel c'est deux thunes, leur dit l'ancien taulard au bureau de réception. Pour c' prix-là vous s'rez soignés aux p'tits oignes. Z'avez pas deux thunes à vous deux ?

— Qu'est-ce que c'est, tes p'tits oignes ? s'informa Kitty.

— La bouffe, la dorme et une douche pour chaque thune.

L'ancien prisonnier empocha le quarter qu'elle lui tendit et ils le suivirent dans la cuisine. Il posa deux gamelles de navet froid et racorni devant eux, plus deux tasses de chicorée froide.

— Ça c'est la bouffe, expliqua-t-il. La douche et la dorme ça vient après.

— Tu f'rais bien d'aller t' lessiver tout d' suite, Rouquin, conseilla Kitty dès qu'elle eut goûté au semblant de café. Y manquent sûr'ment d'eau d' puits dans c' coin.

Un vieux se tenait sous le jet d'eau en laissant entrer et sortir l'eau de son nombril, tout en gardant un œil sur l'être squelettique accroupi comme un vautour sur ses frusques. Le vautour venait de terminer l'inspection des haillons du vieux et présentait le creux de sa main à la lumière. Puis il donna un coup de pied au tas de vêtements sans lever les yeux de sa main. Il avait enfin attrapé quelque chose.

— *Estrordinaire !* Le vieux semblait savoir de quoi il s'agissait. Estrordinaire !

Le chasseur de poux frotta longuement ses deux paumes sous l'eau.

— Ceusses qui s'ront pas crasés y s'ront noyés, annonça-t-il avec une joie barbare.

Puis il se jeta sur Dove lorsque Dove se déshabilla.

La douche était froide mais il y avait un gros morceau de savon noir. Le contact de celui-ci brûla la blessure de sa lèvre, mais il se frotta jusqu'à ce que ses doigts s'engourdissent. L'eau devenait de plus en plus froide.

Le préposé aux poux retourna les fringues de Dove d'un air réprobateur. Dove lui demanda s'il n'aurait pas un chapeau, et après quelques recherches on lui offrit une espèce de machin en paille avachi et décoloré par le soleil. Ça lui protégerait toujours les cheveux du charbon et les yeux du soleil. Il n'osa pas demander des chaussures.

Puis ils descendirent une rue large et paisible, et se baladèrent tout doucement entre des rangées de fenêtres aux stores baissés. Bien que ce fût le milieu de l'après-midi, tout le monde paraissait dormir. Ils arrivèrent à un terrain de jeux désert.

— L'école est finie, s'écria Dove, et il courut vers une balançoire. Assis les jambes écartées, il tira sur les cordes, joua des reins, et parvint à lui faire atteindre une belle hauteur. Le petit visage asexué de Kitty le regardait d'en dessous. Toutes les fois qu'il passait près d'elle elle disait :

— On a pas l' temps de rigoler, Rouquin.

Il freina en laissant traîner ses pieds par terre et

quitta la balançoire. Kitty regardait ce qu'il allait faire ensuite.

Les anneaux : les cheveux dans les yeux, il s'essayait à quelques tractions en criant sans arrêt :

— Regarde-*moi !* Regarde-*moi !*

— J'ai jamais rien vu d' pareil, dit-elle en se résignant à regarder un moment.

— Et çui-là, tu vas voir.

Dove passa ses genoux dans les anneaux et se balança la tête en bas, perdant son chapeau, les cheveux traînant dans le mâchefer et le sable.

— Tu m' diras quand t'en auras marre, Rouquin. J'ai tout mon temps.

Mais son enfance venait à peine de commencer, et il n'en avait pas encore tout à fait marre.

— Attrape-moi quand j' s'rai en bas ! la prévint-il du haut du toboggan. Et elle, le pauvre moineau sans ailes des cours et des ruelles, dut se tenir au pied du toboggan où il se lançait la tête la première pour l'empêcher de se rompre le cou. Il lui attrapa la main et l'entraîna vers la bascule.

— Casse-toi la gueule ou fais-toi péter l' cul si ça t' chante — Kitty en avait assez — moi j' fous l' camp à la Nouvelle-Orléans.

Dove resta assis sur la balançoire inutile, les genoux sous le menton. Et il regarda sa seule amie passer la porte du terrain de jeux. Petite paria sans poitrine venue sur cette terre sauvage pour se venger de tout ce qui était dessus.

« A s' conduit comme si a m'avait fait une fleur en m' laissant lui sauver la vie. » Et Dove se dit encore : « Qu'elle aille se faire foutre. »

Il retourna se balancer à toute volée, il retourna pomper des bras sur les anneaux, puis il escalada le plus grand toboggan du terrain ; mais quand il arriva en haut il était essoufflé, et il n'avait plus le cœur à se laisser glisser. Il se laissa quand même glisser, mais seulement parce qu'il fallait bien redescendre. Titubant de solitude, il se lança à la poursuite de quiconque l'empêcherait d'être seul de nouveau. Abandonnant son enfance au sommet du toboggan, avant d'avoir atteint son âge d'homme.

Pas de Kitty. Pas un chat dans toute cette rue accablée de soleil. Dove avait envie de rentrer à la maison.

— Tiens, v'là ton galure, dit-elle en sortant de l'ombre si doucement qu'il comprit qu'elle l'avait guetté.

— J' suis pas encore bien sûre que t'es vrai, Rouquin, lui dit-elle comme pour expliquer ses doutes.

— Si j' te d'mande pas de prouver une chose pareille, lui dit-il pensivement, alors faut pas m' demander des preuves à moi.

— J' f'rai attention, lui dit-elle, toujours agressive. Mais elle le vit perdu en contemplation devant les maisons qui bordaient les deux côtés de cette avenue, avec des petits sentiers privés conduisant à chaque porte.

— Combien tu crois qu'y a d' gens qu'habitent rien qu' dans c'te maison ? demanda-t-il en tendant le doigt.

— Y a pas un chat là-dedans, lui apprit-elle. La pancarte ça dit A LOUER.

Après cela Dove remarqua de nombreuses pancartes semblables sur des maisons dont le crépi commençait à s'écailler. Les sentiers étaient couverts de mauvaises herbes au pied de grands chênes qui avaient autrefois bordé des pistes indiennes.

Tout en marchant ils arrivèrent dans un parc des

faubourgs bordé d'une rangée de boutiques endormies, dont la moitié devaient être inoccupées. Kitty l'emmena flâner plus loin, bras dessus bras dessous, en remontant de l'autre côté de la ville à moitié morte.

— Tas des gens qu' tu connais dans l' coin ? lui demanda Dove quand il sentit qu'elle ralentissait le pas.

— Pas un pet, lui assura-t-elle en l'entraînant devant une vitrine derrière laquelle on ne voyait que de la sciure. Puis ils virent un lapin l'air à moitié moisi faire quelques pas à découvert et regagner son trou du plus vite qu'il pouvait. Kitty laissa Dove devant la vitrine tandis qu'elle partait en inspection derrière la bâtisse. Elle revint presque aussitôt.

— On r'viendra là quand y f'ra nuit, lui dit-elle. J'aurai b'soin d'un p'tit coup d' main. Mais t'en fais pas, j' suis la meilleure casseuse de mon âge et d' ma taille.

— J' peux pas t'aider dans c' truc-là, môme, l'informa Dove. Et pis j' préfère un boulot de plein jour. Comme su' un d' ces grands bateaux blancs qu' j'ai vus un jour sur une photo à La Nouvelle-Orléans.

— Et quand tu s'ras là-bas dans l' bureau, sans chemise, pied nus, les ch'veux dans l' cou, tu d'manderas si y a pas une place de capitaine pour toi, hein ?

— J'avais pas dans l'idée d'êt' capitaine, lui dit Dove. J' voudrais pas êt' plus qu'un simple matelot. Mais j' m'imagine bien qu'y faudra que j' soye présentable avant qu' j'essaye d'entrer dans l' bureau.

— Quelle pointure que tu chausses, Rouquin ?

— J'en ai jamais porté. Toujours marché sur mes pieds.

Elle étudia ses pieds qui montaient et descendaient sans arrêt du trottoir.

— Quarante-six, jugea-t-elle.

— Quarante-six quoi ?

— Non, c' que tu peux être cloche, dit Kitty la Tordue.

Dans le quartier des taudis mexicains, en ce mois de juin 1931 à Houston, il y avait une bâtisse à trois étages portant ce nom sur une enseigne :

H
O
T
E
L

C'est tout : Hôtel Hôtel.

— Encore jamais essayé de dormir dans un gratte-ciel. Dove leva la tête. Qu'est-ce que ça coûte ici ?

— Trente-cinq cents par tête de pipe, le renseigna Kitty, et y a des endroits où c'est encore plus cher que ça.

— Ben dans c' cas, décida Dove, faudra trouver un endroit pas si cher.

— On vous file le déjeuner avec aussi.

— Qu'est-ce qu'y vous filent ?

— Du café noir et des croissants.

— Alors on est v'nus trop haut dans l' nord.

Kitty allait laisser tomber, mais la tentation était trop forte.

— Qu'est-ce que tu veux dire par là, Rouquin ?

— Quand les gens y s' mettent à pas vous donner du pâté d' foie pour déjeuner, c'est qu'on est allé trop haut dans l' nord.

— Ben tu m'en bouches un coin, dit Kitty. Et, s'appuyant sur le bras de Dove, elle ôta un moment son espadrille, la remit et lui lâcha le bras.

— Dis donc, vise un peu c' que j' viens de dégotter dans ma savate, Rouquin.

Un billet de cinq dollars se trouvait là, plié dans le creux de sa main.

— Ben ça c'est une sacrée veine, môme. Comment qu'il est arrivé là ?

Elle lui donna un coup de coude plein de sous-entendus.

— Est-ce que j' t'ai pas dit qu' les gars les plus chouettes c'est les bougnoules ? Pourquoi les gens y s'imaginent qu'y a que dans une boîte d'allumettes de cuisine qu'on peut planquer ses économies ?

— J'aurais jamais tapé à c'te lourde si j'avais su que c'était c' que t'avais dans l'idée d' faire, lui reprocha Dove.

— C'est pour ça que j' te l'ai pas dit.

— C'est pas bien d' voler les gens qui vous ont fait une bonté, Kitty. Fais aux autres comme tu voudrais qu'y t' fassent.

— J'essaierai de m' rappeler celle-là aussi, lui lança-t-elle. Enfin quoi, Rouquin, tu sais c' qu'une paire de grolles à trois dollars et une liquette à deux ça s'rait pour toi ? Les gens t'appelleraient Prêcheur, voilà comment qu' ça s'rait. Elle lui prit le bras et le poussa dans le corridor. Et tu serais le premier péquenot qui deviendrait un vrai marle de la ville, voilà c' que ça serait, ajouta-t-elle pour elle-même.

— Mon vieux il *était* une espèce de prêcheur lui aussi, lui dit-il. Du genre à vous faire foutre la Bible dans les chiottes.

Il resta à l'écart tandis qu'elle conférait avec l'employé de la réception et se regarda des pieds à la tête dans la longue glace du vestibule. Pour ça, elle avait raison : s'il avait besoin d'une chose, c'était bien de fringues.

— La seule histoire que ma vieille m'ait jamais racontée pour m'endormir commençait et finissait toujours par « Y peuvent toujours crever », se rappelait Kitty la Tordue. C'est ça qu'elle disait quand elle se cuitait. Quand ils m'ont enlevée de la maison et qu'ils m'ont mise en correctance j'étais une vraie terreur là-bas. J' râlais sec parce que j'avais jamais volé des trucs comme les autres gosses. J' pissais au lit et y a une matrone qui m'a mouchardée et y m'ont fait coucher dans la salle des « incontinentes » qu'y z'appelaient ça. C'est un dortoir avec des paillasses en caoutchouc pour les pisseuses. J'avais huit ans. Quand j'ai eu dix ans y z'ont commencé à avoir la trouille parce que j'avais dégueulassé toutes leurs paillasses.

« C'était quand ma vieille elle est montée sur le wagon pour leur montrer qu'elle le pensait quand elle disait qu'elle voulait que je revienne. Elle avait mobilisé une bande d'anciens poivrots pour crier avec elle et y a fallu que j'y aille. « Y sont tous pour ma gosse », elle disait comme ça, ma vieille.

« Te fatigue pas à gueuler comme ça » qu' j'ai fini par y dire, « parce que maintenant c'est toi qu' tu peux toujours crever ». Dans le livre à ma vieille fallait que quelqu'un y gagne ou y perde. Quand elle s'est foutue par terre du wagon on aurait pu l'entendre gueuler à trois kilomètres.

« Mais si j' devais encore faire d' la taule, ça serait pour quéqu' chose que *moi* j'aurais faite, et pas à cause de quelqu'un d'autre. Y m'ont poissée quand j' traversais l' pont. Si j'avais pu aller d' l'autre côté j'aurais été peinarde. J'aurais été en Illinois.

« Quand j'ai eu quatorze ans j' me suis trouvée encore avec des mômes qu'avaient ben une tête de moins que moi. J'ai mouillé le lit la première nuit.

T'imagines ! Quatorze berges, et me rev'là juste là où que j'avais été à huit ans ! Alors j'ai compris que je progressais pas. »

Elle releva sa manche droite : elle avait le bras tatoué de l'épaule au poignet.

— J'en ai aussi sur les jambes. J' me les suis faits toute seule avec des aiguilles ordinaires et d' l'encre ordinaire. J'avais trente-deux jours à danser avec l'ours, alors j'ai travaillé sur moi pour m'empêcher de d'venir encore plus dingue.

« T'as jamais vu quatre balèzes tenir une fille couchée sur une table pendant qu' le cinquième y tape dessus ? C'est comme ça qu'y f'saient avec moi, avec une ceinture de cuir qu'avait plus d'un mètre de long. Y avait une boucle en argent au bout que j' peux pas encore l'oublier. Et comment qu'y f'saient traîner, les vaches. J' pouvais compter jusqu'à dix entre les coups. Cent coups que j' prenais, c'était l' maximum qu'y z'avaient la permission de vous filer. Et pas une larme. Pour leur montrer qu' j'étais pas une poule mouillée.

« Pourquoi qu'y font ça ? Alors j' bouchais les chiottes avec du coton. Pourquoi que j' faisais ça ? Va savoir. J' fais toujours des choses que j' sais pas pourquoi que j' les fais. P't-être que c'était juste parce que je voulais être quelqu'un ? T'es assis dans ta piaule comme un mort vivant, voilà pourquoi. Y z'enlèvent tout. Y a rien à lire, pas même un papier de bonbon. Tu peux pas écrire des lettres non plus. On t' donne une demi-tasse de céréales cramées pour ton p'tit déjeuner, deux tranches de pain moisi et une rondelle de sauciflard pour ton déjeuner et une demi-tasse de lavasse pour ton dîner. C'est comme ça qu' ça t' vient dans l'idée de dev'nir quelqu'un.

« J' m'étais trouvé une amie. Une pisseuse comme moi. Une p'tite négresse sourde et muette, a restait là su' l' plancher à trembler et à compter ses doigts. J' partais pas, même quand j'avais une occase de m' faire la paire, à cause d'elle. C'était mon amie. Quand ils l'ont mise dans une espèce d'hôpital j'avais pas d' raison d' rester plus longtemps. Quand j' suis arrivée à c' pont, j'ai pris l' trolley. Et toi, Rouquin, ça fait combien d' temps que t'es en vadrouille ?

— Chez nous c'était pas si tellement moche, reconnut Dove. Alors j'ai juste mis les voiles.

Elle comprit mal.

— Voler, c'est ça qu'est chouette. J'aime ça moi d'entrer dans une baraque vide quand y fait noir et que tu peux faucher c' qui t' plaît. C'est un truc que ça t' donne le frisson. C'est tellement bath que t'as envie d' le faire tout le temps. Tu sais qu'est-ce que c'est le meilleur truc, Rouquin ? C'est quand tu mets un pétard sous l' nez des grandes personnes et qu' tu les r' gardes faire dans leur froc là en plein devant toi. C'est ça l' mieux. Combien d' temps tu dis qu' ça fait qu' t'es sur l' trimard ?

Dove ne répondit pas, mais il était quand même sur le trimard. Il se prenait du bon temps sur le Boulevard des Rêves. Elle l'observa avec curiosité. Quand il dormait, sa bouche avait un pli amer comme si elle venait de recevoir un affront. Elle ne pouvait pas savoir qu'il se tenait sur les marches du tribunal dans la redingote à queue dépenaillée de Fitz, en train de conduire un hymne :

Dans une joie solennelle je veille
Un cadavre dont l'esprit s'est envolé...

tandis qu'une silhouette à cheval sur un obusier, le visage dans l'ombre, n'arrêtait pas de se balancer dans une joie solennelle.

L'affliction et la souffrance seront mon lot
Tant que je respirerai enchaîné à cette prison...

Une prison où il en coûte dix cents pour entrer et voir un cadavre d'où l'esprit vient de s'envoler. Kitty la Tordue, portant des gants noirs qui lui montaient jusqu'aux coudes, vendait des tickets juste de l'autre côté du mur. Ils étaient devenus riches et célèbres en voyageant de ville en ville, mais elle riait trop et son rire le réveilla. Parce qu'elle l'avait serré comme dans un étau et que c'était un tout petit peu trop tard pour se dégager.

— J' suis tellement *honteuse,* lui dit-elle plus tard. Qu'est-ce que t'as donc *en toi* pour me faire faire des trucs pareils ? Dans ses yeux brillaient les mêmes petites larmes de verre. Promets-moi qu' tu m' feras plus te faire des sales trucs comme ça.

— J' te l' promets.

— Alors j' te pardonne.

— T'es bonne avec moi. T'es vraiment chouette. Y a juste une chose que j'ai pas pigé.

— Quoi donc, Rouquin ?

— Qu'est-ce que c'est danser avec l'ours ?

— Le cachot noir.

Et épuisés par le pardon et les bonnes œuvres, ils dormirent jusqu'à la nuit tombée.

— Fais voir comment c'est ton sifflet, Rouquin.

Dove émit une sorte de sifflement tremblotant. Kitty attendait.

— Ben, c'est comme ça qu' je siffle, dut-il admettre.

Elle porta deux doigts à sa bouche et en tira une note stridente comme une sirène.

— Et quand j' mets toute la vapeur tu peux l'entendre à deux blocs de là... ça veut dire laisse tout tomber, v'là les bourres.

Il resta à se dandiner d'un pied sur l'autre dans l'ombre du mur.

— Qu'est-ce qui va pas ? T'as les j'tons, Rouquin ?

— Peur de marcher sur du verre, voilà tout.

Elle pressa le bouton d'une torche électrique de prisunic.

— Suis la lumière.

Dove suivit. Puis se ravisa :

— Salut ! dit-il.

Elle l'attrapa par la ceinture et l'entraîna au fond d'une cour jusqu'à la porte de derrière d'un magasin. Elle frappa d'une façon si impérieuse que les pieds de Dove essayèrent de se retourner. Elle lui mit le bras autour de la taille pour le faire tenir tranquille. Il espérait qu'elle ne s'apercevrait pas qu'il tremblait. Elle frappa de nouveau. Mais tout était fermé et il n'y avait personne.

— Fais-moi la courte-échelle.

Il joignit les mains et la souleva jusqu'à ce qu'elle ait assuré sa prise sur l'imposte ouverte. Et elle disparut.

Elle se laissa tomber à l'intérieur si doucement que Dove, qui tendait pourtant l'oreille, ne l'entendit pas atterrir. Puis la porte s'ouvrit sans bruit, et il sentit qu'on lui plaçait la torche dans la main. Comment était-elle arrivée derrière lui ?

— File au tiroir-caisse. (Kitty prenait le commandement.) J' suis là, t'en fais pas.

Elle le projeta en avant juste devant un tiroir-caisse qui était exactement du même modèle que celui qu'il avait ouvert pour son frère. Un Ohmer. Alors il appuya aussi sur la manette de celui-là et le tiroir s'ouvrit, *dzing !* Il fourra sa main dedans et saisit une pleine poignée de morceaux de papier. Un chat réveillé en sursaut bondit entre ses pieds. Dove s'étala et la torche vola en éclats. Il se mit à quatre pattes et sentit un battement d'ailes lui claquer dans la figure : ce connard de chat sautait après le mur en essayant d'attraper quelque chose gros comme une chouette. Serrant ses billets dans un tourbillon de plumes et de fourrure, il se mit à tituber dans le noir d'un mur à l'autre en essayant de trouver le chemin de la porte. Les ailes passèrent juste au-dessus du chat qui se débattait furieusement entre eux deux lorsque retentit le coup de sifflet.

A l'entrée de la ruelle il aperçut une petite silhouette aux prises avec une autre deux fois plus grande qu'elle.

— Ben y en a des gens qui dorment pas ce soir, s'étonna-t-il.

L'entrée de la ruelle était sa seule issue. Il s'avança lentement vers le couple qui se livrait à une danse bizarre, puis bondit derrière eux, sentit une grande main s'abattre sur lui et le manquer, et se rua dans l'espace libre.

Sauta par-dessus une palissade, retomba dans le noir, sauta un mur, retomba, ses grands pieds l'emportant droit devant lui, puis s'effondra dans l'herbe.

Pas un bruit, à part le grincement d'un grillon, et le tic-tac de son cœur.

— J' crois pas qu'on peut appeler ça courir, se félicita-t-il, hors d'haleine ; mais si t'avais une plume dans la main, tu pourrais appeler ça voler.

Sa main était crispée si fort sur les billets qu'il dut se frotter un moment les paumes pour rétablir la circulation. Puis il les fourra dans la poche de sa salopette. Il n'avait pas le temps de les compter, ce qu'il lui fallait c'était une bonne voie de chemin de fer.

Si Dove possédait un instinct sûr, c'était, comme les lapins, celui de se cacher jusqu'à ce qu'il atteigne le bout de la ville. Il tourna à droite, il tourna à gauche, et à la fin les étoiles vertes et rouges d'une tour de contrôle le menèrent tout droit à un quai de marchandises.

— C'est par où, la voie de départ, m'sieur, lança-t-il à une lanterne qui se balançait dans le noir.

La lumière continua à se balancer.

— T'es juste en train d' marcher sur la voie de départ, l'informa la lanterne. Reste pas près des trains à l'arrêt.

Dove se laissa aller le dos contre un poteau et fit bouger sa dent branlante ; mais elle ne branlait pas tellement. Et tandis qu'il la titillait il lui sembla que le poteau contre lequel il s'appuyait se trouvait au milieu de la voie. Un phare de locomotive fonçait à cent cinquante à l'heure, mais ça ne pressait pas, cela faisait des jours qu'il arrivait. Il s'endormit.

Un tonnerre de ferraille à dix mètres de lui finit par l'éveiller. Un long convoi défilait lentement, et là-bas on apercevait une petite locomotive rouge qui s'en allait comme un jouet sur ses rails.

Dove tâta ses billets dans sa poche pour s'assurer qu'ils ne s'étaient pas envolés, et grimpa dans une obscurité bringuebalante.

— Y a quelqu'un là-d'dans ?

Pas de réponse, à part le plancher qui oscillait en grinçant.

— Bon boulot, Linkhorn, se félicita-t-il. T'as dégotté un wagon particulier, et nom de Dieu tu l'avais bien gagné. Il ferma la porte et se coucha sur le côté. On sait jamais, y a parfois des malfaiteurs qui prennent ces trains-là.

La journée et la nuit qui suivirent restèrent à jamais brumeuses dans le souvenir de Dove. Tout ce qu'il se rappela clairement, c'est qu'en ouvrant la porte le matin suivant il vit un voile de brouillard si bleu qu'il effaçait les contours des maisons, des collines et des arbres. Et à mesure que le matin chauffait, tout ce grand monde bleu se mettait à fumer doucement.

La Louisiane.

Durant le long après-midi les nuages s'amoncelèrent. Et toujours, par-dessus tout, ce voile pâle qui bougeait.

Une vraie brume du Sud où l'on voit tout ce que l'on a envie d'y voir. Une brume qui s'infiltre derrière les yeux et vous fait voir toutes choses sous les couleurs du rêve.

« J'ai dans l'idée que j'vais apprendre à jouer d' la guitare, rêvait-il contre la porte du fourgon. J'irai partout en jouant d' la guitare... c'est ça qui fait rappliquer les belles poules. »

La Louisiane.

Il vit un Dove plus grand dans un pantalon rutilant, chevauchant un étalon blanc comme neige, jouant de la guitare d'une main et tenant la crinière de l'étalon de l'autre, faisant son entrée à la Nouvelle-Orléans en chantant et caracolant.

La Louisiane.

Ses doigts erraient sur des cordes invisibles.

Farouche et indompté,
S'avançait le jeune Brennan sur la lande...

Dove retint un peu son cheval pour permettre aux gens de l'admirer plus à leur aise.

Désirs et espoirs dans un rêve de fumée bleue tandis que le grand wagon cahotait et que sa tête dodelinait doucement. Rien que la paix et du beau temps. Dove rêva tout au long de cette journée brumeuse et bleue, puis les étoiles clignotèrent une à une, et la Voie lactée parut, au fond du ciel.

Plus tard, étendu sur le toit du wagon pendant que la locomotive faisait de l'eau dans le désert, il se croyait invisible tandis que les projecteurs et les lanternes inspectaient les attelages et les roues. Mais au moment où le train s'ébranlait quelqu'un l'interpella d'en bas en riant :

— Reste allongé ou descends à l'intérieur, fiston.

Il était si bien qu'il resta vautré sur le toit quand brusquement, avec un épouvantable claquement, il se trouva plongé dans une obscurité rugissante, sous la voûte d'un tunnel qui lui raclait le dos. Les poussières de charbon se précipitaient sur lui en sifflant. Il se protégea la bouche et le nez avec son foulard et saisit à pleins bras une des protubérances du toit. La seule chose qui l'empêchait de s'évanouir, c'était l'espoir qu'un tunnel ne peut durer toujours.

Celui-là n'était pas loin de durer toujours. Quand l'air vif le frappa de nouveau il fut pris de vertige. Il cracha la poussière de charbon qui s'était collée au fond de sa gorge et maudit cet état de cinglé où les tunnels surgissent en plein désert.

Dove pouvait remercier un cogne de la voie de lui avoir sauvé la vie ; d'autant plus qu'en général les cognes ne vous donnaient guère l'occasion de les remercier. Ils n'osaient pas entrer dans les wagons le jour, quand ils étaient bondés : ils passaient vite et discrètement comme si les wagons étaient vides. Mais à la nuit tombée, ils vous attrapaient quatre ou cinq pauvres bougres, et c'est là qu'ils commençaient à s'amuser.

Un jour vers midi un cogne armé pointe son nez à la porte d'un fourgon.

— Sortez de là un par un !

Personne ne bouge. Tout le monde savait que le premier qui sortirait se ferait amocher tandis que les autres derrière pourraient se tirer.

— J'ai dit sortez, nom de Dieu !

Personne ne bouge.

— Nom de Dieu, si vous ne sortez pas on va entrer.

Leur silence était un défi.

— Tu sais, dit-il d'une voix traînante en se tournant vers un de ses collègues, j'en ai tellement marre de foutre des coups de pied au cul de cette engeance que j' crois que j' vais me mettre à écraser quelques cervelles.

A la seconde quelqu'un bondit pour être le premier. Les représentants de la loi commencent à se faire la main dessus et les autres s'éparpillent dans la nature. Trois cognes armés contre un clodo sans défense, voilà l'étalon du courage d'un cogne de la voie. Un homme qui aurait eu le courage de se mesurer à un autre avec seulement un fusil contre des poings nus n'aurait pas pu devenir cogne de la voie : il fallait avoir au moins deux autres flingues à côté de vous pour être à la hauteur d'une vocation où la férocité le disputait à une couardise innée.

Quelquefois les cognes sortaient tout le monde d'un train, les escortaient jusqu'en ville, prenaient la photo et les empreintes de tout le lot, puis les relâchaient avec cet avertissement : « Maintenant on a un dossier sur vous. Si vous essayez de remettre les pieds par ici on vous fout au trou. » Ainsi les sans-logis étaient-ils refoulés d'une ville à l'autre, jusqu'à ce qu'il n'y ait plus une ville qui n'ait prédit ce qui les attendait s'ils remettaient les pieds par ici.

Un autre après-midi Dove se baladait au bord d'un ruisseau avec quatre compagnons de voyage. Ceux qui avaient précédemment utilisé ce sentier de brousse avaient accroché une pancarte recommandant à ceux qui viendraient après de le laisser aussi propre qu'ils l'avaient trouvé. Quelqu'un avait même déposé une paire de chaussures presque neuve pour que Dove la trouve. Elle lui allait comme si elles avaient été faites sur mesures.

Deux des gars se mirent à faire une soupe. Dove se déshabilla, s'allongea dans le ruisseau et fuma une cigarette en humant la soupe. C'était le premier moment de paix qu'il goûtait depuis Arroyo.

Il ne vit les officiers que lorsqu'il entendit les coups de feu. L'un d'eux plaça ses six balles dans la marmite où mijotait la soupe, qui éteignit le feu en dégageant une épaisse fumée, tandis que les potes allaient se planquer sous des buissons. On ne voyait plus que la tête de Dove, posée sur l'eau comme un canard assis. Il sortit de l'eau tout penaud et ruisselant.

Puis il y eut le jeu consistant à voir combien de temps pouvait mettre un type à s'habiller pendant que les autres lui flanquaient des coups sur la tête. Il en prit un pour la chemise, deux pour le pantalon, et il aurait pu s'en tenir là s'il avait détalé à toutes jambes. Mais il s'assit sous la grêle de coups pour essayer d'enfiler ses chaussures... et il finit par s'enfuir en les laissant sur le terrain.

Quand il sauta de son wagon à Algiers, au bord du fleuve, en face de la Nouvelle-Orléans, la tête lui faisait encore mal.

Il se débarrassa de sa couche de sang et de suie à la

première pompe qui se présenta. Et lorsqu'il tendit un nickel au contrôleur du ferry boat, l'homme le pria d'avancer d'un mouvement du pouce :

— La dame a déjà payé pour toi.

Dove vit une femme entre deux âges qui était montée devant lui. Il s'approcha d'elle, son nickel à la main.

— J' peux payer pour moi, merci bien quand même, m'dame, lui dit-il, et il lui fourra le nickel dans la main. Elle piqua un fard, mais Dove se sentit mieux.

Quand le bateau accosta et qu'un matelot lança une grosse corde pour l'amarrer, Dove se précipita pour l'aider. Mais tout ce que sa bonne volonté y gagna fut un « — Occupe-toi d' tes oignons, fiston. »

C'est ainsi que Dove débarqua dans la ville qui a toujours l'air d'osciller. Balancée par ses fleuves, secouée par ses trains, ébranlée par les cloches des bateaux et par les cloches des trains, on dirait une ville bâtie sur une balançoire.

La ville du sandwich maigre et du café de chicorée, la ville où les grappes d'aulx pendent sur des cordes, où les camionneurs dorment dans leurs camions, où les facteurs portent des casques coloniaux et où les chandelles rouges brûlent toute la nuit dans de vétustes lampes à long col.

La ville où les femmes noires chantent :

C'est pas ton fric qui m'intéresse, papa.
C'est ton cigare qu' j'ai envie d' te fumer

et où les gars qui tapent sur des pianos démantibulés se plaignent :

Quand la nuit se fait vieille
J'invente des trucs qu'on n'a encore jamais vus...

Sur le quai de Desire Street, Dove entra dans le premier endroit où mendiants et autres pouvaient se reposer un moment.

— T'as l'air comme si tu t'étais bigorné avec une scie circulaire, fiston, lui dit l'employé de la réception.

— Non. J'ai fait qu' trier des chats sauvages.

— Ben j' te donnerai une jolie petite chambre bien tranquille où tu pourras te reposer sans être dérangé. Je suis arrivé en ville pieds nus moi aussi, et j'étais si cloche qu'on aurait pu me faire prendre une lanterne pour une vessie.

— J' crois qu'y m' manque un quarter dans ma monnaie, m'sieur, fit observer Dove sans toucher à sa monnaie. J' crois qu' vous avez fait une p'tite erreur.

L'employé ajouta le quarter manquant.

— Tu porteras des chaussures plus vite que moi, dit-il en riant. C'est tout en haut des marches la première chambre à ta droite.

La première ou la dixième, il n'y avait pas grande différence ; pas une porte n'avait de clef.

Le plafond consistait en un grillage de poulailler. A en juger par l'odeur, les poules ne devaient pas être bien loin. Mais le lit était exactement ce qu'il fallait à un gars éreinté.

Dove dormit tout l'après-midi alourdi de poussière jusque fort avant dans la nuit secouée de fièvre. Et toute la nuit il entendit les bateaux appeler et appeler sans arrêt.

Une fois il entendit une femme, on l'imaginait toute seule dans un coin, raconter toute l'affaire au monde entier :

Jamais eu personne pour me dire c' qui est bien et c' qui est mal.
M'a dit « ma fille, t'es bonne à rien... »
Et maintenant ma Mama elle est plus là.

Dans les autres cages à poules d'autres pionceurs s'en payaient pour leurs dix cents de rêves. Jusqu'à l'heure où les cent harpes du matin frappent sur les cordes d'argent de la lumière.

Et tout au bas de la rue éblouie de soleil un marchand de glaces multicolores déclenchait à intervalles réguliers son carillon de boîtes de conserves multicolores. Une cloche pour chaque parfum.

Arrivez, les gars, rappliquez, mendiants et traîne-lattes, deux pennies la glace à l'eau, chantaient les cloches multicolores.

En surveillant de temps en temps le grillage pour voir si personne ne l'espionnait, Dove sortit ses billets de sa poche, et les lissa soigneusement pour voir si par hasard il n'y en aurait pas deux collés ensemble. Et les compta soigneusement. Quand il arriva à quarante il ne restait plus qu'un billet d'un dollar. Alors il recommença tout à partir de ce petit orphelin. Et ne fut satisfait de se trouver à la tête de quarante et un dollars que lorsqu'il eut refait le compte une troisième fois.

Enfin un Linkhorn avait fait fortune.

Un Linkhorn avec quatre murs pour lui tout seul. Il ne possédait encore ni chemise ni chaussures, mais l'espoir d'un monde regorgeant de chemises et de chaussures. Une dent qui branlait était bien peu de chose quand on se réveillait et qu'on était Dove Linkhorn.

Moche, évidemment, que cette petite tordue n'ait pas été assez maline pour ne pas se faire pincer. Des gosses comme ça ne devraient pas se lancer dans le crime sans savoir ce qu'elles font. « J'pense que ça lui servira de leçon et qu'après ça elle marchera droit avant qu'y soye trop tard, lui souhaitait-il. L'était pas taillée pour c'te vie-là comme nous autres, les vrais criminels. »

Un petit mouchoir déchiré en deux et gris de charbon tomba de sa poche. Il le frotta et vit alors qu'il était noir avec des franges de dentelle. Ses plis étaient un peu raides. Et il éprouva une certaine angoisse à l'idée qu'il était voué à faire du mal aux êtres qui lui étaient le plus chers.

Et comme la prémonition de nombreux tourments, dont certains ne feraient que passer, d'autres seraient plus longs à endurer, et d'un qui ne le quitterait jamais.

— J'espère que j' vous ai pas fait trop d' mal, señora, expliqua-t-il. Juste au moment où j'allais vous aider à vous rel'ver pour dire que j' regrettais c' que j'avais fait, y a c' con d' mécanicien qu'a tiré son sifflet, et y a fallu que j' me dépêche.

Mais la lumière restait collée comme un linceul d'occasion contre un mur souillé de remords : elle lui avait tendu le mouchoir et au lieu de le prendre il s'était essuyé la bouche du revers de la main.

— J' trouv'rai quelqu'un pour écrire une lettre, se promit-il, pour dire que j' regrette c' que j'ai fait.

Au bas de la rue sans ombre un carillon de boîtes de conserves faisait voltiger un arc-en-ciel à deux pennies la couleur plus loin, vers une rue beaucoup plus large. La matinée s'achevait.

Une vague peur l'étreignit en descendant l'escalier noir. D'autres remords avaient graissé la rampe, marche après marche, lentement jusqu'au fond d'un puits peuplé d'échos. Où des regrets étrangers alourdissaient l'air.

Dehors, en pleine rue, il se sentit comme un libéré sur parole qui ne pourrait jamais tenir sa parole.

Pendant un moment Dove sentit que tout un peuple de silhouettes coupables lui faisait escorte dans le tohu-bohu de cris, de chuchotements, de rugissements et le charivari du soleil de midi sur le canal. Tintamarre des motocyclettes des flics, rouges avec un side-car bleu, éblouissantes marquises des cinémas, pétarade des machines à pop-corn au beau milieu du trottoir. Un parfum de femme le fit se retourner... oh, regarde ses jambes qui bougent sous sa robe ! En voilà une autre ! Une autre ! Etourdi, il alla se réfugier sous une arcade et s'appuya contre l'enseigne d'un coiffeur en attendant que ses sens se calment.

— Pourquoi qu' j'ai l'air d'un qu'est pas tranquille ? se fit-il reproche. Un homme avec quarante dollars il a rien à envier à personne, pas vrai ? Çui qu'a tout ça dans sa poche il est déjà su' l' chemin de d'venir capitaine.

Capitaine de bananes ou de coton, capitaine de sacs de cacahuètes ou de pop-corn, capitaine de gnôle, de café ou de whisky... bien que naturellement personne ne soit jamais devenu capitaine de quoi que ce soit juste comme ça. Il faut d'abord aider ceux qui sont déjà capitaines à moudre leur café et à griller leur maïs, à mettre du charbon dans leurs chaudières toutes noires et à tenir la barre de leurs grands navires blancs. Y a pas un capitaine qui pourrait faire tout ça lui-même.

— J' pourrais être dentiste pour les dents, se dit-il. Docteur aussi c'est pas si mal, pa'ce qu'y peut couper et tailler et avoir une licence pour le faire.

Vous commencez au bas de l'échelle et si quelqu'un essaye de vous pousser pour vous passer devant il reçoit votre grand pied dans la gueule... faudrait qu'il se paie une paire de bottes en caoutchouc. Quoique évidemment il n'y ait pas grand danger qu'un type soit assez fou pour chercher des noises à un Linkhorn...

— Et j' sais rudement bien compter aussi — il songeait à faire une carrière de comptable ou de banquier — seulement y a ce p'tit défaut que j'ai jamais pu aller plus loin qu' le B.

Néanmoins il prit la mesure de toutes ses possibilités.

— J'ai un esprit drôlement fort. Un homme avec un esprit aussi fort y doit pouvoir soulever la création avec son levier et y glisser une cale d' bois par en d' sous.

A travers la vitre le coiffeur lui montrait quelque chose, une bouteille de lotion capillaire dans la main. Dove lui fit un sourire pour voir si l'homme avait de bonnes intentions. Quand l'homme s'approcha en faisant cliqueter sa paire de ciseaux, Dove estima que non et il s'en alla d'un pas traînant du côté du canal.

Il acheta deux glaces colorées, une verte et une orangée, à un marchand qui portait des lunettes de soleil ; il lui refila un nickel mexicain, et on lui rendit un penny américain.

— Bon boulot, Linkhorn, se congratula-t-il. J'ai comme qui dirait dans l'idée que j' vais pas tarder à aller plus loin qu' le B. Faudra que j' m'achète une bourse pour la monnaie pour ces p'tites opérations.

Il suivit la ligne de tram de St. Charles Street jusqu'à Lee Circle. Là, une main tachée d'orangé et l'autre de vert, il fit décamper de son banc un vieux avec un pied bandé pour faire de la place à ses propres pieds. Le vieux s'éloigna en frappant le trottoir avec sa canne.

— L'est fâché de quéqu' chose, l'éclopé, comprit Dove. J' me d'mande qui ça peut-y bien être, c' capitaine, se demanda-t-il ensuite en plissant les yeux d'un air perplexe devant une statue martiale. Doit êt' un gars d' la Guerre des Rebelles, décida-t-il à la fin.

Un chauve en complet avachi s'approcha de Dove d'un air humble.

— Je ne suis pas un mendiant, expliqua-t-il. Pour le moment je suis dans le service diplomatique. Ils ont un poste pour moi quand je serai là-bas, et je dormirai dans les meilleurs hôtels, naturellement. Mais ce soir, je serai encore obligé de dormir dehors, à moins qu'un type dans vot' genre me file vingt balles.

Il offrit à Dove sa carte de visite, tachée de jaune sur les bords. Dove fit semblant de la lire et en fut si impressionné qu'il tendit un nickel au bonhomme.

— Puisque c'est pour la patrie, expliqua-t-il.

Le tram de St. Charles Street tournait son trolley.

— Faudra que j' me paie c' machin-là un d' ces jours, se promit-il.

Une fille coiffée d'un calot de marin, le sac en bandoulière, vint flâner à l'ombre des bottes du général Lee et, s'arrêtant devant Dove, lui sourit. Il regarda derrière lui mais il n'y avait personne qui attendait la dame. Elle n'y alla pas par quatre chemins :

— Alors ? lui dit-elle.

Dove se leva, s'inclina, la main sur le cœur, laissant choir son chapeau de paille dans la poussière.

— Bonjour, m'dame.

La fille partit sans se retourner.

Ça ne faisait rien. Quand il aurait cette guitare et qu'il aurait appris un ou deux de ces bons vieux airs il n'aurait qu'à choisir dans le tas quand ça lui chanterait.

Et il navigua, content de lui, sans rien voir,

côtoyant des êtres accablés et d'autres dont le talent était d'accabler, des maigres, des branques, des tubards et des bancroches ; des julies noires comme coke et râpées jusqu'à la corde ; des clodos couverts d'ulcères, des boiteux, des cancéreux, des pustuleux, des colporteurs de crayons tuberculeux et des pochards titubants. Partout de vieux chats malades qui allaient leur chemin en miaulant.

Tout allait bien dans le monde.

Jusqu'au moment où il aperçut à l'improviste son reflet dans une vitrine ; alors il se rendit compte qu'en réalité ça clochait de partout. Pas étonnant que cette fille se soit cavalée.

A-t-on jamais entendu parler d'un capitaine qui se promène pieds nus ?

Du quai de Barracks Street à Bienville, ce n'était qu'un immense cimetière de cargos qui gisaient, le ventre en l'air comme des baleines, et qui rouillaient tout doucement. Toute la ville était en cale sèche.

Toute la ville croupissait dans sa brume couleur de café, ce café dont on pouvait encore sentir la bonne odeur des jours anciens. Les murs des entrepôts comme la coque des navires en étaient encore imprégnés. Les planches des quais en étaient enrobées. Sous les planches pourrissaient les sacs ancestraux dans la lessive et le vomi.

Toute la ville était en cale sèche, tout le pays avait été mis au clou, mais un secrétaire du ministère du Travail déclarait que le plus noir de la crise était passé. L'Economie Nationale avait évité l'effondrement total, ajoutait le secrétaire ; le commerce reprenait.

— Personne ne meurt de faim, disait Hoover Boule

de Gras en essuyant la graisse de poulet sur son petit menton rondouillard. Un homme qui a des couilles au ventre n'a pas besoin de l'aide du gouvernement pour trouver du travail. Ça le rendrait paresseux. Ça pourrait même le rendre malade. Le système D. pour les crève-la-faim et l'aide du gouvernement pour les riches. La Vieille Equipe était de nouveau en place. Hoover caressait le poulet à l'intérieur de sa grosse panse. « — Maintenant, je suis là », disait Hoover Boule de Gras.

Et devant ces milles et ces milles de docks et de quais déserts le seul cargo qui fût à flot battait pavillon argentin et arborait le fier nom espagnol de *Shichi-Fukujin.*

Dans ses plus éblouissantes rêveries Dove n'avait jamais osé rêver quelque chose d'aussi grand. Il ne pouvait que rester la bouche ouverte et regarder, comme un nain qui lève la tête vers un géant.

Le géant lui faisait signe de monter. Dès qu'il fut sur le pont, Dove comprit qu'on avait besoin de lui dans le secteur. D'abord les marins étaient trop petits pour diriger quelque chose d'aussi gros. Avec des yeux trop petits pour faire la différence entre un phare et un entrepôt et quand ils seraient dessus ce serait trop tard.

Le copain qui lui avait fait signe se mit à parler une langue qui n'était ni de l'anglais ni de l'espagnol et tendit un pinceau vers la cheminée. Dove n'avait jamais vu de pinceau aussi gros, ni de cheminée aussi haute. Mais s'il le fallait il pourrait donner à cette vieille cheminée l'aspect du neuf.

Dove avança la main pour prendre le pinceau, mais le petit homme changea le pinceau de main et le tendit cette fois en direction de la fenêtre d'un entrepôt sur le quai.

— Faut voir l' contremaître.

— Bougez pas, dit Dove à l'équipage, et il redescendit sur le quai à toute allure, s'engouffra sous une porte de la bâtisse et grimpa quatre à quatre un escalier en colimaçon. Par la porte ouverte il aperçut l'immense photo d'un transatlantique qui occupait la moitié du mur. Au-dessous de la photo, le contremaître des cales sèches était assis et rêvait qu'il était riche.

— Papiers... dit l'homme en tendant le bras sans lever les yeux.

— J'en ai pas, expliqua Dove.

L'homme leva la tête, puis le regretta. Devant lui se tenait quelque chose en salopette de paysan, casque colonial, lunettes de soleil, montre à un dollar qui faisait plus de bruit que l'horloge de grand-père, et chaussures caca d'oie.

— C'est vous qu'êtes le patron ici ? demanda Dove. J' veux un boulot su' les bateaux.

— Y a des capitaines qui en cherchent, fiston, lui fit le contremaître.

— J'ai pas dans l'idée d'êt' capitaine, m'sieur. J' s'rais satisfait comme ça de récurer le pont. Ou même à l'occasion, ajouta-t-il d'un air rusé, si vous aviez une cheminée qu'aurait b'soin d'un bon coup d' badigeon, j' pourrais p' êt' me faire la main d'sus.

— Faut qu' t'aies tes papiers d'aptitude en règle.

— J'ai plus d'aptitudes que y en a beaucoup, insista Dove. N'importe quoi qu' vous m' paierez j' cracherai pas d'sus, et j' vous aurai drôlement à la bonne, m'sieur. Et j' peux même ajouter que j' suis pas tellement gros mangeur qu' ça.

— C'est-y que tu serais pas un *jaune*, des fois ?

— M'sieur, j' peux faire la cuisine, j' peux faire les courses, j' peux raccommoder vos chaussettes, j' peux mettre du charbon dans vos machines et j' peux attraper une baleine avec ces deux mains-là. J' f'rai tout c' que vous m' direz d' faire pa'ce que j' veux apprendre à être marin et j' suis aussi fort que quatre.

— Tu ne sais donc pas qu'il existe un syndicat de la marine ? Il accordait à Dove le bénéfice d'un sérieux doute.

— M'sieur, j' suis chrétien et j' m'aplatis pas d'vant les notions des Yankees. Mettez mon nom su' l' livre de vot' navire et vous êtes mon capitaine, et j' suis vot' matelot. Dites-moi tout c' qui faut que j' fasse pour vous, et je l' ferai, pa'ce que j'suis vachement costaud. Et si après ça vous dites que j' fais pas l'affaire vous avez qu'à m' débarquer dans l' premier port. Ça va-t-y pas comme ça ?

— C'est tout c' qu'y a de bien, fiston. S'il y avait plus de gars qui voulaient travailler pour rien, y aurait sûrement plus de millionnaires.

— C'est comme ça aussi que j' vois les choses, m'sieur. Vous travaillez pour rien, ou vous d'venez jamais riche, ça tombe sous l' sens.

— Tu sais, dit le contremaître en posant une main amicale sur l'épaule de Dove, ta bouille m'a plu dès que tu es entré ici. Tu voudrais pas enlever tes lunettes pour que j'en voie un bout de plus ?

Dove retira ses lunettes et subit l'examen plein de confiance.

— J'ai bien aimé aussi la façon dont t'es entré, sans même prendre la peine de frapper.

— C'est qu' j'avais pas d' temps à perdre.

— Et la façon intelligente dont tu as exposé ton affaire.

— C'est que j' suis à la hauteur, admit Dove avec modestie.

— Tu es sûrement à la hauteur de quelque chose,

supputa le contremaître, mais je ne vois pas bien laquelle.

En fait, ce que le contremaître était en train de supputer, c'était la hauteur de la cheminée qu'on voyait par la fenêtre et qui se dressait bien à vingt mètres au-dessus du niveau du quai ; et de supputer l'échelle branlante des tarifs du syndicat. Une journée de huit heures à deux soixante-dix l'heure pendant dix jours... Le contremaître évaluait mentalement ce qu'il pourrait porter sur les livres.

— J' te paierai un dollar cinquante l'heure pour peindre cette cheminée, fiston.

Dove franchit la passerelle à toute vitesse, comme le kiwi sans ailes, un oiseau qui n'est pas bâti pour voler. Il entendit le contremaître crier par la fenêtre de son bureau :

— Mettez cet homme sur la chaise, les gars !

Quand il arriva sur le pont les grattoirs, pinceaux, pots de peinture et de diluant étaient prêts. Dove s'assit sans plus tarder sur la planchette et cria :

— Tirez ferme, la marine !

Quand il regarda en dessous il était déjà à plus de six mètres au-dessus du pont.

— Ça va, les gars, leur lança-t-il avec entrain. J' vais commencer par là !

Mais la chaîne montait toujours plus haut.

Qui aurait pu penser qu'il soufflait tant d'air ici alors que les autres types devaient suer de chaleur là en bas ? Il allait jeter un second coup d'œil sur le pont, mais le siège se mit à osciller et il se ravisa aussitôt.

Au-dessus de lui la cheminée tout écaillée de rouille penchait bizarrement, et en dessous le fleuve bougeait d'une manière bizarre. Les aiguilles de sa montre avaient une étrange inclinaison mais semblaient dire : 11 h. moins 5. Bon, dans cinq minutes il aurait rassemblé tous ses instruments, comme ça il se mettrait au boulot à l'heure juste. Une paie entière pour une journée entière de travail, voilà comment il fallait faire pour s'élever dans le monde.

— On commence, les potes, cria-t-il en tournant légèrement la tête. On commence ! Ça leur ferait voir qu'il n'était pas un poltron.

Quelque chose tira sur le siège, et il comprit que le contremaître avait dû changer d'avis : il pouvait descendre n'importe quand maintenant. Dove fit passer la corde autour de la cheminée et la noua en serrant de toutes ses forces. Bon Dieu, le type l'avait envoyé là-haut, il n'allait pas le faire redescendre sans lui donner sa journée de paie.

Une fois fixé, le siège s'immobilisa, et Dove avec. Pas assez immobile pour se tenir debout, mais assez pour enlever le couvercle du bidon de peinture. Juste au moment où il l'enlevait un coup de vent fit osciller le siège et l'huile du bidon se renversa. Une grosse tache décorait sa salopette.

— 'Reusement qu' mes pompes elles ont rien pris. Il prenait les choses du bon côté.

Quand même pas la peine de risquer d'abîmer de belles chaussures toutes neuves avec un vent qui est toujours prêt à vous jouer des tours. Il remit le couvercle et consulta sa montre : 11 h 4. Nom de Dieu, c'est pas parce qu'un homme ne sait pas lire qu'il n'est pas capable de compter. Il avait déjà gagné dix cents aujourd'hui, sinon faudrait qu'on s'explique.

C'est alors qu'il regarda en dessous de lui et qu'il vit le petit cercle de visages goguenards levés vers lui. Il ferma les yeux pour ne pas vomir. Ça ferait mauvais effet pour le premier jour de boulot.

Quand son estomac eut repris sa place il se rappela quelque chose et trouva juste ce qu'il cherchait au fond d'un paquet de Bull Durham : une poignée de marijuana verte et deux feuilles de papier brun.

— On n'a pas dit qu'y fallait pas fumer pendant l' turbin, se dit-il finement. Et à la première bouffée il sentit le siège s'élever de trois centimètres.

— Qu' ça monte, qu' ça monte ! Plus haut qu'on ira, plus qu'on s'ra payé.

Grattoir, diluant, pot et pinceau dormaient, oubliés sur la planchette à côté de lui ; comme il était apparemment oublié de ceux d'en dessous. Quand il regarda de nouveau sa montre il était presque deux heures. Eh ben, comme le temps passe !

— La bouffe ! cria-t-il sans trop se pencher. Faites-la monter par ici !

Mais personne ne grimpa l'échelle avec un plateau à la main pour lui demander s'il prenait du sucre et de la crème dans son café.

— Les salauds, y sont partis à la bouffe ; y sont en train d' s'empiffrer comme une portée d' gorets. M'a tout l'air d'être une foutue équipe de dégueulasses là en d'sous.

Tout au long de l'après-midi Dove somnola sur son perchoir, et chaque fois qu'il s'éveillait il avait encore plus faim.

— La bouffe ! essaya-t-il encore une fois pour le dîner. Mais tout ce qu'il obtint fut un petit signe de la main d'un type, là-bas très loin, sur le pont.

— J'ai pigé vot' truc, finit-il par déclarer au contremaître à haute voix. Vous voulez me faire crever d' faim. Mais tu peux encore attendre jusqu'à d'main. Et il se remit à sonner les cloches.

Il était près de cinq heures quand il s'éveilla, sentant une petite brise fraîche lui courir dans le dos. Il déboucla le guide-rope. « — C'est une bonne chose que j'aie pas mangé », se dit Dove en descendant, et il atterrit sur le pont, pâle et titubant. Deux matelots durent le soutenir un moment, et tous parurent satisfaits de son ouvrage, à l'exception du contremaître.

— Pas un centime, mon gars ! lui fit savoir le contremaître sans ambages. Parle seulement de fric, et je t'envoie par-dessus bord !

Dove se familiarisait de nouveau avec un plancher sous ses pieds.

— M'sieur, j' suis grimpé dans vot' chaise de cinglé comme vous m' l'avez d'mandé. On a fait un marché.

— Ecoute-moi voir un peu, fiston. J' suis l' contremaître après Dieu dans ce foutu dock de malheur, faut que tu t' mettes bien ça dans ton gros crâne. C'est pas toi ni personne qui va m'emmerder à me dire ce que j'ai à faire. C'est clair ou c'est pas clair ? Parce que je peux te le faire comprendre mieux que ça, si t'as envie.

— *Un marché,* m'sieur.

— Déconne pas, fiston.

— J' déconne pas, m'sieur. J' suis resté six heures là-haut sans vous faire du tort avec des heures supplémentaires parce que j' comprends bien qu' c'est l' premier jour et qu' j'ai pas tellement bien fait l'ouvrage. Mais j'ai fait c' que j'ai pu pour six dollars.

Le contremaître prit Dove par le bras, l'entraîna à part et lui dit à l'oreille :

— Prends ça et fous le camp et ne remets plus les pieds sur ce bateau.

Dove regarda ce qu'il avait dans la main : un billet de deux dollars.

— J'ai droit à six, m'sieur.

— J'irai pas plus haut.

Le contremaître remplaça le billet de deux par un de cinq. Dove referma la main.

— Ça ira comme ça.

Le contremaître, d'une démarche lasse, alla s'accouder au bastingage pour contempler le fleuve, et plus loin, là-bas, la mer.

Sur le quai, Dove se retourna pour jeter un dernier regard au bateau. Le petit homme agita le gros pinceau en direction de Dove et lui cria :

— Sois à l'heure demain, matelot !

Dove agita la main à son tour. Un gars qui a rudement des manières.

Mais une sourde tristesse le poignait tandis qu'il s'éloignait du fleuve, car demain il n'irait pas plus en mer qu'aujourd'hui.

Un peu plus tard ce soir-là il découvrit la porte des cabinets pour hommes à la gare de la Southern Railway ; un portier nègre à cheveux blancs lui barra le passage.

— Excuse-moi, papa, lui dit Dove en essayant de passer.

— T'as du sang de couleu', petzouille ? demanda papa.

— Bien sûr qu'il est pas blanc, lui dit Dove.

— Faut pas 'igoler d' ça, le prévint le vieux nègre. C'est moi que j' suis 'esponsable ici.

Dove ne voyait pas ce qui n'allait pas. Mais il avait l'impression confuse d'être dans son tort, et il tourna le dos à la SALLE D'ATTENTE POUR GENS DE COULEUR.

Il était penché au-dessus de la fontaine quand il vit le gardien qui revenait à la charge. Cela faisait des années que le vieux attendait quelque chose comme ça.

— T'as du sang d' couleu', tu peux pas boi' d' cette eau.

— Est-ce que tout l' monde il a pas du sang d'

couleur, m'sieur ? Ce n'est qu'à ce moment que Dove comprit vraiment ce que l'autre voulait savoir.

— Tu c'ois que tu peux te moquer de moi avec tes questions idictes, répondit le vieux, mais un jou', c'est toi qui va êt' embêté, tu sais. Mon gars, si t'es blanc, 'este blanc. Si t'es noi', 'este noi'. Maintenant ti'-toi de d'vant ma ga'e et que j' te voie fai' ça tout d' suite.

— Ben j' vois vraiment pas, médita Dove d'un air songeur, pourquoi un chrétien y pourrait pas boire une goutte d'eau dans une ville. Mon cinglé de p'tit papa il avait p'têt' raison après tout.

Il avait la gorge sèche et il franchit la première porte qui affichait « Coca-Cola ». Des pancartes de coca-cola il y en avait partout dans cette salle obscure, et il n'y avait que des bouteilles vides sur les rayons. Il frappa sur le comptoir avec une pièce de dix cents. Une petite beauté sans soutien-gorge, un vrai bibelot d'étagère, apparut, ouvrit une bouteille de coca à un crochet fixé au comptoir et laissa glisser sa bretelle sur son bras gauche, révélant un sein charnu jusqu'au mamelon teinté de brun. Sous le sein était tatoué ce seul mot : *Whisky*.

— Z'avez-t'y jamais vu un temps pareil ? demanda Dove.

— J'en ai vu de pires, répliqua le bibelot.

— Maintenant j' vous f'rais remarquer qu' vous m' devez un nickel pour la monnaie, fit remarquer Dove.

— J' te f'rai r'marquer qu' t'as déjà eu ta monnaie. Et elle replaça sa bretelle d'un air dédaigneux.

— Vous croyez pas des fois qu' vous auriez pas fait une p'tite erreur, m'dame ?

— Tout à fait sûre.

— C'est combien pour c'te paille ?

— Sers-toi, péquenot.

— Ça encore, tiens, c'est pas ordinaire, s'étonna

Dove en prenant quatre pailles pour se venger ; z'êtes la deuxième depuis pas une heure qu'ait r'marqué ça. Comment qu'y font les gens pour savoir qu' vous êtes d' la campagne ?

La poupée en resta bouche bée. Il mordait les pailles et elles ne tiraient pas. Il les retira de la bouteille et les tordit soigneusement l'une après l'autre. Puis il posa une autre pièce de dix cents sur le comptoir.

Cette fois elle essuya la bouteille avec un chiffon et y introduisit une seule paille. Il lui prit la bouteille des mains, les yeux fixés sur cette bretelle gauche.

Elle ne glissa pas d'un centimètre.

Mais elle ramassa sa pièce et fit claquer le tiroir-caisse si vite, juste comme la bretelle droite glissait sur son bras, qu'il crut qu'elle avait enfoncé le poussoir avec le bout de son sein. Et elle resta appuyée sur l'appareil, le sein posé sur la touche RIEN EN CAISSE.

Sous ce sein droit était tatoué le mot : *Bière*. Dove étudia solennellement le mot.

— Ça vous f'rait rien si j' faisais une remarque, m'selle ? Quelque chose qui s'rait p't-êt' un peu personnel ? finit-il par lui demander.

— Tu peux me dire tout ce que tu veux, ça ne sera jamais personnel.

— Ben m'est avis qu' vous vous collez un peu trop d' poud' de riz, lui dit-il tout de même. Ça vous donne pas bonne mine.

Elle prit un air encore plus ahuri. Ses yeux s'ouvrirent si grands qu'elle ne put même pas froncer les sourcils. Puis elle secoua la dernière goutte de la bouteille, mit celle-ci de côté et remit la bretelle en place.

— M'dame, j' peux pas m'empêcher d' penser qu'y a qué'que chose de mort dans l'arbre.

Cette fois elle haussa un sourcil crayonné en forme de question.

— Oui ?

— Ben hier au soir j' me suis payé un soda d' l'aut' côté d' la gare et y coûtait que cinq cents.

— C'était de l'autre côté de la gare. Ils font les prix de guerre là-bas.

— J'espère qu'y z'ont tué personne, dit-il avec une pointe d'inquiétude, et il posa une troisième pièce de dix cents.

Cette fois elle ouvrit la bouteille, l'essuya, introduisit la paille, prit la pièce, ferma le tiroir et revint devant Dove, tout cela d'un seul mouvement. Et pourtant pas plus la bretelle droite que la gauche ne bougea. Dove but plus lentement.

Rien.

— Combien qu' vous vendez d' sodas dans une seule journée, m'dame ?

— Peu près autant qu'y a d'idées dans ta tête.

— Ben, ça doit en faire pas mal, décida Dove.

— Qu'est-ce que t'es venu chercher ici, gars ?

— On m'a dit qu' j'avais pas l' droit d' boire à c'te pompe là-bas.

— Je crois que tu gaspilles ton argent.

— Ben, dites voir, c'est mon argent, non ?

— Et tant qu'y a du fric y a du fric, c'est pas vrai ? Mais quand y en a plus, y peut pas y en avoir moinsse.

— J'ai entendu dire que des fois l'argent y dure juste à peine à c' qu'y en ait pus, ça c'est vrai. Enfin on m' l'a dit comme ça. Vous croyez qu' mes quarante dollars y dureront tant qu' ça ?

— Si tu dépenses tout en cocas, y dureront pas tout ça, si tu vois c' que j' veux dire.

— J' vois pas très bien, m'dame. Tout c' que j' sais c'est qu' ce coca l'est rudement goûteux.

— Il est quoi ?

— L'est rudement goûteux que j' dis. Et si je j'tais un dollar là-d'sus ?

— Essaie toujours.

Dove le jeta sur le comptoir, mais avant qu'il touche le zinc elle l'avait saisi au vol.

— Maintenant on va voir si tu peux me suivre.

Quelque part au fond de ce corridor étroit une fille riait sans joie, comme une fille qui se moque d'elle-même ; toutes les portes étaient numérotées.

Pas de lumière, pas de fenêtre, pas de bruit. Dove se sentit complètement désorienté dans cette obscurité brûlante. Puis une porte claqua. Une petite lumière verte se fit dans un coin, et il revit la beauté bière-whisky toute nue dans ses pantoufles ; une fille délicate comme une biche.

— Ben j'ai encore jamais vu une fille aussi chouette dans ma vie, quoiqu' vous êtes un peu maigre des fesses, lui dit-il. J' commence à avoir vachement envie d' troncher. Ça vous ennuierait-y de troncher aussi avec moi ?

Plus tard, un pied planté sur le sol pour ne pas tomber de l'étroite couchette, il se sentit en veine de confidences.

— J'ai l'estomac tout gonfle, lui dit-il.

— La prochaine fois, bois du whisky, lui conseilla-t-elle, et elle ajouta : péquenot, t'en as pour ton argent depuis un bout de temps maintenant.

Puis pêchant son pantalon du bout de son orteil vert, elle le souleva et le laissa délicatement, dédaigneusement retomber sur les genoux de Dove, tandis qu'au même moment le portefeuille glissait de sa poche et s'évanouissait curieusement entre les draps.

— M'dame, déclara Dove, z'êtes la plus sacrément

chouette gonzesse que j'ai jamais rencontrée dans ma vie.

— Comment *ça ?* Elle flairait quelque chose de pas catholique.

— Ben, ces ongles ed' pieds qu' vous avez là.

— T'en as eu pour ton argent, et même un peu plus, il me semble, décida-t-elle comme si, en fin de compte, elle ne voulait pas qu'ils soient bons copains. Fringue-toi et tire-toi.

— Faut d'abord que j' vous fasse escuse, m'dame. J'en aurai pas pour bien longtemps.

— Des excuses ? Pourquoi ?

— Ben, pour avoir dit qu' vous aviez les fesses pas assez grosses comme j' l'ai fait. C'était pas bien d' ma part de vous dire ça. Pa'ce que j' peux vous l' dire, c' que vous avez là c'est c' que les gars des ch'mins d' fer y z'appellent un rudement chouette petit fourgon d' queue.

— La salle de bain c'est à droite.

— M'dame, j' regrette bien, et même pour de vrai que j' regrette doublement. Mais l' fait est que j' suis salement crevé et que j' vais me payer un p'tit roupillon.

Elle fit le tour du lit à pas de loup et jeta un coup d'œil dans le couloir.

— Je vais chercher un type qui va te rendre tes forces, promit-elle.

Elle lui tournait le dos, la main sur le bouton de la porte, la poche de son pyjama gonflée par son portefeuille d'une manière si indécente qu'il pouvait voir le grain du cuir à travers l'étoffe ; mais il n'essaya pas de s'en emparer. Il passa simplement le doigt dans l'élastique qu'il avait mis autour, raidit le bras exactement comme il l'avait vue faire avec la jambe, et le souleva aussi proprement et paisiblement qu'elle avait soulevé son pantalon.

Elle perçut un léger mouvement derrière elle et se retourna vers le lit. Le lourdaud était toujours vautré là, faisant si grossièrement semblant de dormir que personne n'aurait pu s'y tromper.

— Dis donc, je sais pas de qui tu te moques, mais ça prend pas avec moi, lui dit-elle comme dernier avertissement, et elle disparut dans le corridor. Surin, Surin mon amour ! Y a un type qui veut te voir !

Entendant cela, Dove sauta dans son pantalon et bondit par la fenêtre, ses souliers à la main.

Deux Négresses qui passaient leurs après-midi à compter les hommes qui sortaient par la porte sur le trottoir d'en face parurent légèrement surprises d'en voir sortir un par la fenêtre. Comment tu comptes *ça ?*

On aurait dit qu'il y avait toujours quelqu'un qui cherchait à faire ce que personne n'avait encore jamais fait.

Les femmes ont cet avantage sur les hommes qu'elles peuvent descendre en enfer et en revenir. Il y a une vieille chanson qui le dit, et elle dit vrai. Pourtant, dans le cas particulier de Dove Linkhorn, elle se trompe.

Dove savait très bien qu'il était descendu là-bas. Et dès qu'il se retrouva près de la gare de la Southern Railway, du côté de Canal Street, il eut l'impression soit d'être remonté quelque part, soit que le ciel s'était élevé d'un pouce.

Les édiles, les magistrats, tous les notables et chevaliers de ceci et de cela auraient admis en riant que la Nouvelle-Orléans était un enfer. Mais cet enferlà plongeait ses racines jusqu'au centre de la ville, et cela ils ne pourraient jamais l'admettre. Car maquereaux et putains sont une incontestable honte, et les Gros Bonnets sont des Pères de Famille dont la famille fait partie intégrante de leur personne, au même titre que leur derrière.

Mais il n'y a pas beaucoup de Gros Bonnets qui se contentent purement et simplement de posséder un derrière. Il faut qu'ils quittent la maison de temps en temps pour faire la bringue. Ils ont besoin d'aller s'encanailler un peu dans les bas-fonds, de se saouler la gueule dans quelque bouge et de se trouver une bonne petite pute de temps en temps qui les appelle par leur prénom devant des visages tout à fait inconnus. Ça leur donne l'impression de se sentir de nouveau des hommes, aux Gros Bonnets. Trois coups de whisky, et toute la ménagerie des Bien-Pensants se met à conspirer contre les lois qu'elle a elle-même rédigées.

Rien à redire si vous sortiez un flacon de liqueur brune de votre poche dans un taxi ; mais dans les tramways c'était interdit. Ça ne pouvait que leur faire du mal, aux pauvres bougres qui circulaient en tram. Défendu de transporter de l'alcool dans la rue ; mais si vous possédiez une bagnole il n'y avait rien à redire à cela. Chaque statut comportait une petite porte dérobée, qui comme par hasard avait juste la forme de leur silhouette, comme si elle avait été faite sur mesures. Pour ceux qui n'avaient pas mis la main à la rédaction des statuts, barbeaux, punaises et autres, c'était plus difficile de passer à travers.

C'était une ancestrale imposture que pratiquaient tous les Barons de la Moralité. Là où les maisons closes restent ouvertes en permanence, là où vous claquez tout votre fric, là où de jeunes démerdards au ventre vide vous esbroufent de vieux lubriques, là où ça saute sur les tables, là où ça hurle des blues éraillés, là où il y a tout à gagner et rien à perdre, là où tout est à vendre, vous pouvez être sûrs d'une chose : c'est toujours un Gros Bonnet qui a monté le spectacle.

Il y avait les spectacles sur la scène et les spectacles derrière un trou dans le mur ; il y avait les phénomènes et les monstres. Mais ce n'étaient pas les maquereaux qui possédaient ces théâtres-là. Et il y en avait comme ça tout le long de Perdido Street. Et ce n'étaient pas les phénomènes ni les monstres, ni les vieux macs ni les anciens satyres à l'œil de verre, ni les taulards ni les voleurs à la tire ni les tubards ni les vicelards qui avaient inventé le commerce des blondes de petite vertu. La nuit il faisait aussi clair que le jour, le jour il faisait aussi sombre que la nuit, et c'étaient les Respectables et Honorables Grosses Légumes qui étaient les propriétaires du cirque.

Car l'Honorable Grosse Légume, s'il adorait le fric, ne crachait pas sur la rigolade. Il faisait payer aux filles les fringues et la gnôle, le loyer et les taxes, le blanchissage des serviettes et le reste. Mais avant que le bal quotidien fût terminé, il venait participer à la rigolade.

Ensuite il fallait qu'on le nettoie de ses remords pour qu'il pût de nouveau coucher avec sa femme dans la paix et la propreté de son âme. C'est là qu'intervenait la chaire. Il fallait qu'il y ait quelque chose d'officiel pour rejeter toute la faute sur les femmes. Prédicateurs, réformateurs, prêtres et autres se tiraient fort bien de cette besogne. Il y avait des filles qui étaient mauvaises de nature, expliquaient-ils. Les autres étaient perverties par de mauvais hommes. Mais en aucun cas ce n'était la faute d'aucun de ceux qui profitaient et jouissaient du spectacle. Grosse Légume, tu peux rentrer chez toi.

Eglises, journaux, flics et politiciens rejetaient les femmes de lit en lit et de rue en rue — mais ne les rejetaient jamais trop loin, à part les vérolées. Ce qu'il fallait à Gros Bonnet, c'était une belle fille saine pour ses week-ends, et il fallait qu'il puisse savoir où la trouver. C'est cela qui maintenait l'affluence autour des chaires, augmentait le tirage des journaux, donnait aux fichiers de la police un air respectable et aux politiciens une bonne trompette à emboucher.

Quand on possède plus de maisons qu'on en peut habiter, plus d'autos qu'il n'est besoin pour se balader, plus de nourriture qu'on en peut avaler, la seule façon de s'enrichir encore c'est de priver ceux qui n'ont pas assez. Si tout le monde a tout ce qu'il lui faut, à quoi me sert mon tout-ce-qu'il-me-faut ? A quoi bon avoir une grande prairie si tout le monde peut venir s'y promener ? Ce n'est que lorsque de solides barrières en interdisent l'accès que ma grande prairie commence vraiment à avoir de la valeur. A quoi bon être commandant si vous n'avez qu'un sous-lieutenant sous vos ordres ? A quoi peut servir le sous-lieutenant dans ce cas-là ?

Les filles elles-mêmes lisaient des choses sur la dernière croisade, mais leurs yeux s'ennuyaient entre les lignes. Aussi, après le dernier sermon, le dernier éditorial ou la dernière descente de police, ceux qui avaient prêché, écrit ou tabassé, montaient chez elles rigoler un moment.

C'était cela l'ancestrale imposture que personne n'aurait voulu admettre.

Cependant, au-dessus de l'hypocrisie, au-dessus de la bambochade, planait, en cet été irrespirable, le sentiment que tout cela était aussi triste qu'une surprise-partie dans un pays occupé par l'ennemi. Et sur les visages las des filles très jeunes et des garçons dans les bars clandestins planait l'ombre d'une défaite imminente.

Les ossements qui dormaient en paix depuis des décades dans le vieux Cimetière Français sentaient cela et se levaient de leurs trous.

Passant près d'un mur croulant, Dove Linkhorn glissa un œil par une brèche et vit avec quelle cruauté la mort traitait les vieux squelettes.

De vieux squelettes que la mort ne voulait pas laisser dormir. Espagnols et Français, Créoles et Kentuckiens, ossements de maris et ossements de trappeurs, femmes de grande et de petite vertu, tous les os blanchissaient de façon identique sous le soleil du Seigneur. Eux aussi étaient allés en enfer et en étaient revenus.

Dove eut mal dans ses os à lui.

— Tu t' démènes tant qu' tu peux et t'as rien d'autre à montrer qu'un complet et une paire d' godasses et une montre à un dollar, se sermonnait-il. Mais ça pourrait êt' pire.

Quand une fille lui demanda :

— Mec, t'as pas un dollar ? Dove se dit que ce ne serait pas bien de lui mentir.

Elle ouvrit la porte.

— Entre seulement voir, et j' te donnerai l'envie de rigoler.

Dix minutes plus tard Dove ressortit avec une telle faim qu'il aurait bouffé un serpent. Il y avait une enseigne de gargote au coin de la rue, mais avant qu'il ait le temps d'y arriver, une autre fille émergea d'un couloir et lui barra le chemin.

— Mec, t'as pas un dollar ?

— J'ai ben un dollar, mais j'en ai b'soin pour bouffer.

— Tu peux bouffer ici, lui promit-elle. Il entra. Ça ne ressemblait pas à un restaurant.

Dix minutes plus tard il ressortit, s'appuya un moment contre la porte, puis se remit lentement en marche, la tête baissée pour ne pas voir les portes avant d'arriver à la pancarte qui disait : « Gargote ». Mais quand il regarda à l'intérieur, il ne vit qu'une fille sans soutien-gorge en train de décapsuler des coca-colas.

Il reprit sa marche d'un pas traînant, une rue, une autre rue, à la recherche d'une vraie gargote, en se laissant guider par son nez plutôt que par ses yeux.

Il atteignit ainsi une sorte de grotte où grouillait une réconfortante odeur de homard et de crevettes fumantes, d'huîtres mitonnantes et de bouillon d'escargot. Il s'installa à une table, aussi épuisé et prêt à s'effondrer que le Vieux Marché Français lui-même.

Lorsque ses yeux se furent accoutumés aux ténèbres de l'antre, il distingua un Nègre de la taille de Carnera, nu jusqu'à la ceinture et luisant d'une sueur couleur de bronze, en train de décapiter avec une précision fulgurante des tortues de mer qui claquaient du bec.

L'ennui avec les tortues c'est qu'elles s'imaginent toujours que tant qu'on bouge on a des chances. Il y a toujours de la place pour une de plus au-dessus, pensent-elles. C'est une foi que rien ne peut altérer chez elles, et même si la pente est raide et poisseuse de sang, rien d'autre ne compte que cela : atteindre le sommet.

Le noir boucher regarda Dove comme le Docteur Trépas en personne.

Le Docteur Trépas dont les patientes arrivaient

l'une derrière l'autre le long d'une planche inclinée, et toutes espéraient en l'ultime miséricorde : un sursaut de la dernière minute qui leur restituerait tous leurs droits civiques, le couteau qui s'arrêterait en l'air, n'importe quel miracle du monde moderne. La mort était bonne pour certaines espèces, tortues de sable et autre menu fretin, mais pas pour cette noble famille d'antique lignage des terrapènes.

Perdre sa tête, ce n'était pas pour autant perdre ses pattes. Les pattes continuaient à tenter la conquête de sommets plus sanglants. Ne Dis Pas Qu'Il Est Vain De Lutter, Toujours Plus Haut, telle était la devise.

Car une fois que le couteau avait accompli son œuvre, il devenait plus urgent que jamais de s'élever dans le monde. Et sentant que le temps était contre elle, elle luttait encore avec plus d'énergie. Jusqu'à ce que le sol ruisselât de sang noir autour de la pyramide où certaines gisaient sur le dos, d'autres sur le ventre.

Dove sentit qu'un autre œil que le sien observait la pile grossissante : par terre, à côté de lui, une tête de terrapène coupée, grosse comme sa main, contemplait d'un regard cataleptique son propre corps qui battait des pattes et dérapait, là-haut sur le tas. Ce ne pouvait être le corps d'aucune autre, car il était le seul qui pût se comparer par la taille à cette tête royale qui le contemplait avec une foi inébranlable.

Piétinant les tronçons d'une centaine de cous saignants, se hissant par-dessus d'autres dos, donnant un coup de patte par-ci, une poussée par-là, le corps envoya rouler en bas une douzaine de corps rivaux. Dove et la Tête regardaient tous les deux si le Corps y parviendrait.

Tirée par une force plus puissante que celle des autres, avançant lourdement sans proférer une plainte par-dessus des mères et des orphelines, elle finit par assurer ses pattes sur la queue d'une rouquine qui battait des ailerons, se hissa sur son dos, envoya promener la rouquine et atterrit enfin au beau milieu du tas.

C'était la Reine des Tortues.

La reine agita triomphalement ses arrogantes pattes... « Toujours de la place pour une de plus au-dessus. » Juste à ce moment-là, quelque chose la heurta par-derrière et ce fut la fin de sa courte et glorieuse journée. Glissant, dérapant, s'écroulant, elle déboula la pente du tas emmêlé et sanguinolent et alla atterrir sur le dos près de la table, lançant des signaux frénétiques de tous ses membres.

« Nobles amis et gentils cœurs », télégraphiait-elle en sentant le froid ultime s'insinuer en elle, « laisserez-vous mourir ainsi votre vieille amie ? Je ne désirais rien pour moi-même, ni argent, ni confort, ni puissance, ni sécurité ; je ne les ai recherchés que parce que ces chères petites voulaient que je le fasse. (Naturellement, lorsque ces choses étaient à portée de ma main, j'en profitais de temps en temps.) Me laisserez-vous vraiment mourir ici ?

« C'est vrai, je mangeais bien. Mais c'était seulement pour garder mes forces intactes en vue de l'épreuve finale et du sacrifice de ma vie. Car je n'ai jamais fait volontairement le mal à une créature amie, à moins qu'elle ne se mît en travers de mon chemin. Jamais je n'ai triché, à moins que cela ne me profite. Laisserez-vous vraiment mourir une aussi douce tortue ?

« Je fus un père dévoué, un citoyen loyal, un employé honnête, un patron équitable, un voisin considéré, un pratiquant assidu. Par pureté de cœur je respectais les lois de Dieu et des hommes. Par pureté de cœur, et peur de la prison. Pouvez-vous réellement rester insensibles et regarder mourir ainsi une tortue aussi sainte ?

« Ne semble-t-il pas, direz-vous, que j'avais quelque peu l'intention de broyer le cou de mes sœurs il y a un instant ? Je l'avoue... mais c'était tout à l'heure : maintenant j'ai changé. Pouvez-vous supporter de voir mourir ainsi une tortue aussi franche ?

« Rendez-moi la vie, gentils cœurs, rendez-moi la vie pour que je puisse jeter un dernier regard du haut du tas où je régnais autrefois en maître. »

Et ayant dit ces mots elle rentra très lentement sa queue noire. Ses pattes se raidirent. Elle avait fini pour toujours de lutter.

La plus sage des tortues était morte.

Juste comme Bing Crosby entonnait dans la machine à disques *I Aint Got Nobody*.

— Qu'est-ce que ça sera, mon gars ? demanda le garçon.

Dove n'hésita pas une seconde.

— J' prendrai d' la soupe au tarpon.

Il ne savait pas encore qu'il y avait aussi de la place pour un de plus tout au bas.

2

Ce bel été de 31 à La Nouvelle-Orléans offrait des possibilités quasi illimitées aux jeunes gens ambitieux et présentant bien, désireux de commencer au bas de l'échelle et de faire leur chemin sur la voie du succès. Les plus intelligents commençaient par le haut et se laissaient glisser sur la pente, pour être plus vite arrivés en bas.

Par ce bel été de 1931 certains Etats avaient la Prohibition et d'autres pas. Russ Colombo chantait *Please.* Al Capone citait Marc Twain et certains tenaient les femmes pour les égales des hommes en matière d'aviation. Une femme refusa de répondre aux questions d'un comité du Sénat et l'American Legion proclamait que les législations différentes d'un Etat à l'autre portaient préjudice aux prix des produits fabriqués par l'ouvrier américain.

Un pasteur de New York découvrit que Jérusalem avait connu une administration pire que celle de Jimmy Walker et déclara qu'il préférait vivre sous le régime de Hoover que sous celui d'Ezéchias.

Harry Emerson Fosdick proclama que les excès de cette année étaient dus à un mouvement de régression du pendule moral, ajoutant que si les bistrots restaient ouverts plus longtemps cela deviendrait pire. Le

Président pressa un bouton à Washington et illumina du même coup un building de cinquante-deux millions de dollars, à l'angle de la Trente-Quatrième Rue et de la Cinquième Avenue à New York, le plus haut que l'homme ait jamais édifié. Wallace Berry disait : « Ce que j'aime chez une femme c'est quand il y en a beaucoup », et le cours du coton subit un nouvel effondrement.

L'Echelle du Succès s'était renversée, le haut était devenu le bas et le bas était en haut. Des meneurs d'hommes qui portaient encore leur montre en or mais qui n'avaient plus de semelles à leurs chaussures allaient de porte en porte en montrant les photos de leurs gosses. Les médecins vendaient des pommades pour la peau aux coins des rues et les capitaines de navires faisaient la queue pour obtenir un emploi de garçon de pont.

Les bureaux des grandes compagnies d'assurance contre l'incendie partaient en fumée, ce qui semblait rien moins que juste. Quand les pompiers, qui n'avaient pas reçu de salaire depuis longtemps, arrivaient pour déblayer le tout, il ne restait que des dossiers calcinés, des sièges tournants sur lesquels personne ne tournerait jamais plus, des monceaux de verre dépoli et des montagnes d'acajou.

Tout cet acajou qui, en somme, n'avait profité qu'aux courtiers. Puis les courtiers commencèrent à se jeter du haut des toits sans plus de considération pour ceux qui passaient dans la rue qu'ils n'en avaient eu quand la fortune leur souriait. Les magnats de l'industrie raflaient tout l'argent liquide qu'ils pouvaient ramasser et piquaient leur dernier sprint. Les avocats se traduisaient mutuellement en justice, histoire de ne pas perdre la main.

Et chaque prison avait au moins son petit usurier

planqué dans une petite cellule particulière et qui n'avait rien d'autre à faire que de calculer des pourcentages avec son ongle sur le mur, au fil des jours.

En moins de temps qu'il n'en faut pour ouvrir la bouche et dire merde, le commis voyageur s'était mis à faire du porte à porte et devint la colonne vertébrale de l'économie américaine. Il proposait des bas de soie naturelle ou un aspirateur Hoover le temps de pouvoir s'offrir lui-même une douzaine de bas de soie naturelle ou un aspirateur en le volant morceau par morceau. Il y avait aussi les petits bénéfices, l'argent du lait ou du journal sur le rebord de la fenêtre pendant que la ménagère étudiait tel ou tel prospectus. Il y en avait des centaines qui vivaient ainsi à la petite semaine.

Toutefois, précisait le Secrétaire de la Fédération du Travail, le Commerce tenait le coup.

Le système D. pour les sans-le-sou et l'aide gouvernementale à ceux qui avaient déjà plus qu'ils ne pouvaient consommer, tel était le plan. Et qu'il pleuve ou non, les bancs des parcs étaient mouillés tous les matins ; et on pouvait se lasser même des bananes.

Quoi qu'il en soit, les temps n'étaient pas aussi durs que certains se mettaient à le prétendre. En réalité, ce qui arrivait n'était rien de plus que la régression d'une prospérité anormale, et le commerce était en train de s'établir sur de nouvelles assises plus conformes à la normale et où l'égalisation des possibilités ne pourrait aller que croissant. Bref, nous allions de l'avant à toute vapeur. Seulement désormais tout le monde ne devrait s'en remettre qu'à soi pour s'en tirer. Ce qui revenait à dire, plus simplement, que plus personne ne serait payé.

Seuls les maquereaux ne semblaient pas piger que le pays progressait vers des bases plus appropriées aux possibilités de chacun. Ils avaient progressé vers le bas sans même savoir qu'ils étaient dans la ligne. Et maintenant ils se trouvaient avec plus de filles sur les bras que de lits pour les mettre dedans. Des filles qui n'avaient pas vingt ans et qui se cherchaient un papa, n'importe quel vieux papa qui pourrait leur donner un lit pour y dormir et pour y travailler. Les propriétaires de meublés les refilaient aux chauffeurs de taxis qui les refilaient aux maquereaux. C'était là, entre prostitution et prohibition, que l'ancienne ligne de partage de la couleur était finalement enfoncée.

Les chasseurs nègres avaient virtuellement acquis le monopole du trafic illicite de l'alcool et ils s'étaient très vite aperçus que leurs clients de sexe mâle et de peau blanche désiraient tantôt une femme avec la bouteille, tantôt une bouteille avec la femme. Ces fonctions de garçon de course évoluèrent alors vers le racolage. Dès lors ils se mirent à considérer les femmes de leur race avec mépris. Tout comme le flic nègre, le barbeau noir était plus dur pour ses femmes que le mac blanc.

Il s'apercevait que ce que lui avait dit sa Mama n'était pas si vrai que ça après tout : que les « bons » Blancs ne se conduisent jamais comme les mauvais Noirs. Car il voyait les meilleurs noms de la ville, les noms des Honorables et Respectables Gros Bonnets Bien-Pensants de la ville hurler avec les loups durant les bacchanales du samedi soir, mais il savait que l'Honorable et le Respectable serait de nouveau à l'église le dimanche matin, entouré de sa respectable et honorable famille, en compagnie des meilleurs noms de la ville.

Par-ci par-là le Nègre commença à oublier sa terreur de la femme blanche. Il lui donna à choisir entre le turb ou les flics. Le garçon de course devenu racoleur ajouta alors à ses états de service la fonction de mouchard. Non, les temps n'étaient pas si durs que les journaux se plaisaient à le dire.

Tout le monde avait une combine ou une autre à proposer. Tout le monde frappait à la porte de quelqu'un d'autre. Toute la ville était en vadrouille pour tirer des sonnettes, personne ne restait chez soi pour acheter. Ou bien vous tiriez les sonnettes à la commission ou bien vous mettiez sur pied une équipe de corniauds pour les tirer à votre place. Et comme leur commission était purement théorique, il s'ensuivait naturellement que la vôtre était tout aussi théorique.

Par exemple, si vous réussissiez à faire signer à une ménagère une commande de deux livres de café à raison de deux fois par semaine pendant douze semaines, vous receviez deux dollars théoriques pour votre peine. En réalité vous aviez filouté la bonne femme pour rien, parce que le type qui avait monté la combine passait la commande à son compte. « — La cliente a changé d'avis ; vous savez comment sont les bonnes femmes », prévenait-il le tireur de sonnettes.

Le combinard était à son tour possédé par la combine qui consistait à retenir deux dollars de son salaire régulier au lieu et place des deux dollars de cette même bonne femme. Lorsque les fafiots avaient fait le trajet de la bonne femme à la poche du marchand de café, il n'y avait pas un seul gars d'une seule équipe de la rue qui restait plus d'une semaine dans la même affaire.

Dove Linkhorn, arborant maintenant un complet pied de poule et une cravate vert d'eau, se tenait à l'angle de Calhoun et de Magnolia. Il était clair que cet homme-là était loin du genre salopette et Bull Durham, car il fumait une Picayune. Tout ce qu'il lui manquait encore pour faire son chemin au bas de l'Echelle du Succès aussi vite que le premier ambitieux venu, c'était quelque chose à vendre. Aussi quand il aperçut des types qui faisaient cercle autour de quelqu'un ou de quelque chose il se précipita vers l'attroupement aussi vite que ses chaussures beurre frais pouvaient le porter dans l'espoir d'assister à une bagarre.

Mais il ne vit rien d'autre qu'un petit homme rondouillard qui tenait quelque chose de brillant à la main.

Une cafetière.

Salut, cafetière.

Une sacrée chouette cafetière, pour sûr.

— Wreneger que j' m'appelle, disait le petit gros à ses gars, mais vous pouvez m'appeler « Smiley » tout simplement, parce que c'est comme ça que m'appellent tous mes potes. Et vous savez c' que j' leur dis à mes potes ? Les potes, que j' leur dis, si vous vendez pas c'est que vous savez pas y faire. V'là c' que j' leur dis à mes potes, et c'est ça que j' vous dis à vous autres, parce que vous êtes tous mes potes vous aussi.

Une jolie p'tite caf'tière rouge et verte. J' parie qu'a doit fair' un café rud'ment chouette.

— L'idée c'est pas de voir à combien de portes que vous pouvez frapper dans une matinée ; ça c'est pas vendre. Ça, c'est que vous savez pas y faire. Si seulement vous frappez à deux portes dans une matinée et que vous vendez aux deux, alors ça c'est que vous savez y faire.

Si j'avais une caf'tière comme ça, j' saurais ben où trouver d' la chicorée pour met' dedans.

— Faut savoir écouter de quoi que la ménagère elle a envie. Faut ouvrir l'oreille à ses ennuis et à ses petits soucis. Faut rire avec elle quand elle est contente et faut être triste avec elle quand elle est triste. Si vous écoutez assez longtemps elle finira par vous demander : « Jeune homme, qu'est-ce que c'est que c' machin-là qu' vous t'nez à la main ? »

— Ben ça m'a tout l'air d'êt' une caf'tière, dit Dove histoire de donner un coup de main au petit gros.

— Merci, Rouquin. Tu travailles avec moi. Vous autres vous ferez ce pâté de maisons, un d'un côté et l'autre de l'autre, et vous viendrez me retrouver ici à midi. Si vous vendez pas, c'est que vous savez pas y faire. Allez-y maintenant, les potes.

— Une sacrée bande de crapules, tous autant qu'ils sont, déclara Smiley à Dove quand les autres furent partis en chasse. Tu crois que *moi* je sais pas ce qu'ils vont faire ? Vont s'acheter un crayon et un quittancier pour pouvoir faire cinq ou six factures bidon avec des adresses d'appartements vides, et vont aller boire un coup au Square Lafayette en s'imaginant que le Vieux Dominion va leur donner un acompte sur *leur* parole de pouilleux. Il donna une claque dans le dos à Dove pour lui montrer ses dispositions amicales à son égard. Mais ils vont pas tarder à comprendre, pas vrai, mon pote ?

— Pour sûr, m'sieur, acquiesça Dove joyeusement.

— C'est pour ça que j'ai fait bien attention en te choisissant, dit Smiley en prenant un air sévère. J' me suis dit : voilà enfin une figure en qui on peut avoir confiance.

— Moi aussi j'ai confiance en vot' figure, m'sieur, répondit Dove qui se sentait de plus en plus ravi.

— Je veux que tu soyes tout près de moi pendant que je place la marchandise, Rouquin. Parce que quand tu places la marchandise pour le Vieux Dominion, c'est pour le rouge, le blanc et le bleu que tu travailles !

— M'sieur, l'interrompit Dove pour lui tendre la main, maint'nant c'est d' *mon* boulot qu' vous parlez !

Smiley hocha la tête pour la forme. Il n'avait pas l'habitude qu'on le prenne au mot, cela lui faisait perdre confiance en lui.

— La première chose qu'il faut se rappeler, fiston, c'est les morts de notre Confédération. Quand une bonne femme demande combien il faudra qu'elle achète de café avant que la cafetière soit légalement remboursée — y en a qui sont plus coriaces que tu t'imagines — t'as qu'à leur dire que tu es le petit-fils de J. E. B. Stuart et que ton papa il est mort à Memphis. Dis-lui n'importe quoi sauf qu'il faudra qu'elle achète cinquante livres avant que la cafetière soit à elle. Si elle veut savoir quel pourcentage nous mettons de chicorée, parle-lui un peu de Chancellorville.

— JE DIRAI JE TRAVAILLE POUR LE VIEUX DOMINION ! s'écria Dove avec une fierté si authentique que du coup Wreneger, un de ces types qui se plaisent à dire « pour moi c'est jamais assez chaud », perdit contenance.

— Te mêle pas de ça, fiston. Faut d'abord que je te montre comment on fait.

Et il entraîna Dove dans l'ombre d'une petite véranda en bois brut, en lui permettant de prendre soin d'une des cafetières.

— On veut pas ach'ter de cafetières, m'sieur, assura la bonne femme à Smiley dès qu'elle vit l'ustensile dans la main de Dove.

Smiley la foudroya du regard.

— Ceci n'est pas une cafetière, madame. Et ce n'est strictement pas à vendre. C'est un Percolateur Français, et c'est un cadeau que vous offre le Vieux

Dominion. Prenez-le, il n'y a pas d'étiquette avec un prix marqué dessus. Prenez, il est à vous.

— J' vous remercie bien, mais on a déjà une cafetière. Les yeux de la femme se portèrent sur la silhouette en souliers beurre frais qui se tenait nonchalamment accoudée contre la balustrade.

— P'tit-fils de Jeb Stuart ! lança Dove pour attirer l'attention.

— Doucement, siffla Smiley entre ses dents, et il s'empressa de revenir aux affaires. Madame, ce Percolateur Français que vous voyez là va bientôt sortir sur le marché national au prix de trois dollars quatre-vingt-cinq avec une campagne publicitaire dans tout le pays. Ce dont nous avons besoin maintenant, c'est de personnes qui soient assez gentilles pour faire du café dedans et pour dire dans toute la ville que c'est le meilleur café qu'elles ont jamais bu. Des gens qui voudront inviter leurs voisins et parler de notre offre autour d'eux. C'est comme ça que notre campagne va démarrer, par la campagne des amis, la campagne du cœur — *doucement* j'ai dit — naturellement si vous n'avez pas envie de coopérer je suis persuadé que la dame d'à côté sera intéressée par notre offre.

Elle aurait risqué la mort plutôt que de laisser la voisine posséder quelque chose qu'elle n'avait pas. Dove la vit signer un reçu pour la cafetière d'un air songeur.

— Une simple formalité, expliqua Smiley, juste pour que la compagnie ne s'imagine pas que je l'ai vendue à ma femme. Mais Dove lui-même sentit que le rire dont il ponctua cette boutade sonnait faux.

Quand Smiley eut montré à Dove comment on attrapait les naïfs, il lui tendit un crayon, un quittancier et une cafetière.

— Mais ne laisse pas filer ça avant d'avoir eu la signature, lui dit-il en le quittant.

Et il partit chasser le gogo et rêver à des trucs inédits pour posséder le Vieux Dominion.

Dove fut soulagé que son pote ne lui ait pas demandé s'il savait se servir d'un crayon. C'était quand même rudement chouette d'en avoir un pour se le poser derrière l'oreille.

Il arriva à un croisement où l'une des routes menait en ville et l'autre s'en éloignait. La route de la ville était festonnée de banderoles de bienvenue accrochées aux réverbères ; elle était large et avait été pavée récemment. L'autre n'avait ni réverbères ni banderoles et ne menait manifestement nulle part. Sans hésiter Dove choisit la route de nulle part. Car c'était le seul endroit où, dans le secret de son cœur, il avait vraiment envie d'aller.

Traînant ses belles chaussures neuves sans se presser, arrangeant de temps en temps sa cravate vert d'eau, il arriva devant une grille en fer derrière laquelle une Négresse était occupée à tailler une haie. Il attendit dans l'espoir qu'elle lèverait la tête et demanderait « Qu'est-ce qu'il faut faire pour avoir une cafetière comme celle-là ? »

Mais elle se contenta de l'examiner de la tête aux pieds, le sécateur à la main, comme si le Vieux Dominion l'avait envoyé pour la violer et la dévaliser, et elle était joliment préparée à cela. Il changea la cafetière de main. Elle était si lourde qu'il l'engueula :

— Caf'tière, tu commences à m' fatiguer.

Et puis ses chaussures lui broyaient les orteils, comme si elles voulaient le punir, comme si elles avaient fait alliance avec la cafetière pour le faire souffrir.

Il arriva ainsi devant une grande bâtisse de quatre étages qui avait poussé si près de la route qu'il ne restait pas un centimètre de trottoir où il vit une autre Négresse, le visage encore gonflé d'une bonne sieste, appuyée au vantail d'une porte rouillée et pleine de taches.

Dove tendit sa cafetière pour la faire briller au soleil.

— Une bonne vieille caf'tière. J' la donne pour rien.

Elle ouvrit la porte et, le prenant tout de suite au mot, saisit la poignée de la cafetière. Mais Dove ne se laissa pas faire. Il rattrapa sa cafetière par le bec.

— Faut signer vot' nom si vous la voulez.

— J' vous signerai tout c' que vous voudrez, m'sieur La Cafetière.

Elle prit le crayon sur l'oreille de Dove et griffonna un nom sur un reçu. Dove se dit que le Vieux Dominion ne serait pas mécontent de son travail.

— Ma mère et la tante elles voudront p't'être aussi des cafetières, dit la fille, et elle monta l'escalier en appelant à tue-tête.

Comme si elles n'attendaient que cet appel depuis toujours, deux vieilles dames surgirent de l'étage et se précipitèrent dans l'escalier avec une telle hâte que pendant un instant elles restèrent coincées dans l'étroit passage. Puis, en jouant des coudes, elles parvinrent à se dégager et la gagnante arriva en tirant la langue.

— Qu'est-ce que t'as eu *cette fois*, fifille ?

— Y m'a donné une sacrée belle caf'tière.

— T'écris pour nous, Minnie-Mae, et on en aura une aussi.

— J'écris pas très bien, avoua Dove, j' vous s'rais bien obligé si vous f'siez ça pour moi.

Minnie-Mae lui arracha son quittancier des mains, déchira deux reçus en blanc, griffonna sur les deux et les rendit à Dove.

— L' Vieux Dominion y vous dit merci, mademoiselle, lui affirma Dove. J'apporterai les deux caf'tières demain.

— J'ai une amie qu'en voudrait p't'être une aussi, dit Minnie-Mae en invitant Dove à monter.

— J' vous suis encore bien obligé, lui assura Dove tandis qu'elle le poussait vers l'escalier, escortée de la mère et de la tante qui suivaient lourdement. C'était un jour comme ça où tout le monde est de votre côté.

De fenêtre en fenêtre, de corridors obscurs en ténébreux vestibules, la nouvelle se répandit : « V'nez vous chercher une caf'tière ! » De porte en porte, aux amis et aux ennemis, Maman et Tantie passaient le mot. Que ce soit la Municipalité ou le Vieux Dominion qui fît encore une distribution, tout le monde s'en foutait éperdument. Nègres foncés ou Nègres clairs, chabins ou noirs d'encre, dents en or ou pas de dents du tout, tout le monde aimait le café. Minnie-Mae détachait les reçus, les tendait à des mains trop heureuses de signer et les rendait aussi vite qu'elle pouvait.

— Vous appo'te une caf'tiè' !

Dove ne saisissait pas un mot du baragouin qui voltigeait autour de lui : c'était ce jargon où le français est prononcé à l'anglaise et l'anglais à la française dont se servent les Nègres de n'importe quelle nationalité quand des oreilles blanches les écoutent.

Mais Dove n'en avait cure : il était en train de s'enrichir. Quand Minnie-Mae eut épuisé tous les reçus il descendit la rue en courant pour aller en chercher d'autres. Les affaires marchaient bien, le commerce était en train de s'établir à un échelon inférieur selon de nouvelles normes plus justes et où chacun pouvait saisir sa chance. Le temps était de l'argent.

Wreneger l'attendait au coin de la rue avec deux gars de son équipe.

— Où t'as été, fiston ?

Sans un mot, Dove lui tendit cinquante reçus dûment signés. Les gars de Smiley, un immense type de Floride et un Georgien haut comme une botte tendirent le cou pour voir comment Texas avait fait.

Smiley se lécha le pouce et feuilleta rapidement la liasse, recommença pour s'assurer d'une chose à peine croyable, puis les déchira par le milieu, et cinquante Percolateur Français partirent en confetti dans l'avenue des Champs-Elysées.

Dove en attrapa un au vol avant de comprendre... puis le laissa partir avec les autres comme s'il assistait à la mort de tous ses espoirs.

— *P'tit pote* — une sorte de douce horreur semblait s'être glissée dans la gorge de Smiley — qui c'est qui t'a dit qu'on vendait aux *Négros* ?

Dove s'assit lourdement sur le bord du trottoir, retira sa chaussure gauche et se frictionna les orteils. Smiley monta sur le trottoir derrière lui.

— Lève-toi, mon gars.

Dove passa aux orteils du pied droit. Il avait l'impression de les retirer d'un moulin à café.

— Regarde les choses en face, gars, lui conseilla le Georgien.

— Faut regarder les choses en face, lui proposa le type de Floride.

Dove les enveloppa tous les trois d'un même regard.

— Ben, j' démissionne, voilà. Il leur donnait sa démission à tous les trois.

Smiley se baissa prestement, saisit les superbes chaussures de Dove, et tendit le côté gauche au Georgien et le côté droit au Floridien.

— Qu'est-ce que ça s'ra, les gars : la cafetière ou les chaussures ?

Dove, qui s'était relevé, finit par retrouver l'usage de la parole.

— Ces pompes-là ça coûte plus cher qu'une foutue caf'tière !

— C'est pas des foutues caf'tières, vieux — le Georgien prenait la défense du Vieux Dominion — tu sais très bien que c'est un véritable Percolateur Français.

— Faut y aller, vieux, lui conseilla le Floridien.

Dove reprit pieds nus le chemin de la grande bâtisse, tandis que Smiley le suivait les mains dans les poches et les pieds dans ses chaussures.

— M'sieur, dit Dove à Smiley d'un ton suppliant quand ils furent parvenus à la porte. Attendez ici. J' vais vous la ravoir, vot' pauv' vieille caf'tière.

Smiley fit sauter le couvercle de sa montre, lui jeta un coup d'œil et la referma d'un coup sec et sans réplique.

— J'aime pas être obligé de mettre un bonhomme entre les mains des flics. T'as cinq minutes.

Lorsque Dove eut mis une porte entre Smiley et lui il se dit : « — Ça prendra p't'êt' ben plus d' cinq minutes », et il tira le loquet. Puis il passa la tête à travers le rideau de perles que Minnie-Mae appelait une porte. Les yeux qui le regardaient s'approcher brillaient comme deux pruneaux dans un bol de crème.

— Reste pas à moitié dedans à moitié dehors,

m'sieur La Cafetière, le pria-t-elle. Entre ou sors, mais décide-toi.

Dove s'avança d'un pas et s'excusa :

— J' voudrais pas avoir l'air d'être un ingrat, mademoiselle, parce que vous avez été rud'ment chouette avec moi. Mais y a un type qui m' renvoie ici à cause d'une vieille caf'tière. Si c'est pas malheureux, hein, j' vous l' demande ?

La fille était assise dans un fauteuil à bascule et n'était vêtue que d'un tout petit slip blanc. Quelque part dans la pièce brûlait du papier d'Arménie. Mais son parfum à elle était encore plus entêtant.

— Et où t'as mis tes belles godasses jaunes ?

— La compagnie elle les a gardées contre cette pauvre petite caf'tière. *Oh, mad'moiselle*, s'écria Dove avec désespoir, j' fais pourtant d' mon mieux. Y a des gars qui font leur chemin sans peine... pourquoi que j' fais pas mon ch'min comme les autres ? Et il se cacha les yeux derrière sa main.

— Ben ça c'est pas juste, dit-elle en lui prenant les mains et en les lui posant sur les bras du fauteuil ; non, c'est vraiment pas juste de faire ça à un grand marchand d' cafetières comme toi et qui fait de son mieux pour ça. Mais faut pas t'en faire pour ça, tu f'ras ton chemin aussi loin que les autres gars et même encore plus loin que ça !

— J' suis plus si sûr de ça qu'y a un moment, m'zelle, mais c'est quand même bien gentil d' me dire ça. Mais c'est pa'ce que j'ai des handicaps qu' les autres y z'ont pas.

Ses genoux pressaient ceux de la fille, et elle le laissa faire.

— T'as pas tellement l'air handicapé, m'sieur Du Café.

— Oh si, plus qu' vous croyez, m'zelle, dit-il en se

penchant davantage ; et d' plus d'une façon. D'abord y a que j' peux même pas lire mon nom. Et pis y a un homme derrière c'te porte qui attend pour me mettre dans la main des flics qu'il a dit. Vous croyez pas qu' c'est trop de handicaps à la fois pour un seul malheureux péquenot que j' suis ?

— Oh, m'sieur Des Cafetières, le gronda-t-elle tendrement, en tirant doucement les mains de Dove, t'es le plus grand cornichon d' la cambrousse qu'ait jamais marché pieds nus dans une ville. Mais dis-moi voir, de quelle couleur qu'elle était c'te pauv' caf'tière qui te donne tant de soucis ?

Dove se pencha en avant, faisant balancer tout l'appareil, pour voir de plus près la cafetière qui brillait comme un trésor enfoui dans l'obscurité, sur la cheminée, juste au-dessus de la tête de la fille.

— L'est plutôt dans les vert, mam'zelle.

Le problème était de pouvoir se dégager une main pour la prendre.

— Hé, m'sieur Café, tu m' renverses... et levant les pieds en l'air sous les pieds de Dove elle fit basculer le fauteuil encore un peu plus en avant, forçant Dove à saisir le dossier du fauteuil derrière le cou de la fille pour ne pas s'aplatir sur elle.

— ... et l'a un bout d' rouge su' la poignée.

— C'est c' que tu dis... Elle crocheta ses chevilles autour des siennes et mit ses bras autour de sa taille pour l'aider à garder l'équilibre. C'est c' que tu dis ! Mais on n'a jamais entendu parler d'une caf'tière qui soye verte et pis rouge, non ? J' crois pas qu' tu dises des mensonges, mais c'est quand même difficile pour une fille de croire à... une caf'tière verte et rouge. Cependant, pour une personne qui semblait émettre de sérieux doutes, le ton de sa voix paraissait curieusement approbateur ; et elle le laissa la balancer en avant de nouveau. C' que j'aimerais bien savoir, c'est si elle fait du bon café ?

— Ben, on m'a dit comme ça qu' ça en f'sait du tout c' qu'y a de chouette, m'zelle. Mais ça s' pourrait aussi qu'y z'ayent menti. A vot' place, moi, c'est une chose que j' croirais pas trop.

— J' crois qu' ça dépend comment j' mouds mon café.

— Ça vaut toujours mieux de l' moudre soi-même, mam'zelle. Comme ça il est plus frais.

— Comme tu dis. Mais à quoi ça sert qu'y soye frais si y en a pas assez pour vous satisfaire. Si tu m' causes d'une p'tite caf'tière toute maigrichonne, moi ça m'intéresse pas. C' qui m' faut c'est une grosse caf'tière bien grande qu'y en ait assez pour le matin et pour le soir.

— Pourvu qu'elle fasse du bon café, m'zelle, la taille l'a pas beaucoup d'importance.

— Ça importe beaucoup si elle est si p'tite qu'elle se mette à bouillir dès que vous avez le dos tourné.

— C'est une caf'tière du type qui bout lent'ment, m'zelle, lui affirma Dove, en la balançant si loin en arrière que son slip remonta jusqu'à son nombril. Avec un p'tit bout d' rouge sur la poignée.

Minnie-Mae renversa la tête sur le dossier rembourré du fauteuil à bascule et le regarda, en n'osant toujours pas y croire.

— C'est toi qui l' dis. Mais tu parles si bien avec des paroles si douces que j' commence à m' demander si t'es vraiment un péquenot d' la campagne. Moi j' dis qu' t'es un gars d' la ville qu'a pas de godasses. C'est-y pas vrai ?

Dove se raidit dans un mouvement de fierté.

— J' suis tout c' qui a d' plus d' la campagne, mademoiselle. Et d' la tête aux doigts d' pieds encore, et j'ai pas à avoir honte de ça. C'est pas les gars d' la ville qu'ont fait not' grand pays comme il est... Quand l' danger appelait, c'est les gars d' la campagne qui étaient les premiers à répondre présent à l'appel. Et y a pas mal de gars nu-pieds qui sont montés vachement haut. Mais j' me rappelle plus comment qu'y s'appelaient pour l' moment. Dites, m'zelle, si seulement y avait quelqu'un qui m' donnait une chance de m'élever j' demanderais pas qu'on m' paie. On d'vient pas riche quand on d'mande des augmentations, ça j' le sais bien. C'est les gars qu'ont d'mandé à travailler rien qu' pour l'expérience qui sont d'venus des millionnaires ! M'zelle, si seul'ment j' pouvais récupérer mes pompes, j' suis sûr que j' me mettrais à m'él'ver comme les autres.

— Ben tu viens juste de dire que les gars qu'ont pas d' chaussures y s'élèvent plus haut que ceux qu'en ont. Faut pas te causer des handicaps à mettre des belles chaussures jaunes comme t'en avais, eh ballot.

Quelqu'un tripota le loquet de la porte, puis s'éloigna doucement. Dove vit la cafetière presque à portée de sa main et sentit qu'il gagnait du terrain centimètre par centimètre.

— La boucle de ta ceinture me gêne, dis, péquenot.

L'antique fauteuil à bascule craquait tout ce qu'il pouvait.

— Maintenant viens donc moudre le café et fous-nous la paix avec tes grolles de bouseux !

Mais Dove se contentait d'agacer sa dent branlante, en évaluant soigneusement la distance qui le séparait de la cafetière, son pantalon autour des chevilles. Il introduisit son petit doigt dans le bec de l'ustensile convoité quand il entendit un gros moustique des marais mettre en marche son hydroplane ; il savait que c'était un moustique des marais parce qu'il avait deux moteurs. Il fit une glissade sur la pente de sa fesse gauche, freina en oscillant légèrement, puis il fit un premier sondage dans la peau pour en estimer l'épaisseur. Dove agita la croupe, et l'insecte perdit pied. Avec la rage qui saisit tout individu digne de ce nom qui a été iniquement bousculé dans la rue il se campa solidement sur ses pattes et planta son avide proboscide si profond que Dove fit un bond de lièvre sous la piqûre.

— Oh, Cafetière, oh, puissante cafetière, oh, comme tu mouds bien, oh...

L'insecte entreprit de forer en direction de l'os, mais la fille maintenait les poignets de Dove, et tout ce qu'il pouvait faire c'était s'agiter de droite et de gauche et donner des secousses frénétiques, et plus il secouait plus l'insecte semblait résolu à se tailler un morceau dans l'os.

— J' t'achèterai des chaussures ! J' t'achèterai des chemises ! J' t'achèterai des chapeaux et tout ! Oh ma grande et grosse cafetière... puis sa voix fut noyée dans un gémissement animal et reconnaissant. *Ah! Ah! Ah! Ah!* Et à chaque *Ah!* elle regagnait du terrain perdu, faisant l'escalade de son dos, et le poussant de plus en plus loin de la cafetière. Lorsqu'elle eut noué ses chevilles sur sa nuque Dove comprit qu'il perdait de plus en plus du terrain. Tandis que l'antique fauteuil à bascule craquait et craquait plus qu'il n'en pouvait.

— Sors de là !

Le pied de la fille glissa sous le menton de Dove, et il se trouva l'instant d'après catapulté comme par un coup de pied de mule. Il atterrit entortillé dans son pantalon juste au moment où Smiley entrait par la fenêtre en entraînant le châssis, les volets et tout le reste.

La rencontre Minnie-Mae-Smiley se produisit au beau milieu de la pièce, avec le plein élan que la chaise avait communiqué à la fille. Dove ferma les yeux en entendant le doux et ferme *wouououch* lorsque le poing de Minnie-Mae coupa le souffle à Smiley. Les jambes du petit gros battirent l'air un moment et il prit contact avec le sol encore plus durement que ne l'avait fait Dove.

Tandis qu'un fauteuil à bascule vide se balançait en cliquetant doucement.

— J'aime un corniaud, entendit Dove, mais vous me bottez aussi bien tous les deux.

« Y en a un des deux qui doit être moi, comprit Dove, quoique ce fût Smiley que la fille regardât, la cafetière à la main. Fiche le camp d'ici, pauv' caf'tière de la campagne », et Dove, saisissant l'occasion, fit un bond de kangourou en plein sur Smiley... Une grosse main lui attrapa la cheville au vol, et il se retrouva une fois de plus par terre.

— Métissage ! rugit Smiley en se mettant sur son séant et en halant Dove comme si c'était une vieille godasse au bout de sa ligne. Métissage et vol de cafetière ! Espèce de salopard ! Où elle est ma cafetière ?

— L'est à moi, c'te caf'tière !

Et Minnie-Mae lui prouva à qui elle appartenait une fois pour toutes d'un grand coup de cloche sur la tête. Dove entendit le *Bang*, sentit sa cheville libre, rampa sur une poitrine et passa par la fenêtre. Empoignant sa ceinture, il se mit à courir en s'imaginant que Smiley était juste derrière lui avec un châssis de fenêtre autour du cou, Minnie-Mae juste derrière Smiley avec une cafetière cabossée à la main et la police galopant derrière le tout en brandissant un bâton d'un bon mètre de long.

Dove ne s'arrêta pour reprendre haleine qu'après avoir tourné dans quatre rues différentes, et vit qu'en fin de compte personne ne le poursuivait.

— J' crois que j' prends pas les choses du bon côté, se dit-il en attachant enfin sa ceinture. Pourtant j' s'rais curieux d' savoir comment qu'y a des gars qu'y font pour s'élever si facilement, tandis qu'y en a d'autres qui font que s' bagarrer et qui perdent leurs grolles dans l'histoire. Y a des fois où j' me dis qu' ça vaudrait mieux si j'étais pas né.

De retour à l'angle de Calhoun et de Magnolia il se reposa sur le bord du trottoir et resta assis à regarder le temps qu'il faisait. C'était une rudement belle journée et les gens avaient un air avenant.

— J' crois que j' devrais m' mettre à chercher du travail, se dit-il.

— Cours pas, vieux, lui conseilla une ombre de géant au-dessus de lui. Et, se démanchant le cou pour voir ce que c'était, Dove vit le long Floridien et le tout petit Georgien.

— Pas la peine de courir, vieux, lui confirma le Georgien, on est de *ton* côté maintenant.

— On a d'ailleurs toujours été de ton côté, si tu veux savoir.

— Trop crevé pour courir de toute façon, dit Dove en abandonnant tout espoir. Puis il vit qu'ils tenaient chacun une chaussure jaune à la main ; il les regarda avec dégoût. Ces sacrés machins y z'ont failli me faire tuer, décida-t-il. Et puis d'ailleurs elles craquent comme une selle neuve.

— Un gars qui a des pompes aussi chouettes que celles-là pourrait bien avoir des chaussettes un jour, fit remarquer le long Floridien en enfilant à Dove sa chaussure gauche, qui était d'une taille exceptionnelle. Du savon et de l'eau et elle ferait plus mal du tout.

— Il tiendrait bien six orteils dans celle-là, s'émerveilla le petit Georgien en mettant à Dove sa chaussure droite. De quel côté du cimetière que t'as dormi la nuit dernière ?

— J'ai été à l'hôtel, mais y avait si peu d'air que j'ai été obligé d' vadrouiller jusqu'au l'ver du soleil, comme un cafard par une nuit chaude.

— Y a de la place là où on crèche, proposa la grande perche en tendant la main à Dove ; sa voix graillait dans sa gorge comme un bourdon dans une calebasse sèche. Mon blaze c'est Luther, mais appelle-moi Fort, parce que je suis de Fort Myers.

— J' m'appelle Luther moi aussi, dit le petit en offrant une poignée de main plus ferme, alors appelle-moi Luke.

— Ben montrez-moi où qu' ça perche, dit Dove en oubliant de se présenter.

— T'as eu des p'tits ennuis là-bas avec notre ami ? demanda Fort comme ils traversaient le canal à Tchoupitoulas.

— Si on m'avait pas empêché, j' l'aurais sonné avant qu'y puisse demander pardon à Dieu. J'allais juste lui rentrer dans les plumes.

— Ça lui aurait servi de leçon, reconnut Fort. C'est le genre de mec dont le vieux a fait son chemin sur le dos des Négros, et maintenant, lui, il essaie de faire le sien sur le dos des Blancs. Il a pris un bout d' la philosophie des Yankees : si tu bosses pas tu bouffes pas. Y a pas un gars du Sud qui poserait de telles conditions à un homme, noir ou blanc.

En haut d'un escalier branlant Fort tira le cordon d'une ampoule de soixante watts, révélant une pièce baignant dans une lumière glauque, et des moustiques qui arrivaient du fleuve en bourdonnant. Dove vit un évier plein d'assiettes sales et un lit de cuivre qui ressemblait en tous points à un autre qu'il avait connu jadis, dans son très lointain passé.

— J' dormirai par terre, proposa-t-il.

— Pas la peine. Le Georgien tira un rideau qui masquait un bat-flanc dans une alcôve mansardée. Une bouteille se trouvait là, débouchée, sans étiquette et apparemment sans propriétaire : une bouteille sans nom. Luke la balança à travers le rideau de la fenêtre, qui s'écarta poliment pour la laisser passer, puis se referma tranquillement. La bouteille éclata quelque part en bas.

— Qui c'est qui lance des choses ? sursauta Fort dans l'autre pièce.

— Un poivrot de Nègre qui balance sa verrerie, répondit Luke d'un ton désinvolte.

— Ben faudrait l'enfermer, c' mec-là, décida Fort fermement.

— Dans mon patelin on les juge pas, se vanta Luke.

— On n'est pas dans ton patelin, fit remarquer Fort. T'as payé la taule ?

— C'est trente-trois de loyer par semaine pour nous tous, expliqua Luke comme si Dove le lui avait demandé.

— Ça fait onze chacun par semaine. Fort semblait doué pour le calcul mental.

— J' fais l'affaire, dit Dove en acceptant l'alcôve, et il alla essayer le lit. Y en aurait pas un d' vous qu' aurait des fois une igname jaune à m' filer ?

— Y a pas d'igname, fiston.

— Ben, j'en avais juste envie d'une, comme ça.

Il entendit Fort et Luke se quereller à propos du

loyer de la semaine précédente, mais n'écouta que d'une oreille distraite. Sa fesse droite le brûlait encore à l'endroit où le moustique avait planté sa sonde. Il se la frictionna de la main gauche tout en faisant branler sa dent de la main droite, jusqu'à ce que le sommeil lui enlève toute idée de branler et de frictionner.

Fort ressemblait à un bourrin de romano qui aurait couru par mégarde un prix à réclamer et qui aurait été ensuite publiquement insulté pour n'avoir pas gagné.

Toute sa vie il avait été refait dans des compétitions trop rapides pour un bourrin de romano. Toute sa vie il avait été déclassé. Toutefois il n'avait jamais connu la faillite. De quoi pouvait-on blâmer un homme qui ne s'était jamais vraiment aligné au départ ?

Cependant il connaissait des moments de grande mélancolie quand il songeait qu'il devait se trouver, quelque part, quelque fille méritante avec un emploi stable, qui était privée de lui chaque jour qui passait. Il avait essayé, dans des colonnes de petites annonces matrimoniales, d'aider cette fille à le dénicher. Mais il avait découvert que ces colonnes servaient le plus souvent à des aventurières qui n'avaient qu'une idée en tête : trouver un gars qui les entretienne.

Une belle vacherie, ce monde qui ne savait pas récompenser les méritants tandis que toutes sortes de bénédictions tombaient sur la tête de gens qui ne méritaient qu'un coup de pied dans les gencives ! Il y en avait sûrement une qui n'avait pas dû faire attention, voilà comment Fort voyait les choses.

Il s'était crevé pour les autres et personne ne lui avait jamais dit « Merci, vieux pote ». Quarante années de dévouement au service de l'humanité ne lui avaient rien rapporté d'autre que l'étoffe délavée qu'il avait sur le dos.

En fait, ces lèvres minces et caoutchouteuses

avaient commencé à s'occuper de sa petite personne dès la première sucée qu'elles avaient tirée du brun téton de sa mère. Et depuis il avait sucé à tous les seins qui s'étaient présentés sur son chemin. « — C'était vraiment une chouette gonzesse, l'entendit vaguement dire Dove dans son sommeil ; elle m'a filé vingt dollars. »

C'était comme ça que Fort avait fait le bonheur autour de lui. C'était pour cela que, lorsque les tétons tarissaient, que les orangers gelaient et que les semelles prenaient l'eau, il se sentait terriblement lésé.

Et c'était pour cela qu'il supportait si lugubrement sa croix, sorte de Christ aux Outrages dans une chemise à la Bing Crosby, résigné à l'insulte et aux coups, incapable du moindre larcin ou de faire aux autres le mal qu'on lui faisait. En fait il déclara à Dove :

— J' suis pas l' genre de type à emmerder les autres avec mes emmerdements. Personne n'apprendra jamais de cette bouche souffrante par où le vieux Fort a passé.

Et puis, bribes par bribes, cette bouche révélait tout ce par où le vieux Fort avait passé.

Quelles que fussent ses illusions, il n'en conservait plus guère sur la Nouvelle-Orléans.

— C'est comme de gratter l' cul d'un pauvre homme d'essayer de vivre dans c'te ville, déclara-t-il à Dove sans détour. C'te ville elle te fera crever de faim. J' suis mécanicien, j' suis cuisinier, j' peux conduire un camion ou un taxi, je joue d' la guitare et j' peux tenir des livres pour n'importe qui. Hier j'ai fait vingt cents, et avant-hier j'avais seulement fait un nickel, et c'est encore mieux que pas mal d'autres. Un type peut se débrouiller avec un dollar par jour comme l'a dit

Hoover, d'accord... mais où c'est qu'il le trouvera ce foutu dollar ?

— C'est une vraie vacherie, coupa Petit Luke, mais qu'est-ce qu'un homme il a à perdre en menant une vie chrétienne ? Qu'est-ce que ça fout si y devient pas riche et si y reste un pouilleux toute sa vie ? Y a quand même une chouette place qui l'attend dans le Royaume à venir, non ? Riche ou pauvre, ça fout rien... Le Paradis distribue ses récompenses à chaque homme selon ses mérites, c'est comme ça que j' vois les choses.

— J' crois qu' tout l' monde il a juste c' qui lui r'vient, convint Dove, mais j' suis pas assez vieux pour voter et j' crois pas que j' le f'rai tant que j' le s'rai pas.

Fort avait quitté le pays des alligators et était arrivé sur la côte à l'époque où on entreprenait la construction de la ligne de chemin de fer. Sur les plages se vautraient déjà manœuvres et embaucheurs, et ils ne disaient pas « Bonjour ! » mais « T'as fait du fric ? »

Fort avait cherché parmi eux un autre gars du Sud, mais toutes les binettes qu'il rencontrait portaient la même marque obscène : « New York ».

— T'as fait du fric ?

Il était resté penché sur les fours et les marmites à suer pour faire la tambouille de ces Yankees qui se bronzaient au soleil à cent mètres de là en compagnie de filles qui avaient la moitié de leur âge.

Et quand, luisant de graisse et de sueur, il glissait de nouveau un œil à travers la porte sur ces embaucheurs et ces chemineaux, il voyait qu'ils s'étaient changés et que leurs poules avaient mis leurs robes de satin. Sur les chemises blanches comme neige le vin rouge paraissait tout aussi froid que le vin blanc.

Fort était affligé de cette lubricité particulière qui le portait à considérer comme « impudique » le fait de marcher à demi nu dans la mer, même par le plus noir minuit sans lune. Aussi, quand il allait patauger dans les vagues, portait-il un long sous-vêtement d'hiver. Il se sentait plus en sécurité comme cela. Et lorsqu'il sentait l'eau lui atteindre le bout des doigts il prenait bien garde à ne pas s'éclabousser. Tandis que les rangées de fenêtres étaient illuminées derrière lui. Oh, il savait bien ce qui se passait derrière ces fenêtres.

Jolies filles au sourire de serpent, la blouse déboutonnée, la jupe fendue sur les cuisses, qui venaient se vautrer sous les lampes en disant : « Maxie, viens faire joujou avec moi », tandis que le Maxie en question leur arrachait leur slip, leur soutien-gorge... Hôtel Sodome, voilà comment il aurait fallu appeler ce chantier. Dire que des filles chrétiennes, de bonnes filles du Sud dont les familles se souvenaient encore de Shiloh et d'Atlanta, se vautraient toutes nues dans les bras bruns et poilus de cette vermine yankee...

De retour dans sa cambuse sans fenêtre, il se voyait au volant d'une Stutz... c'était toujours une Stutz. Et le vent soulevait la jupe de la blonde assise à côté de lui, la soulevait si haut que... « Tu te fais beaucoup de fric ? » le raillait-elle, et brusquement il n'y avait plus personne à côté de lui. Rien qu'un oreiller sale et moite, et la lumière du matin s'infiltrant par le corridor qui n'avait qu'une issue : la cuisine.

— *Tu te fais beaucoup de fric ?* avait demandé le chef dès que Fort eut noué son tablier ce matin-là.

— *T'as fait beaucoup de fric ?* fut la dernière parole que Fort entendit ce soir-là.

Puis il s'était rué avec des milliers d'autres et il avait mis la main sur tout ce qui ressemblait à de la terre et dont la valeur augmenterait dès qu'on y bâtirait une ville dessus. Bien qu'il n'y eût encore aucune route tracée à travers les marécages, tout le monde savait que la métropole surgirait bientôt là et ils s'accrochaient obstinément à leurs pierres ou à leurs touffes d'herbe, bien qu'on leur en eût offert cinquante fois leur valeur. Des lotissements éloignés de tous centres commerciaux étaient baptisés lotissements commerciaux. Des terres valant cinquante dollars l'acre devenaient « subdivisions » et étaient estimées dix mille dollars l'acre. « — Dans deux ans ça deviendra un quartier résidentiel. »

Le matin où il fit timidement ses premiers cent dollars, Fort abandonna ses côtelettes aux soins d'un autre cuisinier. Cinq cents, huit cents, douze cents dollars ! Il n'avait jamais tant valu de sa vie.

Il devint astucieux. Quatre mille, huit mille... il avait maintenant le vent en poupe, mais il avait peur de déménager de sa petite chambre meublée de crainte de faire tourner la chance. Douze mille... quinze mille... à dix-huit mille il songea alors réellement à acheter une Stutz. Quand il eut dépassé dix-huit mille il décida de pousser jusqu'à vingt-cinq. Il sentait qu'il *fallait* savoir s'arrêter. On ne le prendrait pas à essayer d'atteindre le million.

Il atteignit sa limite en une seule opération... et alors il comprit que s'en tenir là ce serait tout bonnement jeter à l'eau vingt-cinq autres mille. Mais il n'irait pas plus haut que cinquante.

A quarante-deux mille il s'acheta le caleçon de bain le plus criard de tout Coral Gables et s'exposa enfin au soleil ; il éprouvait presque de la sympathie pour les barons du dollar. Pourquoi en vouloir à un type sous prétexte qu'il est né à New York ? Un New-Yorkais pouvait être un aussi bon Américain que n'importe qui.

Il passa trois jours à marchander une vieille Ford qu'il ramena fièrement devant sa chambre meublée, et fièrement gravit pour la dernière fois le sinistre escalier. Sous la porte une lettre lui apprenait que ses quarante-deux mille dollars ne valaient que poussière.

Le plumard jusqu'à midi, le cognac et le porto, la Stutz et le linge blanc, il avait tenu tout ça dans ses mains, et tout ça lui avait filé entre les doigts. Maintenant il n'entrerait jamais dans un restaurant. Maintenant il ne dormirait jamais plus après sept heures.

Fort traversa les curieuses ruines d'un avenir qui ne serait jamais, les antiques cités qui n'existèrent jamais. Les grandes métropoles ceinturées d'or étaient tombées en ruine avant que la première brique en ait été posée.

Les grands hôtels, les édifices somptueux, les parcs avec leurs fontaines, tout cela n'était qu'herbe et mâchefer tout le long de la Southern Railway.

Il traversa les petites villes écrasées de soleil, en se rappelant le vin rouge et le vin blanc ; entendant sonner ses talons sur la route ; imaginant comment cela devait être de se promener le matin dans un jardin à soi.

Et il la vit couchée dans un hamac, faisant semblant de dormir, et portant une robe si simple que la plus douce brise la faisait frissonner. Il la berçait gentiment, et il n'y avait pas besoin de mots. Rien que son sourire quand elle s'éveillait, et ses doigts endormis qui déboutonnaient paresseusement son corsage pour lui être agréable.

A minuit dans des villes de rêve où il n'y avait jamais eu d'autre bruit que le bruit de ses pas.

Et enfin, dans la nuit bouillante de la Nouvelle-Orléans, il entendit râler des rires qui n'expiraient jamais complètement, hommes sombres et belles femmes qui remettaient ça dans les faubourgs du cœur de Gomorrhe.

Rues après rues, voûté, boiteux, accablé, ce grand corps au visage taché de son erra dans la nuit sordide et somptueuse de la Nouvelle-Orléans, jusqu'à ce qu'il trouve un marchand de glaces. Et là, humant la glace à la lueur tremblotante de la lampe à acétylène, le grand financier de deux mètres de haut serrait ses deux pennies dans sa main comme un enfant. La crème au chocolat était-elle vraiment fraîche ? Il n'y avait que la glace au chocolat qui pouvait adoucir sa peine. L'avait-on faite le matin *même ?* A la fin il risquait un coup de langue méfiant avant de se séparer de ses pennies. Maintenant il ne prenait plus de risques.

Par une chaude nuit de cet été-là, Dove l'accompagna pour l'aider à trouver un marchand de glaces qui ait du bon chocolat, et cette fois le premier coup de langue le convainquit. Il se retourna et se pencha en souriant vers Dove :

— File-moi encore dix balles, vieux, qu'il tendit au marchand. Fais-m'en une double, vieux !

Cette nuit-là le chocolat devait être vraiment bath.

Bien qu'il eût à peu près la distinction d'un ours, Fort avait honte de se trouver en compagnie de gens sans éducation. Lorsque Dove sirotait une tasse de chicorée, Fort l'observait avec une telle insistance qu'il commençait à se creuser la cervelle pour savoir ce qu'il avait bien pu faire de mal si tôt dans la journée, alors que le soleil était à peine au-dessus de Melpomene Street.

— On mange toujours avec le chapeau sur la tête dans ta famille ? finit par demander Fort.

Dove déposa son chapeau de paille à côté de son assiette.

— L'a jamais entendu parler de portemanteaux, déclara Fort avec aigreur à la fenêtre.

— On boit toujours dans la soucoupe dans ta famille ? demanda-t-il un peu plus tard.

— Ben, j'aime bien verser mon café dans l'assiette, expliqua Dove. Vous voulez pas m' passer l' pain grillé ? J' l'aime bien avec un peu d' mélasse dessus, mais comme y a pas d' mélasse j' vais l' tremper un peu dans mon assiette.

Fort vivait dans un fouillis de chaussettes sales, de mégots de cigarettes, de bâtons de sucettes glacées, de paquets de Bull Durham et d'offres d'emplois découpées dans les petites annonces et répandues un peu partout. Quand il en avait fini d'une chose il la balançait par-dessus son épaule, et ne lavait jamais une assiette.

— Encore chopé la migraine à force de manger trop légèrement, disait-il d'un ton qui accusait la race humaine en général et Dove Linkhorn en particulier. J'ai tellement faim que si j' sors dans l' soleil j' pourrai pas avancer et j' me coucherai par terre comme un chien.

— Y a un morceau d' pain rassis sur la cheminée, Fort, lui proposa Dove.

— J'aimerais mieux laisser briller la lune dans ma bouche plutôt que d' manger du pain rassis d' trois jours, refusa Fort avec hauteur.

— Ben, dit Dove après avoir réfléchi à la question une bonne minute, du pain rassis ça vaut toujours mieux que pas d' pain du tout.

Mais Fort, ému par la vision qu'il avait fait surgir dans sa cervelle de son grand corps prostré dans la rue comme un chien et des gens qui lui passaient tout bonnement dessus, se leva et annonça solennellement :

— Faut tourner une nouvelle page... faut pas s' laisser aller.

Et il sortit précipitamment pour ne pas se laisser aller.

— J' crois qu' ça l' rend fou d' vivre à la dure, dit Dove au petit Luke un peu plus tard.

Si Fort jetait une grande ombre morose partout où il allait, celle du petit Luke n'avait jamais le temps de se poser nulle part. Un drôle de petit pistolet à face de pékinois avec une haleine à vous éborgner un chat.

— J' suis pas en fonds en c' moment — mais il ne s'en prenait jamais qu'à lui-même quand il était fauché. J' vendais des pierres sacrées pour porter bonheur, et comme un con j' les ai toutes vendues. J'en ai pas gardé une seule pour mézig. Insouciance ! Insouciance !

— J' crois pas à rien d' pareil, lui dit Dove, et si j'y croyais j'en achèt'rais pas à un étranger.

Luke avait toujours une commission à toucher sur quelque affaire, un pourcentage qui allait lui tomber de quelque part et une transaction urgente en perspective.

La perspective se situait pour l'instant dans un bistroquet appelé la Maison de Poupées de Dockery, là-bas dans le quartier où s'opéraient ses étranges activités. D'autres disaient que le gin était son point faible, mais Luke appelait ça d'un autre nom.

Il appelait ça l'esprit de conquête. Où qu'il allât, il y avait toujours une Miss Jane ou une Miss Molly pour le supplier de venir goûter avec elle les beautés d'une bonne vieille propriété du Sud. Luke mettait de l'ordre dans les affaires de la dame, calmait ses craintes le jour et ses désirs la nuit, jusqu'au jour où elle le surprenait à faire sa valise. Alors elles piquaient toutes leur crise d'hystérie, jurant qu'elles se tueraient s'il les abandonnait. Les choses tournaient si mal qu'il avait pris l'habitude de se tirer en douce en pleine nuit.

— C' côté-là de l'histoire, j' veux bien le croire, commentait Fort.

— J'ai rencontré Miss Molly dans un casse-graine de Memphis, et elle a tout de suite commencé à me balancer la pommade. L'avait cette grande maison soin-soin à Greenville et une chaîne de restals... de la tarte à la patate comac qu'elle me refilait, bon Dieu ! — et Luke poursuivait son évocation avec un enthousiasme croissant. — Ah, la petite fofolle sentimentale que c'était ! Quand elle a vu que j'avais décidé de me tailler elle m'a filé un ticket pour un repas de cinq dollars valable à Atlanta ou à Memphis.

— C'était-y avant ou après qu'elle s'était tuée ? s'enquit doucement Fort.

— J'en avais plus que marre de cette gonzesse, affirma Luke d'un air maussade.

Et après ces confidences il tendit la main vers la bouteille sans nom qui se trouvait là comme par hasard, et piqua bientôt du nez sur la table. Quand il commença à ronfler, Fort crut bon de prévenir Dove :

— Fais gaffe à c'te grande gueule enfarinée. Il essayera d'embobiner un péquenot comme toi et il t'embringuera dans ses opérations à la flan et c'est toi qui t'en mordras les doigts, retiens c' que j' te dis là. Fais gaffe, mon pote.

Le pote promit qu'il ferait gaffe.

Dès que Fort eut fermé son œil de chien triste, Luke ouvrit le sien, plus brillant que jamais.

— Sssstt, Tex, murmura-t-il à l'adresse de Dove. Fais gaffe à ce gros corniaud. Il s'est fait boucler dans toutes les taules de Miami à Houston. L'est jaloux de tout l' monde. Et il en dira autant sur toi qu'il en a déjà dit sur moi. Fais gaffe, Tex.

Tex promit de faire gaffe.

— Ben ça au moins, c'est des gars pleins d' pré-v'nances, se dit Dove. On peut dire qu'y prennent tous les deux soin de mes intérêts.

Un soir Luke rentra en braillant et en faisant claquer la porte, escorté d'une double odeur de marée et de gin.

— Crevettes ! Servez-vous, les gars !

Il lança un sac graisseux sur la table, posa encore une bouteille sans nom à côté, tira deux oignons blancs de sa poche, et invita tout le monde à festoyer.

— Z'ont pas l'air tellement fraîches, reprocha Fort en s'empiffrant. Z'ont plutôt l'air tournées.

— Y a des gens calés y disent que c'est un péché d' manger d' la nourriture qui ch'lingue, mais tout c' que j' sais c'est que j'aime drôlement les crevettes, déclara Dove.

Luke se mit alors à empiler ostensiblement des pièces de vingt-cinq et de cinquante. Il y avait quelqu'un qui avait fait fortune rudement vite.

— Si j' les bouffe, c'est seulement qu' j'ai terriblement besoin de me sustenter, expliqua Fort en s'apitoyant sur son pauvre sort. Deux sucettes glacées à l'orange, ça suffit pas à tenir au ventre d'un bonhomme jusqu'au soir.

— Alors tiens, prends ça pour te tenir au ventre demain, lui dit Luke en lui envoyant un quarter d'une petite chiquenaude dédaigneuse. Dove se recula, craignant que Fort ne retourne l'insulte avec le poing.

— Y savent pas faire la sauce dans c' patelin, fit remarquer Fort en empochant le quarter sans plus de cérémonie que s'il l'avait légitimement gagné.

Il avait de la glace à l'orange collée au menton, la

sauce de crevette lui dégoulinait des badigouinces, et de la morve séchée lui pendait aux poils qui sortaient de ses trous de nez.

— T'en veux un aussi, Tex ? Le petit Luke était prêt à se défaire d'un autre quarter.

— Merci bien quand même, refusa Dove.

— J'aurais pas cru ça, conclut Luke sans jeter un regard à Fort.

Une queue de crevette s'était logée dans une dent creuse de Fort, et il tentait de la déloger du bout de la langue avec force contorsions de la bouche.

— C'est quand même marrant qu'ils nettoyent pas ces machins-là avant d' les vendre aux gens, protesta-t-il comme si les machins en question lui avaient coûté trop cher. Il finit par extraire la queue de crevette et la cracha par terre.

— J' boufferais bien un de ces trucs-là, déclara Dove.

Luke sembla ne pas comprendre.

— Il veut dire ça, dit Fort en montrant les oignons.

S'il était vrai que deux glaces à l'orange étaient insuffisantes pour soutenir un grand corps comme Fort jusqu'au soir, cela ne suffisait pas non plus à Dove. Pourtant tous les soirs il déclarait :

— Demain j' vais me l'ver matin. Y en a-t-y un qui voudrait m'appeler ?

Et dès l'aube il se coltinait une valise et disait aux ménagères à peine réveillées : « Tout un Magasin à votre porte ! » De Humanity Street à Gentilly Road, c'était tout un magasin qui frappait aux portes. Frappait à la porte de devant, frappait à la porte de derrière, jusqu'au bas de People Avenue.

Un magasin en vadrouille, bonjour m'dame, bonjour m'zelle, en remontant Almonaster, en redescendant Spain Street, jusque sur les quais.

A midi, n'ayant allégé sa valise que d'un flacon de lotion décrépante, il s'assit sur le quai de Desire Street et regarda un navire de Norvège ou du Pérou en mangeant un oignon et un petit tas de bananes qu'il avait achetées pour un nickel. Rêvant et épluchant, Dove se rappelait tous les rivages et tous les ports dont il avait entendu parler, qu'il avait presque vus. Derrière ses paupières mi-closes, les images se balançaient et dérivaient jusqu'au grand fleuve, jusqu'à la mer. La mer peuplée de mâts et de cheminées magiques. Qui s'en allaient, dangereusement, vers de trop lointains pays, et revenaient en se balançant doucement, revenaient vers la côte, revenaient au port d'attache, à la sécurité. Revenaient sous les réverbères amis par le chemin de la vieille auberge aux fenêtres barrées de planches. Et rêvant à demi, il entendait les voix des femmes de sa petite ville perdue qui chantaient :

Quand tu es en terre lointaine,
Pense aux amis qui ne sont pas partis ;
Quand le vent dessèche la plaine,
Ecris un mot à ceux qui sont jamais partis.

Deux larmes brillantes tombèrent de ses yeux. Et puis plus le temps d'avoir le mal du pays. Tout juste le temps de se lever. Il reprit sa valise d'échantillons et recommença à frapper aux portes de devant, aux portes de derrière. Maintenant ça ne tarderait guère avant qu'une jolie fille l'invite dans une belle maison du Sud lui aussi, et lui serve une bonne tranche de tarte à la patate, et lui dise : « Allons, papa, arrête-toi donc de courir comme un fou. »

Mais il n'y eut qu'une fillette pâlotte de douze ou

treize ans à la porte d'une petite maison isolée pour s'écrier à la vue de son magasin :

— Mémé ! Y a un homme qui a tout ce qu'il nous faut !

Et elle choisit un morceau de savon noir « pour laver mes beaux cheveux sales », un chausse-pied en corne pour ses belles chaussures sales, de l'eau de Cologne pour parfumer ses belles oreilles sales ; et puis une lime à ongles, un peigne, un poudrier...

— Y a aussi des tas de choses que tu as besoin, Mémé !

C'était la grande vente de l'année.

Mais la voix d'une très vieille mémé rappela la fillette, et celle-ci, plus pâlotte que jamais, s'agenouilla en silence et remit en place tous les objets qu'elle avait tirés de la valise.

— Ça fait rien, m'zelle, la rassura Dove, y a des tas de dames qui prennent des choses et pis qui changent d'avis, parce que les temps y sont assez durs comme ça.

— Je ne voulais pas vous faire de la peine, dit l'enfant tranquillement, et un nickel tomba dans la valise, la porte se referma, et cette vieille, très vieille maison se replia sur sa paix de malade.

— Vous auriez aussi bien fait de prendre le savon, reprocha doucement Dove à la porte, et il referma sa valise.

Mais il empocha le nickel. Ça lui paierait toujours une tasse de vrai café et un journal pour que Fort lui fasse la lecture.

Il traversa l'interminable quartier nègre pour rentrer, parce qu'il faisait encore jour. Mais il se méfiait d'eux la nuit comme le jour. De quoi riaient-ils donc toujours sur le pas de leurs portes ? Il n'arrivait pas à distinguer ce qu'ils disaient. Les voix tombaient quand il approchait, et s'élevaient de nouveau derrière lui lorsqu'il ne pouvait plus saisir leurs paroles. Mais leurs prophéties le poursuivaient :

Le Seigneur a donné à Noé le signe de l'Arc-en-ciel...
La prochaine fois ce ne sera pas par l'eau mais par le feu...

Fort était couché sur le lit de cuivre quand Dove gravit l'escalier de la rue Tchoupitoulas ce soir-là, dans la même posture qu'il l'avait laissé le matin. Mais il y avait deux assiettes de plus sur la pile dans l'évier, et un peu plus de mégots par terre.

— Pas pu bouger de toute la journée, gémit Fort.

Dove lui tendit le journal, nettoya la table et fit la vaisselle pendant que Fort lui faisait la lecture.

Fort fit une boule de la page des petites annonces. A quoi ça servait de vendre un canard qui ne disait même pas qu'on avait besoin d'un conseiller financier ?

Le Conseiller Financier ne se leva que lorsque la vaisselle fut terminée.

— Et maintenant j'imagine qu'y va falloir que j' descende faire les commissions et puis encore prendre une suée à t' faire à bouffer, dit-il à Dove d'un ton résigné, comme si son triste destin était de faire les quatre volontés des autres, sans répit, jour après jour.

— On n'attend pas que Luke se radine ? suggéra Dove ; parce que tout c' que j'ai ramené c'est une foutue p'tite pièce de dix balles.

— Y va se ramener saoul comme un cochon, oui, et il aura même pas l'argent du loyer, prédit Fort.

— Ben il est comme nous, il y peut rien, dit Dove, prenant la défense de son ami.

Fort se mit à fricasser quelque chose, et au bout d'un moment ce devait être fini parce qu'il souleva deux informes glaviots de la poêle et les déposa dans les assiettes.

— J' boufferais tout c' qui m' boufferait pas, annonça Dove, et il planta sa cuillère dedans avant même de savoir si la chose était morte.

Fort le regarda faire.

— Tu *aimes* vraiment cette saloperie ?

— Tu veux dire si j'avais l' choix ? Ben, si j'avais l' choix, j' choisirais plutôt d' la bouffe avec des gros yeux d' graisse dedans, lui certifia Dove.

— Ça te fait rien de vivre comme ça ?

— C'est toujours mieux qu' la taule. Dove était catégorique sur ce point.

— Alors c'est bien comme je pense — les soupçons de Fort se trouvaient confirmés — tu *aimes* vraiment c'te vie-là.

— C'est la seule vie qu' j'ai jamais eue, se crut obligé d'expliquer Dove.

Le petit Luke entra sur ces entrefaites, le sourire plein de bonnes nouvelles et un autre journal sous le bras.

— Ça y est, on tourne la page, annonça-t-il joyeusement. Est-ce que je vous avais pas dit que ça irait d'abord mal avant que ça aille mieux ?

— Luke, dit Fort en se levant, on est là tous les trois à s' demander lequel c'est qui va manger tout seul, et tu viens nous balancer qu'on a tourné la page ! Et là-dessus il partit en quête de quelque chose à manger.

Luke fouilla dans les poches de son manteau et en retira une pile de prospectus bordés de vert « donnant droit au porteur à une permanente et un shampooing gratis à l'Institut de Beauté de Madame Dewberry... » dit-il en récitant le plus grand des imprimés.

— Maintenant, dis-moi, est-ce qu'il y a une femme

à la Nouvelle-Orléans qui cracherait sur une permanente et un shampooing gratis ?

Dove ne put en nommer une seule.

— J' vais te dire c' que ça représente, un truc comme ça, Tex. Quand tu tends ça à une bonne femme, c'est comme si tu lui refilais un billet de cinq dollars.

— Moi ? C'est-y vrai ?

— T'es avec moi dans c't'affaire, hein ?

— Est-ce que Madame Dewbery elle s'rait d'accord ?

— T'inquiète pas, ça c'est mes oignons.

— J' te remercie bien, Luke.

— Tout c' que t'as à faire c'est d' surveiller les fils du téléphone.

— J' suis pas tellement bon pour l'escalade, Luke.

— Qui c'est qui te dit de faire de l'escalade ?

Un pas lourd ébranla l'escalier, et Luke dissimula vivement les prospectus dans son manteau.

— J'en ai encore un cent comme ceux-là que j'ai planqués sous les marches, dit-il en baissant la voix et en mettant un doigt sur sa bouche. Mais tiens ta langue, t'as pigé ?

Tirer les sonnettes avec Luke c'était de la rigolade. Au lieu d'une lourde valise d'échantillons, tout ce que Dove avait à porter maintenant c'était un paquet de prospectus, et en fin de compte il n'eut pas besoin de grimper aux poteaux télégraphiques.

— Il faut que j'attende mon mari pour voir ce qu'il dira, lui dit sa première cliente.

— J'ai bien peur qu' vous soyez obligée d' vous passer d' permanente et d' shampooing gratis, m'dame. On r'passera pas dans l' quartier. On a déjà placé une centaine de ces machins-là dans la ville, et y en a presque plus.

La femme examina le prospectus avec sa fille à côté d'elle.

— Il a l'air trop bon pour être vrai. Elles lui faisaient franchement part de leurs doutes.

— Ben pourquoi qu' vous téléphonez pas à Madame Dewberry pour vérifier c' que j' vous dis ?

Comme il y avait rarement plus d'un téléphone par pâté de maisons à la Nouvelle-Orléans à cette époque, ils ne risquaient pas grand-chose. La femme en prit un pour elle et un pour sa fille.

La seconde cliente fut un peu plus coriace.

— Attendez-moi ici, jeune homme, je vais téléphoner.

— Comme vous voudrez, m'dame.

Mais dès qu'elle alla s'habiller pour téléphoner à l'épicerie du coin, Dove courut prévenir Luke.

Luke tira un flacon de sa poche-revolver et ne vit pas la nécessité de se faire de la bile.

— Te frappe pas, Tex.

— La v'là qui rapplique.

Luke intercepta la cliente coriace.

— Bonjour, madame. Je suis le directeur publicitaire de l'Institut de Beauté de Madame Dewberry. Mon jeune assistant ici présent me signale que vous désirez avoir confirmation de notre invitation. Eh bien nous *aimons* cela. Vous êtes exactement le genre de clientes que nous cherchons. Si nous pouvons *vous* satisfaire, nous pourrons satisfaire n'importe qui. Ne gaspillez pas votre nickel... Je me porte garant de chaque mot imprimé sur ce prospectus. Luke en tira un de sa poche. Je ne vous demanderai même pas un quarter pour celui-ci, madame.

Il le lui mit dans la main.

— Mais, ce n'était pas pour l'avoir pour rien, protesta la coriace.

— Si vous voulez, vous pouvez donner à ce jeune homme un pourboire de vingt-cinq cents, mais c'est tout à fait facultatif.

La femme tendit un quarter à Dove et rentra chez elle en lisant l'imprimé de petit format.

Le reste de la matinée se passa plus aisément. A midi, vingt-cinq quarters tintaient dans la poche de la salopette de Dove, et il lui restait encore vingt-cinq prospectus pour l'après-midi.

Mais Luke investit ses gains dans une bouteille de gin, si bien qu'avant d'avoir tiré beaucoup de sonnettes ils n'étaient plus en état d'en tirer aucune. Vers minuit Dove entendit des trompes et des cloches. Ils se soutenaient mutuellement en reprenant le chemin de Tchoupitoulas, et toute la ville carillonnait dans les ténèbres.

Sur la dernière marche de leur vieil escalier branlant, Dove retint Luke par la manche.

— Je m' demande s'il a bouffé aujourd'hui, l' vieux Fort.

— Y peut crever, ce grand connard ! Et Luke ouvrit la porte d'un coup d'épaule. Fort gisait sur le lit, le visage tourné contre le mur.

— Chut, le réveille pas, supplia Dove.

— Y a des heures qu'il est réveillé, c' grand sifflet d' mes fesses, affirma Luke, et il secoua Fort par les épaules. Hé, vieux pote, crevettes fraîches ! Crevettes fraîches !

Fort se tourna. La faim lui donnait l'œil vitreux. Il ne voyait pas de crevettes. Il ne sentait pas l'odeur des crevettes.

— Y a pas d' crevettes parce qu'on les a toutes boulottées, vieux pote, ricana Luke, et il se mit à improviser une danse en braillant :

Tu t' faisais un tas d' fric vers mil neuf cent vingt-deux,
Mais l'argent et les femmes t'ont couillonné.
Pourquoi que tu t' démerdes pas
Pour te faire un peu d' fric toi aussi...

Dove se rappela qu'il avait quelque chose dans sa poche et en retira six crevettes froides enveloppées dans une serviette en papier.

— Tiens, Fort, et il les lui mit sous le nez pour lui montrer que somme toute ce n'était pas une blague. T'en as jamais mangé d'aussi bonnes que celles-là... Mais Fort envoya promener serviette et crevettes d'un revers de la main.

Une crevette ricocha sur le mur et retomba sur le lit. Dove la ramassa et se mit à la grignoter en contemplant du fond de son brouillard ce financier mélancolique tassé sous son édredon crasseux.

Deux heures plus tard il fut réveillé par la lueur d'une allumette et un bruit de pas furtifs. Luke ronflait dans le fauteuil. Puis une sorte de mâchonnement suivi de petits suçotements. « — J'espère qu'il les a toutes trouvées », se dit Dove, et il se rendormit.

Au matin Fort n'était plus là.

— J' crois qu'il est un peu fâché contre nous, réfléchit Dove. On a dû le vexer hier soir.

— Ces mecs-là c'est toujours vexé tant que ça sent pas l'odeur de la bouffe, déclara Luke avec conviction. Et quand ils sentent l'odeur, alors ils se ramènent au triple galop.

— C'est pas d' sa faute, l'excusait Dove. C'est qu'un pauvre corniaud d'épatétique.

— D'épatéquoi ?

— Epatétique. L'a l' foie trop gros. Son foie, l'a poussé tout d'un côté, c'est pas difficile à s' rendre compte. Si on l'avait tenu la tête en bas quand il était gniard, et qu'on avait tapé un bon coup sur son cul, ça l'aurait p't-être dégorgé. Maintenant c'est trop tard. Y a pas un œuf dans l' coin ?

— Comment qu' tu le veux ? Sauté ou embrouillé ?

— J' suis pas difficile, avoua Dove. J'aime les œufs d' n'importe quelle façon.

Quand les deux œufs furent accommodés de n'importe quelle façon, Luke les servit d'un air pensif, bien qu'il ne fût pas du genre penseur habituellement.

Ils laissèrent la poêle et les assiettes au bon plaisir de Fort et repartirent faire leur tournée du matin avec vingt-cinq prospectus chacun que Luke avait tirés de leur cachette sous la marche d'escalier.

Quand ils rentrèrent le soir, la table était encombrée d'assiettes sales, les mouches faisaient bombance dans toutes les casseroles et une odeur de viande brûlée flottait comme une promesse des temps meilleurs. Fort était étendu sur toute la longueur du lit, les pieds dans le vide et fumait un cigare presque aussi long que lui. Comme un homme qui faisait trois repas par jour depuis qu'il était au monde. C'était un spectacle déconcertant.

— J' vous avais laissé la moitié d'un steak, les gars, leur dit-il d'un ton désinvolte en soufflant un énorme champignon de fumée, mais comme vous vous rameniez pas j' me suis dit autant liquider c'te bidoche avant qu' les mouches la bouffent. Y a fallu que j' me force, mais j'y suis arrivé. Sûr que j'aurais bien aimé partager, mais ça servirait à rien que j' me botte le cul maintenant de pas vous avoir attendus, pas vrai ?

Evidemment, ça n'aurait servi à rien. Et cette nuit-là Fort ne se mit pas à quatre pattes pour chercher des crevettes. Il ronfla d'un gros sommeil qui les narguait.

Il ne riait que quand il dormait, à l'inverse de Dove

et de Luke. Les jours suivants ils ne dessaoulèrent pas, et ils étaient saouls jusque fort avant dans la nuit. Ils n'avaient aucune raison de ne pas se saouler.

Les temps où ils faisaient le guet pour empêcher les clientes récalcitrantes de téléphoner étaient révolus. Un homme d'affaires comme Dove n'avait pas de temps à perdre à ces vétilles. Maintenant il y allait carrément, et à la grande porte, et dès que la bonne femme ouvrait il attaquait le premier sans lui laisser le temps de demander ce qu'il voulait : « — Allez-y, téléphonez si ça vous chante ! » et avec une chiquenaude à son chapeau de paille il disparaissait dans les vapeurs d'une rue qui zigzaguait doucement.

Pour quelque mystérieuse raison les ventes commencèrent à baisser. Les temps deviendraient-ils meilleurs avant qu'ils aient écoulé tous leurs prospectus ? Luke affirmait qu'ils remontaient la pente, le plus noir de la crise était passé et il leur resterait des prospectus qui ne leur serviraient plus à rien. Fort, au contraire, pensait que la crise ne faisait que commencer. Il prévoyait que les choses allaient être encore bien pires, et que ça durerait bien plus longtemps que personne ne le pensait. Et alors ça s'arrêterait.

Quoi qu'il en soit, toutes les fois qu'ils rentraient, le ventre vide ou bourré de crevettes, une odeur de saucisses ou de côtelette les prenait à la gorge, et il leur fallait un moment avant de distinguer la silhouette de Fort enveloppée dans la fumée d'un gigantesque cigare cubain. Il y avait quelqu'un qui se tirait pas mal d'affaire.

— Si seulement vous me disiez à quelle heure que vous rentrez, ça me ferait vraiment plaisir de vous inviter, leur reprochait-il. J'ai encore bouffé trois steaks.

— J' suis pas tellement difficile, tu sais, j' boufferais n'importe quoi, même du steak, lui disait Dove pour laisser la porte ouverte à une telle éventualité. Tu peux m'inviter n'importe quand, Fort.

Mais Fort était toujours l'unique invité.

Pour remercier Luke des libations de la veille, Dove l'invita un soir à manger une soupe à la tortue du côté du Vieux Marché Français.

Pour pénétrer dans l'antre obscur, ils durent repousser un mendiant portant des lunettes noires qui tâtonnait de la canne blanche à travers la forte odeur de marée. « — Excusez-moi, mesdames, murmurait-il, excusez-moi. »

Les tortues avaient obtenu un sursis de vingt-quatre heures. On ne décapitait personne aujourd'hui. Alors ils se gavèrent de gombo et de friture de poissons-chats jusqu'à ce que la nourriture leur soulève le cœur.

— J' crois que j' peux pus arquer, déclara Dove en sortant.

Il était si plein de poissons-chats et de gombo qu'il ne vit pas venir le mâtin qui débouchait d'un jardinet bien tenu et qui le chargea de toute la longueur de sa chaîne. La femme blanche qui tenait la brute en laisse s'excusa :

— Je n'avais encore jamais vu Queenie courser un homme *blanc*.

Puis elle examina plus attentivement l'étrange rouquin qui se tenait devant elle et ajouta avec une légère nuance de doute :

— Elle ne s'est encore jamais trompée, monsieur.

Dove effleura le bord de son bada.

— Merci bien quand même, m'dame... et il s'éclipsa sans plus attendre. Le sacré clébard, y flairait l' poisson-chat dans mon ventre.

Dans les quartiers où les cours n'étaient pas aussi bien entretenues et où les rues étaient crevassées comme les chemins de son pays, Dove se sentait toujours moins coupable. La dernière porte à laquelle il frappa ce jour-là se trouvait dans une de ces ruelles. Une Négresse aux yeux mauves vint ouvrir. Dove toucha son galure, sentit qu'on lui mordillait doucement les talons et aperçut un petit bâtard blanc, rond comme une saucisse, qui filait se réfugier dans une cave comme s'il venait d'accomplir un exploit d'une rare audace.

— Il aime pas que les Blancs viennent dans sa cour, expliqua Prunelle Mauve d'un air plein de sous-entendus. Il dit qu'il peut pas aller dans la cour des Blancs, alors pourquoi qu'ils viennent dans la sienne ?

— Merci bien quand même, dit Dove en se sentant de nouveau coupable de quelque chose. Le sacré cabot il a dû sentir les prospectus sur moi.

— Se traîner dans les rues et faire le boniment et j' te frappe par ici, et j' te tire la sonnette par là, merde, c'est pas un boulot pour moi, décida Luke, et Dove en avait assez lui aussi. Encore que Dove ne trouvât pas tellement ennuyeux de traîner dans les rues et de faire le boniment. Pas plus que de frapper et de tirer les sonnettes.

C'était plutôt que chaque quarter qu'il volait lui pesait un petit peu plus que le précédent. Après tout, la valise d'échantillons était encore moins lourde à porter.

— Combien qu'il t'en reste de tes prospectus à la flan ?

Dove lui tendit la petite liasse qui lui restait. Luke les compta. Treize.

— J' connais un endroit où on pourra fourguer tout l' pacson d'un coup, promit-il.

Vers South Rampart, Dove attendit Luke devant une cabane de Nègre tandis que le Georgien allait fouiner par-derrière. Il revint avec une pinte de raidillon.

Ils la descendirent jusqu'à la marque de la demi-pinte.

— C' truc-là c'est si chouette qu'un gars y peut pas s'empêcher d' le siffler. Dove était en veine de confidences aujourd'hui.

— Ça on peut dire que c'est d' la vraie de vraie, convint Luke. On peut sentir les pieds du mec qui a labouré le champ de blé.

Dove prit une autre goulée, juste pour vérifier les dires de Luke.

— Sûr qu'on s'est pas foutu de toi, Luke.

— T'as envie d' monter voir les filles, gars ? s'enquit un petit homme dans une chemise d'un jaune éblouissant et des bottes de cow-boy devant une porte si large que ce devait être autrefois l'entrée d'un bar de grand style.

— On baise à l'œil aujourd'hui ? demanda Luke d'un petit air innocent.

Le petit homme blond qui pouvait avoir n'importe quel âge entre vingt et quarante ans portait des rouflaquettes jusqu'au menton.

— Pour deux gars qui ont si bonne mine je ne serais pas surpris qu'on fasse une petite réduction, ironisa le rabatteur.

— La raison que je suggérais ça, expliqua Luke, c'est que nous aussi on brade des trucs gratis. Il tira un prospectus à marges vertes. « Permanente gratis au Salon de Coiffure de Madame Dewberry. » Peut-être que les p'tites dames seraient intéressées par l'affaire ?

— Ma foi, c'est justement le machin qu'elles se demandaient comment on fait pour l'avoir — le petit barbillon sautait sur toutes les occasions. Elles vous arracheront tout le lot des mains.

Quand les deux arnaqueurs comprirent qu'on s'était moqué d'eux, ils étaient déjà à l'intérieur d'un de ces salons à la mode du siècle passé où un ventilateur au plafond brassait paresseusement une pénombre si grise qu'on ne distinguait pas s'il y avait quelqu'un d'autre dans la pièce.

Graduellement les silhouettes d'une demi-douzaine d'hommes assis en rang comme chez le coiffeur, le col ouvert, des illustrés sur les genoux, un ou deux fumant le cigare, émergèrent du crépuscule.

Quelque chose frôla les cheveux de Dove, et il toucha une araignée en métal suspendue à un fil si mince qu'on ne le distinguait que lorsqu'une bouffée du ventilateur le faisait balancer ; un fin éclair rayait alors la grisaille du salon et l'animait un instant d'une silencieuse oscillation.

Des araignées rouges, des araignées vertes ; suspendues très haut ou se balançant très bas ; des araignées dorées, des araignées roses. Des araignées qui tissaient une toile invisible dans le long crépuscule rayé d'argent.

Dove prit un magazine et fit semblant de le lire comme il voyait faire les autres. Et brusquement le désir le prit de faire quelque chose de plus que les autres, et avisant un livre sur un divan, il alla le prendre d'un air décidé et revint sur sa chaise. Il le feuilleta rapidement, comme si la lumière était trop mauvaise et qu'il ne voulait pas s'abîmer les yeux. Et puis sa main trembla sur la page.

Le petit soldat de plomb qui n'avait qu'une jambe était là, son chapeau de grenadier, son fusil, et derrière lui toute la section de soldats de plomb à deux jambes. *Son* soldat de plomb !

Dans son esprit simpliste il se dit que c'était là le livre de Terasina.

— Les filles vont descendre tout de suite, messieurs, annonça une mulâtresse à lunettes dans un frou-frou de crêpe noir agrémenté de fleurs de velours.

— Demande-leur si elles veulent des permanentes gratis, Lucille, lui demanda Luke.

— Ça fait des années que personne ne m'a appelée Lucille, dit-elle à Luke.

— Des années, convint Luke d'un air songeur. Des années et des années.

Elle le regarda bien, mais vraiment cela faisait trop d'années. Les visages avaient déferlé sur elle comme les vagues de la mer, l'une chassant l'autre. Et maintenant ce n'était vraiment plus possible de se rappeler sur quel rivage, en quel été ni à quelle heure de la nuit leurs regards s'étaient mêlés, dans l'amour, ou la jouissance, ou le simple marchandage.

— Maintenant on m'appelle Mama, expliqua-t-elle ; c'est moi qui tiens la maison ici.

Puis elle aperçut Dove qui serrait dans ses mains le seul et unique livre du salon.

— C'est le livre de notre Hallie, lui dit-elle.

Dove regarda le nom griffonné sur la première page. Alors c'était comme ça que ça s'écrivait, « Hallie ». Et il referma le livre en gardant le doigt sur ce nom.

Un vieux sur une chaise à haut dossier qui espérait extorquer le prix d'une demi-pinte de raidillon, et un garçon à côté de lui, qui rêvait d'un amour si fort que ce tout petit nom dans un livre, il le caressait déjà amoureusement. Et les autres qui attendaient comme des mannequins dans une vitrine, hommes anonymes attendant le moment de rester anonymes. Ils poussaient des soupirs, crachaient, ronflaient de temps en temps, mais ils veillaient soigneusement à ne pas se laisser entraîner à des propos décousus qui pourraient conduire à la découverte d'amis communs.

Un petit gamin noir vêtu d'une chemise qui lui couvrait à peine le nombril détaillait successivement chaque client. Il y en avait qui lui souriaient, d'autres qui détournaient la tête. Il regardait jusqu'à ce qu'il fût entièrement satisfait de son examen, et passait au suivant. Si on lui offrait un penny il l'empochait sans se fendre du moindre sourire.

Un parfum féminin, comme d'encens mêlé d'eau de Cologne, fit bouger le rideau de perles, et Dove serra plus fort le livre.

Ce devait être Hallie.

Mais ce n'était que le ventilateur du plafond qui avait agité les perles. Les araignées métalliques pendaient lourdement. L'ennui devenait de plus en plus pesant, avec ses relents de boutique de coiffeur. Sur le trottoir d'en face un homme coiffé d'un chapeau mou offrit un sac de quelque chose à une fille dans l'encoignure d'une porte. Dove la vit regarder à droite et à gauche, plonger vivement la main dans le sac et la retirer tout aussi vivement. Un instant plus tard, elle rouvrit la porte, juste le temps de cracher une écorce de cacahuète dans la rue. Toute transaction, même de cacahuètes, effectuée alors que l'un des contractants se trouvait encore sur le trottoir, pouvait conduire la fille en cabane.

Mais le risque qu'elle avait pris en valait la peine, car le type au chapeau mou rajusta son pantalon et entra en serrant un sac assez gros pour approvisionner en cacahuètes toutes les filles de l'endroit avec l'espoir qu'il lui en resterait encore au moins deux pour lui-même.

Le premier réverbère s'alluma, jeta un coup d'œil des deux côtés des Remparts, puis des deux côtés de

Perdido ; et s'immobilisa, résigné à la longue nuit qui se préparait. Alors que Dieu seul savait quel monstre sans cacahuètes, quel vagabond sans le sou, pouvait venir ici chercher le repos.

Une blonde au visage lunaire, les cheveux noués en chignon, entra d'un pas traînant, pâle comme la mort, deux arcs de crayon noir soulignant le vague de son regard. Dove sursauta, puis se détendit : non, celle-là ne pouvait pas être Hallie.

— Reba, ces garçons ont des permanentes à distribuer, leur dit Mama.

— Vous donnez l'assurance avec ?

— Vous avez l'assurance d'avoir les cheveux les plus souples du monde, déclara Luke en entrant tout de suite dans le vif du sujet. Reba tendit sa main de bébé et Luke lui mit le prospectus dedans.

— Ça sera un quarter, mademoiselle.

— Vous disiez que c'était gratuit.

— Le quarter c'est seulement à titre gracieux, lui expliqua Luke.

— Gardez-le votre papelard, j' suis pas gracieuse, et elle lui rendit son cadeau.

— Elle est de Chicago, expliqua Mama.

Là-dessus une autre fille qui avait l'air d'être affligée du masque mortuaire de Joan Crawford, un vrai masque de cire en fait de visage, en réclama un pour elle.

— Mama douce, file-z'y un quarter à c't'homme pour qu' j'en aye une.

— Pour l'amour du ciel, elle sait même pas c' que l' type vend, et elle achète !

Chicago hochait la tête et refusait d'ajouter foi aux méthodes commerciales en usage dans le Sud.

— Je vous présente Frenchy, présenta Mama, et

voici mon petit-fils, Warren Gameliel. Montre comme tu es bien élevé, Warren G.

Mais le petit garçon noir ne montra rien du tout. Il ne dit même pas salut.

— J' remets *ça,* prévint-il l'assistance. Personne ne savait ce qu'il entendait par là.

— Et voici notre amie de Fort Worth, dit Mama en présentant une blonde qui avait deux fois la taille de la première, avec des seins qui auraient été plus à leur place sous une vache. Non, celle-là non plus ne pouvait être Hallie.

Mama tendit à Luke un quarter pour Frenchy, la fille prit son papier, y jeta un coup d'œil ennuyé et le tendit à Fort Worth.

— Tiens, t'iras te faire friser, chérie, moi, j' vais jamais en ville.

Elle avait acheté comme une enfant, pour le plaisir de la transaction, et comme une enfant elle en faisait aussitôt cadeau à la première amie venue. Dove vit qu'il n'y avait rien de plus facile que de vendre à des putains. Reba était la seule qui ne voulût pas acheter pour le seul plaisir d'acheter.

Warren Gameliel paraissait moins enfant que les femmes. Serrant un penny dans sa main, il observait chaque transfert de propriété si intensément que Mama déclara :

— Je vous jure que je crois cet enfant capable de faire des additions et des soustractions. Et elle ajouta, peut-être dans le but de mettre le vendeur dans des dispositions qui permettraient aux filles de récupérer leur quarter : nous accueillons beaucoup d'hommes mariés ici. J'ai moi-même été mariée quatre fois. Une fois avec un homme d'affaires et trois fois avec des voleurs, et y a qu'avec l'homme d'affaires que j'ai pas été heureuse.

— Est-ce que La Dingue elle est encore là-haut ? demanda quelqu'un.

— Quelle Dingue ? Fort Worth était curieuse.

— Y a personne que j' connaisse dans cette maison qui s'appelle La Dingue. Mama défendait la poulette manquante. Si c'est de Floralee que tu veux parler, elle est en train de s'habiller. Je lui ai défendu de jamais descendre sans s'habiller. Vous savez ce qu'elle m'a dit ? « — J' vois pas à quoi ça sert de toujours enlever et puis remettre... » Voilà c' qu'elle m'a dit, cette pauvre petite.

— Qu'est-ce qu'il y a de tellement dingue là-dedans ? Fort Worth voulait des précisions.

— Après hier soir, j' vois pas comment cette gonzesse elle peut descendre en bas, s'étonna Frenchy derrière le masque de Joan Crawford. J' vois même pas comment qu'elle peut se lever.

— Elle se lèvera et elle descendra ici et elle boulottera du jambon et du porridge comme six, vous verrez si elle le fait pas, paria Fort Worth. Elle sait même pas qu'elle a un estomac, celle-là.

— Quand une pute elle jouit avec le client, c'est pas étonnant si elle a de l'appétit, fit remarquer Reba d'un air lugubre.

— Allons, faut pas lui reprocher la nourriture qu'elle mange, cette pauvre petite, les sermonna Mama. Elle fait à sa façon, et vous à la vôtre.

— Si son maquereau il avait une pincée de bon sens, décida Frenchy, il lui ferait la leçon. A quoi ça sert, un mac ?

— C'est toi qui pourrais m' le dire, répliqua vivement Fort Worth, tu bosses pour un, non ?

La porte s'ouvrit brutalement et un géant sans jambes, ficelé sur une planche munie de roulements à billes, entra avec l'autorité d'un habitué. Pendant un instant, on n'entendit que le tonnerre des roues sur le plancher. Puis Dove le regarda déboucler ses sangles et sauter d'un bond sur un divan bas.

Le petit garçon s'avança hardiment pour faire une étude comparative de cet énorme tronc. Le grand cul-de-jatte lui donna une pièce, mais l'enfant resta planté devant lui sans sourire. Tout à coup il demanda :

— Qu'est-ce qu'ils t'ont fait ?

— Quel enfant *sérieux*, s'attendrit Mama. Vous restez pour notre petite fête, les gars ?

— On a un tas de boulot à finir. On reviendra un d' ces jours. Luke décidait de ne pas gaspiller leur fric à tous deux.

Comme ils partaient, le petit cow-boy sans âge leur ouvrit la porte.

— Reviens tout seul...

Dove était sûr d'avoir entendu chuchoter le petit homme ; cependant cela avait été dit si bas qu'ils avaient déjà fait cent mètres avant que la petite phrase commence à le faire ralentir.

— J'aurais bien aimé y rester, dit-il avec un gros soupir. Un p'tit coup d' carambole ça a jamais fait d' mal à personne.

— C'est dommage de foutre en l'air de l'argent si durement gagné, lui conseilla Luke d'un ton paternel.

— Parle pour toi, vieux, lui dit Dove comme à un frère.

— Trop de ces conneries, et t'es foutu, gars.

— Y a rien d' mal à ça, réfléchit Dove, puisque c'est ça qui m'a fait v'nir au monde. Et j' vais t' dire, Luke, et il s'arrêta au milieu du trottoir pour donner plus de poids à ce qu'il allait dire : y a qu' ça qui m' plaît dans c'te vie.

— Alors salut, gars, dit Luke en lui tournant le dos. Mais tâche de rien ramener à la maison.

Dove revint rapidement sur ses pas, craignant que le petit homme ne soit parti. Il se disait qu'on ne le laisserait pas entrer s'il n'était pas introduit par un ami.

— Je m'appelle Finnerty, dit-il à Dove. Suis-moi.

Et il entraîna Dove du côté des docks. A mi-chemin, il s'arrêta sous un porche au perron dallé de briques devant une porte aux gonds rouillés qui dataient de l'époque des portes battantes. Une bâtisse à un étage dans une rue qui descendait vers le fleuve.

Bien que la Prohibition fût pour ainsi dire morte et enterrée, on ne pouvait pas changer aussi facilement les habitudes de ceux qui en avaient vécu pendant des années. Tout speakeasy qui se respectait avait son code secret, son judas, ses mots de passe. Les clients ne voulaient pas se contenter de franchir une porte ouverte, ils voulaient encore être admis à un mystère. Ils voulaient participer au mystère.

Finnerty donna trois petits coups de sonnette, attendit un moment et en ajouta un quatrième. Puis ils restèrent immobiles devant la porte.

— P't-êt' qu'y a personne, se hasarda Dove.

— Il est en train de nous examiner derrière le rideau, expliqua Finnerty sans regarder vers la fenêtre, pour voir si on est bien du genre qui a besoin de ses soins. Si on sonne encore on entrera pas. Le toubib il aime pas qu'on lui force la main.

La porte finit par s'entrouvrir et par la fente apparut un museau blanchâtre.

— Le mot de passe ? demanda le museau.

— Le respect est la clef, répondit Finnerty, et il passa devant le vieillard.

Dove prononça la même formule, et tous deux se trouvèrent introduits au cœur du mystère.

Où, derrière le comptoir, des centaines de bouteilles, les poupées du Vieux Doc Dockery, dormaient en rêvant aux folles années 20.

Petites poupées de luxe aux yeux noirs et blondes sophistiquées, hollandaises à coiffes et en sabots, jeunes rousses irlandaises et brunes gitanes, filles de ferme en veste de daim à franges, poupée de Broadway le col emmitouflé d'un boa de fourrure, geisha aux yeux en croissant de lune, prostituée de Babylone aux cheveux noués en chignon...

Poupées aux yeux de dollars, poupées aux yeux de pennies, poupée aux yeux de boutons dont les boutons disaient « Votez pour Cox ». Poupée biglesse qui ne faisait plus rire, poupée qui portait un oiseau de paradis. Et une pauvre Cendrillon poitrinaire avec des taches sur sa jupe et des rides dans le cou ; juste au milieu, là où les lumières du bar lui faisaient comme un halo autour du corps.

Mais hollandaises ou japonaises, oiseaux de paradis ou Cendrillons, toutes avaient connu le baptême du feu pour la Saint-Valentin, et toutes avaient donné rendez-vous à Harry Greb. Certaines avaient eu de la chance, mais toutes étaient nées dans les premières années vingt, et étaient mortes avant que le siècle ait atteint la trentaine.

Il y en avait qui étaient mortes de chagrin quand Wallace Reid avait rendu l'âme. Il y en avait qui s'étaient endormies en attendant que Dempsey se batte avec Harry Wills. D'autres s'étaient ennuyées après la disparition de Starr Faithful. L'une après l'autre, elles s'étaient assoupies en prenant la vie comme elle venait.

(Cendrillon en avait vu de plus dures que les autres, cela se voyait à toutes ses taches. Et c'était peut-être la raison pour laquelle elle avait la place d'honneur, juste au milieu.)

— Y a pas de prix marqué dessus, prévenait toujours Doc. Elles sont pas à vendre et moi non plus. C'est le respect qui vous fait entrer ici, et c'est le manque de respect qui vous fait sortir. Le respect, le respect est la clef.

Nul n'avait le droit de marchander ses poupées, nulle autre main que la sienne ne pouvait les toucher. Respect pour les morts d'une décade morte, telle était la clef.

Le vieillard préférait le genre de client qui exigeait que son verre soit rincé après chaque tournée. Il y a des hommes qui ont toujours envie d'être saouls. Il y a des femmes qui ont toujours envie d'être amoureuses. Doc, lui, voulait toujours être propre. Etre propre et nettoyer.

Les gens, eux, on ne pouvait pas les nettoyer, naturellement.

Dans quelle fange le vieillard avait-il pataugé jusqu'au cou, dont il s'efforçait encore de se laver dans sa vieillesse chenue et solitaire ? Ou bien quelle secrète maladie masquait sa passion pour l'hygiène ? C'était difficile à dire. Mais ce qui était clair c'était qu'il avait fini par transformer toutes ses femmes en poupées.

Le respect, telle était la clef. Respect pour ses femmes, et respect pour sa musique. Sa musique qui était *Stardust, Stormy Weather, Bye Bye Blackbird, A Good Man Is Hard To Find, My Bill, Paper Doll, Red Sails In The Sunset* et *Tie Me To Your Apron Strings Again.*

Vers ce bouge croulant tenu par un fantôme sans licence, ce spectre de speakeasy qui avait connu des jours florissants et qui ne faisait plus maintenant que hanter le siècle, montaient ou descendaient encore en clopinant tous ceux qui ne pouvaient pas admettre que l'argent était mangé, que le rêve était fini ; morte la magie. Ils étaient encore vêtus à la mode de la troisième décade, et personne ne pouvait dire quand ils pourraient se payer d'autres vêtements.

En somme c'étaient des gens de théâtre qui n'avaient plus de scène : ingénues, impresarios, machinistes, contrôleurs, directeurs de tournées, starlettes et prime donne. Alors, en attendant des jours meilleurs, ils étaient devenus « hôtesses », rabatteurs, voleurs à la tire, confidents, artistes en chômage, bonneteurs, pipeurs à la petite semaine. Quelques-uns étaient tout simplement de pauvres bougres honnêtes.

La première chose que Dove aperçut dans cette caverne fut l'estropié à tête de lion qu'il avait vu entrer dans le bordel. Comment s'y était-il pris pour les battre à la course, seul un spécialiste de la planche à roulettes aurait pu le dire.

Finnerty prit son verre et tourna le dos à l'homme-tronc, montrant à Dove que c'était là la conduite la plus sage. Et Dove se sentit soulagé quand il entendit le chariot traverser la salle et franchir la porte.

Et puis, prêt à laisser couler le murmure des heures, il glissa un nickel dans le bastringue à musique pour ouvrir les vannes.

Je n'arrête pas de faire des bulles

commença la machine

De jolies bulles dans le ciel.

— Maintenant parlons affaires, proposa Finnerty quand Dove eut soufflé toutes les bulles. J'ai besoin d'un gars en bonne santé. Je parie que tu es en aussi bonne santé que tu en as l'air.

— Même un peu mieux, m'sieur, s'aventura Dove

prudemment. Et j' suis toujours prêt à faire un honnête dollar.

— Tu peux m'appeler Oliver, c'est comme ça que je m'appelle.

— Pouvez m'appeler Tex, c'est d' là que j' viens.

— Ma partie, comme tu l'as peut-être deviné, c'est les femmes. Tu t'y connais en gonzesses ?

— Ben, j' sais que si Dieu il a fait quéqu' chose de plus bath, j' l'ai pas encore rencontré, mais j'en sais pas plus sur la question.

— C'est pas bézef, estima Oliver, mais ça fout rien. La question est de savoir si ça t'intéresserait d'enfiler une pucelle qu'a encore jamais tronché ?

— M'sieur, j' suis un gars du Sud, et je voudrais pas faire du tort à une jeune fille de cette façon.

— Le Sud n'a rien à voir là-dedans, Tex, lui assura Finnerty. La jeune personne est en main et bien décidée à baiser. La question est déjà toute arrangée, sauf l'ennui et l'inconvénient de se la farcir.

— Si les femmes c'est votre partie, fit remarquer Dove, c'est-y pas vot' boulot, m'sieur ?

— Eh bien c'est précisément la raison pour laquelle je ne *peux pas* faire ça, tu piges ? Finnerty s'arma de patience. Si je le faisais elle pourrait rappliquer dans un an et me mettre les flics aux fesses sous prétexte de traite des blanches, parce que j'ai un casier qu'est plus vierge, lui, et que j'ai pas envie de le rouvrir. On m'a déjà pincé pour ça une fois, et j'ai pas envie de repiquer au truc. Mais quelqu'un dans ton genre, qu'elle ne reverra jamais... Oh, n'aie pas peur, tu ne seras pas obligé d'employer la force. T'auras même pas besoin de déshabiller la môme.

— Ça me plaît pas trop cette histoire de vierge, m'sieur, dit Dove au barbeau.

— C'est elle qui en veut, dit Finnerty, alors je la

prends au mot. Seulement quand tu m'auras rendu ce petit service, elle ne pourra plus jamais le revendiquer. Tu me suis bien ?

— Ben, j' vous suis jusqu'à un certain point, avoua Dove. Après ça, j' dois dire que c'est pas bien clair.

— Peut-être que ça, ça t'éclaircira les idées.

Dove mit ses mains derrière son dos et se tint raide.

— M'sieur, j' saurais même pas lire mon nom s'il était écrit sur l' mur d'une grange, mais j' sais reconnaître un billet d' cent dollars quand j'en vois un. Et j' crois que vous feriez mieux de rentrer çui-là.

Finnerty le fourra dans la poche de poitrine de Dove.

— M'sieur, j' peux pas prendre ça, lui dit Dove d'un ton décidé sans faire un geste pour le prendre.

— Te frappe pas, pétzouille, lui conseilla Finnerty. Tu le *prends* pas. Tu le portes pour moi, c'est tout. Tu traverses la rue, tu montes l'escalier et tu entres dans la chambre où la jeune dame t'attend. Quand tu entres dans la chambre tu lui tends le bifton sans rien dire... et si je connais bien son avide petit cœur elle le fourrera dans sa pantoufle et tu te mets au boulot.

— Comment qu'elle s'appelle ?

— Elle te dira ça elle-même, pétzouille.

A la petite porte du bordel dont ils avaient poussé la grande une heure auparavant, Dove hésita.

— Y a encore une chose que j' voudrais vous d'mander, m'sieur.

— Qu'est-ce que c'est ? lui demanda Finnerty qui le serrait de près maintenant.

— J'aimerais mieux que vous m'appeliez Tex plutôt que pétzouille.

— Okay, Tex, acquiesça Finnerty, et ils se serrèrent la main pour sceller le pacte.

Dove franchit la porte que Finnerty lui tenait ouverte...

La fille, vêtue d'un short rouge et d'un foulard de la même couleur, avait la pâleur de celles qui vivent claustrées. Une fille toute en os avec peu de chair par-dessus.

— Comment qu' c'est-y, vot' nom ? lui demanda-t-il.

— Floralee, lui dit-elle, et je peux chanter comme un zoiseau. Mais comment que j'ai fait pour voler jusqu'ici, ça, je me le demande ?

— J' peux vous dire que j'en sais rien, lui dit Dove, mais c' que j' sais c'est qu'y faut que j' vous donne ça.

Il prit son dernier billet de dix dollars et le lui tendit. Comme l'avait dit Finnerty, elle avait un avide petit cœur, car elle fourra tout de suite le billet dans sa pantoufle sans prendre la peine de le regarder, et dégrafa son short.

Si Dove, durant les minutes qui suivirent, entendit un rire étouffé derrière une cloison, cela ne le troubla pas dans les opérations qu'il faisait dans sa tête.

— Ça me coûte dix dollars pour en gagner cent, se disait-il. A c' compte-là, j' vois pas comment que j' peux y perdre.

Par une matinée si humide que le sel ne voulait pas couler des salières, Dove s'éveilla avec la sensation d'avoir été mâché et recraché. Son chapeau, pendu à un clou au mur, ressemblait à quelque objet indéfinissable qu'on vient de pêcher dans le fleuve. Tout ce que rencontrait son regard semblait avoir été repêché ou recraché. Il avait un gros mal de tête et se tenait le front en gémissant : « La façon que va l' monde, j' crois pas qu' ça pourra durer longtemps. »

Mais le Conseiller Financier sifflotait joyeusement en boutonnant son complet fraîchement repassé, un vrai complet de financier.

— Suis tombé sur un prospectus *très* curieux, annonça-t-il dès qu'il vit Dove ouvrir un œil morne, et il montra le document. Qu'est-ce que tu crois qui arrive quand une de ces bonnes femmes traverse toute la ville pour se faire faire une permanente gratis ?

— J' crois qu'elle va aller se faire belle, déclara Dove du fond de son brouillard.

— Moi j' crois qu'elle pourra se faire belle si elle a trois dollars cinquante. Et tu sais très bien qu'elle les a pas. Est-ce que t'as lu ce que tu vends ?

Pour une fois Dove se félicitait de ne pas savoir lire.

Fort tapota le document accusateur d'une branche de ses lunettes de soleil.

— Je t'avais prévenu de te méfier de ce p'tit mec de Georgie, rappela-t-il à Dove. Maintenant j' te conseille de rester à la maison. Il pourrait bien se trouver un mari qui recherche un péquenot aux cheveux couleur maïs en c' moment.

— J'essayais seulement de me faire un honnête dollar d'une espèce de manière un peu moins honnête, voilà tout.

Pour toute réponse, Fort s'examina un moment dans la glace, et parut satisfait de ce qu'il y vit. Puis il partit du pas confiant et assuré d'un homme qui serait riche dans six semaines, peut-être même dans cinq.

Dove se mit à la fenêtre. Du bas des rues jusqu'au ciel, la Nouvelle-Orléans semblait ensevelie dans un linceul. Il vit son effroyable solitude. Il sentit son horrible chaleur.

— Sale journée, se dit-il. J' crois que j' mérite pas

de m'élever, après c' que j'ai fait à c'te pauvre pétzouille de fille. Qu'est-ce qu'a va d'venir maintenant ?

Fort était déjà de retour.

— J'étais déjà à plus de cent mètres quand j' me suis aperçu que je les avais oubliées, expliqua-t-il en prenant ses lunettes noires.

— L' soleil y brille pourtant pas fort c' matin, fit observer Dove. C'est même comme qu'y dirait qu'on va avoir du mauvais temps.

Fort se colla ses lunettes sur le nez et repartit.

— L'a les yeux malades, pour sûr, conclut Dove, et les premières mesures funèbres de la pluie commencèrent. Commencèrent et s'arrêtèrent ; et reprirent sur un rythme lent et monotone.

Un beau matin la mort entrera en rampant dans la chambre.

Oui, bientôt, la mort rampera dans la chambre...

« J'aim'rais bien êt' marié et établi à c't' heure, et ranger mes frusques dans une commode en bois blanc et prendre le journal dans la saison de baseball, si seulement j' savais comment qu' les lettres elles font des mots — tout en rêvant Dove commençait à s'habiller — avec une fille qui saurait lire et écrire aussi. Et des p'tits lardons... j' leur apprendrais moi-même comment qu'y faut faire... »

Tout pouvait arriver à un homme qui savait former des mots avec des lettres.

Tout le monde arrivait à quelque chose, tout le monde était en train de devenir capitaine de ceci ou de cela, tout le monde sauf Dove Linkhorn embourbé dans une chambre noyée de cafard, et personne ne frappait à sa porte, que la lugubre pluie, comme une grand-mère qui cherche sans répit son premier-né qui est mort depuis longtemps.

Et il semblait à Dove que le soleil était parti depuis ce jour où les bras de Terasina s'étaient enfin noués derrière son cou, où ses bonnes cuisses l'avaient enfin attiré au fond d'elle et sa bouche avait enfin aimé la sienne.

— Tu as été ma seule fois, finit-il par admettre, mais on a pas été plus loin que la lettre B. Et tous ces jours qui passent et que je te vois pas c'est des jours qui servent à rien, comme les autres lettres. De toute ma chienne de vie t'as été le seul être humain à essayer d' me faire aller jusqu'au bout de l'alphabet. Si on y était arrivés j'aurais pu m'élever comme les autres.

Luke entra dans la chambre en sautillant, souriant dans le vague, trempé, ivre, sans chapeau, les lacets dénoués, la chemise hors du pantalon, le pantalon à moitié déboutonné. L'image parfaite de l'homme heureux.

— Enlève ta veste, Luke, lui conseilla Dove. Sa veste lui collait à la peau.

Luke se frappa les cuisses et exécuta une petite gigue de sa façon.

— C'est tout dans la *tête* des gens, vieux... les affaires ont jamais si bien marché, il suffit que tu te mettes ça dans le crâne... Et il se trémoussa comme un canard.

— T'es tout trempé, fit remarquer Dove.

— De quoi que tu te mêles, fiston, dis, qu'est-ce qui va pas ? La fortune frappe en bas à la porte et v'là que t'as peur de trois gouttes de pluie ?

— T'as l'air trempé comme une soupe, v'là tout c' que j' dis.

— Fiston, t'es resté trop seul à mâcher du noir dans ton coin, voilà c' que t'as. Souris, bon Dieu, merde, souris donc. Quand tu souris, t'as plus b'soin d' parapluie...

— Et pis j' crois ben qu' j'ai un peu d' fièvre en plus d' ça, avoua Dove. D'avoir pas bouffé et d' repenser au passé, ça m'a foutu l' bourdon.

Luke frappa si fort du plat de la main sur la table qu'il en perdit presque l'équilibre.

— Pourquoi que tu l' disais pas, fiston ? Où qu'est mon chèque, dit-il en se mettant à farfouiller dans les casseroles. J'ai un p'tit chèque quéqu' part par là.

— L'est p't'êt' ben si p'tit qu'on peut pas l' voir à l'œil nu. L' fait est qu' la taulière l'est montée, à propos, mais l'a pas emporté d' chèque. L'est montée pour dire qu'a voulait trente-trois par semaine pour nous trois.

Luke regarda Dove sans le voir tandis que sa cervelle, tel un billard électrique, grimpait à un score inattendu. Puis son visage s'illumina triomphalement.

— Nous faire payer pour une turne où y a tant de gouttières qu'un type se réveille avec ses fringues toutes trempées !

Et ayant dit cela il bondit sur le lit de Fort, donna un coup de son couteau de poche dans le plafond et ressauta en bas. Dove avança une casserole sur le lit juste à temps pour recueillir la première goutte d'eau.

La deuxième goutte banda un moment ses muscles en se préparant pour le plongeon de la mort, et tomba tout droit au centre avec un petit *Ping*.

— Faudrait qu'un homme y soye fou pour payer le loyer d'une chambre où il peut attraper la mort, dit Luke de l'air d'un homme qui s'apprête à aller porter plainte en justice. File-moi un demi-dollar jusqu'à lundi, Rouquin.

— Si j'avais l' fric, j'achèterais d' la farine et des trucs pour nous faire une gamelle de bouffe.

— T'aimes la bouffe, hein, fiston ?

— M'sieur, j'aime n'importe quelle sorte de

bouffe. La bouffe aux yeux rouges, la bouffe aux yeux jaunes, la bouffe aux yeux noirs, la bouffe panachée, la bouffe bigarrée, la bouffe tavelée, la bouffe mouchetée, la bouffe tachetée, la bouffe maigre, la bouffe grasse, la bouffe blanche et la bouffe au vin. J' peux manger des tonnes de bouffe. Si seulement j'avais d' la farine et des trucs, j' verserais même un peu d' café dans la casserole par-dessus. Un peu, que j'aime la bouffe, oui.

Luke lui balança une joyeuse claque dans le dos.

— Range ton bourdon dans ta vieille musette, fiston. Allez, merde, souris. Quoi ! Ris, et le monde rira avec toi, gars. Regarde ça : dans six semaines on sera riches tous les deux !

Et disant cela il agita sous le nez de Dove une sorte de machin en caoutchouc muni de plumes rouges.

— Tu sais ce que c'est que ça, fiston ?

— Ben, ça ressemble à un p'tit ballon de gosse, à part les plumes, cherchait à deviner Dove, et il examina l'objet de plus près. Seulement ça peut pas être un ballon parce que c'est ouvert et ça peut pas cont'nir de l'air. J' suis sûr que j'ai jamais vu un machin qui r'ssemble à ça, Luke.

Luke brandit la chose comme un petit drapeau rouge.

— C'est un *préservatif*, fiston ! ça combine le plaisir et la protection... Il donna une chiquenaude sur le bout obscène de la plume qui exécuta une petite danse grotesque. Fini de frapper aux portes pour cinquante balles. Un dollar pièce, gars ! Un dollar pièce !

Dove hocha la tête lugubrement.

— J'aurais jamais assez de culot pour frapper à la porte d'une bonne femme et lui montrer un machin comme ça qu'a l'air si peu naturel, Luke, lui dit-il. J' m'enfoncerais tout droit sous l' plancher si elle savait c' que c'est... et si elle sait pas, comment que j' pourrais le vendre ?

Luke prit un air sérieux.

— La distribution j' m'en charge, Rouquin. Mais y a justement une place pour un type là où on fabrique ces machins. Plus tard on te donnera de l'avancement.

— Et combien qu'on s' fait à c'te fabrique de machins ? demanda Dove sans grand enthousiasme.

— Vingt cents la douzaine... ça fait environ quatre dollars par jour, et sans se fouler beaucoup, Rouquin. De plus c'est Gross qui paie ta bouffe.

— Qui c'est, Gross ?

— Gross... Luke aurait ôté son chapeau s'il en avait porté un. Gross, c'est l'inventeur, le fabricant des petits machins, le Gros Bonnet des petits bonnets quoi. Des *Aïe-Chéris* qu'on les appelle.

— Encore jamais entendu parler d' ça, reconnut Dove. Mais quatre dollars par jour, c'est une sacrée bonne paie.

Luke griffonna une adresse sur un bout de papier, puis se rappela quelque chose et le déchira.

— T'auras qu'à demander à un agent. Mais parle surtout pas de Gross, à qui que ce soit qui porte un uniforme. Alors, ce boulot, tu le prends ?

— J' le prends, dit Dove. Et j' te remercie drôlement.

— Qu'un sourire soit ton parapluie, fiston. On a fini par le passer, ce cap de la mouise. Les affaires n'ont jamais si bien marché que maintenant. Pleure, et tu seras tout seul à pleurer.

Et il laissa Dove pleurer ou rire, à lui de choisir. « — Toujours au bas d' la pente, et toujours content », se dit Dove en entendant le petit pas sautillant de son copain sans cervelle se perdre dans le tambourinement de la pluie. Et il eut l'impression qu'il n'entendrait plus jamais ce ridicule sautillement, qu'il pleuve ou qu'il fasse beau.

Il ne sut jamais comment le petit homme était tombé sur l'adresse qu'il lui avait donnée ce jour-là.

La chambre commençait à s'éclairer d'une lueur glauque, une lumière d'aquarium, la couleur même du corail. Les gouttes d'eau claquaient plus vite dans la casserole. Dove s'endormit la tête dans ses mains.

Pour rêver d'une chambre où d'immenses baquets d'eau de pluie faisaient cercle autour de lui tandis qu'un peu plus loin un attroupement s'était formé autour d'un lit où un homme et une femme étaient couchés. Au-dessus de la fille l'obscurité était barbouillée d'une lueur de honte jaunâtre, et Dove vit qu'elle avait l'ongle d'un orteil peint en vert. Puis il entendit retentir la voix de Fort du fond d'une crypte assoupie. « Dépêche-toi ! Dépêche-toi ! »

Dans une robe de chambre jadis rouge et qui était devenue rose, le visage caché par des lunettes noires, Terasina s'avançait en tendant les bras comme une aveugle.

Une goutte de pluie claqua dans le baquet, une autre, une autre encore. Et Dove devenait de plus en plus triste en les entendant, parce que chaque fois qu'il en tombait une il perdait un ami, et il ne pourrait pas partir avant que la dernière soit tombée. « Gars ! Où qu'est mon pot ? » Une grosse main se mit à le secouer.

Dans la vraie lumière, le vrai Fort était devant lui et le regardait.

— Qui qu'a foutu des trous dans mon plafond, fiston ?

Dove regarda la gamelle. Le fond était à peine recouvert.

— Luke s'est dit que si la pluie tombait dedans on s'rait pas obligés de payer la taulière.

— Il a pensé une fameuse connerie, le gars Luke, affirma Fort.

— J' vais fabriquer des préservatifs, Fort.

— Des quoi que tu vas fabriquer ?

— J' m'ai dégotté un p'tit boulot que Luke y m'a refilé.

— Si tu savais c' que j' m'en balance, fiston. Moi j'ai gagné mon loyer cet après-midi, et bien plus que ça. Six dollars que j'ai ramassés dans la pluie, et j'aurais pu en faire huit avec un peu de chance.

— Dans quelle sorte de branche que t'es maintenant, Fort ?

Fort redressa la tête et tendit une main. Dove lui tendit la sienne, mais apparemment Fort n'avait pas l'intention de lui serrer la main.

— Tu vois donc pas dans quelle triste situation je me trouve ? lui demanda-t-il doucement.

Dove l'observa attentivement.

— On dirait qu' tes yeux y voient pas clair, décida-t-il à la fin.

— Et ben alors conduis-moi, vieux pote, lui demanda Fort sans soulever les paupières. *Conduis-moi.*

Docilement Dove se leva et fit faire le tour de la pièce au grand Floridien qui marchait d'un pas hésitant, la tête raide.

— Voilà, dit Fort en ôtant ses lunettes et en ouvrant les yeux. C'est pas plus difficile que ça.

— On avait un Indien qu'était aveugle chez nous. Œil-de-Poulet qu'y s'appelait, se souvint Dove. Y portait un peigne planté dans son chignon. Mais y s' baladait jamais les yeux fermés. L'en avait pas b'soin. Y se s'rait fait avoir.

— Les Indiens ils ont pas besoin de maquiller des trucs, déclara Fort soudain plein d'amertume. Tout ce que t'as à faire pour qu'on t'envoie dans une réserve au jour d'aujourd'hui, c'est d'être un sale peigne-cul d'Indien. Le gouvernement donnera bientôt des pensions pour être youpin. Un Blanc il a pas une chance s'il est pauvre... brusquement Fort cessa de se plaindre et déclara d'un ton plein de compétence : tu comprends, c'est qu'un expédient temporaire, jusqu'à ce qu'on trouve un filon pour se mettre à bosser dans les pétroles, tu piges, vieux ?

— J' te suis pas bien, Fort.

— Dans le comté de Cameron, entre Harlingen et Rio Hondo. A une demi-journée de balade de ton patelin à toi. Tout c' qu'on a besoin d'avoir c'est de filer au shérif vingt dollars pour le plein d'essence. Il nous dénichera des matelas et des couvertures de son propre grenier. Un de nous s'occupe de la pompe et l'autre il achète des produits aux fermiers mexicains du coin et il va les revendre dans les magasins de la vallée. Le shérif il a besoin d'être tenu au courant. Tant qu'il y en a un de nous deux aux pompes quand il appelle c'est tout ce qu'il veut savoir. Tu peux aussi bien creuser que vendre du café aux Négros, pas vrai, Rouquin ?

Dove roula des yeux comme une poupée.

— J' te crois que j' peux creuser, parce que j' suis vachement fort... Qu'est-ce qu'y faudra que j' creuse ?

— Des réservoirs d'essence, fiston... un de chaque côté de la station. T'en creuses un et moi j' creuse l'autre !

— Pour avoir une part dans un poste d'essence, proposa Dove d'un air rêveur, j' me mettrais à creuser avant l' jour. J' les creuserais des deux côtés.

— Tope là, vieux pote.

— Quand c'est-y qu'on commence, Fort ?

— Ça tardera pas. Conduis-moi un couple de jour, et puis j' te conduirai à mon tour.

— Qu'est-ce que j' fais quand les flics y s' ramènent et y voyent que j' suis pas un vrai aveugle ?

— T'as jamais dit à personne que tu l'étais, expliqua Fort. Tout c' que dit ta pancarte, c'est « Aidez-moi ».

— Ça paraît encore pas tellement bien après toutes les vacheries qu'on leur a faites.

— T'as fait des vacheries aux flics, Tex ?

— Non, aux Indiens.

— Arrête de te faire du mouron pour les Indiens. C' qu'il faut que tu comprennes, c'est que l'œil de l'aveugle il reflète pas la lumière, tandis que le tien il la reflète. C'est pour ça qu'il faut que tu les gardes fermés. Si t'es vraiment aveugle tu peux te balader les yeux ouverts, les gens ils jettent un coup d'œil et ils te filent un dollar ou deux. En attendant que tu obtiennes une pension de l'état.

— Moi ?

— Pas toi. Les vrais aveugles.

— Les Indiens aussi. C'est pour ça que j' m'imagine que d'être un Indien aveugle ça doit être la meilleure chance qu'un homme y peut avoir. Pourtant c' mec par là-bas chez moi, il était pas tellement verni. Toutes ses fins de semaine il les passait en taule.

— Ils sont forts pour la gnôle, du moins à c' qu'on m'a dit, admit Fort d'un ton agacé.

— C'était pas la gnôle c'était pour une truie que le Riley il en pinçait tellement. Y trouvait le chemin de sa truie guidé rien que par son odorat, et quand sa femme rentrait à la maison elle trouvait qu'il était pas là. Elle descendait à l'écurie et elle allumait la lampe électrique et elle les trouvait tous les deux. Cette femme elle était devenue si jalouse de c'te bête qu'elle faisait enfermer Riley tous les vendredis soir.

— Ben le lundi quand il était relâché, ton Œil-de-Poule, ça devait être une drôle de corrida dans l'écurie, imagina Fort.

— Il l'embêtait jamais en semaine, expliqua Dove, seulement quand sa femme était pas bien. Il passait toutes ses journées au bistrot à jouer aux dominos, et y perdait pas souvent. Y pouvait deviner toutes les pièces rien qu'en passant les doigts dessus une seule fois.

Fort poussa un soupir.

— C'était ça, ou bien p't'êt' qu'y pouvait pas la trouver pendant la semaine. Comme j' te l'ai dit, il était guidé entièrement par son pif.

Fort le ramena au sujet principal.

— Prends pas un air dégagé. Tu regardes droit devant toi et tu répètes : « Qui c'est ? Qui c'est ? Qui que c'est qui est là ? Quoi que c'est ? »

— Qui c'est qui est là ? Quoi qu' c'est-y ?

— C'est ça. Tu commences à piger le truc.

— Qui que c'est qui est là ? Quoi qu' c'est-y ?

— Tu peux les rouvrir maintenant. Je vais te laisser me conduire jusqu'à ce que tu aies bien pris le coup, promit Fort. Un dimanche matin devant une église catholique ça vaut dans les dix à quinze dollars.

— Ce p'tit trou ça f'ra une grande fente demain matin si c'te pluie s'arrête pas, estima Dove. Et il observa la goutte qui se retenait, puis lâchait prise et plongeait pour se fondre dans les eaux éternelles.

— Ça te dirait de bouffer au meilleur casse-graine de la ville ce soir, Tex ? T'installer devant une nappe blanche au milieu du beau monde qu'a plein de fric à claquer et dire au garçon ce que tu as envie qu'il t'apporte ?

— Ben merci bien quand même, mais j'aurais pas les moyens de rendre l'invitation.

— J' vais te dire, Tex, insista Fort, tu fais l'aveugle avec moi et je te donne ma parole ici et maintenant que le jour où on a de quoi on balance les lunettes noires et on se tire. Réfléchis bien à ça, fiston.

Dove réfléchit bien le temps que deux autres gouttes fassent le plongeon dans la gamelle.

— J'ai bien la ferme intention d' m'élever dans l' monde, décida-t-il à la fin, mais faire l'aveugle tout le long de Canal Street ça me paraît pas le bon moyen. J'aimerais même encore mieux voir mon cercueil que d'êt' conduit par un autre comme si j'étais un pauvre malheureux quand pendant tout c' temps-là j' pourrais manquer quéque chose de mieux.

— La chance a frappé, annonça Fort comme un croque-mort. La chance est maintenant en train de traverser cette porte. La chance elle part et elle revient pas.

Et il partit en quête de la meilleure glace au chocolat de toute la ville.

Laissant Dove compter sur ses doigts toutes les possibilités que la chance lui avait offertes dans une seule journée.

— J'aurais pu prendre un emploi de conducteur d'aveugle, mais j'ai pas marché. Et d'une. J'aurais pu fabriquer des préservatifs, avec la possibilité d'avoir de l'avancement. Et de deux, et j'ai pas encore dit non à la deuxième. La façon que les choses m'arrivent aujourd'hui c'est sûrement que les temps y sont plus aussi durs qu'avant.

Il retourna à la fenêtre regarder la ville. Il y avait des lumières dans la brume mais le soleil n'était pas couché. Il allait rentrer dans la chambre quand il aperçut un soleil qu'il n'avait encore jamais vu. Il se cachait derrière un coin de gouttière comme un voleur de poules dans le crépuscule. Dove ne fit pas un mouvement pour voir où il irait, se croyant invisible lui-même. Il s'éloignait en effleurant doucement le bord, découvrant un petit morceau de son disque... un soleil qui n'avait pas la conscience tranquille, un soleil qui enfonçait son chapeau sur sa tête, un soleil louche prêt à faire n'importe quoi pour mille balles.

Dove ne voulut pas voir ce qu'allait faire un soleil comme celui-là. Il ouvrit son sac de Bull Durham et là, plié soigneusement pour qu'il puisse lire le « 100 » sans avoir à l'ouvrir, le billet de Finnerty attendait toujours d'être dépensé.

— Du moment que j' l'ai fait, c'était juste que j' soye payé, philosophait-il pour chasser les remords.

Dans un faubourg aux rues bordées de palmiers, loin du bruit et du clinquant, dans une maison qui avait jadis été humaine, Dove gravit un escalier silencieux.

L'escalier de la patrie des préservatifs baignant dans une pâle lueur hygiénique. La pancarte qu'il ne pouvait pas lire devait sûrement dire ZONE DE TRANQUILLITÉ. Car les intempéries ni les saisons n'étaient pas plus autorisées à entrer ici que dans les lavabos d'une clinique. Les rafales de vent, la lessive et les cris des enfants n'avaient rien à faire avec les *Aïe-Chéris*. Il monta dans un silence immobile et sans air, traversa un hall fermé à toute passion ; s'arrêta devant une porte qui ne présentait ni marteau ni sonnette.

Jusqu'à ce qu'une odeur d'anesthésique s'avance en rampant entre ses jambes et vienne l'écœurer ; comme si on avait pratiqué en ces lieux des avortements.

Etranger dans une maison à l'étrange lumière, te voilà sur une étrange frontière.

La frontière d'une principauté dont la seule loi est Grosse Galette et les nombreuses humeurs de Gross. Un Etat totalitaire dont l'unique industrie est une étrange fabrication de capotes en caoutchouc Goodrich aux formes les plus fantaisistes. Gross est le seul et unique dessinateur industriel de son usine, et Gross est un fantaisiste. Et ce sont bien des avortements que l'on pratique ici.

(La nuit, tout au fond du temps qui n'est plus, le vieux Gross entend encore le doux raclement de sa curette contre les parois de l'utérus dans une pièce où l'on n'entend d'autre bruit que celui-là : *gratt-gratt-gratt.*)

Mais maintenant, à la lumière du jour, l'ex-médecin, ex-avorteur, ex-guérisseur, ex-prisonnier, ex-homme, ex-tout, engoncé dans son armure faite de strates superposées de graisse brunâtre, étreignant sa bedaine distendue pour l'empêcher de glisser au bas de son bandage herniaire, n'est plus qu'un animal vieillissant qui est venu à la lisière de la jungle, le regard voilé mais l'ouïe excellente, prêt à se retourner au moindre craquement de brindille et à se renfoncer dans l'obscurité protectrice de sa forêt. Pour l'instant il lève son groin frémissant pour humer les senteurs pleines de dangers que recèle l'air ; il se demande s'il ne pourrait pas risquer une petite charge pour rire sur la première personne qui traverserait la pièce.

Dove reçut de plein fouet l'haleine fauve du pachyderme sans savoir que c'était l'odeur du caoutchouc brûlé. Quand vous travaillez et vivez dans le guano, vous finissez par sentir le guano. Gross en était imprégné dans toute sa graisse. Jusqu'à son argent qui empestait le caoutchouc.

(Qui d'autre qu'un gynécologue rayé de l'ordre aurait pu inventer cette fantaisie en technicolor bien avant le technicolor, d'un jaune hépatique, surmontée d'une tête obscène rouge vif et entourée d'un arc-en-ciel de soie délicat comme le premier duvet d'un bébé ? Une très nette amélioration dans le style, la fonction et la forme digne de sa fière devise : *Aïe-Chéri, Le Préservatif de Demain.*)

— D'abord tu commences par apprendre le métier, dit Gross à Dove. Autrement, comment veux-tu que je sache ce que tu vaux ? Puis, décidant de montrer qu'il était encore capable de se lancer dans une charge furieuse, il abaissa son groin et trompeta d'une voix cassée par une feinte fureur : *Velma ! Velma !*

Dove entendit un pas rapide et léger, et vit se matérialiser devant lui une femme dont toute vie semblait consumée. Elle pouvait avoir trente-cinq comme soixante ans et portait un tablier de caoutchouc sur une robe couleur de gomme et des nattes attachées par un gros nœud rose qui tressautait comme si ses cheveux eux-mêmes eussent été en caoutchouc. Apparemment sa vue n'était pas meilleure que celle de Gross car elle tenait ses lunettes à la main et cherchait de ses yeux fatigués quelque chose pour les nettoyer des fines particules de poussière rougeâtre qui en recouvraient les verres. Elle finit par se baisser, retroussa sa robe et tira sur son slip dont elle se servit comme d'une peau de chamois.

— Regardez-moi ce nœud ! grinça Gross avec une joie moqueuse. Velma la femme vulcanisée ! Ce n'est pas une épouse ! Ce n'est pas une mère ! Dis, qu'est-ce que tu es donc ? Tu t'imagines qu'un nœud dans les cheveux suffit à faire une femme ?

La femme ajusta ses lunettes d'un geste saccadé et

sourit à Dove sans plus de gêne que si les railleries de Gros Lard avaient été des compliments sur sa beauté.

— Il te fera marcher comme il me fait marcher, expliqua-t-elle sans passion. C'est charlatan des pieds à la tête. Ça préfère voler sa mère plutôt que de vivre comme tout le monde, et je lui donne quatre-vingts pour cent du meilleur de moi-même. Maintenant si tu veux voir comment on fabrique ces machins, viens avec moi et je te montrerai.

La cuisine, si spacieuse qu'elle avait dû autrefois abriter un bataillon d'esclaves, était maintenant le repaire d'une demi-douzaine de petits moules aux formes bien précises. Près des moules, des bidons de gomme liquide, des boîtes de peinture ouvertes et des pinceaux trempant dans des pots d'essence. Au-dessus d'un grand four blanc, une rangée de *Aïe-Chéris* séchaient sur une corde, comme des saucisses.

C'était là aussi que les *Flèches de Cupidon* sortaient toutes chaudes de la forge, tandis que les *Adorables Thérèses* attendaient leur tour. L'engouement pour les *Sacrées Margots* était presque tombé, mais les *Don Juannes* avaient un bel avenir devant elles. Les *Folies Joyeuses* habitaient ici, tandis que les *Fantaisies Amoureuses* avaient le nez écrasé par des pinces à linge sur un fil. Et une poussière rougeâtre recouvrait insensiblement toutes choses. Car le *Aïe-Chéri* n'était pas la seule création de la main, du cerveau et du cœur de ce génie dépravé. Ce n'était que son chef-d'œuvre, le couronnement de sa carrière.

Mais au travers de cet air alourdi par la gomme, la peinture et la térébenthine, Dove sentit qu'il y avait quelque part quelque chose de meilleur que toute cette débauche de l'imagination... cela venait du four. Lorsque Velma ouvrit la porte pour y jeter un coup d'œil, Dove aperçut un poulet qui rôtissait sur un lit d'ignames.

— N'aie pas peur de Gross, le rassura-t-elle. Quand il gueule c'est qu'il a la trouille. Je ne sais pas de quoi il a peur parce qu'il n'y a que moi ici. Ça doit être sa conscience qui le travaille, il crève de remords ou quelque chose comme ça, et il n'en a plus pour bien longtemps maintenant.

— J' ferai pas particulièrement attention à lui, promit Dove. Mais j' trouve que vot' nœud d' ruban l'est rudement chouette, m'dame.

— Merci, fiston. Elle paraissait sincèrement flattée. Maintenant je vais te montrer comment on fabrique une capote solide.

Alors qu'elle était en train de recouvrir une peau d'une pellicule de gomme liquide, elle fit un signe de tête pour indiquer que Gross écoutait derrière la porte de la cuisine, et se mit aussitôt à parler à haute voix pour que le vieillard ne perde pas un mot.

— Il te dira que ce qui le tracasse c'est qu'un jour le Percepteur pourrait bien lui envoyer un petit poulet, mais ce n'est pas ça son vrai souci, parce que ceux dont il a vraiment peur ne s'embarrasseront pas pour le prévenir.

La grosse bille de Gross apparut à la porte.

— C'était une voleuse à l'étalage, annonça-t-il comme un chef de gare, et elle continua à voler toute sa vie ! Tout le monde la réclame, sauf l'église ! Une main sur le cœur et l'autre dans votre poche !

Et avant qu'elle ait le temps de lui rentrer ses insultes dans la gorge il avait claqué la porte.

Velma la Femme Vulcanisée avait encore des cheveux blond cendré qui viraient au cuivre roux, et son visage, en l'examinant bien, portait quelques traces de beauté saxonne. Dove s'aperçut que pour être vulcanisée elle n'en était pas moins humaine.

— Toutes les fenêtres sans rideaux de cette ville me rappellent l'Arkansas, confia-t-elle à Dove. Je pourrais être en taule que ça ne me changerait guère.

S'asseyant près de la fenêtre elle contempla pendant un moment un monde de coquins avec innocence et étonnement, et ses joues se creusaient sous ses pommettes. Puis elle se mit à fredonner : « Je vais en ville, Mama, qu'est-ce que tu veux que je te rapporte ? » et elle se répondait : « Rien qu'un gros paquet de bonbons et un beau chapeau de paille... »

Elle descendait d'une longue lignée de maraudeurs de campagne qui s'étaient endurcis dans les montagnes. Velma était devenue encore plus dure au contact de la ville, et plus particulièrement de la prison pour femmes d'Aldington. A peine vingt ans quand elle y avait été enfermée pour la première fois ; elle s'était immédiatement distinguée le jour où elle avait dit à une matrone de couleur : « — Garde ça pour moi... » et lui avait enfoncé dans l'abdomen un couteau de cuisine jusqu'au manche.

— Veux-tu mettre une nappe propre pour le dîner ? demanda-t-elle à Dove. Tu en trouveras une dans cette armoire.

Velma avait préparé un repas typiquement du Sud : gombo, moules, galettes de maïs, ignames, riz, poulet, soupe à l'oignon et tarte à la patate douce.

Mais Dove n'avait jamais vu personne manger comme Gross. Velma n'avait même pas pris la peine de lui mettre un couteau, une fourchette et une cuillère. Il prenait tout entre le pouce et l'index, et prenait bien soin, quand il laissait tomber de l'œuf frit, à ce que tout se répande sur son pantalon.

— Rudement fameux c' poulet, la complimenta Dove.

Le poulet était bon, les ignames rudement chouettes, la soupe extra et les moules super. Malheureusement l'impalpable poussière rougeâtre s'était immiscée dans la nourriture comme dans tout le reste, de sorte que le repas se réduisait en réalité à un plat unique qui avait nom caoutchouc. Gross aimait le goût du caoutchouc. Quand vous travaillez dans le caoutchouc, non seulement vous mangez du caoutchouc, mais même vos rêves vous arrivent en longues traînées caoutchouteuses. Au bout de vingt-quatre heures Dove était aussi imprégné de caoutchouc que Velma la Femme Vulcanisée. Ce n'étaient pas des fourmis mortes qui stagnaient entre ses orteils, mais seulement d'infimes particules tombées d'un moule à *Fantaisies Amoureuses* qui s'étaient frayé un chemin à travers ses chaussettes.

Ils versaient le caoutchouc, chauffaient la colle, façonnaient la gomme, peignaient les petits sacs, collaient les plumes, suspendaient les *Aïe-Chéris*, triaient les produits de mauvaise qualité, brûlaient les déchets et remplissaient les bons de commande. Et ils n'avaient pas le temps de s'amuser.

Velma apprit à Dove à ne jamais mettre une *Flèche de Cupidon* sur un rayon de *Remets-Ça*, et à ne pas laisser un *Aïe-Chéri* s'égarer parmi les *Folies Joyeuses*. Quand le soleil tapait dur ils se risquaient à faire sécher une rangée de capotes dehors contre un mur; quand il pleuvait la grande pièce était toute pavoisée d'arc-en-ciel au-dessus des flammes sombres du réchaud à gaz.

Le soir trouvait les trois reclus assis dans l'obscurité

de leur étrange vieille maison, écoutant enfler et décroître un brouhaha de voix humaines. Il y avait un parc d'attractions au bout de la rue, et c'étaient des clameurs vivantes qui pénétraient comme malgré elles dans la pénombre caoutchouteuse de cette étrange bonneterie où se reposaient trois fantômes pas encore nés.

— Fiston — Gross commençait toujours sa conférence du soir par les mêmes termes — baisse donc un peu la lampe, ou alors ne me regarde pas comme ça. Je n'aime pas qu'on m'examine. Dove tournait un peu la lampe de côté. Merci.

« Fiston, tu as devant toi un homme qui a eu deux grandes faiblesses dans sa vie, et dont une seule suffirait à ta perte : les femmes et le whisky, dans l'ordre. Suis mon conseil, si tu ne veux pas finir ta vie à l'ombre comme moi. Et commence donc par me ficher cette chemise en l'air. Ne porte jamais de couleurs voyantes. Elles accrochent trop le soleil. Le bleu est mieux... le bleu facteur. Tout le secret c'est de ressembler le plus possible à un facteur... et qui peut dire à quoi ressemble un facteur? Qui le reconnaîtrait une fois qu'il a changé de costume? Prends une casquette avec une visière qui te fait de l'ombre sur les yeux. Porte des lunettes qui réfléchissent la lumière. Laisse-toi pousser la moustache, mais n'entre pas dans les bistrots. Si tu as envie de boire, ferme la porte à clef et bois tout seul. Quand les gens sont ensemble ils finissent par se bagarrer, et alors ils ne sont plus eux-mêmes. Et les gens n'oublient jamais un homme qu'ils ont vu hors de lui-même.

« Moi je n'ai jamais eu besoin de me mettre en rogne pour attirer l'attention. Je n'ai jamais pu passer inaperçu, et je pouvais être sûr que cinq minutes après une bagarre mon signalement était déjà dans tous les commissariats, jusqu'à la pointure de mon chapeau.

« Ne fais jamais confiance aux gens, surtout pas aux femmes : ça mène aux petits cadeaux. Et prends surtout garde à celle-là, c'est la pire du lot.

« Méfie-toi des fleurs, méfie-toi de la confiance, méfie-toi des femmes. Méfie-toi des cadeaux. Bref, n'offre jamais de fleur à une femme à qui tu crois pouvoir faire confiance.

— Il prend toujours le chemin le plus long, dit Velma à Dove, mais t'en fais pas, il finira par y arriver.

— Il n'y a pas une femme depuis que le monde est monde, poursuivit le vieillard par ses voies détournées, qui ait jamais accepté une fleur comme un simple gage d'affection et rien de plus. Un cadeau aussi humble a-t-il l'air de lui faire plaisir ? « Oh ! Une *pâquerette*, pour *moi ?* » Pourquoi cela ne lui ferait-il pas plaisir ? C'est une première traite tirée sur ta main, ton cœur et ton cerveau, et elle sait ça même si tu ne le sais pas. Si tu lui dois une pâquerette, tu lui devras bientôt une boîte de bonbons, et pendant combien de temps se contentera-t-elle de fleurs et de bonbons ? Le flacon de parfum n'est pas loin. Le progrès, c'est ça qu'une femme attend d'un homme. Du flacon de parfum à la montre-bracelet, le pas n'est pas bien long à franchir... Et ensuite, voyons combien de temps tu résisteras à faire allusion à la bague de fiançailles ? Ton silence trahit même que tu songes déjà au mariage, et que tu n'as pas encore le courage d'en parler... Fiston, je te le dis, tu es fait comme un rat. Tu as envie d'une femme, mais tu t'engages à avoir une maison, une voiture, des gosses, une bonniche... tu renonces à ta liberté, et personne n'a encore parlé de ce qu'*elle* elle te doit.

« C'est qu'il n'y a pas besoin de parler de ça, la chose est implicite : elle te donne son petit corps blanc et virginal, pas vrai ? Et ne va pas lui déclarer que toi tu lui donnes ton petit corps rose en échange, ça ce seraient des paroles de goujat... non, fiston, on ne te rendra jamais ta pâquerette. Et tu t'apercevras que satisfaire ce petit corps blanc est un boulot qui ne ressemble à aucun autre, sauf que tu n'auras pas trois semaines de congé payé. Si tu essayes, tes copains se chargeront du boulot à ta place. Pourquoi crois-tu qu'ils me payent deux dollars une capote avec une plume au bout pour que ça chatouille si ce n'est pas pour éviter que la chatte aille miauler à la porte du voisin ?

« On dit : « Cherchez la femme » ; mais je vais un peu plus loin que ça. « Regardez les spermatozoïdes », voilà le conseil que je donne, moi. Fiston, sais-tu que vu au microscope un spermatozoïde ressemble trait pour trait à un vieillard quand il est courbé sous un fardeau ? Le revoilà, le petit vieux, qui n'a nulle part où aller, ou alors il l'a oublié. Il avance avec son bâton, traverse une rue, une autre, il peut à peine distinguer une porte d'une autre et il n'espère plus qu'une chose, c'est que quelqu'un de connaissance le laissera entrer. Il ne fait de mal à personne. Tout à coup voilà une dame spermatozoïde — elle ressemble exactement à une vieille dame — qui ouvre la porte au bas de la rue et qui murmure : « Entre donc, Jack. » Elle le fait entrer et elle le boucle. Tu sais maintenant d'où viennent tous nos ennuis.

« Méfie-toi de l'amour, méfie-toi de la confiance, méfie-toi des cadeaux. Méfie-toi de la gnôle, méfie-toi des petites fleurs et des gens qui ont le rire facile. Et surtout méfie-toi de l'amitié, fiston, ça n'attire que des ennuis. Et ce ne sont pas tes ennemis qui t'enfonceront la tête dans le puits, ce sont tes amis.

« Rappelle-toi bien ça si un jour tu dois accuser quelqu'un et dire : « Oui, c'est bien cet homme-là. » Rappelle-toi que tu dois en être absolument certain. Si tu as le moindre doute, tu as le devoir absolu de dire que tu n'en es pas absolument sûr. Te rends-tu compte que si tu envoies un homme en prison sur une identification fausse tu es toi aussi un criminel, tu es encore plus coupable qu'un meurtrier endurci ?

— Il va bientôt y arriver maintenant, fit observer Velma.

— Pourquoi — pour une fois Gross s'adressait directement à elle — un vieillard n'aurait-il pas le droit de mourir dans son lit ?

La femme vulcanisée ne répondit pas. Sa chaise était vide. Elle était sortie sur la pointe des pieds rien que pour faire suer le vieil homme d'angoisse.

— Où est-elle allée ? Depuis combien de temps est-elle partie ? Pourquoi ne me l'as-tu pas dit ?

— J' crois qu'elle est partie s' pieuter, m'sieur, lui dit Dove, et il attendit obligeamment la suite du discours tandis que Gross allait écouter à la porte de la chambre. Soulagé de constater qu'elle n'avait pas encore franchi la frontière, il revint à son fauteuil à bascule. Mais il n'avait plus rien à dire ce soir-là.

(Tout au fond du temps sombre et mort le vieillard entend le doux *gratt-gratt-gratt* et sent brusquement s'enfoncer la paroi de l'utérus et le sang couler de nouveau sur sa main. La paroi de l'utérus qui, une fois percée, saigne jusqu'à ce qu'il ne reste plus de sang. Oh, le vieux Gross se rappelle une ou deux choses du temps profond comme la mort.)

Gross vivait dans un monde insupportablement crépusculaire, un monde d'entre deux eaux, avec une femme qu'il avait épousée pour en faire sa prisonnière. Maintenant la prisonnière était devenue la geôlière et lui le captif. Non seulement Velma en savait assez sur lui pour l'envoyer à l'ombre, mais elle avait encore des relations dans un milieu que Gross craignait encore plus que les hommes en uniformes. Il savait qu'elle aurait pu disposer de lui sans se donner la peine de lui faire franchir le porche de la Loi. Il lui suffisait de décrocher le téléphone à n'importe quel moment, et il ne reverrait plus son fauteuil à bascule.

Dove s'aperçut bientôt que ses attributions étaient simplement de faire les courses que Velma aurait été obligée de faire elle-même. Le vieillard ne connaissait de repos que lorsqu'elle travaillait sous son nez. Quoi qu'il pût arriver, il voulait le voir venir.

Mais Gross allait faire de son côté quelques petites commissions qui ne gênaient pas le moins du monde Velma. Tous les matins elle confectionnait un petit paquet avec du papier pour cadeaux et de la ficelle de couleur, le plaçait sous le bras du vieillard et il partait avec ça. Moins d'une heure plus tard il était de retour, sans le paquet. Ce n'est qu'au bout de plusieurs jours que Dove vit ce que contenaient les paquets du vieillard : des ordures.

— Il le laisse dans un tramway ou près d'un kiosque à journaux pour que quelqu'un le ramasse et se précipite chez lui en s'imaginant avoir découvert quelque chose de valeur et trouve ses ordures. Un vieillard s'amuse comme il peut, pas vrai ?

Dove se dit qu'il devait quand même y avoir autre chose, même pour un vieillard.

Comment elle l'avait découvert dans ce faubourg

oublié, un jour que les feux de joie sur la plage du lac Pontchartrain faisaient toute la douceur de l'été, Gross ne voulait pas le savoir. Il l'avait épousée dans un sursaut d'espoir, désespérant de gagner légalement son loyalisme.

Toute sa vie la femme avait désiré un foyer à elle, et elle ne l'avait pas oublié le jour où elle l'avait rencontré. Et leur mariage n'était devenu rien d'autre qu'une dette que Gross aurait contractée envers elle de toute éternité. Elle avait maintenant légalement la haute main sur tout ce qu'il possédait et ne perdait pas son temps à discuter avec lui sauf pour lui faire plaisir.

C'était sa façon de se tenir à table qui lui était le plus dur à supporter.

— Je jure que je n'ai encore jamais vu un homme tremper des beignets aux huîtres dans son café, disait-elle à Dove par-dessus la table.

Ce qui n'empêchait pas Gross de continuer tranquillement à faire trempette. Tout le devant de sa chemise était gras de ce que ses doigts avaient laissé couler.

— C'est peut-être qu'ils n'ont jamais vu de beignets aux huîtres dans l'Arkansas, dit-il pour la piquer tout en versant son café dans sa soucoupe en sorte que la moitié se répandit sur la nappe. Pourquoi as-tu quitté l'Arkansas, déjà ? J'oublie toujours.

— La question n'est pas de savoir qui a foutu le camp, le reprit Velma, la question est : qui ils ne voulaient pas laisser rentrer. Et je jure que je n'avais encore jamais vu personne tremper des beignets aux huîtres dans du café.

— Parle à mon cul, lui dit Gross, j'ai la tête dure.

Elle retourna à l'évier achever la vaisselle, et Dove l'aida à essuyer les assiettes. Il la vit passer furtivement la main sur son front.

— J'ai encaissé toutes les insultes qu'on peut

imaginer d'un gros porc, dit-elle à haute voix pour que Gross l'entende, mais c'est plus qu'une femme normale peut endurer.

Dove lui pressa gentiment le bras.

— Y vous veut pas d' mal, m'dame. C'est la façon qu'il a de montrer son affection.

Velma n'avait cure d'une telle affection.

— Un homme comme ça on le pendrait au bout d'une corde dans la ville d'où je viens.

— Regarde, lança triomphalement le vieillard à l'autre bout de la cuisine, regarde, *je fais trempette !*

Velma tenait du taon et du furet, mais comme la plupart des êtres lardés par la violence, elle arrivait à se maintenir le plus souvent au niveau d'une grande sérénité. Et alors elle chantait, d'une voix qui n'était pas désagréable :

Qu'est-ce que tu as donc fait
Pour êt' toute seule maintenant ?

et elle reprenait ses capotes et moulait, peignait, séchait, triait, collait, comptait, comptait les jours jusqu'à la mort du vieillard. Car Dove sentait qu'elle préférait le voir mourir dans son lit plutôt que de mort violente.

Mais elle ne voulait pas donner au vieux la paix qu'il aurait connue s'il l'avait su. Peut-être craignait-elle qu'il ne se mette à vivre trop longtemps s'il n'avait plus été hanté par son idée fixe. Après tout, elle avait eu la vie assez dure, et il ne lui restait plus tellement de temps à elle non plus. Elle ne pouvait plus se permettre d'avoir pitié de lui.

Aussi passait-il ses nuits à se lever et à se recoucher dans sa chemise de nuit de flanelle, et à changer perpétuellement son argent de cachettes. Il dévissait le pommeau d'un pied de lit, laissait tomber deux billets de vingt dans le creux, puis oubliait de revisser le pommeau. Il avait autant de cachettes qu'un écureuil en octobre, et celle qu'il préférait était au-dessus du réservoir de la vieille chasse d'eau. Il glissait un rouleau de billets à l'intérieur d'une capote, la ficelait soigneusement et l'attachait à la tuyauterie. Quand il entendait fonctionner la chasse et voyait Velma sortir des cabinets il se précipitait pour voir si elle avait découvert son secret. Se trahissant ainsi complètement.

En fait elle le connaissait si bien qu'elle n'avait pas besoin de le suivre partout. Quand elle avait besoin d'argent elle lui faisait les poches ; pas plus difficile que ça. Si les poches étaient vides elle allait visiter son rayon de livres et feuilletait quelques volumes jusqu'à ce qu'un billet ou deux tombent par terre. Le pauvre vieux ne pouvait même pas garder ses secrets quand il allait sur le trône.

— Quand on commence à approcher de la soixantaine, gémissait Gross, on a parfois envie de prendre un taxi pour le cimetière et d'attendre le fossoyeur à côté de sa tombe. Et pourtant quand on a pas eu une seule heure de satisfaction pendant toutes ces soixante années, on n'a pas envie d'aller se coucher dans la terre avant d'avoir eu son heure. On attend quelque chose qui vous dédommagera de toute votre peine.

— Peut-être que si tu avais plus donné aux autres, comme le Seigneur dit qu'on doit le faire, lui rappelait Velma, tu en aurais eu plus, des bonnes heures. Peut-être que si tu changeais tes façons d'être, tu aurais peut-être encore droit à une heure.

— Si ce conseil venait de n'importe qui d'autre, je pourrais peut-être le prendre en considération, admit Gross. Mais venant de toi, cela n'a aucun sens.

Comment veux-tu que je change mes vieux os contre des os plus jeunes ? Je n'étais pas fait pour donner aux autres, voilà tout. Avec moi c'était prendre ou crever.

— Tu n'étais pas forcé de vouloir *tout* prendre pour ne pas crever, fit remarquer Velma.

— J'ai pris tout ce que j'ai pu, c'est vrai, reconnut Gross, et maintenant c'est toi qui me prends tout. Viens voir un peu ici, lui dit-il en lui faisant signe d'approcher. Arrive.

Une nuit Dove s'éveilla en entendant le vieillard crier : « Voleuse ! Toute sa vie elle a volé aux étalages, et maintenant elle vole son mari ! » Il était à la porte des cabinets en chemise de nuit et frappait des deux poings contre le battant.

— Donne-moi un coup de main, gars ! On va la prendre sur le fait !

Entre ses cris on entendait gargouiller la chasse ; puis dès que le gargouillis cessait, un grondement de cataracte ébranlait le réduit. On apercevait de la lumière sous la porte. On aurait dit que Velma se noyait dans la cuvette.

Mais quand ils réussirent à enfoncer la porte, ils s'aperçurent que l'endroit était vide. Comment s'était-elle arrangée pour que la chasse se déclenche automatiquement dès que le réservoir était plein, Dove ne le sut jamais. Pendant tout ce temps elle était couchée dans ses draps d'une blancheur virginale, ses grosses chaussures d'épicier de campagne au pied du lit et ses bas de coton posés sur une chaise.

Dove calma d'abord la chasse, puis le vieillard. Quand il l'entendit retomber dans un sommeil qui ne lui dispensait jamais le repos, Dove se leva sans bruit et s'habilla. Décidément il en avait assez du caoutchouc.

Il resta au chevet du vieillard jusqu'à ce qu'il soit sûr qu'il n'y avait pas de danger, puis dévissa soigneusement un des pommeaux du lit. Il le tenait dans sa main quand il entendit la voix de Velma derrière lui, si près qu'il se raidit et serra le pommeau dans son poing.

— Celui-là est vide, fiston, lui dit-elle. Regarde plutôt sous le paillasson du corridor.

Dans le corridor il souleva le paillasson et en retira un paquet de billets tout aplatis et, la minute d'après, il se fondit dans les ombres de cette avenue bordée de palmiers.

Et plus tard, lorsqu'il resongeait à cet escalier baigné d'une étrange lumière et aux nuits et aux jours caoutchouteux qu'il avait passés là-bas, il se les rappelait comme un rêve rêvé par un autre.

Une fois il voulut revoir la maison, par curiosité, mais il fut incapable de retrouver le chemin. Et il commença à se demander s'il avait vraiment jamais vécu dans un endroit où séchaient des *Aïe-Chéris* en caoutchouc avec une plume rouge au bout au-dessus de la flamme basse d'un réchaud à gaz.

Et une poussière rougeâtre qui se déposait sur toutes choses.

Ce n'était pas une ville pour les vieux ou les débiles. L'amour se cachait derrière les rideaux et derrière les portes. De l'amour dans les jardins et sur les places, de l'amour à chaque coin de rue.

Particulièrement dans ces ruelles derrière la gare de la Southern Railway. Où chaque fenêtre encadrait quelque oiseau de l'amour estropié en plein vol. Où chaque rideau de perles frissonnait à la porte d'une cage. Ce qui avait été autrefois le Pays des Merveilles n'était plus qu'une volière.

— Viens donc voir ici, papa, on mord pas, lançaient-elles au voyeur en balade. Ou bien elles faisaient semblant de parier à qui attraperait le micheton la première.

Des deux côtés de South Basin des filles et des femmes de tout poil étaient venues faire leur nid. Filles duveteuses comme poussins, oiselles qui venaient juste de quitter leur maman et girls de beuglants qui avaient perdu leur duvet depuis belle lurette. Filles qui se mettaient à piailler comme des pies en hiver, hérissant les plumes de leur queue et prêtes à la bataille. Ou d'autres, petites mésanges frileuses, qui cherchaient un creux pour s'y cacher à tout jamais.

Le soir elles surveillaient la rue de leur fenêtre comme des oiseaux de mer qui voient la mer s'assombrir et disparaître dans les ténèbres.

— Papa, si tu viens pas me prendre tout de suite, j' vais m' foutre en l'air toute seule !

— Tu montes, chéri, on va rigoler un coup, tu verras...

Mais en fait de rigolade il y avait mieux pour une fille habituée aux douceurs de la vie dans le Nord que de se réveiller dans Perdido Street avec la lampe à pétrole qui s'éteint en pleine nuit, se sentir épuisée et rivée à une porcherie aux planchers crevassés. Les punaises qui s'accrochent en grappes aux ressorts du lit, la cuvette à l'émail écaillé, la commode d'un autre âge, les rideaux de perles grasses en guise de portes, les voix basses dans le corridor et les moustiques partout, tout lui répétait la même chanson : « Fillette, fillette, t'as été refaite... »

La nuit n'était qu'un interminable bourdonnement.

T'as été refaite, on t'a payée pour, on t'a louée à la minute. Alors qu'est-ce que ça peut bien te foutre à la fin tout ce qui se branle dans ce bordel aux mirages ? Cocaïne et whisky... qui ne voudrait pas avoir sa petite dose de rêves ? Et c'étaient les bagarres au fond des ruelles, c'était rouler sous les tables. Tout à donner et rien à perdre. C'étaient les hommes, c'était le gin, c'était toute la nuit. C'était avoir du pot et se refaire, et puis tout repaumer... « Papa, paie-moi encore un verre, et fais de moi tout ce que tu veux. » C'était ça qu'on appelait rigoler un bon coup dans cette vieille rue de tous les espoirs désespérés : Perdido Street.

Y avait de quoi attraper le cafard, non ?

Les filles des grandes villes souffraient davantage de cette vie sordide et qui ne menait nulle part que les filles de ferme dures comme des épis de maïs. Mais c'étaient les filles des villes minières et des fabriques de coton qui la prenaient le mieux. La dure, ça ne voulait rien dire pour elles : elles n'avaient jamais connu que ça dans leur existence. Elles n'avaient pas peur des flics, pas peur de la taule, et elles avaient même l'air de se fiche éperdument de la vérole.

Toutes les fois qu'une mine ou une usine fermait en Virginie, en Alabama, dans le Kentucky, la Pennsylvanie ou l'Illinois, un nouveau contingent de poulettes débarquaient en ville, prêtes à n'importe quoi pour le prix d'un sandwich maigre et d'un bon coup de gnôle.

C'étaient de grandes filles osseuses, et quand elles se bagarraient elles en connaissaient un bout : elles ne frappaient pas en l'air, et elles ne visaient pas les yeux non plus, elles visaient le ventre, ou la mâchoire, avec les poings. Elles se battaient comme des hommes.

Saoules de coups, de cris et de boissons qu'elles étaient les petites poulettes de la ville et de la cambrousse, pour ne parler que des choses qu'elles faisaient avec le plus d'entrain.

— Donne-nous tes sous... dis, t'es saoul?... La langue encore enflammée par le dernier verre de gin, elles accablaient de sarcasmes les garçons de la ligue anti-alcoolique à lunettes d'écaille de Loyola et de Tulane. Des gars qui travaillaient à des thèses de sociologie qui avaient entendu dire qu'il y avait de la rigolade du côté de Perdido Street.

— Professeur! Attends que j' te cause! Est-ce que t'es venu pour c' que j' pense? T'es juste venu pour *voir*, hein? Eh! les filles! V'là les binoclards qui sont venus rien que pour voir! Okay, professeur... Rince-toi l'œil!

Et les voyeurs en avaient pour leur argent, c'était même un peu mieux que dans leurs rêves de voyeurs, car c'étaient maintenant eux les objets de curiosité, et en fin de compte c'étaient eux qui étaient venus se faire voir.

Chienne de vie que cette vie qui bousillait les filles à la pelle, les dures comme les douces. « — Papa, tu l'as dit, j' tiens plus sur mes quilles. » Parce qu'il y avait des hommes qui descendaient parfois de ce côté-là en cherchant quelqu'un à pousser dans le vide, ou quelqu'un à sauver... c'était kif-kif. Jouez les démons ou jouez les Christs, mais aboulez votre sale fric. Pour deux dollars vous pouvez jouer les deux à la fois si ça vous chante. Pour les lions qui braillaient bien haut comme pour les timides moutons bêlants, c'était pas la rigolade qui manquait dans Perdido Street. Quant aux mystérieux coups de sifflet qui fusaient des passages obscurs, c'était pour une clientèle spécialisée.

Celles qui n'avaient pas encore vingt ans. Les fortes

en gueule et les timorées. Les égarées, les prises au piège, les malchanceuses, les débauchées. Des brunes et des blondes de partout qui auraient fait un bon petit mariage tranquille à Minneapolis ou à Seattle, à Kennebunkport ou à San Francisco si les Grosses Têtes de l'Economie Nationale n'avaient pas réclamé plus de bordels et moins de ménages.

Dans les cheveux couleur de moissons mûres des filles du Minnesota un pâle soleil du nord brillait encore. Dans les yeux des filles de San Francisco de gros brouillards lents roulaient encore jusqu'aux ultimes rivages de l'océan.

Sous les yeux des filles de l'Oregon il pleuvait de nouveau sur Portland. D'une manière ou d'une autre il pleuvait presque toujours sous les yeux des filles de l'Oregon.

Des filles avec des intonations traînantes de l'Ouest et des filles avec le nasillement du Centre. Des filles aux cheveux longs comme Anna Q. Nillson ou en nattes serrées comme ceux de Ann Harding. Avec la frange ou coiffées à la chien ou les cheveux flottant sur les épaules, des filles rouges comme des coquelicots ou blafardes comme des maisons de faubourgs, elles savaient se faire toutes les coiffures du monde, et elles connaissaient toutes les ruses des honnêtes filles pour adoucir les plis de leurs lèvres.

Malade ou dingue, épave ou estropiée, feuille fraîche tombée ou desséchée et racornie, la putain du Pays des Mirages bavardait avec autant d'entrain sur les maris et les épouses du voisinage, sur les propriétaires et le jour de lessive, les occasions perdues et les occasions refusées que n'importe quelle honnête fille. Et elle conservait le souvenir de ses meilleurs moments dans des médaillons et des albums, des lettres et des bagues, exactement comme le faisaient les honnêtes filles. Si elle avait épousé un marlou qui pour l'instant purgeait une peine, la fille qui avait épousé un homme sans histoires en éprouvait un petit picotement de jalousie... mais n'est-ce pas ce qu'éprouvent souvent les filles honnêtes ?

Elle empruntait à une copine pour donner à une autre, trahissait ceux qui l'avaient aidée pour faire une fleur gratis à un inconnu, se laissait débaucher par un maquereau comme un animal docile, et arrivait en même temps à convaincre un client qu'elle ne coucherait pas avec un homme si elle n'était pas légalement mariée, même s'il lui proposait le Pérou. Mais n'est-ce pas aussi ce que font, à l'occasion, les honnêtes filles ?

Les filles honnêtes et les mauvaises filles avaient des façons de se conduire tellement semblables durant ce bon vieil été de 1931 qu'un Yankee lui-même s'y serait trompé.

Le gars du Sud, lui, était un peu plus difficile à avoir. Dès qu'il apercevait une fille à poil derrière un rideau de perles, il sentait bien qu'il y avait du louche là-dessous. Quand elle se trémoussait doucement en écartant les jambes et que tout à coup elle lançait sa chatte en avant pour faire bonne mesure, il soupçonnait que ça ne devait pas être gratuit. Quand elle ouvrait la porte et lui disait « Amène-toi, je mords pas », il entrait, naturellement, par pure courtoisie. Mais il n'était pas dupe : elle en voulait à son fric, un point c'est tout. Non, on ne la faisait pas à un gars du Sud, fallait pas y compter.

A l'heure où la pluie blanche tombait rouge devant le néon des gargotes et des dancings et où les portes de Perdido Street restaient grandes ouvertes. A l'heure où une petite mésange aux plumes souillées d'une honte si fraîche qu'elle ne pouvait pas encore inviter un passant, bien qu'elle ait l'estomac vide depuis le matin...

(Nul ne savait d'où venaient ces filles muettes. Et si leurs yeux gardaient l'image d'un lit ravagé et pollué où s'ils ne voyaient qu'un tiroir-caisse tout neuf. Si elles étaient rongées toutes vivantes, là dans la rue, par les regrets, ou si elles comptaient simplement, indifférentes à tout : un dollar, deux dollars, trois, quatre, quand j'en aurai huit j' me paierai une robe en crêpe rose. Quand j'en aurai vingt-deux j' me paierai aussi des pantoufles roses.)

Oiseaux de tous plumages et de tous ramages... c'était un zoo d'un nouveau genre où les captives devaient se procurer elles-mêmes leur pitance.

Il y avait les viragos, il y avait les piquées, il y avait les tatouées. Les grosses dondons et les godiches, et même une naine qui se donnait le titre de Princesse.

Et il n'y avait jamais assez d'impresarios pour s'occuper des intérêts de toute la troupe. Des barbeaux qui n'avaient jamais eu plus de deux femmes en main en avaient maintenant tellement qu'ils ne savaient plus où les mettre. Pour une seule porte il y avait maintenant cinq ou six postulantes qui toutes voulaient être la meilleure pute à son petit papa.

On s'arrachait littéralement les petits papas, mais les petits papas devaient quand même faire gaffe.

Oliver Finnerty, ancien entraîneur et présentement propriétaire de six judas au deuxième étage de « La Toile d'Araignée », ayant eu une fois à payer une dette de quatre-vingt-dix jours à la prison du comté, avait confié une fille à un copain pour qu'il prenne soin d'elle en son absence. Oliver avait consacré beaucoup de temps et de réflexions à cette enfant en qui il avait décelé de remarquables promesses. Il lui avait dit : « — Bébé, je te donne à cet homme, et quand il te dira marche droit tu marcheras droit, compris ? » Et il avait dit à l'ami : « — Lui fous pas des trempes là où ça laisse des marques, sinon ça lui servirait d'excuse pour plaquer le turf. Maintenant bonne chance, et Dieu vous bénisse tous les deux. »

Quatre-vingt-dix jours plus tard, sa dette entièrement éteinte, Finnerty était venu réclamer son bien, pour trouver la fille vêtue d'une longue robe noire et portant un pince-nez, tandis que son collègue était dehors en train de creuser des tranchées. Quelque chose n'avait pas tourné rond. Finnerty avait passé toute la journée avec la fille pour la faire causer. Il avait commencé par lui faire réintéger son pyjama de tapineuse. Et quand le pote à Finnerty était enfin rentré du turbin, vanné, sa gamelle à soupe sous le bras, Finnerty avait épuisé toute sa réserve de patience.

— Non mais vise un peu c' que t'as fait à cette fille ! dit-il d'un air méprisant au pauvre Julot. On t'a donné une gentille poulette et voilà que t'en as fait une pauvre tordue de binoclarde ! T'as foutu en l'air toute ma belle ouvrage !

Soulevant alors les cheveux de la fille il se mit à la frapper patiemment, sans haine, sans passion, mais mécaniquement, simplement satisfait d'accomplir une tâche pour laquelle il avait incontestablement des dispositions. Et comme une bonne petite putain qu'elle était elle reçut sa raclée sans broncher, car elle la sentait venir depuis longtemps. Après cela elle s'estima heureuse d'obtenir sa rémission complète.

Mais le pauvre Julot, lui, savait qu'il n'y aurait jamais de pardon pour lui : quand ce genre de choses arrivait, ce n'était pas la faute de la fille. Et il restait assis, muet et malheureux, car il savait qu'il ne pourrait plus jamais s'asseoir et boire un verre avec les honnêtes marlous de la ville. Il devrait se contenter désormais des tavernes miteuses où les travailleurs jouent aux dominos à deux sous le point, et il envierait ceux qui travaillent même le dimanche. Oh, si seulement Olivier voulait lui donner une petite chance !

Mais Oliver n'était pas homme à violer ses principes. Quand il eut donné la raclée, écrasé le pince-nez et jeté la robe noire à la poubelle, il se tourna vers son ex-collègue et lui ôta ses dernières illusions. « — Ramasse ta gamelle à soupe, Ducon, et retourne dans ta tranchée ! »

Déshonoré, rayé de l'ordre de la profession, l'Homme Qui Voulait Etre Maquereau et qui avait commis la pire des fautes partit d'un air las, sans un mot d'adieu, et s'en fut le long d'une route que d'autres gamelles-à-soupe avaient pavée depuis longtemps.

Et on ne le revit jamais dans les milieux respectables.

Finnerty, qui ressemblait à un de ces petits renards australiens avec des oreilles longues comme la moitié du corps, prétendait mesurer un mètre cinquante, mais il fallait qu'il porte des bottes de cow-boy à talons pour que la prétention fût justifiée.

— Faut encore que je me fasse du souci avec les crocs de cette pute, se plaignait-il à la blonde de Chicago à face de lune, celle qui avait le plus d'années à son service. J' sais bien qu'elle est fidèle autant qu'une femme peut l'être, mais je commence à en avoir classe de ses sacrés chicots. C'est une couronne presque tous les mois qu'il lui faut maintenant. Je fais travailler la moitié des dentistes de la ville.

— Si tu lui foutais pas toujours sur la gueule, t'aurais pas à l'envoyer chez le dentiste, suggéra la mulâtresse qui s'était appelée Lucille dans le temps.

Oliver possédait cinq femmes, un avion et une souris en cage. Il se vantait d'être le premier maquereau dans tout le Sud à faire voyager ses femmes en avion. Une exclusivité dont le prestige rejaillissait sur les cinq femmes qui étaient toutes fières de leur petit papa de un mètre cinquante.

Il les entassait toutes les cinq dans la carlingue, en déposait une dans les faubourgs de Bâton Rouge, deux près de Hammond et emmenait les deux autres à Gulfport. Aux femmes il prétendait que c'était pour gagner du temps, mais à ses collègues il avouait volontiers que c'était pour éviter de subir leurs caquetages.

— J' peux pas supporter d'être avec une gonzesse toute une demi-journée. Alors quand il y en a cinq, vous voyez ça d'ici...

Mais en tant que pilote il péchait par le même côté que du temps qu'il était jockey : il n'arrivait pas à prendre une décision. Sur un cheval il n'avait jamais su à quel moment il fallait utiliser la cravache et à quel moment il fallait retenir l'animal, de sorte qu'il lui arrivait de faire les deux à la fois. Dans un avion, avec cinq bonnes femmes à moitié toquées et plus hautes que lui tassées dans son dos, et qui lui donnaient toutes des ordres contradictoires, il n'arrivait jamais à décider s'il atterrirait sur la piste ou sur l'herbe. La piste chauffait tellement les pneus qu'il lui fallait presque changer un train complet après chaque voyage. Mais sur l'herbe il y avait le risque de capoter, et de perdre sa principale source de revenus...

Dès que les femmes voyaient que leur petit papa était en train de peser le pour et le contre, c'était à celle qui lui viendrait en aide la première. L'une optait pour la piste et s'emparait purement et simplement du manche à balai pour couper court à toute hésitation. Mais une autre, soucieuse de ménager le portefeuille de son protecteur et souhaitant pouvoir le lui rappeler plus tard, lui criait aussitôt en plein dans l'oreille : « Idiot ! Sur l'herbe ! Sur l'herbe ! » A la toute dernière seconde il finissait par déclarer : « — Je ne peux pas contenter tout le monde », balançait ses deux poings autour de lui et prenait dangereusement contact avec le sol dans une embardée terrible et en donnant de la bande sur cinq ou six cents mètres. Piste ou herbe, les femmes aimaient ça. C'était un frisson qu'aucun autre maquereau n'aurait pu leur offrir. Pas étonnant que ce fût considéré comme une réelle distinction à Perdido Street que de dire d'une femme : « Finnerty lui paie une chandelle. »

Quant à la souris, elle avait échappé de justesse aux griffes du chat tavelé et boiteux de Hallie. Le chat, qui appartenait à une femme qui n'avait rien à voir avec Finnerty, marchait depuis si longtemps sur trois pattes qu'il ne tuait plus, il estropiait. Après s'être fait estropier, la souris était allée se réfugier derrière la machine à disques. Finnerty l'avait attrapée et l'avait installée dans une petite boîte avec une fenêtre en cellophane qui avait jadis contenu de la poudre. Quand il avait une nouvelle fille à initier, ou quand il lui fallait reprendre en main une ancienne qui devenait récalcitrante, il l'emmenait voir sa souris. La petite bête aux reins brisés tournait inlassablement dans sa boîte, se dressait sur ses pattes en s'efforçant de sortir. Lorsqu'elle avait presque réussi à s'échapper Finnerty la faisait retomber au fond de sa cage et disait à la fille : « — Quand t'auras autant de jugeote que cette souris, on pourra peut-être s'entendre mieux, petite poupée », et il refermait la boîte. C'était pour la prévenir gentiment qu'elle ferait bien d'essayer de mieux se conduire avec son petit papa, sinon il lui collerait sa main sur la figure.

— Papa chéri, se plaignit un jour sa blonde de Chicago, emmène-moi à l'hôpital, j'ai un p'tit quéque chose à me faire enlever. Et elle pencha la tête d'un air contrit.

— J' peux quand même pas me permettre de t'emmener sur le billard deux fois par mois, non, lui dit son papa chéri. Toutes les fois que t'y vas t'es plus en état de travailler pendant plusieurs jours. Encore une visite, et par Dieu je te ferai *tout* enlever. Rappelle-toi bien ça, j'ai dit *tous* tes machins. Ces façons de pisser le sang par un bout de tuyau en caoutchouc, ça me dégoûte à la fin.

— Mais, petit papa, pourquoi ça te *dégoûte ?* Si tu allais voir un toubib pour des petites histoires de prostate, dis, tu voudrais pas que l' type y te coupe tes joyeuses, non ? Une femme elle a aussi des choses qu'elle a pas envie qu'on lui coupe, tu sais, petit papa.

— Déconne pas, dit le petit papa pour mettre un terme à cette discussion oiseuse. T'as pas b'soin de ces machins à la con pour faire ton boulot.

— C'est pas des façons de parler à une fille, ça. Même un mac y devrait pas être dur comme ça, dit Mama devant tout le monde pour faire honte à Oliver. Le bon livre dit comme ça : « Une femme est comme un fruit précieux dans un jardin fermé. »

— Eh bien ferme-la, c'est ça, lui ordonna Finnerty, et le mec qui dira que j'ai jamais frappé une femme avec un truc plus gros qu'une brique sera un foutu menteur, j' te l' dis, moi.

Il était aussi lourd des épaules et des bras qu'un costaud de un mètre quatre-vingts, et il portait un étrange tatouage sur le bras droit : une mince cigarette dont la fumée dessinait ces mots : LE ROI DE LA PIPETTE.

De quel secours pourrait lui être ce tatouage le jour où il se ferait emballer, il aurait été bien incapable de l'expliquer, et il désavouait modestement ce qu'impliquait le tatouage. « — Ça ne veut pas vraiment dire que je suis le roi des fumeurs, faisait-il remarquer, ça veut seulement dire que comme fumeur je suis un roi. » Ses distinctions étaient parfois trop subtiles, et ne valaient d'ailleurs pas la peine qu'on s'y casse la tête. On racontait qu'il avait vendu un jour une femme qui avait à peine trente-cinq ans pour un billet de vingt dollars et un couteau à cran d'arrêt, mais il expliquait qu'il avait de bonnes raisons de croire qu'elle lui avait fait des infidélités. Fidèle ou pas, si vous lui proposiez une demi-boîte de tisane verte en plus du billet de vingt, il était prêt à se débarrasser de n'importe laquelle de ses femmes. Sauf de Reba, naturellement, car Finnerty lui était fidèle : ne lui avait-on pas offert une fois toute une charretée de bananes plus une pleine boîte de marijuana et n'avait-il pas refusé l'affaire ?

Mais avant de laisser passer cette occasion il avait jeté un coup d'œil à la tisane, qu'il avait trouvée d'un vert un peu trop clair. « Si ç'avait été de la bonne camelote, reconnaissait-il plus tard, je n'aurais pas pu répondre de moi. »

Ce qu'il entendait par « bonne camelote » c'étaient des feuilles d'un brun-pourpre qui ne poussent que sur le mont Popocatepetl.

Il aimait les étoffes à larges rayures et les vestes qui lui descendaient presque au genou... c'était un homme qui était bien de dix ans en avance sur son temps, avec des yeux aussi pâles que le whisky dans son verre.

— Bon Dieu, c' que je voudrais pouvoir laisser tomber c' boulot qui me tue, se plaignait-il. Pourquoi est-ce que je le fais ?

— Et tu pourrais par la même occasion ficher en l'air ce trente-huit, lui conseillait Lucille.

— Ben, alors j' me sentirais tout nu et sans défense, lui répondit Finnerty avec l'accent d'une douce surprise. Elle était sa propriétaire et était à moitié amoureuse de lui.

Mais le jour où un étranger lui avait demandé, amusé par l'accoutrement impossible du petit maquereau en bottes de cow-boy empestant l'eau de Cologne :

— Combien tu mesures au juste, Courtepatte ?

Finnerty lui avait répondu :

— A peu près autant que le cul d'un grand Indien. Tu t'imagines que t'es plus grand que ça ?

— Ben on doit être à peu près d' la même taille, alors, avait répondu l'étranger d'un ton tout radouci.

— C'est pas encore ça.

— Peut-être bien que t'es même un p'tit peu plus grand au fond.

Mais s'il vous avait vraiment à la bonne il s'animait aussitôt.

— J'ai pas envie de t'enterrer, vous assurait-il. J'ai décidé d'être avec toi contre tout le monde. Je te laisserai pas. Il est temps que je laisse tomber ce boulot éreintant et que je foute le camp avec toi.

Une fois qu'Oliver était de votre côté il ne vous lâchait plus. Il savait que vous aviez besoin de lui. Et qui aurait pu refuser à un ami aussi intime quelques petites faveurs, lui payer à boire tout l'après-midi par exemple ? Que serait une amitié si elle ne pouvait pas résister à quelques verres ?

Aux femmes il ne demandait aucune faveur. Elles ne valaient pas plus à ses yeux que des poissons dans une rivière. Et l'appât avec lequel il les prenait variait peu. C'était toujours la même vieille histoire de l'élevage de volailles que les maquereaux utilisent depuis que le maquereautage existe :

— Nous, on va pas dépenser notre fric bêtement comme les autres couples... ainsi commençait l'histoire. On nous prendra pas à nous saouler et à faire des tas de folies. Et toi et moi on sait bien que tu n'es pas plus une vraie putain que je suis un vrai maquereau. On est juste deux amoureux qui n'ont pas le sou pour le moment. Crois-moi, ma chérie, et tout ira bien. On mettra tout à la banque. Voilà. Tu sais, poupée, je voulais pas te dire ça tout de suite, je voulais te garder ça en surprise, mais ce que j'ai dans l'idée c'est une petite ferme où on élèvera des poules, des canards et tout ça dans un petit coin pas très loin d'ici. Rien que pour toi et moi, et ça prendra pas beaucoup de temps. On se paiera ça rien que pour nous deux, ma petite poupée. Tout à la banque, et dans cinq ans on sera sur la bonne route. Et le jour où on part, on s'arrête d'abord à la mairie. Parce que si tu m'aides pour les petites choses moi je t'aiderai pour les grandes.

Quelle petite chérie ne prendrait pas soin de son amoureux pour les petites choses jusqu'à ce qu'il puisse partir du bon pied ?

Mais les semaines s'étiraient et faisaient des mois, et les mois faisaient des années, et elle prenait soin de lui dans les petites choses et lui prenait soin d'elle pour les grandes : il lui évitait la prison, et quand il ne pouvait pas la lui éviter il allait lui rendre visite. Il veillait à ce qu'elle ait assez de clients et à ce qu'ils se conduisent correctement avec elle. Il la protégeait des ivrognes, des voleurs, des pédérastes et des monstres, et une fois ou deux par an il l'emmenait à la pêche avec lui.

Mais il n'était plus jamais question du petit élevage de volailles. Longtemps après qu'on n'en eut plus jamais reparlé, il lui arrivait de la surprendre en train de pleurer, et il la cajolait un peu. « — Qu'est-ce qui va pas, bébé ? T'as la fièvre ? Tu veux te reposer cette nuit ? » Elle lui disait alors quelque chose entre ses larmes où il était question de mirer les œufs, mais il ne voyait pas du tout de quoi elle parlait. Et au bout d'un moment elle pleurait sans plus savoir elle-même ce qu'elle avait voulu dire, comme un enfant qui pleure encore d'un cauchemar bien après que le rêve est oublié.

Les larmes finissaient par sécher. Elle ne pouvait plus pleurer sur rien. Toutes les larmes avaient été versées, tous les rires épuisés. Tout l'amour depuis longtemps éteint. Il n'y avait plus rien à faire qu'à rester hébétée, nuit après nuit, sous les lumières tamisées, à côté de la musique, à battre vaguement du pied, et à se lever automatiquement quand un client tendait le doigt et disait : « Celle-là. »

Et comme un animal dressé à faire le beau au son d'une petite clochette elle se dirigeait vers le lit qui lui était assigné.

Dans un réduit qui contenait tout ce à quoi elle pouvait encore prétendre en ce monde : une serviette, un tube de vaseline, un morceau de savon noir et une bouteille de coca-cola dont une moitié irait dans la cuvette et l'autre moitié dans le bock à injections.

Elle entendait le client lui demander son nom, et sa réponse aussi était réglée d'avance. (« Cette semaine tu t'appelleras Diane, petite poupée. » Si vous la laissiez faire elle n'irait pas chercher plus loin que le Jane ou Mary de son baptême.)

Et elle collait aussi sur sa bouche le sourire qui devait accompagner la réponse, se lavait avec une eau légèrement tiède, s'étendait et fermait les yeux; sentait de grosses mains lui rouler les seins, puis un gros poids peser sur elle, tournait la tête pour ne pas prendre en pleine figure l'haleine du gros poids, sentait quelques petites secousses convulsives de son derrière et rouvrait les yeux : et c'était déjà l'heure, l'heure de recommencer. Quand elle revenait à la l'heure de recommencer. Quand elle revenait, à la lumière tamisée et à la musique doucement rythmée, un

— Quand elle a fini de faire des histoires, alors tu peux te fier à elle. C'était comme ça que Finnerty voyait les choses. Tant qu'elle tient encore à son nom tu ne l'as pas bien en main.

Tant qu'une fille gardait encore quelques prétentions à autre chose qu'à une cuvette, une serviette et un lit, vous ne pouviez pas avoir confiance en elle. Et vous ne pouviez pas vous fier à elle tant qu'elle n'avait pas oublié que c'était pour elle qu'elle gagnait de l'argent. Un homme devait bien consacrer une année pour arriver à ce résultat. Et ce n'était que lorsqu'il avait des ouvrières qui lui envoyaient de l'argent liquide — pas de chèques — d'une demi-douzaine de villes différentes qu'on pouvait vraiment dire d'un homme qu'il était un bon mac.

Le talent de Finnerty résidait essentiellement dans son mépris sans bornes pour tout l'univers femelle. Il traitait les femmes comme des êtres totalement dépourvus de raison. Et elles finissaient par lui donner raison et par se conduire de manière déraisonnable.

A cette époque il en avait deux qu'il avait accrochées par la même histoire du petit élevage de volailles et qui travaillaient sous le même toit, et toutes deux en passe de devenir « celle-là là-bas ».

Frenchy et Reba travaillaient côte à côte, et elles étaient toutes les deux éminemment satisfaites que ce fût l'autre qu'Oliver trahirait quand sonnerait l'heure de Judas. Entre-temps elles se faisaient une concurrence acharnée pour prouver à Oliver que sa confiance n'était pas mal placée. Si Reba avait eu plus de succès que Frenchy pendant la semaine, Frenchy broyait du noir toute la semaine suivante et se sentait si inutile et infidèle qu'Oliver était obligé de lui remonter un peu le moral...

— Sois pas triste, chérie, t'as fait c' que t'as pu. Cette semaine qu'elle a eue, ça a juste été un coup de pot. Tu sais bien que c'est toi qu'on reluque le plus. Cette semaine je vais m'occuper de toi.

Réconfortée à l'idée que son entraîneur misait encore sur elle, Frenchy alors se déchaînait, expédiait le client presque avant qu'il ait tombé son falzard et lui faisait aussitôt repasser la porte pour faire place au suivant, leur gloussant après comme une poule enragée s'ils ne se dépêchaient pas assez, si bien qu'à la fin de la semaine elle avait fait presque le double de Reba.

— J'ai jamais été aussi fier de personne, la complimentait Finnerty devant tout le monde. Et toi, disait-il à Reba, viens pas me casser les pieds. Paie-toi à boire avec tes sous, pochetée ! Mais il payait à boire à Frenchy toute la nuit, chantait ses louanges, lui demandait ce qu'elle voulait pour son anniversaire, où elle aimerait aller pour le réveillon (on était en juillet) et lui affirmait qu'il entendait déjà piailler les petits poussins de leur ferme. Encore deux semaines comme ça, bébé, et on se lance pour de bon dans la vie.

Mais pendant les deux semaines suivantes Reba battait tous les records, et il fallait la retenir pour qu'elle n'aille pas violer le client en pleine rue... et ainsi de semaine en semaine, tant et si bien que c'était devenu une plaisanterie courante dans le bistrot de Dockery de demander quelle poule à Finnerty il fallait jouer placée et gagnante cette semaine.

Une plaisanterie que Reba et Frenchy étaient les seules à ne pas comprendre.

— Comme tu dois mépriser les femmes, eut un jour l'audace de lui dire Mama.

— J' suis un bon maquereau, occupe-toi de tes oignons, lui fut-il répondu.

Et personne n'aurait pu prétendre qu'Oliver n'était pas un bon maquereau. En fait il était un parfait petit entrepreneur de spectacles. Et ce n'était pas lui qu'on aurait entendu proférer des vantardises du genre de : « Va donc voir ma pute de Saint-Louis, elle baise comme pas une. J'ai eu six gonzesses à Miami, six à Kansas City », etc. Non, ce n'était pas son genre.

Pourquoi donc des filles saines s'usaient-elles la santé pour le compte d'une demi-portion à rouflaquettes ? Pourquoi des filles sensées laissaient-elles des poivrots se trémousser et passer leur cuite dans leur jolie peau rose avant de rentrer chez leurs femmes pour que Finnerty puisse s'offrir ses petites fantaisies ? Pour aller finir lamentablement leurs jours dans quelque sordide bobinard de Trinidad ?

C'était là quelque chose que Mama prétendait ne pas comprendre, mais qu'elle comprenait beaucoup mieux qu'elle ne voulait le laisser voir. Car une fille sans protection s'exposait à toutes sortes d'ennuis, tels que d'être écœurée par le boulot, de tout plaquer et de courir à la station d'autocars pour rentrer chez elle. Il fallait un bon maquereau pour qu'une fille reste honnête, et Mama le savait bien.

Mama Lucille détestait par-dessus tout la violence.

Et il se passait pourtant rarement une semaine qu'elle ne fût obligée de dire :

— Chérie, ne m'oblige pas à appeler Finnerty avec ses grosses pattes.

Mais quand il cognait, Finnerty disait toujours :

— Bébé, ça va être une merveilleuse leçon pour toi. Un jour tu me remercieras pour ça.

Plus d'une innocente avait fini par se dire qu'elle ferait mieux de garder pour elle ce qu'elle gagnait plutôt que de le donner à la confrérie des marlous, décampait d'Omaha et venait s'installer à La Nouvelle-Orléans.

Mais tôt ou tard, qu'elle habitât une maison meublée ou logeât à l'hôtel, la propriétaire ou le portier passaient certains arrangements avec ou sans son consentement. Et c'était une autre rengaine vieille comme le monde : « — Ma chère, j'aimerais vous faire connaître un neveu à moi, un garçon tout ce qu'il y a de bien, beau gars et plein d'esprit. Il doit aller passer un week-end à La Nouvelle-Orléans et je suis sûre que ça vous ferait du bien de prendre un peu de vacances. » Ça c'était le boniment des propriétaires. Le portier ne faisait pas tant de chichis. Il frappait un beau jour à la porte de la petite dame, le pouce dans la ceinture, veston à carreaux, souliers pointus. « — C'est pas difficile de s'entendre avec moi, lui assurait-il après lui avoir annoncé la couleur. Si tu veux qu'on soye copains ou que ça chie, ça dépend que de toi, bébé. J'ai un joli petit appartement au-dessus d'un bar dans le quartier chic de la ville… » Et la petite dame se trouvait de nouveau coincée.

Il n'y avait qu'une fille chez Mama qui n'avait jamais été maquée et qui ne le serait jamais. Hallie

Breedlove avait pris le chemin de Perdido Street le jour où les mauvaises langues de sa petite ville avaient commencé à insinuer qu'une certaine institutrice n'était pas vraiment blanche. Hallie avait réussi à passer pour blanche jusque-là et elle avait épousé un Blanc qui ne l'aurait pas épousée s'il avait eu le moindre doute à ce sujet. Quand les ragots les avaient obligés à venir à La Nouvelle-Orléans elle lui avait bien laissé entendre que ce n'étaient que des ragots. Et puis leur enfant était né et l'imposture avait éclaté. Elle ne l'avait plus jamais revu.

Elle avait plus de dignité, prenait davantage soin de sa santé et gagnait plus d'argent qu'aucune autre femme. S'il y en avait une dans le lot qui finirait par avoir son élevage de volailles, c'était bien Hallie.

Toutefois le jour où Finnerty lui fit des propositions, il ne prit aucunement garde au fait que, pour une fois, il ne s'adressait pas à une écervelée. Il alla la trouver comme si elle n'avait pas plus de bon sens que les autres.

— Dis donc, ça m'a l'air presque trop beau pour être vrai, lui dit Hallie en s'efforçant de ne pas paraître trop alléchée par son offre. Seulement ça ne serait pas juste.

— Qu'est-ce qui serait pas juste ? s'étonna Finnerty.

— Eh bien, tu as déjà promis à Reba qu'elle n'aurait jamais à plumer un seul poulet, et tu as dit à Frenchy qu'elle n'aurait rien d'autre à faire qu'à mirer les œufs. Alors c'est moi qui aurais tout le travail, et marcher dans les fientes, et donner le grain aux poules, et compter les œufs, et porter les cageots... Petit papa, ça ne serait pas *juste*.

— Ces deux connasses !... s'esclaffa Finnerty. Tu

crois pas que je laisserais deux pouffiasses comme elles s'occuper de mon petit élevage, non ? Toi et moi on sait le travail que ça demande, on sait ce que c'est que d'élever des poulets. C'est pas moi qui irais raconter à une bonne fille de la campagne comme toi que tout ce que t'aurais à faire ça serait de mirer les œufs ! Parce qu'avec toi je suis *sincère*. Une bonne campagnarde et un bon campagnard, voilà ce qu'on est tous les deux, et on sait qu'on arrive nulle part si on bosse pas dur, pas vrai, petite poupée ?

— Et dans quel coin ce serait au juste, ton élevage, petit papa ?

C'est alors seulement que Finnerty avait compris que la fille se moquait de lui.

— Continue à tapiner jusqu'à soixante berges alors, lui dit-il en abandonnant la partie. Mais faudra pas venir me courir après si t'as des ennuis. C'est pas moi qui te dépannerai, tu sais.

— Je n'ai pas dit que j'irai courir après toi. Hallie avait avalé le ver et n'avait pas mordu à l'hameçon.

Mais quand Frenchy hochait la tête en disant tristement : « — C'te pauv' Reba. J' lui veux pas d' mal, c'est sûr. J' me sens seulement un peu triste pour elle, Oliver », Hallie gardait une prudente réserve.

Et Reba de son côté se faisait du souci pour « c'te pauv' Frenchy » et s'apitoyait sur le sort de la pauvre fille quand elle et son Oliver s'en iraient prendre ce petit élevage de volailles.

Hallie avait pitié de ces deux-là, et Floralee aussi, et presque tout le monde.

Tout le monde sauf Oliver Finnerty. Et quand Hallie le voyait se ronger l'ongle du petit doigt, son cœur se glaçait. Quant à Finnerty, s'il pouvait à la rigueur admettre son manque d'intérêt pour sa ferme, il ne lui pardonnait pas son indifférence à l'égard de ses charmes physiques. Il était blessé jusqu'au fond de l'âme.

— Elle se donne de biens grands airs pour une pute qu'a même pas eu le droit de ramasser les ordures dans une maison de Blancs. Il avait tenté sa chance et elle s'était moquée de lui. Il ne lui restait plus qu'à user de la force.

Il la surprit dans sa chambre en train de caresser son chat boiteux, celui-là même qui avait estropié sa souris, et vint tout droit au fait.

— Bébé, t'as de l'éducation, ça va te servir pour une fois. Tu marches vers cette commode, tu y prends tous les sous qu'y a dedans, tu reviens ici et tu me les files. Si tu laisses un seul nickel ça s'ra aussi mauvais que si t'essaies de garder tout le paquet pour toi. Ça s'rait du vol pur et simple. Allez, marche.

Hallie s'arrêta de caresser son chat assez longtemps pour que le barbeau commence à appuyer sur elle son regard grave et gris. Puis, installant le chat dans le creux de son bras pour ne pas le serrer, se dirigea vers la commode et se cala le dos contre le meuble. Et sa main tomba comme par hasard dans la poche de son peignoir de bain jadis rouge, maintenant d'un rose délavé.

Finnerty ferma la porte derrière lui et mit la clef dans sa poche.

— Tu sais comment que j' me sers de mes deux mains, petite poupée, la prévint-il.

— Je n'ai pas l'intention de te couper, lui dit Hallie tranquillement. On m'a coupée une fois. Je ne t'égratignerai pas parce que je n'aime pas voir un bonhomme se balader avec des cicatrices sur la figure. Je ne te jetterai pas de l'acide dans les yeux parce que ça me rend triste de voir un type aveugle. Tout ce que je ferai ce sera de te tuer juste là où tu es en ce moment. Si tu passes la porte je te tuerai dans l'escalier. Si tu passes l'escalier je te tuerai dans le couloir. Si tu te débines dans la rue je te tuerai avant que tu aies tourné le coin. Je te tuerai dans n'importe quelle ruelle. Je te tuerai dans la Maison de Dieu. Je te tuerai n'importe où.

Finnerty penchait légèrement la tête, le front barré par le doute.

— Tu as perdu quelque chose, Oliver ?

— Ma clef, lui dit-il. J'ai perdu ma clef.

— Tu veux dire la clef que tu m'as prise.

— *Ta* clef, oui.

— Tu as un trou à ta poche, elle doit être coincée dans ta botte. Apporte-moi ton pantalon un de ces jours, et je te ferai une poche neuve.

En fait, s'il lui avait apporté son pantalon elle lui aurait cousu les deux poches sur le fond, mais il ne lui en donna pas l'occasion.

C'est à Mama qu'il offrit cette possibilité. Hallie fut quelque peu surprise de voir un peu plus tard la mulâtresse, tenancière et moucharde, les lunettes sur le nez, du gris dans les cheveux, le rosaire autour du cou et le petit pantalon du grand méchant loup sur ses genoux. On aurait dit une mère reprisant la culotte de son gamin.

— Oh, je sais que les gens disent qu'il n'y a pas pire honte qu'un maquereau, mais ils ne savent pas tout le tracas que lui donnent ses protégées. Qui est-ce qui prend soin d'elles si elles sont malades ou en prison ?

« C'est pas Oliver qui a inventé sa profession, pas plus que nous n'avons inventé la nôtre. J'ai jamais entendu parler d'un maquereau qui ait été élu maire, ni même qui se soit soucié de voter, alors pourquoi les blâmer de la façon dont va le monde. C'est pas eux qui ont fait les lois qui laissent marcher leur commerce. Si personne voulait qu'il y ait des maquereaux, chérie, il n'y aurait plus de maquereaux. C'est-y pas étrange que ce soient ceux-là mêmes qui disent que nous sommes une honte publique qui nous paient le mieux ? Tu sais comme moi que c'est tous ces messieurs du Gouvernement qui arrivent les premiers le samedi soir et qui crient le plus fort : « Amenez-nous deux femmes et une bouteille ! »

— Quel mal y a-t-il à commander deux femmes et une bouteille ? demanda Hallie par simple curiosité.

— Chérie, y a point de mal à commander deux femmes et une bouteille, ou trois ou quatre ou une pleine caisse, tant que tu mouchardes pas et prêches pas contre, le lendemain matin. Mama lécha son fil et l'enfila laborieusement sur l'aiguille. S'il y avait un autre boulot qu'Oliver puisse faire, il le ferait, et il réussirait.

Il y avait des jours où Hallie se posait des questions sur Mama.

Lorsqu'elle vit l'air réprobateur de Mama par exemple, un soir que Finnerty et Reba dînaient dans la cuisine.

— Tu veux du café, Bébé ? entendit-elle Oliver proposer à Reba.

— Oui, papa.

— Alors fais-en pour deux et apporte-moi le mien ici.

— Très bien papa, dit avec soumission sa Vieille Fidèle ; mais beurre-moi une petite tartine de pain. Après tout, je bosse pour toi.

Reba avait été élevée dans un orphelinat de Chicago, bien que son père et sa mère fussent tout ce qu'il y a de bien vivants. Ils venaient lui rendre visite à tour de rôle tous les samedis… et puis un samedi, personne n'était venu. « — Tu vois, lui avait alors dit une des filles, ton père y vaut rien… » et elle avait poussé Reba contre le mur, là où il y avait justement un gros clou à tête plate. Depuis ce jour elle louchait de l'œil droit.

Maintenant elle s'était trouvé une sorte de papa qui certainement ne valait rien du tout, mais au moins il venait lui rendre visite tous les jours, et parfois deux. C'était « mon Oliver ceci », « mon Oliver cela », et « mon Oliver il aime tellement ce pyjama en soie que j' lui ai acheté qu'il l'a pas quitté pendant deux jours, alors je vais lui acheter des bottes de cow-boy pour aller avec. Est-ce qu'y sera pas chouette là-dedans ? »

— Moi, c' que j'ai entendu dire, c'était pas chouette, lui dit la Costaude de Fort Worth pour la vexer. Paraît que tu lui as caché son fendart pour l'empêcher qu'il aille charger un grand wagon de bananes vertes et d' se faire un joli bénef quand il était à Chicago.

— Si mon Oliver il a jamais travaillé sur un wagon d' bananes, j' te baiserai l' cul d'vant Dieu ! (Reba était prompte à défendre l'honneur de sa famille.) L'a jamais travaillé un seul jour de sa vie. L'a jamais retroussé ses manches, sauf pour faire faire un p'tit peu d'exercice à un ch'val de temps en temps. Et encore, il était juste assis là-haut sur la selle à prendre un peu de bon temps. Tu te rends compte qu'il enlève même pas ses bottes pour se pageoter, alors faut pas dire…

Il allait de soi que rien ne pouvait davantage rabaisser la dignité d'un homme que le travail manuel. « Va t'acheter une gamelle à soupe et va creuser des tranchées ! » était la suprême injure dans Perdido Street.

— Un maquereau qu' sa poule elle lui enlève pas ses chaussures, déclarait Finnerty pour appuyer les dires de Reba, j' le défie de dire qu'il a fait son chemin.

— Oh, on s' fout bien de quel chemin t'as fait, toi et ta vieille peau ! déclarait la blonde de Fort Worth pour en finir avec ces deux-là. Moi, j'ai un papa y m' prend pas un sou. Et y m'achète des choses à moi. Y va m'acheter une Cadillac si longue qu'y faudra que j' recule pour prendre un tournant.

Quel que fût le véritable nom de Fort Worth, personne ne l'appelait jamais que Cinq, en hommage à son nombril qui affectait la forme de ce chiffre. Quand on lui demandait de montrer son merveilleux nombril, elle le montrait, gentiment, simplement, comme ça, sans en faire un plat.

Avec Cinq, l'histoire du petit élevage ne prenait pas. Elle avait passé toute son enfance dans une ferme, et ça ne lui disait rien d'y finir ses jours. Mais pour une Cadillac, elle aurait fait n'importe quoi, ce que précisément elle faisait. L'histoire de la Cadillac n'était en somme pas autre chose que l'histoire de l'élevage de poules montée sur quatre roues.

Oh, cette longue bagnole avec combien de chevaux déjà, et un vrai chauffeur très prudent... Si les promesses avaient acheté des Cadillac, Cinq aurait déjà tout un garage.

Mais pour l'instant Cinq marchait à pied.

Les tribunaux étaient contre elles, la police était contre elles, les hommes d'affaires, les épouses, les églises, les journaux, les politiciens et leurs propres maquereaux étaient tous contre ces poupées à semelles de liège. Et maintenant les missions déléguaient leurs hommes-sandwiches pour proclamer que le Christ Lui-même était contre elles.

— Si y avait pas Mama, qui c'est qui serait de notre côté ? interrogeait Frenchy, affirmant bien haut que seule Mama savait les comprendre. Elle prenait leur parti contre Oliver, lui ordonnait de quitter sa maison et lui conseillait de ne pas revenir tant qu'il ne se montrerait pas plus respectueux envers les dames, et le forçait à faire des excuses à l'une ou à l'autre au moins une fois par semaine.

C'était un jeu cruel, c'étaient de pauvres petites putains. Car un seul mot de Finnerty aurait suffi à les renvoyer à la ferme ou à la ruelle d'où elles étaient sorties. Légalement les femmes de couleur n'avaient pas le droit de tenir des maisons de prostituées blanches. Par conséquent Mama était à la solde de la police. Finnerty y veillait, et il ne laissait pas passer un jour qu'il ne le lui rappelât.

Ce qui jetait le trouble dans l'esprit de Mama. Parfois elle tentait de justifier le rôle qu'on lui faisait jouer en se rappelant que bien des hommes blancs l'avaient dupée, et que par conséquent ce n'était que justice si elle dupait maintenant leurs filles. Mais une duperie grande comme le monde la tirait parfois brusquement du sommeil : quand avait-elle cessé de s'appartenir ? Il y avait des matins où elle devait tendre la main vers son cognac avant de descendre et de dire à chacune : « Comment va ma poulette aujourd'hui ? »

Entre le matin et le soir, ses poulettes montaient et descendaient l'escalier les unes après les autres, comme autant de bénédictions.

Hallie descendait la première, une tasse de thé fumant à la main, son chat tavelé boitillant sur ses talons. C'était un chat qui ne se formalisait de rien car il tenait trop à sa pauvre petite vie. Il marchait à côté d'elle jusqu'à la marche de pierre, mais quand il sentait la rosée sous ses pattes il reculait. Hallie tendait alors le pied et le chat, trébuchant et s'agriffant comme il pouvait grimpait jusqu'à son épaule. Puis ils s'en allaient ensemble dire bonjour aux jonquilles qui poussaient entre les pavés ronds. Mais dans le cœur de Hallie il ne pousserait plus jamais de jonquilles.

Un cœur comme une tombe abandonnée, et maintenant les herbes de l'hiver la recouvraient toute. Sous les herbes gisait l'enfant qui n'avait que trois ans quand il était mort. Un triste et soudain soir d'automne il avait demandé à sa mère, à sa grande surprise : « — Maman, est-ce que mes moufles seront prêtes pour l'hiver ? Est-ce que ma casquette est prête ? Est-ce que mon manteau sera assez chaud ? »

Pour son dernier Noël, il avait approché une petite bougie de couleur tout contre son visage en regardant rêveusement la flamme au risque de se brûler, et elle avait dû le tirer en arrière.

Neuf Noëls avaient maintenant passé derrière les persiennes, et elle montait et descendait l'escalier de Mama, se poudrait, se fardait, s'habillait, se déshabillait, et une chose vivante comme un énorme champignon d'ennui et d'amertume pesait sur son cerveau et son cœur.

Ce n'était pas le matin le moment le plus dur, car le chat boiteux avait besoin d'elle, et les autres femmes n'étaient pas encore là pour lui dire : « Comment ça va, la philosophe ? » Elle avait oublié qui lui avait un jour donné ce sobriquet, et pourquoi. Mais elle avait été, autrefois, institutrice dans une petite ville, et ce devait être pour cela.

— J'ai pas d' philosophie, mais j'ai été plus demandée que toi hier soir, lui disait parfois Frenchy qui aimait particulièrement la taquiner.

Elle s'en allait donc avec son chat voir les jonquilles, et ils faisaient un brin de conversation de moustache à oreille dans cet antique langage commun à la femme et au chat. Parfois elle lisait, aux heures paisibles du matin, dans des livres qu'elle aimait encore. Mais quand le matin était fini et que le chat restait allongé sur le rebord de la fenêtre dans l'après-midi moite et suffocante, alors elle se sentait désespérément seule dans cette étrange maison, l'ennui étouffait son esprit, et elle mettait ses mains devant ses yeux pour les abriter de la lumière.

Se disant qu'il lui restait encore d'innombrables heures à traîner au chevet d'un lit d'hôpital, dans quelque banale salle commune, quelque ultime pavillon de quarantaine, dans quelque chambre ou finissent toutes celles dont la vie est intouchable et pour qui personne ne prie. Au chevet de la triste vie qui aura été la sienne.

Et la soirée violette finissait par avoir pitié d'elle. Alors elle descendait, écartait le rideau de perles grasses et choisissait ses hôtes de passage.

Les autres femmes la considéraient avec un mélange d'admiration et de pitié. Elles pensaient qu'elle se tenait à l'écart parce qu'autrefois elle avait fait la classe... et elle, elle se trouvait parfois étrangement désarmée contre elles toutes. Et puis, lorsqu'on entendait le grincement des petites roues sur le pavé, elles regardaient d'un autre côté pour la ménager, tandis que Finnerty ouvrait toute grande la porte.

Elles ne regardaient pas, mais elles percevaient

cependant qu'au bruit des petites roues c'était comme si la lumière avait augmenté un peu, et que la vie reprenait chez Hallie.

Le cul-de-jatte était son amant.

— Moi aussi, j' suis une philosophe — Reba aimait provoquer Hallie — parce que c'est moi qui m' la suis faite, ma bon Dieu de philosophie. Tiens : prends par exemple une femme qu'est mariée à un bonhomme, et elle le trompe. Et v'là qu'elle a un bébé mort-né. Ben, elle l'avait bien mérité, pas vrai ? Tout l' monde a que c' qu'il mérite, c'est ma philosophie. J' me la suis faite quand j' travaillais pour des avocats. Y disaient qu'ils avaient jamais rien entendu de pareil.

— Ça, je veux bien le croire. Hallie se trouvait d'accord sur ce point avec les avocats.

— Y a fallu que j' descende deux étages et que j'en remonte un de l'autre côté de la rue pour acheter un coca — c'était un autre exemple de Reba — parce que de l'autre côté de la rue y a un bordel avec un distributeur de cocas. Pourquoi y faut que j' me crève à monter et descendre les escaliers ? Un boulot est un boulot. Mais un boulot avec des cocas c'est mieux. Ça aussi c'est ma philosophie.

— Dis donc plutôt que c'est un coup de gnôle que tu vas chercher en face. D'accord, sois une gonzesse à la redresse et biture-toi tous les soirs. Dis donc aussi que tu es une grande gueule, une vraie goinfre, alors dégotte-toi un boulot de serveuse et empiffre-toi toute la journée. Dis donc aussi que si tu tirais les sonnettes avec une valise de bas de soie à la main t'aurais vite fait de te geler le cul. Et quoi encore ? Si t'étais entraîneuse dans un dancing t'aurais vite fait d'être en nage.

— Y m' manque la moitié de mes dents et j'ai pus d'ovaires. Alors qu'est-ce que tu veux que je fasse ? J' pourrais p't'être être infirmière, non ? Mes vieux y venaient d'un coin d' l'Europe où on dit « meurrue » pour « morue ». J' sais pas exactement dans quel coin qu' ça perche, mais ma mère quand elle m'envoyait à l'épicerie elle me disait toujours : « Va donc m' charrcher un bon morcieau ed meurrue. » Dis, ça te dirait si tu pouvais avoir autant d' cigarettes que tu peux en fumer ? T'as qu'à aller à l'American Tobacco et dire que tu viens d' ma part, y t'en donneront autant que tu pourras en porter en un seul voyage.

— Bébé, j' sais pas c' que t'as aujourd'hui, s'émerveilla Cinq, mais j'ai jamais rien entendu d' pareil comme ça.

Reba lisait tous les journaux, et hochait toujours la tête quand elle avait fini. Quelqu'un avait reçu par la poste, en Caroline du Sud, deux boîtes de bonbons empoisonnés, signées simplement « Frère Lapin ». A quoi ça sert d'empoisonner un type par la poste, j' te demande un peu ? Si t'as une dent contre quelqu'un, engage un mec pour lui tirer dans ses sales pattes, mais va pas en douce signer que t'es un cochon de lapin.

Les empoisonneurs par voie postale étaient du petit nombre de ceux qui ne trouvaient pas grâce à ses yeux. Et elle était troublée quand elle lisait qu'un métayer avait noyé ses trois filles dans un puits sous prétexte que « Jésus il a dit qu'on devait tous mourir un jour ».

— Si Jésus il a dit ça, pourquoi qu'il a pas sauté lui-même dans le puits et qu'il a pas laissé Jésus décider pour les gamines ?

De même elle n'était pas satisfaite par l'explication du garde-barrière qui avait tué sa femme à coups de marteau. « Grace, elle est même pas foutue d'élever un chien. Alors c'était la seule façon que j' connaisse de faire d'elle une dame. »

— J' sais pas où les gens y veulent en venir, y s' conduisent tous comme des mabouls — telle était la réaction de Reba. Quand elle lisait qu'une veuve s'était cassé la jambe en tombant dans la rue et qu'on lui avait volé quarante-huit dollars dans sa poche pendant qu'elle était par terre sans pouvoir se relever, Reba devenait mélancolique. « C'est trop, non, c'est trop… », et elle jetait son journal par terre, incapable d'ajouter un mot de commentaire de toute la journée.

Un soir un acteur entra en titubant.

— J'ai trop bu, expliqua-t-il aux femmes, comme si ça ne se voyait pas.

— Chéri, j'ai vu ta photo dans le journal, mais pourquoi que tu rentres pas tout droit chez toi ? demanda Reba.

Le lendemain l'acteur avait de nouveau sa photo dans le journal : on l'avait arrêté pour ivresse et tapage nocturne. « — J'ai trop bu… » ; il n'avait pas pu donner d'autre explication aux journalistes. Reba, de nouveau, avait hoché la tête d'un air exaspéré.

— J'ai trop bu ! J'ai trop bu ! Qu'est-ce que je lui ai dit quand il était ici ? Chéri, t'as trop bu, voilà ce que j'y ai dit. Non, vrai, quand un homme y *sait* qu'il a trop bu et qu'il continue quand même, ben non, là, c'est trop. Des cintrés pareils, moi j' veux rien avoir affaire avec.

L'excuse de l'idiot qui avait noyé sa petite fille parce que sa femme était partie avec un autre homme ne faisait que confirmer ces dispositions chez Reba. « Y a quéque chose qu'a claqué dans ma tête, avait-il déclaré à la police. J' savais pus c' que j' faisais. »

— J'ai trop bu… y a quéque chose qu'a claqué dans ma tête… j' savais pus c' que j' faisais… C'est toujours la même excuse des bonshommes. Parlez-moi des animaux. Eux, au moins, ils savent ce qu'ils font.

En particulier les éléphants. Les éléphants savaient *toujours* ce qu'ils faisaient.

— Tu t'y connais en éléphants, toi ? Tu sais comment qu'y vivent, *eux ?* demandait-elle anxieusement à un type qui était en train de nouer sa cravate de laine noire devant le miroir fendu tandis qu'elle procédait au rituel du bock à injection en agitant d'abord frénétiquement la bouteille de coca-cola pour le faire mousser.

— Si t'arrêtais un peu ta friture, p't-être que j'entendrais c' que tu m' dis, suggéra le client cravaté de noir.

— Ben, expliqua la fille, j'ai lu que le mâle éléphant il creuse un grand trou dans la terre avec sa trompe et après il pousse dedans sa gonzesse éléphant. Sans ça ils pourraient jamais faire ça et y aurait plus d'éléphants.

— Et alors ?

— Ben, c'est juste pour te montrer qu' les animaux, *eux*, ils savent ce qu'ils font...

— Moi, j' suis faite pour l' théâtre, expliquait la fille nommée Frenchy à un client. Vise un peu... et elle lui mit ses mains pâles sous le nez. Et j' suis toute désarticulée aussi. Mais j'ai perdu mon partenaire.

— Tu peux pas t'en trouver un autre ? demanda le client.

— Tu comprends pas. J' pourrais pas trouver un autre partenaire dans tout l' pays. Y a personne qui soit vraiment désarticulé, tu sais, disait la fille aux pommettes saillantes et au teint de poitrinaire. On descendrait sur la côte et on reviendrait par Philly,

Cleveland, Cincinatti, Chattanooga... c'est là qu' mes vieux ils habitent. Ils ont dépensé des mille et des cents pour mon éducation, tu sais...

Dehors, sous la pluie, déambulait un homme avec une visière longue d'une aune et une pancarte qui disait PRENDS GARDE A LA COLÈRE DU CIEL.

Si la blonde aux yeux égarés n'était pas en bas quand les réverbères s'allumaient, quelqu'un montait la chercher. Que les lampes fussent allumées ou qu'il n'y eût pas de lampes du tout, c'était tout un pour la blonde aux yeux égarés.

Personne n'avait compté, car nul ne s'en souciait en vérité, combien de fois les lampes s'étaient allumées et éteintes depuis le soir où, sous une pluie clignotante et incertaine, au bord du trottoir, un chauffeur de taxi lui avait ouvert la portière et où elle lui avait dit, comme si elle avait été bien éveillée et non pas dans les profondeurs d'un rêve obscur : « Au Lac Pontchartrain. »

Personne ne la connaissait au Lac Pontchartrain, elle avait dit le premier nom qui lui était passé par la tête, et elle avait tiré de son sac une rose fanée en guise de pourboire. Le chauffeur avait préféré venir à côté d'elle sur la banquette arrière pour le pourboire, puis il l'avait refilée à Finnerty pour que le compteur ait son dû lui aussi.

— Si j'avais le choix, j'aimerais autant que vous ne me battiez pas, avait-elle dit à Oliver.

— J'aimerais autant pas te foutre la raclée, avait admis Finnerty. Tout c' que j' te demande c'est que tu me laisses prendre soin de toi pour les petites choses pour que moi je puisse m'occuper de toi pour les grandes. Ou est-ce que c'est trop te demander ?

— Les petites choses, les grandes choses ? répétait la fille en lui offrant un sourire qui était une autre fleur fanée.

— Tu te rappelles ton nom, petite poupée ?

— Floralee... et c'était tout ce qu'elle se rappelait d'elle.

Elle avait d'abord servi à son plaisir, puis il l'avait mise dans le commerce. Mais la facilité de la chose l'avait troublé, et il avait chargé Mama de l'espionner.

— T'as donc point de fierté ? demandait-il à Floralee d'un ton aigre, de faire avec un micheton comme si c'était l'amour, l'amour, l'amour ? Tu comprends donc pas que t'as passé presque une heure avec ce gonze pour une pouillerie de quatre dollars ?

— Papa, j'ai plus la notion du temps, répondit la fille égarée.

— Je suis là, moi, pour m'occuper de toi, lui rappela-t-il. Essaie de te rappeler ça.

Mais à quelques jours de là il entendit un grand fracas au-dessus de sa tête pendant qu'elle était avec un client.

— Qu'est-ce que c'était ? lui demanda-t-il une demi-heure plus tard.

— Ben voilà, papa, on est tombés du lit, alors on a continué là où on était, lui répondit-elle d'un air si innocent qu'il avait à peine le courage de lui donner la correction qu'elle méritait bien pourtant. Mais il le fallait, pour protéger la folle d'elle-même. Il posa son manteau sur le dossier d'une chaise.

— Si je pouvais choisir — elle avait prévu ce qui allait venir — j'aimerais autant ne pas être battue... si seulement je pouvais choisir...

— Ça me dit rien de faire ça, lui dit Oliver. Mais il

enfila ses gants et lui souleva sa queue-de-cheval pour la frapper à la nuque, là où les coups ne laissent pas trop de traces : deux ou trois coups du lapin, juste assez pour que la tête lui tourne, et il s'en tint là.

— Mais la prochaine fois que tu jouiras avec le clille, ton petit papa mettra pas ses gants, je te le promets.

Depuis ce jour elle ne commit plus jamais ce péché, l'un des plus graves qu'une putain pût commettre.

Bien que les deux autres ouailles de Finnerty, Reba et Frenchy, fussent perpétuellement à couteaux tirés, ni l'une ni l'autre n'était jalouse de la blonde égarée. « C'est bien vrai qu'y a personne qui t'attend au Lac Pontchartrain », et Frenchy s'en tenait généralement là. Car Floralee était bien trop lointaine pour exciter l'envie de qui que ce fût. Elle vivait dans son nuage que perçaient parfois de brèves lueurs du monde extérieur ; parfois même c'était une brillante lumière qui l'atteignait un moment, et puis retombait. Mais les autres femmes n'avaient jamais connu de semblables apparitions de lumière.

Il y avait cependant des jours où elle paraissait si sensée que personne n'aurait pu se douter que quelque chose ne tournait pas rond chez elle. Et puis, le soir, elle retombait en transes et montait ou descendait l'escalier en chantant :

Les bêtes sauvages seront conduites par un enfant
Et je serai changée en une autre forme…

Et le lendemain matin la trouvait complètement abattue. Un jour, Oliver vint la chercher et la trouva couchée sur le côté, entièrement nue, les yeux obstinément clos, les genoux sous le menton et le drap tiré sur sa tête. Il n'y avait pas d'autre bruit dans la petite chambre que le bourdonnement continu du ventilateur électrique.

— Il n'y a pas beaucoup de gens qui prient et qui chantent ici, lui dit-elle, et il se dit qu'elle devait avoir la nostalgie des vieux cantiques des gens de sa race. Il revint avec un petit poste de radio, débrancha le ventilateur et tourna le bouton sur un chœur du dimanche matin…

Le Fils de Dieu part à la guerre,
Pour gagner une couronne royale.
Voyez comme flotte sa bannière
Rouge comme le sang des pécheurs.
Venez, venez sous sa bannière…

Floralee ouvrit les yeux et vit son petit papa debout sur une chaise, faisant semblant de diriger le chœur…

— Faut que ça soye ton p'tit papa qui te dégotte les bons programmes, pas vrai ? lui dit-il. Elle écouta plus attentivement, tout heureuse et toute fière que son petit papa sache si bien faire venir les bons programmes. A midi elle descendit en chantant de toute sa foi retrouvée :

Venez, venez sous sa bannière
Rouge comme le sang des pécheurs…

Mama dut intervenir :

— Ça peut pas aller comme ça, fifille. Je suis une femme religieuse, et je sais que je mourrai bénie dans le sein du Seigneur, mais il y a un temps et un lieu pour tout, et c'est pas une maison pour une chanson pareille. Si il faut absolument que tu chantes quand les hommes sont là, chante plutôt quelque chose dans le genre de « Mademoiselle d'Armentières... », quelque chose pour les mettre dans l'ambiance, pas quelque chose qui les fasse partir.

— J' vais quand même pas chanter des chansons cochonnes avec des paroles vulgaires, dit Floralee d'un ton soudain buté. J'en chantais justement une cette nuit-là où Dieu a dit qu'Il ne pouvait plus me supporter.

— Dieu ne dirait jamais une chose pareille, chérie, assura Mama.

— Il a quand même dit ça. Il était juste derrière ma porte, je l'ai entendu comme si je le voyais. Il disait : « J'ai enlevé tout ce que je pouvais dans cette fille. Maintenant je peux plus supporter de la voir. »

— Qu'est-ce qui te fait croire que Dieu pouvait dire ça de toi, chérie ?

Le visage de Floralee s'assombrit pendant qu'elle essayait de se rappeler, puis tout à coup ses yeux s'illuminèrent.

— Parce qu'il disait tout le temps Non, Non, Non, c'est plus possible. Alors ça pouvait être que Dieu, parce que si ça avait été le Diable il aurait dit Oui, Oui, Oui, c'est bien comme ça, et croyez bien que j'apprécie beaucoup.

Et dans son angoisse et son ardent désir de rentrer dans les bonnes grâces de Dieu elle se remettait à chanter en dépit des recommandations de Mama :

Que faut-il faire pour gagner un diadème ?
Quand toucherai-je à ce rivage étincelant ?

Il n'y avait pas d'autre solution que de faire hurler la machine à disques à plein volume.

— A entendre chanter cette cinglée, déclarait Reba en haussant les épaules quand les choses se furent un peu calmées, on dirait qu'ils ont rien fait d'autre, là-bas dans ces collines, que d'enterrer leurs morts.

— Faut rien reprocher à cette enfant, disait Mama. Elle a l'innocence des protégés de Dieu.

Et tandis que Dieu protégeait son innocence, Finnerty comptait ses finances. Il lui fournissait la nourriture, l'habillement, les distractions et ce qu'il appelait avec le plus grand sérieux son éducation. Tous ses bénéfices y passaient.

Rien d'étonnant qu'avec tous ses soucis il ait complètement oublié l'évadé du Pays des Capotes.

L'évadé en question descendait Perdido Street, sa valise d'échantillons à la main. Ce n'étaient plus des cafetières ni des permanentes qu'il proposait maintenant aux pratiques. Il était devenu marchand d'orviétan.

Naturellement, en 1931, la profession n'était plus ce qu'elle était autrefois, du temps que la jungle régnait encore sur tout le pays. A cette époque, le colporteur ne se contentait pas de prendre des commandes et de vendre ses flacons et ses pots d'onguents : c'était lui qui apportait au bûcheron les nouvelles du monde extérieur. Plus qu'une gazette ambulante, il pouvait dire au fermier de quelle maladie son cheval était atteint, et savait aussi le guérir. Plus qu'un vétérinaire, il lui arrivait aussi de guérir les gens. Il pouvait encore prêcher la Parole, faire office de sage-femme et réciter *Evangeline*.

Chez Dove Linkhorn, malheureusement, ces talents n'étaient pas aussi développés. En fait ils lui faisaient totalement défaut. Et à en juger par sa tenue, on pouvait se demander si le véritable talent de ce marchand d'orviétan ne serait pas plutôt le commerce de l'amour que celui des pommades et onguents.

Dove avait investi jusqu'au dernier billet de la liasse trouvée sous le paillasson de Gross dans un complet de lin blanc, une chemise à fines rayures roses, et un chapeau avec une plume jaune qui s'harmonisait avec ses escarpins de Suède. Il avait fait du chemin, ça crevait les yeux, depuis son arrivée en ville, pieds nus et en salopette marron.

C'était l'heure d'avant tous les remords où le jour pâlit et où la véritable animation de la rue commence à peine. L'heure où l'on vient, une fois de plus, de changer les draps et de distribuer les rations de savon noir et de permanganate, et où, comme chaque soir lorsqu'elles font la moue au miroir ou se poudrent le nombril, les filles se demandent vaguement quels profils d'hommes, moutons, fouines ou bœufs, la nuit qui vient leur amènera.

Perdido Street, dans la chaleur ruisselante, était un peu comme une buanderie où les repasseuses travaillent des deux mains à la fois. Les filles sur le pas des portes tiraient sur leurs blouses pour décoller l'étoffe de la peau de leurs seins. Dans le creux de leurs aisselles la sueur perlait aux poils. La sueur leur collait le pyjama contre les cuisses. Il faisait même trop chaud pour racoler, car un homme normalement constitué ne jette même pas un coup d'œil aux filles dans une telle chaleur : il a trop peur que les nombrils humides ne fassent ventouse...

Cette chaleur qui pourtant trouble les hommes et énerve les femmes. Et la ville regorge de monstres solitaires. Solitaires rasant les murs qui ne pouvaient jamais être ivres, cherchant à se débarrasser de leur solitude sans pour autant la sacrifier. Garçons au visage morne dont toute la joie expirait en un seul grognement porcin. Tout pouvait arriver à une femme disponible pour tous. L'ennui lugubre de leur lit et la terreur qui rôdait dans la rue se partageaient leur vie.

Elles mouraient les unes après les autres de tant d'inutilité : mais dans les coins de leurs désirs couvaient de véritables feux de brousse ; pas une qui ne souhaitât quelque chose d'inédit : la sirène hurlant à toute vitesse vers l'accident au carrefour, la bouche ouverte de l'homme qui s'effondre, un couteau planté entre les deux épaules, une femme qui se jette par la fenêtre sans raison. Mais elles ne trahissaient rien de ces flammes qui leur torturaient l'âme, et elles s'asseyaient en commençant des mots croisés qu'elles ne finissaient jamais, tout en décollant de leur palais un caramel imprégné de brouillard salé. La passion et l'ennui se disputaient leur vie.

A « La Toile d'Araignée », les persiennes tirées laissaient la pièce dans une ombre rayée d'ombres plus sombres encore. Et le ventilateur du plafond brassait l'ombre et faisait trembler des ombres sur les murs et le plancher raboteux.

Dans ce crépuscule où sommeillaient les araignées sur leurs fils d'argent, la machine à disques jouait longtemps, et tant qu'elle marchait les femmes restaient tranquilles. Mais dès qu'elle s'arrêtait on entendait craquer le plafond et des pas traîner des divans aux portes et des portes aux divans. Elles débouchaient une autre bouteille de coca, allumaient une autre cigarette — elles ne finissaient jamais rien.

Elles n'étaient jamais contentes, c'était une maladie chronique chez elles. Reba affirmait que le ventilateur l'enrhumait, Floralee avait besoin de quelque chose pour la réchauffer, Frenchy avait besoin que quelqu'un lui dise *pourquoi* elle ne pouvait pas supporter le mélange de gin et de coca, et Kitty disait qu'elle étouffait.

— Une bonne petite pluie ne serait pas mauvaise pour les affaires — Mama prenait les paris — mais une grosse averse serait catastrophique. A ce moment-là un taxi s'arrêta au bord du trottoir et klaxonna.

Bien qu'il y eût pratiquement toujours quelqu'un à la porte pour faire le guet, personne ne l'avait vu arriver. C'était un taxi tombé du ciel, un taxi apparu dans un rêve brumeux. Mama se précipita à la porte et les filles se serrèrent derrière elle en abritant leurs yeux contre les lumières de la rue.

Et dans la lumière glauque elles virent descendre un lieutenant de marine en grand uniforme, un héros à lunettes sans monture qui n'avait encore jamais livré de bataille. La poitrine barrée d'une panoplie multicolore de tous les rubans qu'une marine pouvait décerner en temps de paix. Casquette et revers de manches à galons dorés, on ne devait pas avoir souvent l'occasion de rencontrer un spectacle aussi glorieux sur le pont d'un navire, fût-il amiral, en cette année 1931.

Mais la panoplie ne paraissait pas disposée à se laisser capturer aussi facilement que cela. Il se mit à parler à l'oreille de Mama pour que le chauffeur ne puisse pas l'entendre.

— L' chouchou à sa nounou, crut-elle discerner dans son murmure, l'a peine eu l' temps d' faire ouf quand elle a tapé si fort par-derrière.

— Je saisis pas très bien ce que vous dites, m'sieur l'officier.

Il se pencha encore plus près en avançant les lèvres.

— L'a fait une tarte au citron. Vous savez ? Une petite tarte au citron rien que pour moi.

Mama se recula, éberluée.

— Au citron ? Rien que pour vous ?

— Juste le jour après que j'ai cassé la baratte.

— Eh bien j'ai justement la fille qu'il vous faut, décida Mama ; elle ne voyait pas ce que le loustic avait derrière la tête, mais elle ne pouvait pas laisser échapper une occasion aussi prometteuse. Tout le monde a besoin d'un petit peu de changement de temps en temps. Je sais exactement ce qu'il vous faut.

L'uniforme se redressa de toute sa haute taille.

— Y a personne qui sait comment qu'un chouchou à sa nounou y s' sent, l'informa-t-il d'un ton catégorique. Y a qu'un aut' chouchou à sa nounou qui peut savoir comment qu'un chouchou à sa nounou y s' sent.

S'il s'agissait d'une organisation, il en était sûrement le président. Mama se retourna et se disposa à rentrer, mais il la retint d'une caresse enjôleuse.

— Vous savez bien, vous, comment qu'elles vous tapent su' l' derrière à leurs chouchous.

— Qui c'est qui tape sur le derrière de qui ?

— Ben, elles toutes, quand elles sont un peu pressées. Hein, vous pouvez pas dire le contraire ?

Mama retira sa main.

— Qui tape sur le derrière ? Qui c'est qui est pressé ? Dire le contraire de quoi ? Mama commençait à se sentir furieuse sans savoir de quoi.

— Ben, les vieilles nounous noires, pardi, lui dit-il comme si tout le monde savait de quoi il retournait avec les vieilles nounous noires.

— Vous feriez p't-être bien d' rentrer avant qu'il tombe de l'eau, lui proposa Mama, sentant que tout le monde serait plus en sûreté dans le salon.

— Il ne va pas pleuvoir ! La Marine l'affirmait

devant Dieu, et tirant de sa poche un petit tablier il se mit en devoir de le nouer autour des rondeurs de Mama. Un petit tablier à raies blanches et vert menthe, et Mama commençait à être sérieusement inquiète. L'étiquette du tablier s'était accrochée au galon doré de la manche de l'hurluberlu et il tira dessus d'un coup sec. Dégoûté, le taxi battit en retraite.

— Il doit y avoir pas mal de chouchous à sa nounou qui viennent vous voir, n'est-ce pas ? demanda-t-il d'un ton doucereux qui appelait la confidence.

— Ça fait ben déjà plusieurs jours qu'il en est pas venu un, lui répondit Mama le plus sérieusement du monde, sentant qu'il valait mieux entrer dans son jeu. Et il a pas laissé son nom. Ça vous ennuierait-y de me dire le vôtre ?

— Mes hommes m'appellent Commandant, lui fit-il savoir avec raideur.

— Ça, se dit Mama, c'est pas comme ça que mes poulettes t'appelleront. Et elle le fit entrer avec les égards dus à un hôte de marque.

Juste comme les premières gouttes se mettaient à tomber.

Dans le salon, le gamin de cinq ans qui avait l'esprit d'un vieux maquereau, celui que sa grand-mère appelait Warren Gameliel et les femmes Le Roi des Voleurs, était assis sur un divan, prêt à tout.

Dans une chemise qui ne lui couvrait pas le nombril et une petite peau tendue qui n'était pas exactement jaune foncé ; Warren, d'ailleurs, tirait plutôt sur le brun. Il était même plus près du brun foncé. En fait il était noir comme un seau à charbon. Il était si noir qu'il aurait fallu mettre une bouteille de lait sur sa tête pour l'apercevoir dans le noir. Il était plus noir qu'un veau noir, plus noir même qu'une vieille chaussure noire pêchée dans le Mississippi par une nuit sans lune. Un ton plus foncé et il aurait complètement disparu.

Faisant fièrement pivoter sa tête sur son cou de ténébreux, il palpitait modestement de ses beaux cils noirs lorsque les femmes le caressaient.

— Je vous présente mon petit-fils — Mama présentait toujours en premier les membres de sa famille. N'est-il pas mignon ?

— Il a cinq ans et pèse trente et un kilos et elle demande s'il n'est pas mignon, railla doucement la dénommée Hallie Chérie, tandis que le grand homme chamarré saluait la petite femme nue.

— Présente tes respects, mon garçon, dit Mama d'un ton encourageant. Mais Warren G. se contenta d'écarter un peu plus les orteils, comme pour laisser entendre qu'il faudrait qu'il en sache un peu plus sur ce client galonné d'or s'il voulait qu'on lui présente au moins un anneau de dentition.

Reba émit un rire grave d'enrhumée : il grandissait tellement vite, ce gamin.

— Tu n'as pas *honte*, le morigéna Mama d'une voix qui ne trahissait que l'orgueil.

Warren Gameliel n'éprouvait apparemment aucune honte. Toute la honte, Hallie Chérie s'en aperçut d'un seul coup d'œil ulcéré, était pour le héros qui se tenait devant elle. Car le fantôme de sourire qui barrait ses lèvres appartenait à un fantôme indigent, un sans-le-sou en quête de travail... et puis s'évanouit. Le laissant tout ratatiné sur lui-même, tapi au fond de quelque recoin connu de lui seul.

Hallie passa son bras sous le sien pour qu'il sache

qu'il n'était pas vraiment si seul que cela, et lentement il tourna la tête pour la regarder. Se sentant rassuré, il ressortit lentement ses cornes de sa coquille.

Lentement, avec circonspection.

— A Chicago, j' travaillais dans un bureau pour des avocats — Reba tenait à ce que le Commandant ne la confonde pas avec certaines putains qui essayaient de le circonvenir. J'étais spécialisée dans les dommages et intérêts...

Mais Floralee l'écarta d'un coup de coude. Floralee elle aussi aimait bien les galons dorés.

— Moi j' peux en chanter de drôlement jolies, m'sieur, proposa-t-elle d'une voix frappée sur des clochettes d'argent. Rien que des chansons comme il faut bien sûr, parce que je sais pas de paroles vulgaires comme y en a... et elle lui fit la plus jolie révérence qu'il ait jamais vue.

Warren G. essaya de ramener les feux de la rampe sur lui, mais Mama lui rabattit sur les yeux la casquette qu'il avait chipée à l'officier, comme si de lui boucher la vue pouvait faire oublier ses mauvaises manières. A ce moment, quelqu'un mit l'appareil à disques en marche, et une fille réclama du gin. Une autre dit « Un double pour moi » juste comme le bastringue soupirait :

Tout de moi, oh oui,
Prends tout de moi, chéri.

— J' peux chanter rudement mieux que ça, insista Floralee au milieu des justifications, revendications, menaces et petits cris, car tout le monde maintenant voulait capter l'attention de La Marine.

— Pourquoi que tous les gens de par ici y parlent tellement avec l'accent du midi ? se lamentait Kitty de

Chicago. Pourquoi y faut qu'y parlent comme des Négros ? Pourquoi qu'y peuvent pas parler comme eux-mêmes ?

— On parle comme on est, chérie, lui affirma Hallie. C'est les Nègres qui ont appris de nous cette façon de parler.

— Est-ce que je peux chanter maintenant ? supplia Floralee.

— Dès que le disque sera fini, chérie, promit Mama. Et, se tournant vers son hôte : cette fille est un ange.

— C'est une putain comme tout le monde, déclara Kitty. N'importe qui peut être une putain. Tous les gens y m' font chier, y a qu' moi qui m' plaît.

— Vraiment ? demanda La Marine, sa curiosité soudain éveillée. Est-ce que toutes les femmes peuvent devenir des putains ? Vraiment toutes les femmes ?

— Toutes les femmes — Mama retrouvait son optimisme. Est-ce qu'on a pas été créées libres et égales ?

— Dis-moi un truc, matelot, demanda Kitty de Chicago. Où c'est-y qu' vous les remisez, vos sous-marins ?

— Pourquoi me demander une chose pareille ? Le lieutenant semblait embarrassé.

— Faut que j' sache. C'est mon côté espionne.

— J' veux pas que personne ici appelle notre hôte matelot, gronda Mama à l'adresse de Kitty et de toutes celles qui voudraient l'imiter. Regardez cet homme ! Il nous honore de sa présence ! Vous entendez ! Commandant, si on vous insulte, c'est à moi qu'il faut le dire. Warren Gameliel, espèce de petit crétin noir, enlève tout de suite ce chapeau ridicule de ta tête et présente tes respects im-mé-dia-te-ment !

— Mama, intervint Hallie à son tour, cesse de donner des ordres comme si on était en formation de combat ! Cet homme n'est pas venu ici pour que tu lui accroches une médaille sur la poitrine. Tu ne vois donc pas que tu lui gâches son plaisir ? Et prenant la tête du Commandant entre ses mains elle lui dit : Faites pas attention à Mama, La Marine, c'est votre uniforme qui l'impressionne.

— Ne t'avise pas de recommencer à appeler notre hôte de marque La Marine comme ça ! — Mama ne savait plus où donner de la tête. Cet homme représente la flotte de l'Atlantique tout entière !

— Moi j' représentais deux avocats, rappela Reba d'un air rêveur.

— Et moi j' représente un tube de vaseline K-Y et un bock percé, lâcha Kitty d'un ton amer.

— Moi j' peux chanter tout comme un zoiseau, se vanta Floralee. Mais je me demande encore comment j'ai fait pour voler jusqu'ici.

Dehors, les pochards sortaient des derniers speakeasies du pays et les réverbères commençaient à onduler comme les seins d'une jeune fille sous la main d'un homme qui en a trop acheté. Warren Gameliel, aveuglé par la casquette, réussit à tâtons à nouer ses mains noires sur la gorge de l'officier.

— Si tu ne te conduis pas comme il faut, je t'enverrai à l'école des Négros, le menaça Mama.

Et dans un étrange petit silence la voix d'une fille s'éleva : « — J'étais saoule, le phono à musique beuglait, je m' suis mise à crier... » et l'air trouble empestait l'eau de Cologne.

— Je crois que notre hôte veut me voir, pressentit Hallie, et attirant la tête de La Marine elle la pressa contre ses seins. Il acquiesça mollement d'un léger mouvement de la tête.

Elle l'aida à se relever, et il se laissa conduire, plus comme un malade que comme un homme ivre.

— Envoie deux doubles gins dans ma chambre, commanda Hallie à Mama. Et vous autres, buvez ce que vous voudrez.

La porte se referma sur eux, et la lampe éclaira une chambre qui aurait pu être celle d'une prostituée de l'antique Babylone : un lit étroit pour le pain ; une cuvette émaillée pour la propreté ; un rideau de perles pour empêcher les moustiques d'entrer tout en laissant passer la musique ; un bâtonnet d'encens pour faire oublier les relents de whisky et de tabac ; un calendrier de l'année précédente et une image au-dessus de ceci ou de cela dans l'espoir du pardon. Un univers qui se survivait à lui-même, identique, depuis que la première fille avait été vendue, et qui verrait encore défiler des millions de filles vendues.

Le rougeoiement de la lampe sur la robe couleur d'ambre faisait de Hallie une femme dorée. Car ses yeux étaient gris, sa peau olivâtre, et elle portait un ruban jaune autour du cou.

Sa robe sans épaulettes ne tenait que par la grâce de ses seins.

— J'ai beau faire l'amour vingt fois par jour, dit-elle, dès que je me trouve avec un homme, je me mets à trembler.

— Ce n'est pas la peine de trembler pour moi, dit le héros sans batailles, ne prenez même pas la peine de vous déshabiller.

Il y avait donc quelque chose qui ne lui plaisait pas en elle.

— Qu'est-ce qui ne va pas ? Tu n'aimes pas les brunes ?

— Ce n'est pas vous, c'est moi, la rassura-t-il. Moi, je ne suis bon à rien, voilà tout. Mais je vous paierai quand même pour le temps perdu.

— Je ne veux pas la charité, dit Hallie d'un air vexé.

— Ce n'est pas de la charité. Vous m'avez déjà rendu un service qui ne peut pas s'acheter.

— Dans ce cas j'accepterai l'argent, dit Hallie d'un ton conciliant, et elle s'assit à côté de lui sur sa couche déshonorée en laissant glisser sa robe sur sa poitrine pour le cas où, après tout, il ne se montrerait pas aussi incapable qu'il le prétendait.

— Je suis de Virginie, naturellement, comme si la révélation de ce fait était plus importante qu'un corps de femme.

— Moi, je suis de la Louisiane, enchaîna Hallie. Naturellement, ajouta-t-elle.

— Ce que je veux dire, c'est... enfin, je suis un gentleman.

— Mais je ne doute pas que vous soyez un gentleman, lui assura Hallie. Quand on est soi-même une dame, c'est une chose dont on ne peut parler qu'à un vrai gentleman.

— Oui, mais ce que j'essaie de vous faire comprendre, c'est que je suis un gentleman *virginien*.

— Je ne voudrais pas paraître sarcastique, monsieur, lui affirma-t-elle, mais qu'est-ce que ça change ?

— Eh bien... bégaya-t-il, comme s'il n'avait jamais songé que le fait d'être un gentleman de Virginie pouvait réclamer d'autres éclaircissements. Eh bien, cela veut dire que je peux en remontrer à Washington et à Lee !

— Ça sert toujours d'avoir deux cordes à son arc. Et par les temps qui courent c'est plutôt rare.

— Je vais vous dire ce qui est une bien plus grande rareté encore — il arrivait enfin à son affaire — c'est la façon dont les nounous noires vous frappent par-derrière... Sa voix vibrait maintenant d'une passion contenue. *La façon qu'elles s'amènent derrière vous avec un balai et vous gueulent dans les oreilles : gamin, so' toi d' mon ch'min quand j' nettoie pa' ici, gamin, et la voilà qui s'amène avec un seau et qui gueule gamin, qui c'est-y qui t'a app'is à t' condui' ? Est-ce que j' t'ai pas déjà dit de pas t' met' su' mon ch'min ? Et vous vous retournez et voilà nounou qui revient encore... Gamin ! T'as donc 'ien d'aut' à fai' toute la jou'née que d' te fout' toujou' dans mes pattes ? T'as décidé de te fai' a'oser ?*

Il ne parvint à se calmer qu'au prix d'un grand effort.

— Monsieur, lui demanda doucement Hallie, ça fait combien de temps que vous êtes dans cet état ?

— Depuis le jour où j'ai cassé la baratte naturellement. Il y a dix-neuf ans que ma nounou noire est morte... sans ça je ne serais pas comme ça, n'est-ce pas ? Elle nous était dévouée corps et âme, et quand le jour est arrivé où tout ce qu'elle pouvait faire c'était de rester assise à se balancer sur sa vieille chaise en paille, il n'y avait que moi pour aller lui chercher un verre d'eau.

« Nounou, je lui ai dit, tu t'occupais de moi ; maintenant c'est moi qui vais m'occuper de toi. C'est moi qui prends soin de ma vieille nounou noire.

« Je dormais près de sa chaise, parce qu'elle ne pouvait pas se coucher. La nuit, quand je me réveillais, je pouvais toucher le dos de sa main noire toute ridée en tendant le bras, et je savais si elle dormait ou si elle était réveillée. Vous savez ce que je lui demandais alors ? »

Hallie sentit la main de l'homme sur la sienne.

— Qu'est-ce que vous demandiez alors ?

— Je lui demandais : Tu ne veux rien, Nounou noire ? Je ne lui demandais que ça.

— Elle devait être pleine de reconnaissance pour toutes vos attentions.

Il jeta à Hallie un regard absent.

— Plus que je le croyais, parce que le jour où elle est morte elle a levé son pauvre vieux bras fatigué et elle m'a donné une gifle du revers de la main.

— Vous aviez encore cassé une baratte ?

— C'était sa façon à elle de me dire qu'elle avait compris tout ce qu'avait fait la première gifle qu'elle m'avait donnée quand j'avais dix ans.

— Elle vous pardonnait enfin d'avoir cassé la baratte ? Hallie essayait de s'y retrouver dans son récit obscur.

— Nous avions trop de reconnaissance l'un pour l'autre pour qu'il soit question de pardon, expliqua-t-il. Vous ne le savez peut-être pas, mais moi je sais que c'est la main de ma nounou noire qui a fait de moi un chouchou à sa nounou. Que je pourrais maintenant avoir une femme et des enfants s'il n'y avait pas eu cette main. Pourtant je lui suis encore reconnaissant. Qui d'autre a jamais pensé que j'étais digne qu'on s'occupe de moi ? Je suis bien content que la véranda ait été glissante ce jour-là.

Hallie nageait complètement.

— Monsieur, dit-elle en hochant tristement la tête, je ne comprends rien à ce que vous me racontez.

— L'eau de la baratte avait mouillé toute la véranda. Quand elle a entendu le bruit et qu'elle a vu ce que j'avais fait elle a levé la main pour me donner une gifle. J'ai glissé et je suis tombé et sa main m'a frappé quand j'étais par terre. Je suis resté allongé en criant et j'ai bien cru qu'elle m'avait à moitié tué. Nounou noire avait la main lourde. C'était la première fois qu'on me donnait une correction.

Hallie commençait vaguement à comprendre.

— Et qu'est-ce qui est arrivé *exactement ?*

— Eh bien, qu'est-ce qui arrive à un homme quand il est avec une femme ? C'est ça qui m'est arrivé. Et je n'ai plus jamais été capable de le faire arriver une deuxième fois. (Il se mit à rire, et la lumière glauque de la chambre donnait à son visage un air égaré.) Je me sens terriblement fatigué maintenant, je ne sais pas pourquoi, dit-il en se prenant la tête dans les mains.

Hallie se dit alors que ce n'était assurément pas un monstre de la pire espèce, tout au plus une sorte de nourrisson crevant de solitude qui jouait au Commandant alors qu'il avait le nez encore plein de lait.

— Monsieur, lui dit-elle tranquillement, ce n'est pas une fille qu'il vous faut, mais un docteur.

— Y a pas de docteurs pour les chouchous à sa nounou, expliqua-t-il sèchement, comme s'il en avait déjà cherché un dans l'annuaire de la ville.

— Alors essaie de te reposer un peu, lui dit Hallie.

Dès qu'elle le vit endormi, Hallie s'empressa d'aller préparer Mama pour la grande scène.

— Tu crois pas qu'il a volé l'argent d' son bateau, non ? (Mama avait besoin de savoir.) Il va pas nous faire arriver un tas d'ennuis, hein ?

— Tu n'auras pas gagné un dollar plus facile de toute ta besogneuse existence, la rassura Hallie. Ce n'est qu'un bleu qui a tété sa nourrice noire trop longtemps. Tout ce que tu auras à faire c'est qu'il te prenne pour sa nounou, tu comprends. Alors tu lui donneras une gifle sur le derrière... pas trop fort, juste assez pour que ça ait l'air vrai.

— Quoi ? Tu voudrais que je frappe un soldat de notre marine nationale ! T'es pas un peu branque, non ?

— C'est parce qu'il a été battu par sa vieille nounou noire, c'est pour ça qu'il est ici. Marche un peu que je voie comment t'arranger...

Elle alla chercher un petit coussin qu'elle glissa sous la jupe de Mama pour lui faire un ventre de nounou.

— Tu fais bomber par-devant et tu fais bomber par-derrière. Il faut que ça bombe tellement de partout que tu ressembles à la Reine Mère.

— Dis donc, fifille, je suis née dans ce pays, moi.

Visiblement, Mama n'avait encore rien compris au rôle qu'Hallie voulait lui faire jouer.

— Mama, supplia Hallie, oublie l'homme en uniforme. Je me tue à te dire qu'il n'est pas comme les autres hommes.

Mama se raidit comme un chien d'arrêt.

— Chérie, c'est pas un de ces *intervertis* au moins ?... (Elle était prête à arracher ses oreillers, son madras et tout le reste et à chasser de son honorable maison toutes les marines interverties du monde.) C'est pas moi qui irai leur procurer de l'amusement à ceux-là. Pas pour tout l'or du monde.

— S'il était comme tu dis il ne s'en porterait que mieux, la rassura Hallie. Maintenant tourne-toi.

Et Hallie fit enfiler à Mama toutes les jupes et toutes les robes qu'elle put trouver dans la maison et qui voulurent bien entrer sur elle. A la fin, Mama, harnachée comme un roi nègre, s'effondra lourdement sur une chaise.

— Chérie, je commence à transpirer, se plaignit-elle.

— Sue jusqu'à ce que ta peau brille, l'encouragea Hallie, mais ne montre pas ta figure avant que je te fasse signe. Elle disparut à travers le rideau de perles.

Sous la casquette galonnée qui n'avait plus de forme, le Roi des Voleurs avait fini par s'effondrer, la chemise enroulée autour du cou comme si quelqu'un avait voulu lui apprendre à vivre pour l'éternité, et ronflait, les orteils écartés. Puis il s'étira et marmonna quelque chose dans son rêve.

— Et toi là-dessous, lui cria Hallie, arrête-toi de ronchonner dans ton coin comme si tu étais Edgar G. Robinson. Et s'adressant de nouveau à Mama, elle lui fit les ultimes recommandations. Tu as accueilli cette nuit un hôte de marque, ce qui veut dire que ça te rapportera de l'argent. Alors fais comme je t'ai dit.

Et le héros d'innombrables batailles navales pas encore livrées arriva, un verre de gin à la main, avec l'air penaud d'un homme que les chiens auraient obligé à aller se réfugier dans une cave.

Hallie fit un signe au rideau de perles. Mama entra, le front luisant de sueur, engoncée dans ses jupes et ses foulards, son petit tablier vert menthe par-dessus le tout, un balai à la main.

Dès qu'il la vit, La Marine laissa échapper son verre.

— Je ne voulais pas faire ça, s'excusa-t-il aussitôt, et il s'accroupit pour essayer de nettoyer le plancher avec sa manche.

(Y a longtemps, Nounou m'a corrigé le jour où j'ai cassé la grosse baratte, elle m'a frappé de sa grosse main noire pour faire semblant et elle savait pas qu'il y aurait quelque chose de cassé pour toujours. Elle savait pas que ça allait m'arriver et elle m'a fait une bonne petite tarte au citron

rien que pour moi. Y a donc plus personne maintenant pour me corriger?)

Mama s'avança vers lui, dans son attirail saugrenu. Hallie mit un doigt sur ses lèvres et les filles échangèrent des regards inquiets et surexcités tout à la fois.

— Je suis protestante de naissance, mais mes enfants sont catholiques — Mama éprouva à ce moment le besoin d'expliquer le curieux *no man's land* de sa foi. Mais j'ai eu quatre maris, alors l'Eglise peut pas m'accepter. Mais si je ne peux pas mourir sanctifiée, j'espère au moins mourir bénie dans le sein du Seigneur.

Le coude du Commandant effleura le verre de Floralee. Le verre chancela, l'homme tendit la main pour le rattraper et naturellement le renversa. La fille se recula sur sa chaise, et il tira son mouchoir de soie et se mit à essuyer la table, mais il ne fit que poisser son mouchoir et barbouiller la table.

— Continuez votre histoire, dit-il à Mama. Je suis désolée d'être si maladroit.

Mais Mama avait perdu le fil. Tout ce qu'elle se rappelait c'est qu'elle avait eu quatre maris.

— Il y en avait trois qui étaient des voleurs et un qui était un homme légitime. J'ai jamais épousé d'autre homme légitime. Saviez-vous qu'un boxeur professionnel est le plus doux des hommes une fois qu'il est descendu du ring? C'est parce qu'il sait ce que peuvent faire les poings d'un homme. Et saviez-vous que vous êtes plus en sûreté avec un homme qui tue pour de l'argent qu'avec un homme qui n'a jamais tué? C'est parce qu'il sait ce que c'est que de tuer, tandis que les autres ne le savent pas.

— Eh bien, fit remarquer La Marine, dans ce cas les femmes de mauvaise vie devraient faire de meilleures épouses que les femmes légitimes.

L'étrange petit silence tomba de nouveau. Personne ne savait que répondre à cela.

— Matelot, je crois bien que c'est la chose la plus jolie que j'ai jamais entendue depuis que je fais la putain, dit Hallie... et le coude du matelot renversa le verre de Mama sur sa robe.

— Maintenant vous n'allez pas me dire que c'est arrivé par hasard, lui reprocha Mama très sérieusement cette fois. Ne me dites pas qu'un homme peut être aussi maladroit. Monsieur, si vous voulez savoir ce que je pense, c'est que vous avez fait ça exprès.

— Je jure que non, ma nounou, dit-il en mentant visiblement.

— Ne le bats pas, Mama, supplia Floralee.

— Je suis sûre qu'il ne le refera plus, dit Hallie à son tour.

— C'est bien par respect pour vot' uniforme, l'avertit Mama, mais encore un verre et je pourrai pas supporter ça. Elle baissa la tête pour secouer ses jupes et à ce moment-là elle entendit le fracas d'un verre sur le plancher ; relevant la tête, elle vit l'homme-bébé, les doigts dans son nez, l'air d'un chien battu. Mama ne savait vraiment plus que penser.

— Ça alors... Comment un homme de votre rang peut-il aussi mal se conduire ?

— Il ne l'a pas fait exprès, Mama. Hallie était prête à le jurer sur sa tête.

— Le bats pas, supplia Floralee.

— Je jure que je ne l'ai pas fait exprès, implora La Marine d'un ton de petit garçon pleurnichard qui aurait mérité à lui seul une volée.

— Tu parles que si qu'il l'a fait exprès, déclara Kitty. J' l'ai vu d' mes propres yeux, et j' suis pas myope, ça j' vous jure.

— Je le referai plus, je te le promets, ma nounou,

promit-il humblement. Je vais essayer de bien me conduire et d'être un bon garçon... et se mettant à genoux et tendant brusquement la main pour donner plus de poids à sa promesse il attrapa la nappe et fit tomber d'un seul coup la bouteille de gin, les verres, les cocas, les plateaux, les carafes et quatre bouteilles de bière qui allèrent s'écraser pêle-mêle sur le plancher.

— Espèce de salopard... Mama se dressait maintenant devant lui, noire de rage tandis qu'il devenait blanc de terreur, et ça au moins, on pouvait voir qu'il ne le faisait pas exprès... Et le héros plongea sous la table et s'y tapit en suppliant d'une voix blanche :

— Nounou, me bats pas, s'il te plaît, s'il te plaît, me bats pas, me bats pas.

Ne pouvant l'atteindre avec son poing, Mama saisit sa cheville gainée de soie et hala le grand corps qui se débattait mollement, les yeux fermés, se cachant la figure dans ses bras en attendant les coups.

— J'aime pas ça, dit Mama à Hallie, il a pas le droit d'être aussi flasque sans être saoul ni malade. Non, j'aime pas ça du tout.

— Il est malade comme vingt, voilà ce qu'il est. Que quelqu'un aille chercher de l'eau.

— La bière est-ce que ça f'rait pas pareil ? s'enquit Floralee, et elle lui vida une pleine canette sur la figure. Puis mettant son œil au goulot de la canette, son visage se rembrunit : maintenant v'là qu'elle est vide. Finie la rigolade. On aurait dit qu'elle allait se mettre à pleurer.

— Prends les cocas, commanda Hallie.

Qui aurait pu penser à *ça,* sinon Hallie ? Floralee courut rafler les bouteilles à moitié vides qui se tenaient comme de petites sentinelles sur le bord du divan, et en moins de temps qu'il n'en faut pour le dire elle avait déjà rempli sa canette. Cette fois elle la vida sur le devant de sa chemise.

— C' que c'est marrant, confia-t-elle à Hallie.

— Finie la rigolade, lui dit Hallie.

— Finie la rigolade. Floralee prenait maintenant les choses comme elles venaient.

Mais par terre la rigolade ne faisait que commencer. Lazare trop languide pour ressusciter, il restait là, couché, à passer sa grosse langue de bœuf autour de sa bouche et à lécher le coca-cola.

— J' croyais bien que j'avais vu tout ce que Dieu peut permettre sur cette terre, mais j'ai encore jamais vu quelque chose d'aussi répugnant.

— Tu peux lui lâcher les jambes maintenant, lui fit remarquer Hallie, et Mama lâcha les chevilles de soie, qui retombèrent comme les jambes d'un mort.

Les deux femmes regardaient à leurs pieds. Même Hallie se demandait ce qu'elles allaient faire du citoyen.

Alors La Marine se décida enfin à rouvrir les yeux.

Ses yeux si bleus, si autoritaires.

— C'est la plus belle soirée que j'aie passée depuis douze ans, dit-il pour remercier tout le monde.

Mama se laissa aller sur un divan, dans toutes ses fanfreluches, et poussa un long soupir.

— Apportez-moi le journal du soir, demanda-t-elle au bout d'un moment. Faut que j' voie c' que les Blancs y-z-ont dans leur caboche.

Le souvenir de ce dingo en uniforme qui avait claqué en une soirée sa solde d'un mois s'effaça rapidement. Il y avait longtemps que son argent avait été dépensé et personne ne se souciait de savoir ce qu'il était advenu du Commandant.

Plus tard Mama eut des soupçons.

— J' me demande si cet officier nous a dit toute la vérité.

— Il nous l'a peut-être dite comme il la savait.

— Tu crois qu'il nous aurait caché quelque chose ?

— Sa nounou n'était peut-être pas aussi stupide qu'il se l'imagine. Je pense qu'elle avait préparé le terrain.

— Je vois pas bien ce que tu veux dire.

— Eh bien, j'ai l'impression que du jour où elle a flanqué sa raclée au gosse elle a su ce qu'il avait dans le ventre. Je crois qu'elle pouvait en faire un homme ou le faire rester petit garçon. Elle avait à choisir entre elle et le gosse, et elle a choisi contre le gosse. C'était sa seule façon d'être sûre qu'il n'irait pas la laisser tomber quand la première fille blanche venue se pointerait.

— J' peux pas croire qu'une vieille Négresse d' la campagne puisse être aussi mauvaise. Mama ne pouvait pas admettre la théorie de Hallie.

— Ce n'était pas une Négresse de la campagne, c'était une Négresse de bourgeois qui avait des comptes à régler avec ses patrons. Tout ce qui était à elle, les Blancs le lui avaient pris. C'était sa façon de récupérer quelque chose. Je te parie tout ce que tu veux qu'elle voulait se venger de quelqu'un.

Mama ne voulait toujours pas y croire.

— Non, c'est pas ça. Mais y a toujours quelqu'un qu'on a besoin d'aimer et c'te femme-là elle avait qu'un p'tit gosse blanc à aimer, et lui il avait personne à aimer que sa vieille Négresse. Quand c'est comme ça la couleur et l'âge ça compte pas. En amour, même le prix qu'on paie ça compte pas. Non, moi j' crois que cette nounou elle l'aimait vraiment, son gosse.

— Mais c'est bien ce que je me tue à te dire. En amour, le prix qu'on paie ne compte pas, ni lequel c'est qui paie. C'est pour ça qu'il ne peut pas lui en vouloir, même maintenant qu'il sait ce qu'elle a fait de lui.

Bien que le languissant lieutenant fût maintenant loin en mer, parti sans laisser d'adresse ni espoir de retour, sa visite détermina de profonds changements dans la maison. Il avait dépensé si largement que Finnerty se mit en tête de découvrir des pistolets du même acabit, en uniforme ou en civil. Finnerty avait raison. Il se mit à prêcher sa nouvelle doctrine.

— Nous sommes à l'âge de la spécialisation, pas vrai ? Est-ce qu'on va chez l' toubib pour se faire arracher un croc ? Est-ce qu'on va chez le pâtissier pour acheter des timbres ? Y a des nouveaux champs d'activités qui se créent de partout, et les tordus, c'est un filon en or. Y a des centaines de tordus pleins aux as qu'ont même jamais entendu parler de la crise, et ces mecs y sont prêts à payer n'importe quoi pour qu'une môme les rende heureux. Un mec comme ça, ça le rend pas heureux d'entrer au bordel, de choisir une fille et de coucher avec. C' qu'il lui faut, de nos jours, c'est quelque chose de plus relevé. Il faut que la fille lui dise : « Fais de moi c' que tu veux. »

C'était peut-être aussi la nouvelle protégée de Finnerty qui l'avait mis sur cette voie, une petite poulette râleuse et toute en nerfs qui sortait de la prison de Houston, car elle paraissait totalement indifférente à tout ce qui pouvait lui arriver.

— J' m'appelle Kitty la Tordue, lui avait-elle dit, et j' fais tout c' qu'on veut.

Cette petite bonne femme aussi dépourvue de sex-appeal que de poitrine ferait parfaitement l'affaire. Finnerty s'en était rendu compte tout de suite. C'était tout juste le genre de fille qui saurait procurer à un homme ce dont sa femme ou sa maîtresse l'avait privé. La ville était pleine de Jules qui avaient plus soif de vengeance que d'amour à la suite des torts vrais ou imaginaires dont sont toujours responsables les femmes : épouses, nourrices, sœurs, filles, maîtresses ou tantes. Car c'était la femme qui était cause de tout.

Un commerce fondé sur les rancœurs et les frustrations, qui prospérerait mieux que la bonne vieille prostitution d'antan, voilà ce qui convenait à un homme de l'étoffe de Finnerty. L'amour rapporte des billets de mille, mais la haine se paierait par billets de dix à la fois.

— C'est les nouvelles méthodes, disait Finnerty ; et il les approuvait entièrement.

Et les hommes qui rappliquèrent dans le sillage de Finnerty avaient les gros talbins. Ils ne devaient guère lire les journaux, car ils paraissaient tout ignorer de la crise économique que traversait le pays. C'étaient des hommes qui avaient toujours vécu à l'abri et qui l'étaient encore. Pour eux, le monde se réduisait à leurs besoins, et s'il leur arrivait de se pencher à la fenêtre pour regarder dans la rue, ce qu'ils y voyaient n'avait jamais eu le moindre rapport avec la douce sécurité de leurs bureaux.

Des courtiers et des acheteurs, d'habiles conseillers d'entreprises nantis de confortables comptes en banque, des patrons issus de familles de banquiers, des hommes nés pour posséder des bateaux ou des banques, des mines ou des puits... toute la tribu bien repue des renards en col blanc, le cœur dans le portefeuille et la tendresse enfermée à double tour dans leurs classeurs métalliques qui voulaient encore connaître la réponse au pourquoi de la vie sans perdre une seconde à se poser la question.

— C'est des gens de la haute, disait Finnerty pour en imposer à ses ouailles. Si un te dit de faire du trapèze sur le lustre, poupée, t'as plus qu'à l' faire.

— Ben dans c' cas pourquoi qu'on vend pas tous les lits et qu'on n'achète pas des trapèzes à la place ? La nouvelle venue était prête à tout.

— Faut toujours que tu fasses ta crâneuse, toi, pas vrai ? la prévint gentiment Oliver.

— Et toi faut toujours que t'ayes raison, p'tit papa, rétorqua vivement Kitty la Tordue.

Contre la tribu des cols empesés, la brigade des gamelles à soupe — chaudronniers, gardiens de chantiers, maçons, marins, mécanos, forts des halles, plombiers et plâtriers — avait perdu d'avance. A quoi bon immobiliser la marchandise une demi-heure avec un client qui pue le poisson ou le goudron alors qu'un autre sortant de chez le coiffeur payait cinq fois plus cher et ne salissait peut-être même pas une serviette ?

— Mama, annonça Oliver, on va oublier tous ces bouseux qui savent même pas que les filles ont une âme. J' connais un mec qui attend au coin d'une rue qu'une de ses poules lui amène les trois dollars qu'elle vient de gagner pour aller se faire couper les tifs : moi, j'appelle pas ça un maquereau. Moi j'ai fait assurer toutes mes gonzesses, et j'ai mon zinc qui me coûte de l'argent. C' qu'ils cherchent, les crotteux, ils ont qu'à aller le chercher ailleurs. A partir de dorénavant, on n'acceptera plus que les clients qui ont envie de trucs qu'ils osent pas demander à leur bourgeoise ; ou qu'ils aiment autant pas qu'elles leur fassent ; ou qu'elles peuvent pas leur faire.

— Je sais pas si j' te suis bien, Oliver.

— T'as très bien pigé c' que j' veux dire, lui assura Finnerty.

— En tout cas, j'aime pas c' que tu veux nous faire faire. Qu'est-ce que c'est que ces trucs que tu dis qu'une fille de chez nous pourrait donner et pas une bourgeoise ?

— *La virginité,* ma vieille — le barbeau cracha le mot plutôt qu'il ne le prononça. Sans ça, pourquoi qu'un zozo à qui j' dis « Tu veux voir mes poulettes, gars ? » y m' dévisage et va plus loin ? Mais si j' lui dis : « M'sieur, une fille à dépuceler, ça vous intéresse ? » y peut pas résister. Y ralentit, y remue ça dans sa tête, y tourne à droite, y revient sur le trottoir d'en face, et j'ai plus qu'à l' cueillir. Le v'là qui vient droit sur moi et qui me demande : « Que voulez-vous dire ? » Et à sa façon de poser la question j' connais tout de suite si c'est un condé ou un micheton. Alors j'y dis : « Je voulais dire si ça vous intéresserait de voir une fille qui se donne pour la première fois ? » Eh ben ma vieille, tu m' croiras si tu veux, mais y en a pas beaucoup qui donnent pas un billet de dix pour une promesse comme ça. Ah, j' te jure, y a des jours où tout l' monde me dégoûte, à part moi.

— Y a des jours où toi aussi, tu me dégoûtes, Oliver, avoua Mama.

Le petit homme resta assis et serra sa poitrine dans ses mains comme s'il souffrait.

— Quel zèbre sauterait pas sur une occase comme celle-là ? C'est comme si c'était l'âme de la fille qu'on lui proposait. Il peut baiser sa grognasse tous les jours, mais l'*âme, l'âme...* Sa mère l'a négligé ? Sa tante l'a dépucelé ? Sa femme l'a abandonné ? Sa maîtresse l'a fait cocu ? Moi j' lui offre sa chance de se venger de toutes les femmes qu'il a eues.

— T'excite pas tant, Oliver, parce que je te promets que personne viendra se conduire comme ça chez moi. (Mama retrouvait enfin sa voix.) J'ai vécu toute ma vie dans le Milieu. Mais j'espère que l' Seigneur y m' pardonnera, parce que j'ai été honnête envers Lui et envers moi-même...

— Et honnête avec tes poules aussi, bien sûr, coupa Finnerty d'un ton tranchant. Assieds-toi, vieille. Y a quéque chose qu'y faut que j' tire au clair, alors autant le faire tout de suite.

Mama s'assit.

— C'est à propos d'un bifton de cent dollars que t'as reçu, et qui m'est revenu transformé en bifton de dix. Si ç'avait pas été la Dingue, j'aurais pu penser que c'était elle et pas toi. Mais elle est tellement siphonée qu'elle a même pas regardé le bifton. Plus d'une fois j' l'ai reluquée quand elle encaisse : elle regarde jamais c' qu'on lui file. Elle met les faffes de côté et quand elle me voit elle me file le pacson. C'est comme ça que j' suis sûr qu'elle te l'a donné comme elle l'a reçu. Et c'est toi, vieille maquerelle, qui as joué ce vilain tour à ton meilleur, ton seul ami. C'est ça que t'appelles être honnête, putain de Dieu ?

— Oliver, si je sais de quoi tu causes je veux bien te baiser le cul devant Dieu.

Finnerty releva la tête en entendant cela.

— Dis donc, tu sais que j'ai jamais entendu une bougnoule dire à un Blanc quéqu' chose de plus fort que celle-là ?

— Mais Oliver, c'est vrai, je sais pas de quoi tu parles.

— Ecoute... il commençait à perdre patience. J'ai foutu la trempe à la gonzesse et elle a nié. J'y ai foutu plus fort et elle a continué à nier. A la fin j'ai enlevé mes gants, et j'étais prêt à y aller pour de bon et elle a continué à gueuler que c'était pas elle. Tu sais, j'ai pas envie de te cogner dessus, mais c' que je sais c'est que c'était pas la gonzesse. Alors je sais que c'est toi.

Pour le coup, c'était trop d'injustice pour Mama.

— Pour l'amour de Dieu, ça suffit comme ça, fils. Tu vois donc pas que c'est le type qui t'a roulé ?

Finnerty eut un mince sourire.

— J' me demandais combien de temps il te faudrait pour la sortir, celle-là. Mais ça prend pas, ma beauté. J' l'ai pas quitté des yeux, mon bifton, depuis le moment où je l'ai glissé dans la poche du zigoto.

— T'étais dans la chambre quand il l'a donné à la petite ?

— C'est tout comme. J'avais mon œil sur le trou de la serrure.

— Et comment que tu pouvais voir le chiffre sur le billet, à travers la serrure ?

L'ombre d'un doute effleura l'esprit du proxénète. Mais il revit l'énorme candeur inscrite sur le visage de Dove, et l'ombre s'évanouit. Ce n'était pas possible. Car ce corniaud de rouquin n'était même pas une poire ordinaire. C'était la poire des poires, comme on n'en voit pas deux au cours d'une vie. Tellement nave que c'en était émouvant.

— Un autre, je dis pas, mais pas celui-là, répliqua-t-il ; puis se rendant compte qu'elle avait failli le convaincre, il se raffermit dans sa décision. Ecoute, mémère : j' veux t'entendre dire que c'est toi qui m'as volé, toi et personne d'autre.

Mama connaissait bien ce ton, et elle ne put que secouer tristement la tête.

— Non, non, que je crève si c'est moi qui ai empoché ton fric.

Finnerty se leva.

— Oliver, je sais ce que tu vas faire. Mais j'arriverai

pas à faire dire à mes lèvres ce que tu voudrais que je dise.

Finnerty enfila un gant. Il fit glisser le tissu soigneusement sur chacun de ses doigts. Quand il eut fait disparaître tous les plis, il fit jouer son poignet pour en éprouver la souplesse. Après quoi il enfila le deuxième gant.

— Oui, fit Mama. Oui, oui, oui.

— J'ai toujours su que c'était toi qui avais fait le coup, déclara Finnerty, et je te le compte pas. Mais que je t'entende plus jamais dire que t'es honnête. C'est pas à moi que tu pourras faire gober ça. Tiens...

Il lui versa un cognac et le lui tendit, plein jusqu'au bord, sans en renverser une goutte. Mais la main de Mama tremblait si fort que lorsqu'elle prit son verre il dut l'aider à le porter à ses lèvres. Quand elle l'eut vidé, elle le lui tendit, et il le remplit à nouveau. Cette fois elle le vida plus lentement. Et elle en redemanda encore.

— Si je peux éviter un seul faux pas à un innocent moineau... commença-t-elle.

— Ça va, ça va, vieille entôleuse, lui dit Finnerty. J'ai du boulot, et toi aussi.

Et là-dessus il rentra chez lui pour voir ce que faisait sa souris.

Bien que l'homme-sandwich leur promît la Colère Divine et les Feux de l'Enfer, les femmes étaient persuadées que l'enfer était exclusivement réservé aux mouchards et autres méprisables individus. Pourquoi Dieu en voudrait-il à une femme qui gagnait son pain à la sueur de son sexe puisqu'il avait béni le sexe de la femme ? Mais ceux ou celles qui sauvent leur peau en donnant un copain... il n'y avait pas un Dieu digne de ce nom qui aurait laissé passer une telle saloperie.

Et puis Dieu était certainement de leur côté puisqu'il était avec Mama. Mama ne ramenait-elle pas toujours à la maison tantôt un canari en train de muer, tantôt un poisson rouge en solde parce qu'elle avait eu pitié des pauvres bêtes ? Et ne disait-elle pas tous les jours ou presque :

— Si je peux éviter un seul faux pas à un innocent moineau, ça sera autant de compté pour mes faux pas à moi.

Bien après minuit, les vieux trains de marchandises qui s'ennuyaient appelaient Mama comme des amoureux qui arrivent toujours trop tard pour l'amour. Et tout le long du fleuve triste ils appelaient, appelaient sous des fenêtres éteintes depuis longtemps, devant des portes depuis longtemps fermées à clef. Comme de vieux beaux qui avaient fréquenté Perdido Street il y avait bien longtemps de cela et qui venaient se rappeler les noms des filles qu'ils avaient aimées. Ils avaient tout l'argent qu'ils pouvaient souhaiter dépenser, et ils avaient toute la nuit pour l'amour. Mais les fenêtres étaient éteintes, les portes étaient fermées, et les seules filles dont ils se rappelaient les noms portaient toutes maintenant le même nom, et ce nom était poussière.

Mama se levait de son lit trop large, Mama, La Femme Dont Le Pape Ne Voulait Pas, Mama si âpre à défendre la faible et l'orpheline et à leur éviter un faux pas tant qu'il n'y avait pas un dollar en jeu. Et elle voyait les retardataires se poster sous les réverbères ; toute la nuit avait l'air d'être louée.

Elle entendit une femme qui piaillait au coin de la rue et réclamait au client ses quatre dollars tout de suite. Puis son mari qui se signalait un bloc plus loin en faisant tinter un trousseau de clefs.

— J'ai trouvé un micheton ici, bébé, rentre à la maison...

Quelque part dans la maison, en haut ou en bas de l'escalier, la voix d'une fille des montagnes commençait à faire sa prière à la nuit :

Souffle sur la rosée, oh!
Sèche les larmes du matin...

Et elle savait, et Mama savait aussi que tôt ou tard ce serait l'heure où le panier à salade viendrait ramasser les filles, celles qui ont de la fierté et celles qui n'en ont pas, celles qui ont mis de l'argent à gauche et celles qui ne savent pas si elles mangeront demain, pour les emmener dans cette cave au-dessous des cachots où une porte conduit à la liberté et une autre conduit tout droit à la prison. Une fille rendue à son trottoir et une fille de plus dans la file. Savait que certaines se rachèteraient, d'autres seraient mises en liberté provisoire, d'autres vendraient leurs frangines.

Oh, comme la brise est douce,
Qui sèche toutes les larmes de la nuit.

— Si je ne peux pas mourir sanctifiée, songeait Mama en se signant, au moins que je meure bénie.

C'était parce que le whisky était si mauvais, les prix si élevés, l'endroit si étouffant et l'escalier si raide que tout le monde se pressait tous les soirs dans la Maison de Poupées de Dockery alors que les autres bars restaient vides.

Enfin, tout le monde sauf les flics, car la police ne venait jamais dans ce bouge au plancher branlant. Quand un grand silence tombait sur l'assistance, qui signifiait que le rififi allait commencer, le vieil homme tirait les persiennes jusqu'à ce que la tempête soit calmée.

De toute sa vie le vieux ne s'était jamais battu avec un autre homme, mais il prenait un plaisir sénile à regarder les autres se battre. Il laissait entendre que c'était une question de virilité de les laisser vider leur querelle. Mais le tremblotement de plaisir qui s'emparait de lui dès que le sang coulait était une jouissance de femme.

Et bien que les bagarres fussent fréquentes, il veillait à ce qu'elles n'attirassent jamais l'attention des passants. Quand deux zigomars se bigornaient, on n'entendait rien de plus que le gros vrombissement des ventilateurs que perçait à peine un raclement désespéré de chaussures sur le plancher grinçant, et le halètement sourd des combattants.

Et les choses s'arrêtaient aussi brusquement qu'elles avaient commencé. Doc rallumait alors, vainqueur et vaincu buvaient un coup aux frais de la maison, le brouhaha des voix s'élevait à nouveau et la boîte à musique se remettait à moudre *Dream Train* ou *It's only a paper moon*... et tout le monde se remettait à vivre d'un cœur plus léger, car enfin quelque chose de réel venait de se passer.

— Allons voir c' que foutent les jules, s'invitaient les filles quand le coup de feu de l'après-midi était passé. Ce soir j'aimerais mieux voir deux macs qui se saignent que de prendre un billet pour New York...

Si un combattant était sonné au point de ne pas

pouvoir se relever et boire un coup au comptoir, le vieux Doc lui versait en personne un coup derrière la cravate, et ses copains l'emmenaient cuver ses horions dans la rue.

Mais toutes les batailles avaient un caractère étrangement oiseux, et ne résolvaient jamais rien. Les maquereaux ne se battaient jamais pour un motif valable, comme l'argent ou l'amour. Le Grand Gégène avait-il vraiment dit à la femme du Beau Robert qu'elle n'habillait pas son homme avec classe ? Le Beau Robert avait-il vraiment dit de Max L'Espingo qu'il volerait sa propre mère ? Ils se battaient pour l'honneur, ce devait être cela.

Non parce qu'ils avaient trop éclusé de whiskies, mais au contraire parce qu'ils n'en avaient pas absorbé assez. Leur vie se desséchait comme leur verre ; le manque d'amour leur desséchait la gorge. Ils auraient voulu être saouls, saouls pour l'éternité.

— Y a trop de sel dans tes chips ! Il y avait toujours quelqu'un qui se plaignait de quelque chose à Dockery.

— Ces chips, c'est ça qui donne soif aux gens, expliquait Doc. C'est pour ça aussi que le pot à moutarde est toujours plein et qu'il y a toujours à portée de la main une pleine assiette de bons bretzels bien salés.

Etre saoul, saoul pour l'éternité.

Mais Dove venait à midi, bien avant l'heure des assoiffés, juste pour poser sa valise d'échantillons sous la table et son livre dessus, et pour commander un sandwich maigre et une canette de bière.

Et, le livre posé devant lui, la bière oubliée, il vit enfin par lui-même combien A était différent de B.

Un jour, à midi, il était en train d'étudier M et N

quand une ombre tomba sur la page et le doigt de Finnerty ferma le livre comme pour toujours.

— Qu'est-ce que c'est que tu bouquines là ? *Contes de Fées...* tiens, tu lis des conneries de gosses maintenant, pétzouille ?

Dove prit son livre et le mit dans sa poche.

— Salut, Oliver, dit-il.

Finnerty hocha la tête d'un air incrédule.

— Dire que j' te prenais pour le plus grand connard de la ville !

— J' suis représentant d' commerce, m'sieur, rappela Dove au marlou avec une incompréhensible fierté.

— Gars, t'es fortiche. Ça, y a pas plus fortiche. Et la valtouse d'échantillons par-dessus l' tout. Tu m' la coupes, tiens... Un gars qui transbahute sa p'tite valdingue avec son air nave, hein, qui c'est qui pourrait deviner dans quelle branche il travaille réellement ?

Finnerty tira une chaise et s'assit si près de Dove, et lui parla si bas à l'oreille, et lui tint son petit doigt si serré dans le crochet de son petit doigt que Dove se sentit coincé entre le mur et le barbeau.

— 'coute voir, poteau, lui murmura Oliver d'une voix humide, je s'rais pas ton pote si j' te disais pas que ma nouvelle fifille elle t'en veut à mort. C'est tout c' que j' peux faire pour te prévenir qu'elle aille pas te voler dans les plumes. Non, j' veux pas parler de c' coup qu'elle a fait avec toi et que tu t'es taillé après tout seul dans le Sud. J' pense pas que le Texas t'extradera pour ça. Mais c' que j'aimerais savoir, poteau, c'est comment que ça repose sur ta conscience ? Naturellement si c'est ça que t'attends de tes gonzesses, c'est tes oignons. Mais *moi* je traiterais pas un chien galeux de cette façon.

— M'sieur, dit Dove en essayant de dégager son petit doigt, m'sieur, c'te sœur elle vous a raconté des menteries.

— J'espère que t'es pas en train de t'imaginer que j' croirais plus la parole d'une pute que celle de mon vieux copain avec sa valoche d'échantillons, hein ? Le vieux copain qui a enfoncé pour moi la putain qui me rapporte le plus ? — Oliver était blessé que Dove pût même le soupçonner d'avoir oublié une faveur comme celle-là. — *Naturellement* qu'elle a menti. Est-ce qu'on a jamais entendu parler d'une pute qui aimerait pas mieux mentir plutôt que de prendre un train de voyageurs ? Poteau, j' vais t' dire moi : j' vais te tirer de là. Gars, j'ai été à Hurstville moi, et je sais ce que c'est. Ils m'ont fait regretter le jour où j'étais né, là-bas. Mais c'est pas pour ça que mon p'tit copain à la valoche y va regretter le jour où il est né, *lui*. Mais si elle allait raconter qu'elle était mineure le jour où tu lui as fait passer la frontière dans un véhicule roulant, hein ?

— M'sieur, finit par placer Dove, j'ai jamais transporté *personne*. On a juste pris un vieux tacot de marchandises un bout d' chemin ensemble, c'est tout. Vous auriez même pas pu appeler ça un véhicule roulant, non, j' crois pas.

Finnerty relâcha son petit doigt.

— Et comment donc que t'appellerais ça, Monsieur Groscul ? Un poteau télégraphique ?

— Ben, c'était pas un train de voyageurs.

— Frangin, dit Finnerty en mettant sa main sur l'épaule de Dove, frangin, ça fout rien même que ce soye dans une caisse à savon ou en patins à roulettes. Mais cette gonzesse elle peut te faire avoir un mandat d'arrêt dans tous les commissariats de la ville.

— J' l'ai tirée de d'ssous les roues ! s'écria Dove en se rappelant la scène. J'y ai sauvé la vie !

Finnerty hocha solennellement la tête.

— Tu peux toujours sauver la vie à quelqu'un, mais t'as pas l' droit d' lui faire des saloperies.

— J' lui ai sauvé sa putain d' vie, insista Dove, mais il sentait tout son courage l'abandonner.

— J' suis sûr que tu l'as fait, convint Finnerty avec sympathie. Mais c'est pas encore suffisant pour moi.

— C'est elle qui en voulait, révéla Dove désespérément. C'est même elle qui en voulait plus que moi. Elle en voulait encore plus tout l' temps. L' fait est que j'ai été obligé de dormir su' l' ventre parce qu'elle en voulait tout l' temps encore plus.

— C' qu'elle en voulait ça me regarde pas. Mais mineure, ça c'est un viol aux yeux de la loi, même si elle t'a mis un fusil sous l' menton.

— L'avait pas d' fusil, reconnut Dove, mais c'est sûr que j'ai *sexuellement* violé personne, m'sieur... mais il rougit étrangement dans une flambée de remords.

— On a tous fait une p'tite connerie de temps en temps, mec, lui dit Oliver en baissant le ton car il lisait dans ce rougissement à livre ouvert. C' que j' dis toujours c'est que si t'as pas du matériel champion, c'est les femmes qu'auront ta peau. Mec, une gonzesse c'est une gonzesse, rien de plus. Mais un copain c'est un copain. Alors arrête ta gamberge. J' vais pas laisser le Texas te mettre le grappin dessus parce qu'une gonzesse t'a pas à la bonne. Ça pourrait lui coûter chaud, et c'est juste comme je lui ai dit. « Poupée, que j'y ai dit, si tu m'emmerdes c'est une chose, mais si tu fais des emmerdements à un copain, c'est aut' chose. » Alors est-ce que tu veux que j' te sorte de ce pétrin où t'as été te fourrer ou non ?

Dove commençait à éprouver un sentiment de terreur qu'il n'avait encore jamais connu.

— J' vous suis rud'ment reconnaissant de vouloir m'aider, m'sieur.

— Un service en vaut un autre. Mais à partir de maintenant je compte sur ta collaboration totale. Je suis le général. T'es le grifton. Quand je donne un ordre, j'entends qu'on l'exécute, vu ? Parce que j'ai des arguments pour convaincre les fortes têtes, ajouta-t-il doucement.

— Z'êtes mon capitaine, acquiesça Dove, et j' suis vot' matelot. Mais y a juste une petite faveur que j'aimerais vous d'mander.

— Vas-y, vieux pote.

— M'appelez plus Monsieur Groscul.

— Adjugé, Tex ! Et Finnerty lui tendit la main.

Que Dove serra avec chaleur.

— J'ai tenu ma part du marché, m'sieur, dit Dove à Finnerty dans le salon de Mama une demi-heure plus tard.

— C'est vrai que tu l'as tenue, et j' suis tellement fier de toi que j' vais parler de tes exploits par toute la ville, promit-il. Tiens, viens prendre ça.

Il lui tendit un billet de cinq dollars.

Dove le retourna comme pour voir si le numéro de l'autre côté était bien le même, puis le passa à Frenchy.

— Dis-leur comment que tu l'as eu et comment qu'il t'a pas coûté grand mal, lui dit-il, et il se dirigea d'un pas nonchalant vers la porte.

Un doute énorme s'éleva dans la cervelle de Finnerty. Il rejoignit Dove à la porte de chez Dockery. Il était un peu essoufflé et attendit qu'ils fussent à l'intérieur pour proposer un verre à Dove.

— Donne à ce gars c' qu'il a envie de boire, dit-il à Dockery, toujours essoufflé. *Toutes les fois qu'il en aura envie.*

— Toutes les fois que c' gars-là il en aura envie, déclara Dove à Dockery, il paiera pour lui ; et il déposa sur le comptoir un billet de cent dollars sous les yeux exorbités du souteneur.

Finnerty tendit la main vers le billet, mais Dove lui arrêta gentiment le bras.

— Si j'ai bien saisi, le prix c'est dix dollars par voyeur, Oliver. T'avais une pleine maison. J' vais prendre mes trente qui m' reviennent maintenant.

Finnerty chercha son portefeuille. Lentement. Mais il finit par le tirer.

— J'y aurais jamais cru, convint-il, et il posa trois billets de dix sur le billet de cent. J'aurais jamais pensé que t'aurais eu l' culot de l' faire.

— Vous fournissez les vierges, m'sieur, moi j' fournirai l' culot.

— J' sais pas si tu sais que j'ai été obligé de foutre à cette pauvre morue une raclée de quatre-vingt-dix dollars à cause de toi ? Finnerty regardait Dove d'un œil franchement réprobateur tandis que les cent trente dollars disparaissaient dans le portefeuille de Dove.

— C'est c' que j' dis toujours, lui dit Dove gaiement. Faut toujours faire le bien aux gens quand on peut, mais faut jamais leur faire de saloperies.

Journées sans air où les slips roses et les soutiens-gorge noirs séchaient mollement dans une espèce de jungle immobile comme l'Amazone. Une jungle dont la végétation était des vêtements d'ignominie, du moins ceux qui étaient lavables, et dont les cris étaient ceux de l'homme à la pétoire :

Toute chaude ! Toute chaude !
Ça rend plus fort !
Fait vivre plus vieux !
Qui veut m'acheter ma pétoire ?...

Cris et odeurs, une chemise tachée de gros rouge, le petit jet d'eau dans la cuvette avant que s'éveille le premier amant d'une longue journée enfermé avec la dernière fille de la parade de la veille. Ils y allaient comme des ennemis, nombril contre nombril, jusqu'à épuisement de ses deux dollars de passion. Et là, un pied dans une chaussette et l'autre nu, il était frappé par un parfum dégoûté.

Un dégoût comme un parfum qui s'installait dans le matin et semblait éternel ; jusqu'à ce que midi se mélange au soir et qu'un soir et une nuit ne fassent plus qu'un.

Puis une odeur rougeâtre comme du sang mélangé à du savon se répandait dans l'escalier et se mêlait aux voix des femmes qui commençaient lentement à s'affairer. Puis la fumée de cigare se mélangeait à l'eau de Cologne, l'encens au whisky et le whisky au gin. Et en bas ou en haut, on était toujours sûr de trouver Dove Linkhorn.

Portant une chemise rouge ou une chemise bleue, portant des bottes de cow-boy et un foulard de soie noire, un pied sur la barre du comptoir chez Dockery, ou appuyé sur la machine à disques, et qui ne perdait pas de temps à se présenter aux étrangers.

— Serrez la pince à Double Nœud ! J'arrive juste de Rio Grande ! Voyez ces bottes ? Coûtent quarante dollars. Visez ce galure : trente-cinq. C'est moi qui bois le plus et qu'achète le plus ici. Tout c' que vous avez envie, c'est à moi qu'y faut y dire. Moi, j' soigne les amis. Z'avez envie de dire bonjour à une fille ? Pas sorcier : vous m' dites laquelle que c'est. Sont presque toutes à moi, mais j' suis pas un gars jaloux, j' les fais circuler par-ci par-là, pa'ce que j' sais bien qu'a r'viendront. A r'viennent toujours vers leur p'tit papa Double Nœud ! C'est comme ça qu'elles m'appellent, leur p'tit papa Double Nœud ! Mais pouvez m'appeler Tex. Toutes les fois que vous radinez dans l' secteur et que j' suis pas là, z'avez qu'à dire à c' vieux derrière le comptoir qu' vous voulez voir Tex. Dites-lui c' que vous avez envie d' boire... y bosse pour moi... et si c'est pas maint'nant c'est un p'tit peu plus tard, mais j'arrive avec une à un bras et une à l'aut' bras, et l' plus souvent avec une nouvelle liquette qu'elles viennent de m'acheter. Voyez c'te ceinture ? C'est une fille qui m'a fait cadeau d' ça.

Le whisky brun, le rhum noir, la bière foncée, le gin pâle.

— J' pourrais pas lire mon nom même s'il était écrit en lettres d'un mètre su' l' mur d'une grange, mais j' gagne plus en un jour qu'un tas d' connards qu'ont d' l'instruction y gagnent en un mois. Cul sec ?

Whisky, alcool de maïs, gin ou rye, Double Nœud descendait tout. Double Nœud sifflait tout ce qui pouvait se mettre dans un verre, jusqu'à ce que les gouttes ruissellent sur sa chemise rouge ou jaune et que la bière lui cascade dans les bottes. Un soir, au milieu d'une flaque d'urine ou de vin, la face chavirée par son poids d'alcool, il se mit tout à coup à gesticuler comme un homme qui réclame le silence. Quelqu'un stoppa la boîte à musique. Double Nœud avait quelque chose à dire à toute la barbeautaille.

— Brûlez vos villes ! réclama-t-il. Et il gesticula encore un moment pour trouver quelle était la suite. Brûlez vos villes et épargnez vos fermes ! conclut-il un peu plus brièvement qu'il n'en avait eu l'intention.

— Bien, continue, continue.

Mais bien qu'il essayât encore de se rappeler, ce fut tout ce que Dove put articuler ce soir-là.

Car une ou deux fois par jour les nouveaux messieurs de Finnerty se collaient l'œil aux trous pratiqués dans le mur pour éprouver par procuration cette ancestrale jouissance : la défloration d'une vierge.

Finnerty avait raison : c'était une hantise qui les avait poursuivis toute leur vie, et dont ils avaient fait un mystère secret qu'ils ne pourraient jamais consommer.

Mystère aussi truqué que le secret. Mais Finnerty le parait de couleurs brûlantes qui tournoyaient comme un grand soleil de feu d'artifice dans la nuit, et dont il ne reste plus rien qu'un morceau de bois peint quand la fête est terminée. Il enseignait aux filles l'art de ne pas offrir trop facilement leur chasteté, mais avec des larmes, et après un semblant de lutte.

A ce jeu Floralee ne valait rien du tout, car elle n'arrivait pas à comprendre les nouvelles finesses du rôle. D'ailleurs elle n'avait pas envie de comprendre. Dès que Dove entrait dans la chambre elle ôtait toutes ses nippes et se mettait à chanter de sa voix de clochettes :

La chatte avait un minet, minet avait un petit chien...

et invitait Dove à frapper dans ses mains avec elle :

Dis-moi, papa, si ta rhubarbe a poussé ?

Personne ne pouvait lui faire comprendre que ce n'était pas du tout comme cela que se conduisaient les petites vierges hésitantes.

Y a plein de rhubarbe autour de la ferme
Et un autre petit verre nous fera sûrement pas de mal.

Reba, par contre, jouait trop bien son rôle. Elle courait d'un coin de la pièce à l'autre, puis se recroquevillait comme une petite bête sauvage prise au piège, enfouissait son visage dans ses mains en criant : « Jamais ! Jamais ! Jamais ! »

Elle frappait la poitrine de Dove de ses deux poings en plaidant si fort la cause de son honneur que son dentier se décrochait. Mais elle ne se calmait pas pour autant et continuait à crier « Jamais ! Jamais ! Jamais ! » en frappant de plus belle.

Si l'on considère le nombre d'avortements auxquels elle avait survécu elle était d'une agilité remarquable et le pauvre Dove, qui ne portait que ses bottes et ses fixe-chaussettes, soufflait comme un coureur de marathon. A la fin il fut obligé de se plaindre à Finnerty.

— J'admire le talent chez une femme, protesta-t-il, et j'attends pas qu'elle me facilite les choses, mais ça m' fatigue un peu trop de courser celle-là dans tous les coins. C'est une jolie p'tite gonzesse et tout ça, mais elle en fait un peu trop, moi j' trouve.

La vierge était parfois Frenchy. Kitty aurait voulu être de la fête elle aussi, mais les tatouages qu'elle s'était faits aux bras et aux jambes quand elle était gamine lui interdisaient vraiment de jouer les vierges prudes.

— On n'a jamais entendu parler d'une vierge tatouée. Finnerty était catégorique.

— J' garderai mes fringues.

— Ils voudraient se faire rembourser, lui dit Finnerty. Retourne à la porte où t'es censée te tenir, sans ça j' te prendrai en flagrant délit d'abandon de poste.

Elle ne comprenait pas que si elle avait seulement éprouvé quelque répugnance à jouer ce rôle elle l'aurait obtenu au lieu de rester en bas à monter la garde pendant des heures monotones, interminables.

Ce n'était jamais Hallie. Cela ne pouvait pas être Hallie. Et pourtant, que n'aurait donné Finnerty pour la faire jouer, *celle-là !* Mais il n'y avait pas moyen de la débaucher. Elle avait fait l'amour des milliers de fois avec des milliers d'hommes, et elle était toujours aussi intacte.

Ça le rongeait, Oliver, presque autant que d'être obligé de partager soixante dollars avec Dove toutes les fois qu'il avait dépucelé une innocente vierge... Un joli salaire, il faut l'avouer, pour ce genre de travail.

— Y en a qui seraient heureux de me donner un coup de main pour rien, disait-il à Dove.

— Aujourd'hui ici, et demain p't-êt' pus personne, lui rappelait Dove.

C'était vrai, et Finnerty le savait bien : Dove était irremplaçable. Toutes les fois que Finnerty collait son œil au trou pour l'observer, il se disait que le pétzouille méritait bien son salaire. C'était du travail impeccable. Et rien, semblait-il, ne pouvait faire obstacle à ses possibilités. C'était comme la marée.

Comme la mer, il venait et se retirait.

Et Finnerty ne pouvait s'empêcher de faire partager son enthousiasme pour les prouesses de Dove.

— On n'a jamais rien vu de pareil, disait-il à Schmidt le Cul-de-Jatte en l'invitant à se rendre compte par lui-même. Dieu s'est pas foutu de ce bouseux le jour de la distribution.

— Pourquoi qu'il se serait occupé d'une chose comme *ça* ? Laisse le Bon Dieu tranquille, moi je paierais pas un nickel.

— J' pensais pas à te demander de payer, lui dit Finnerty en prenant un air de dignité offensée. J' pensais seulement que ça t' f'rait rigoler un coup de voir ça.

— Y a pas à rigoler de ça, dit le demi-géant au marlou.

— Comment qu' tu peux l' dire avant d'avoir vu ? insista Finnerty. Faut voir travailler son outil, j' te jure que c'est instructif.

— Merci, j'aime mieux rester ignorant, décida l'estropié, inébranlable.

— Réfléchis-y, vieux. L'offre reste valable n'importe quand.

Pourquoi tenait-il tant à compromettre Schmidt dans sa petite combine de voyeurs, Finnerty lui-même ne parvenait pas à le démêler clairement. Il sentait confusément que les airs d'indépendance qu'affichait l'estropié avaient quelque chose d'inconvenant alors que tant d'hommes entiers mendiaient à sa porte. Mais il y avait autre chose. Au fond de tout cela il y avait le refus qu'Hallie avait opposé à ses charmes, et un refus fort cavalier. Comment une femme pouvait-elle préférer un cul-de-jatte à un petit Apollon comme lui ? Voilà ce qui le tracassait.

Quand on ne peut pas avoir quelqu'un soi-même, il faut essayer d'attraper quelqu'un qui l'a déjà eu. Finnerty savait cela.

Et que ce fût pour le rire ou pour le plaisir, sa connaissance de l'âme humaine commençait à lui rapporter joliment. Un type à col blanc se baladait-il en faisant semblant de chercher un ami : Finnerty le prenait à part, sur le ton de la confidence, promettait, rassurait, jusqu'à ce que le marché fût conclu et qu'un billet de dix dollars ait changé de poche. Quand il en avait convaincu cinq ou six le spectacle pouvait commencer.

Quand le client collait son œil au trou qu'il avait loué, il ne voyait qu'une pauvre fille pâle, hagarde, ses tresses blondes enserrant étroitement sa tête, vêtue d'une simple robe de coton, les mains croisées sur ses genoux.

Puis entrait un rustaud à la tignasse rousse, portant un chapeau de shérif au ruban tapageur et de superbes bottes qui n'avaient jamais connu d'éperons. Les spectateurs derrière leur trou pouvaient presque sentir l'odeur de whisky dont il était imprégné. Quand le rouquin enlevait son feutre la fille pâle dégrafait sa robe. Après ça, quel air idiot il avait, le cow-boy. Et dans la pièce on n'entendait plus alors que son halètement rauque et le *woum-woum-woum* du ventilateur au plafond qui coupait inlassablement des tranches dans la chaleur obscène. Quel bouffon ! Le manant se donnait tout entier à son affaire comme s'il accomplissait une tâche héroïque, un exploit que nul autre que lui n'aurait pu accomplir.

Il y en avait qui éprouvaient du mépris pour le pauvre diable sans pudeur, mais pas tous. Chaque voyeur était affecté par le spectacle d'une manière différente.

Il y avait celui qui pâlissait lentement, et au bout d'un moment abandonnait son trou pour réfléchir et se dire que tout cela était bien triste.

Il y avait celui qui riait d'un air suffisant, car il tenait là la preuve de ce dont il se doutait depuis longtemps, à savoir que l'homme est un animal à deux jambes et la femme une bête à quatre pattes, rien de plus. Et celui-là repartait en se félicitant d'avoir vu ça.

Il y avait aussi celui qui restait songeur, comme devant une démonstration de tissage dans l'atelier d'un artisan : tiens, tiens, il y avait encore de l'argent à faire dans la petite entreprise.

Un autre sentait brusquement monter en lui une vieille concupiscence soigneusement refoulée et se mordait les lèvres : s'il avait eu dans sa poche tout l'or de la ville, tout aurait été dépensé avant le matin.

Mais le grand estropié ne riait ni ne pâlissait. Les rides de sa tête se durcissaient un peu, et il balançait un peu plus son torse sur ses petites roues en traversant le salon, cachant son indignation sous le roulement de tonnerre qui l'accompagnait.

Non, Schmidt ne croyait pas du tout à la chose.

Quand Dove redescendait, les autres voyeurs étaient déjà sagement assis dans le salon... et c'était là que la rigolade commençait vraiment. La vue du gars en train de se repeigner ou de faire marcher le phono, semblant ignorer qu'il avait fait son petit numéro en public, leur procurait un tel surcroît de jouissance que cette fois ils en avaient tous largement pour leur argent. Qu'ils fussent les vrais dindons de la farce était un point que Finnerty se gardait bien de divulguer, car s'ils avaient su que le lascar, non seulement avait conscience qu'on le regardait, mais qu'il était de surcroît secrètement fier de montrer ses capacités, Dove et Oliver auraient passé un mauvais quart d'heure.

Schmidt, naturellement, connaissait toute l'histoire et ne partageait pas l'amusement des autres initiés. D'un coin où la lumière tombait à peine il observait Dove. La chemise ouverte sur la poitrine, et la poitrine empourprée jusqu'au menton, Dove avait de nouveau trente dollars à dépenser. Et il avait trouvé le moyen le plus rapide de les dépenser : il payait des tournées à tout le monde.

« Il ne sait pas que la représentation est terminée », comprit Schmidt juste comme le bastringue entonnait :

Ils avaient besoin d'un ténor au Paradis,
Alors le Bon Dieu a engagé Caruso...

Dove se mit à imiter silencieusement le chanteur, comme si c'était sa propre voix qui pleurait Caruso.

— J'aimerais bien savoir chanter, déplora-t-il quand l'intermède Caruso fut terminé, mais j'ai perdu ma voix à force de gueuler pour la bouffe.

Ce cul-de-jatte était un ancien forain qui avait vécu parmi les squelettes humains, les femmes de 200 kilos, les petits mecs à figure de chien, les hommes-araignées, les têtes vivantes, les mi-hommes-mi-femmes et les nains dans la grande foire ambulante aux phénomènes et aux monstres ; mais il estimait qu'il n'avait jamais rien vu de plus répugnant que ce clown ivre, ce maquereau inconscient qui grimaçait en se prenant pour Caruso.

Quand la chanson fut terminée Dove repéra Hallie. Il s'approcha d'elle, lui prit son verre, le vida et appela :

— Garçon, la dame veut un verre !

Hallie mit sa main sur le verre.

— Qu'est-ce que vous faites devant l' comptoir alors si vous avez pas soif ? demanda Dove.

— J'aime mieux me le payer moi-même.

— Qu'est-ce qui va pas, Hallie ? — Il se sentait déjà moins sûr de lui. — J'ai rien fait contre vous.

— J'aime pas boire sur le compte d'un type qui ne sait même pas ce qu'il fait, voilà tout.

Pour toute réponse, il prit un plein verre de gin sur le comptoir, l'avala d'un seul coup et le reposa avec un soupir.

— Qu'est-ce que ça prouvait, *cette fois?* lui demanda-t-elle.

— Ça prouve que j' peux boire du gin, lui apprit Dove.

— Ça, tu l'as déjà prouvé. Je ne t'ai encore jamais vu un jour sans être saoul.

— A qui que c'est, l'argent, c'est-y l' mien ou l' vôtre ?

— D'accord, c'est le tien, et elle lui tourna le dos en haussant les épaules.

Schmidt l'attendait à la porte.

— De quoi vous parliez tous les deux ? lui demanda l'infirme en lui barrant le passage.

— Je lui ai dit qu'à mon avis il était en train de se tuer.

— Alors laisse-le faire. Le plus tôt sera le mieux.

Un matin, elle descendit très tôt au salon, son pauvre estropié de chat sur le bras. Après la longue nuit de stupre les araignées se reposaient au bout de leur fil, et les premières lueurs du jour gisaient, éparpillées comme des débris de verre. On aurait dit un mausolée où des gens seraient venus pique-niquer. Et comme dans un mausolée l'air semblait épuisé. Un atome de poussière voltigeait silencieusement dans cet air confiné, immobile, comme un enfant malade dans une salle d'hôpital à qui on aurait dit de rester tranquille pendant que l'infirmière s'était endormie.

Hallie suivit un moment des yeux le pâle atome ; le vit se rapprocher lentement du plancher où les morts gisaient pêle-mêle sur les morts, cadavres de bière et de coca-cola qu'on avait balayés là, au pied de l'appareil à disques, qui paraissait mort lui aussi, à tout jamais.

Au bout de la rangée une bouteille de gin était plantée sur son goulot, entourée de mégots qui s'étaient consumés sur eux-mêmes. Epingles à cheveux, tampons kleenex, capsules de bière, bouchons de vin, une boîte de cartes sauvagement éventrée et les cartes éparpillées sur le tapis par une main désespérée... un champ de bataille où l'on n'avait pas fait de quartier.

Puis elle perçut une respiration lente et régulière, et elle suivit l'atome qui, lui aussi, cherchait le survivant.

Tassé dans un coin, le menton entre les genoux, le corps si incliné qu'elle crut d'abord qu'il dormait, Double Nœud était là, le visage trop jeune et pourtant l'air déjà si vieux.

— Réveille-toi, lui dit-elle.

Il se leva et essaya de se tenir debout, en cachant quelque chose derrière son dos.

— Et alors, qu'est-ce que tu étais en train de faire ?

— J' suis pas saoul...

— Mais tu seras saoul avant que midi sonne.

— C'est mon pèze.

— Tu m'as déjà dit ça hier.

— Hier j' me suis fait soixante dollars. Combien qu' vous vous êtes fait ?

— Si c'est comme ça que tu le prends, rends-moi mon livre.

— J' sais pas comment qu'y s'est trouvé sur mon ch'min, dit-il pour tenter de se justifier, en tirant le livre de derrière son dos. J' pensais bien qu' ça devait être le vôtre parce que vous avez appris tout c' qu'y a dans les livres, et moi j'ai rien appris du tout. Mais j' vois pas qu' ça vous donne le droit d' vous moquer des autres parce qu'ils sont ignorants.

— Je ne me suis jamais moquée de toi, Dove. Tu peux garder le livre.

— Y m' sert à rien, parce que vous savez bien que j' sais pas lire et c'est pour vous moquer d' moi que vous me l' donnez.

— Si tu peux rester sans boire jusqu'à midi pendant une semaine, je t'apprendrai.

Il la regarda d'un air si avide qu'elle eut brusquement des doutes et tendit la main pour reprendre le livre.

— Si tu ne bois pas jusqu'à midi je te le donnerai.

Mais il ne voulut pas lui rendre le livre.

— Si je bois je le rapporterai moi-même. Je vous l' promets.

— Tu seras trop noir pour te rappeler une promesse.

A midi il n'avait rien bu. A quatre heures il n'avait encore rien bu. A cinq heures le spectacle de Finnerty débutait. A cinq heures et demie il s'approcha d'elle et lui tendit le livre. Puis il s'appuya au comptoir les mains crispées, et cria : « A boire ! A boire, nom de Dieu ! Du gin ! Du gin ! »

Cette nuit-là Dove rêva qu'il était seul dans un hôtel à Houston. Dans un coin un chat faisait des efforts pour vomir... Il avait quelque chose dans la gorge qu'il n'arrivait pas à avaler. Dove regarda sous un divan, puis chercha sous un appareil à disques, puis sous un lit, mais tout était enveloppé de brouillard et il ne pouvait rien distinguer. Puis une ombre bougea dans le brouillard et le chat de Hallie bondit à travers la pièce et disparut dans une chambre. Il y cachait quelque chose qu'il voulait que personne ne voie ; il y avait maintenant un certain temps qu'il était là et il n'arrivait pas à comprendre ce qu'il faisait. L'animal n'allait pas bien, mais personne n'osait lui dire ce que c'était.

Sous un radiateur le chat avait caché un petit cadavre tout desséché et depuis des semaines il l'allaitait. Les dents du petit étaient nues jusqu'à l'os mais le vieux tavelé poussait son ventre inutile contre la bouche de la petite momie. Dove se mit à frapper sur le chat pour le faire sortir, mais il ne sentait pas les coups ; il frappa longtemps. A la fin l'animal tourna la tête et le regarda.

Ses moustaches étincelaient de gouttelettes de lait frais, et le rêve s'évanouit lentement, comme une lampe de vingt-cinq watts qui dit bonsoir la compagnie.

Personne ne considérait le cul-de-jatte comme un phénomène dans Perdido Street. Personne ne savait qu'une fois, durant quelques brèves semaines, il s'était laissé afficher comme tel. Car pas un de ceux qui connaissaient son regard de lion ne pouvait douter qu'il fût un être parfaitement normal. Sous les lourds sourcils, ses yeux larges et fixes brûlaient comme deux bougies égales dans une chambre que pas un souffle ne vient troubler. Schmidt ne cillait jamais, devant personne. Assis sur sa planche à roulettes, il était comme le saint patron des amputés et vous rendait regard pour regard. Lorsqu'à la fin vous détourniez les yeux il touchait sa petite barbe brune comme pour dire : « Moi aussi, je t'ai assez vu, vieux. »

Il vendait ses articles, prenait ses paris, buvait sa bière brune ou blonde, et n'oubliait jamais sa dignité. Et ne permettait jamais aux autres de l'oublier. Une fille lui avait dit un jour :

— Garde ton fric, t'en as plus besoin que moi, et

elle avait dit ça gentiment. Mais l'homme, immobile comme une statue mutilée sur le divan bas, avait pâli sous son hâle.

— T'aurais jamais dû dire ça, frangine, lui dit-il, et il sauta à bas du lit et partit.

Mais le lendemain après-midi, la même fille lui avait tendu un billet de cinq dollars pour une bouteille d'eau parfumée de vingt-cinq cents, et il avait empoché le gros billet sans même faire mine de chercher la monnaie.

Un saint à sa façon. Quand on donne, pensait-il, on donne tout. Quand on prend, on prend tout.

Maintenant qu'il approchait de la quarantaine, après avoir rebâti toute sa vie sur le roc de son seul courage, il sentait son roc osciller, et ne pouvait pas y croire. Non, un homme qui a été détruit une fois et qui a réussi à force de volonté à regagner la terre des vivants ne pouvait pas être détruit une seconde fois. Dieu ne permettrait pas cela.

Il était Schmidt qui n'avait besoin de personne, il était Schmidt qui ne pouvait pas perdre. Comment sa vie, qu'il avait maintenue si ferme, en était-elle venue à tenir tout entière dans le creux de la main d'une femme ? Et qui plus est une femme que pouvaient tenir les bras de n'importe quel étranger anonyme...

A cette pensée il se roulait parfois dans sa petite chambre dans un accès de colère et frappait ses moignons couleur de sang ; car les signaux lumineux sous sa fenêtre éclaboussaient la chambre de rouge, puis d'or terne, et de nouveau de rouge sanglant. Les moignons ! C'étaient les moignons qui étaient cause de tout !

— Un à la hanche, l'autre au genou...

Il les punissait tous les deux à coups de poing comme des marteaux, envoyant des éclairs zigzaguant de souffrance à travers sa poitrine jusqu'à la pointe de son cerveau.

Les moignons ! Les sales moignons ! Il ouvrait la bouche comme un grand phoque pour prendre un peu d'air. Plus jamais. Une fois suffit.

Puis, se reprenant, il se mettait à tourner lentement, car c'était là sa thérapeutique contre sa rage. Et plus il tournait plus l'image de Hallie lui revenait et se précisait, et plus il se reprenait à l'aimer. Il la voyait devant le rideau de perles comme si elle n'attendait jamais que lui ; il la voyait tourner la tête en entendant le tonnerre de ses petites roues, et il n'y avait jamais de pitié dans son regard, et sa bouche avait une façon de lui dire « chéri » qu'elle ne pouvait dire qu'à lui.

— Il faut que j'extirpe ça de mon système ce soir une bonne fois, se promettait Schmidt.

Mais avant d'aller chez Mama il passait chez Dockery pour engourdir la souffrance de ses moignons et être en état de faire l'amour. Un verre de gnôle et un bout de causette avec d'autres estropiés pour engourdir la peine dans sa poitrine.

Chez Dockery se retrouvaient des estropiés de toutes espèces. Un qu'on était sûr de rencontrer là-bas c'était Johnson Saute-Crapaud ; qui était encore plus handicapé que Schmidt. Johnson était un Nègre, et il ne possédait pas de planche à roulettes. Il avait enveloppé ses moignons de morceaux de cuir renforcé par des plaques de fer-blanc. Schmidt trouvait si arriérée cette démarche de crapaud sur des patins de fer-blanc qu'il sentait de son devoir de moderniser Johnson.

— Monte sur ce truc, lui ordonna-t-il.

Johnson n'avait pas envie d'aucune planche, mais il ne voulait pas non plus offenser le Grand Tronc.

— J' marche très bien comme ça, m'sieur Achille,

déclara-t-il sans regarder la planche de Schmidt. J'allais justement à mes affaires.

— Est-ce que tu peux faire marche arrière ? lui demanda Schmidt. Est-ce que tu peux pivoter ? Tu peux aller sur le côté ? Tu peux danser ?

Et pour montrer ce qu'il voulait dire il roula droit vers l'appareil à disques, et s'arrêta pile, comme s'il avait des freins à air comprimé. « En arrière ! » cria-t-il, et il fit marche arrière. « Pivote ! » et il pivota. « Sur le côté ! », et ses mains sur les roues semblaient se mouvoir mécaniquement. Barbeaux, estropiés et putains se garèrent le long des murs, et ceux qui avaient la tête froide plaçaient des chaises devant eux... C'était aussi dangereux que de se baigner dans une piscine où on aurait lâché un canot automobile sans gouvernail.

Dockery se tenait dans l'ombre, derrière son comptoir, afin que personne ne vît son sourire étroit. Il aimait voir fuir les hommes et les femmes pris de panique, le vieux Doc Dockery, et il voyait leurs péchés courir derrière eux. Tout ce qui aurait pu les écraser ne pouvait que contenter ce sourire.

— Maintenant à toi, essaie, dit Schmidt en arrêtant enfin son moteur.

Johnson n'avait pas le choix. Des mains le hissèrent, d'autres le ficelèrent solidement avec les courroies, puis tout le monde se recula.

— Faites place à cet homme, lança Schmidt. Donnez-lui une chance.

Alors le vieil homme aux cheveux crépus et blanchis qui portait des culottes courtes comme en portent les gamins, posa ses mains sur les roues. Des mains moitié moins larges que celles de Schmidt, mais qui avaient un bon pouce de plus en longueur. Et il se roula doucement d'avant en arrière, d'arrière en avant. Un timide petit tour de roues en avant, et un petit tour de roues craintif en arrière. Comme s'il ne disposait pas d'un parquet grand comme une salle de bal pour son exhibition mais d'une toute petite cellule.

Ce n'était pas la peine d'insister. Personne ne pouvait donner plus d'audace à Johnson. Cela devenait ennuyeux de le regarder rouler vingt centimètres en avant, vingt centimètres en arrière... A la fin quelqu'un mit une pièce dans la boîte à rengaines, pensant que la musique échaufferait un peu le vieux Nègre.

Mais le vieux se mit alors à chanter avec la musique, tout en continuant à rouler vingt centimètres en avant, vingt centimètres en arrière...

Quatre-vingt-dix-neuf ans, ça fait un sacré bout de temps

chantait-il d'une voix de basse, en faisant sa triste danse d'estropié...

A marcher sur les routes, et pas pouvoir rentrer à la maison.
Ç'aurait dû arriver sur la rivière en 1910,
Quand ils emmenaient les femmes et les hommes.
Vrai, j' me d'mande c' qui y a, y a quéque chose qui doit pas [tourner rond,
J' suis encore là à marcher sur les routes, et tout le monde y sont [partis.

— Alors, tu vois que c'est mieux, ma manière ? lui dit Schmidt quand Johnson, ayant fait de son mieux, eut enfin la permission de défaire ses courroies et de sauter comme un crapaud efflanqué jusqu'au comptoir. Une fois que tu y seras habitué, t'auras honte de penser que t'as pu marcher de cette façon démodée. Je te trouverai une planche, je te trouverai des roulettes et des courroies, je te fabriquerai tout le toutim. Homme, tu seras *fier* d'être sur des roues.

— M'sieur Achille — le vieux Nègre se sentait obligé à la fin de donner son avis — c' que vous oubliez, c'est que j' peux pas travailler dans les rues d' la ville comme vous. J'ai pas l' droit d'aller sur le canal, j'ai pas l' droit d'aller dans les quartiers des Blancs. Y m' disent d'aller gagner ma croûte du côté des Négros noirs comme moi, et par là-bas, les chemins, c'est tout crevassé. Y a des tas d'endroits qu'y a même pas d' chemin du tout, juste des trous et des ornières. Quand j' tombe dans un trou plein d'eau de pluie et plein de cailloux partout, qu'est-ce que j' fais d'une vieille planche comme ça ? Faut que j' me déboucle, faut que j' tire c'te vieille planche à travers la flotte et la boue, et que j' me reboucle sur l'aut' bord du trou. Vous voyez, m'sieur Achille, j' gagnerais pas du temps, j'en perdrais.

Mais Schmidt se désintéressait déjà de la chose. Sans plus s'occuper de ce qui se passait dans le bar il demanda :

— Jack, franchement, qu'est-ce que tu penses d'une femme qui couche avec un homme dont elle connaît même pas le nom ?

Il se torturait ainsi, comme font tous les amoureux.

Car ce qui se passait alors quand il roulait sa planche jusque dans le salon de Mama était un de ces mystères comme il n'en naît que dans les bordels... un lien plus puissant que le courant d'un fleuve, qui avait emporté deux êtres que rien n'avait préparés à cela, et qui les entraînait maintenant devant une foule de visages sourds restés sur le rivage. Des visages frappés de stupeur ou pleins de compassion à la vue d'une femme et d'un homme si forts et qui étaient devenus tout à coup plus faibles que ceux qui étaient encore à l'abri sur le rivage.

Finnerty ouvrait la porte toute grande quand Schmidt entrait sur ses roulettes.

Souriant tranquillement, comme une statue de la sérénité.

— Hallie ! Ton mari vient d'arriver ! lançait aussitôt Mama.

Il avait un petit mot aimable et un sourire pour chaque fille de la maison, sauf pour Hallie. Floralee embrassait sa grande main, Frenchy lui ébouriffait ses cheveux noirs parsemés de fils d'argent. La fille qui avait à moitié perdu l'esprit et celle qui n'en avait plus du tout se précipitaient pour être la première à défaire ses courroies, et il les laissait faire. Le plus souvent elles se reculaient avec chacune une courroie à la main, et alors il bondissait, comme si ses moignons avaient été munis de ressorts, retombait au centre du divan, chancelait un instant, reprenait son équilibre et jetait autour de lui un regard triomphant.

Mais il n'avait même pas jeté un coup d'œil à Hallie. Il fourrait ses mains dans ses poches et les retirait pleines de pièces de bronze et d'argent qu'il jetait en l'air :

— Comptez, les filles ! Comptez tout...

Et les filles feignaient un doux étonnement. Frenchy et Floralee se mettaient à quatre pattes, plongeant sous les divans, sautant comme des lapins, galopant comme des souris. Et bientôt Kitty la Tordue se mettait de la partie, rampant, barbotant et jouant des coudes.

Mais la femme au teint de banane qui se tenait sans

rien dire devant le rideau de perles ne faisait pas un geste, même si une pièce roulait sous ses pieds.

— Voilà l'homme le plus généreux que j'aie jamais vu, déclarait alors Mama.

— C'est un client comme les autres qui vient acheter la même chose que les autres, disait la Tordue entre ses dents.

— Ce qui ne t'empêche pas d'être là au premier rang quand il vient « acheter », et de te servir comme les autres, faisait remarquer Hallie à la nouvelle pensionnaire.

— Toi aussi t'y trouves ton compte, rétorquait vivement Kitty. Tu lèves les jambes comme les autres.

— Eh bien, vois-tu, je gagne ma vie ici, si c'est de cela que tu veux parler, répondait Hallie d'une voix douce. Dans quelle branche travailles-tu donc, toi ?

Après cela, Kitty se taisait, car tant que les femmes se chamaillaient il ne se passait rien entre Hallie et Schmidt.

— Toi, la robe brune, lui disait-il à la fin, comme s'il ne l'avait pas remarquée jusque-là. Avance un peu pour qu'on voie comment t'es faite.

Hallie était obligée de s'avancer seule au milieu du salon, entre Schmidt et l'œil impassible de la machine à disques. Tel un sultan il la regardait marcher en tirant la pointe de sa barbichette. Et tel un sultan il tendait ensuite la main pour indiquer qu'il était prêt maintenant à la regarder de dos.

— Est-ce que celle-ci n'est pas malade ? demandait-il à Mama au bout d'un moment. Je vous tiendrais pour responsable.

Mais Mama comptait les grains de son rosaire, les autres regardaient par la fenêtre ou par la porte... Elles trouvaient que leur papa à roulettes dépassait la mesure ce soir.

Mais le papa à roulettes ne trouvait pas qu'il dépassait la mesure. Il sauta de son divan et se mit à tourner autour de celle qu'il avait choisie.

Et elle se démancha le cou pour suivre l'homme-tronc dans sa course sautillante, en se disant : « — Quel homme il a dû être ! » Car même sur ses moignons inégaux Schmidt se mouvait encore avec grâce.

— Ben, je vais essayer celle-là, décida-t-il à haute voix, et il franchit le rideau de perles à sa suite, sa tête dépassant à peine la taille de la fille, avec l'air satisfait d'un homme qui vient de conclure une bonne affaire.

Mais dès que la porte se refermait derrière eux toute vanité s'envolait... Il lui saisissait la main, lui baisait les doigts l'un après l'autre, pressait sa tête contre sa poitrine et l'étreignait comme si elle était toute la vie qu'il avait perdue. Et il lui demandait pardon de s'être conduit comme il l'avait fait. C'était la faute des moignons.

Hallie ne faisait pas un mouvement ; elle avait pitié de ce flot de passion qui ne pouvait se contenir. Puis elle baissait la tête vers lui en souriant, lui ébouriffait gentiment les cheveux et lui pardonnait, comme à un enfant : oui, tout cela était la faute des moignons.

Et sous tant de tendresse il réagissait comme un gros chat. Il la serrait contre la grande forge de sa poitrine, la roulait dans ses bras massifs, et elle sentait sa passion qui avançait irrésistiblement. Et c'était alors comme si Schmidt le cul-de-jatte était le premier homme qui l'eût jamais possédée.

Beaucoup l'avaient payée, mais aucun ne l'avait possédée. Jamais à aucun moment, même pas par l'homme qu'elle avait épousé, Hallie n'avait été subjuguée comme par cet athlète brisé. N'être qu'un objet de plaisir était son métier, et elle s'était résignée à ce métier depuis longtemps. Mais sentir sous sa jouissance d'homme tout son amour de femme se ruer comme un fleuve en pleine crue, cela la terrifiait. Car elle s'y abandonnait, elle se noyait dans le courant déchaîné de ce fleuve, elle ne pouvait rien contre cela. Et puis venait la honte... non de s'être donnée à un estropié, mais d'avoir violé la règle essentielle de sa corporation.

Il y avait des moments avec lui où elle gémissait et suppliait sa chair, comme si c'était quelque chose d'indépendant de lui, de la laisser tranquille. Et au même moment elle attirait sa chair, ferme et profonde, si furieusement tout au centre de son cœur pour qu'elle ne s'échappe pas que l'homme avait des larmes dans les yeux lorsqu'il gisait sur le dos, inerte et comblé.

Schmidt n'avait jamais connu de femme comme elle, et c'était comme s'il n'avait jamais entièrement possédé une femme avant Hallie. Ce n'était qu'avec Hallie qu'il s'était senti pour la première fois de sa vie un homme complet et véritable, un homme aimé, qui possédait et qui était possédé.

En elle il épuisait toute la colère de sa vie. En lui elle renaissait à la vie. Elle avait vécu neuf Noëls comme dans une tombe. Lui, cela en faisait bien vingt qu'il n'était plus un homme entier, avec des jambes d'homme et un destin d'homme. Chaque fois qu'ils étaient ensemble ils se rendaient la vie que la vie leur avait ôtée.

Une fois, en s'éveillant à côté de lui, elle avait frissonné à la pensée du train de Santa Fe qui lui avait sectionné les cuisses, une à la hanche et l'autre au genou, dans un flot bouillonnant de sang. Elle jeta le drap sur son corps pour cacher à la fois l'infirmité de son amant et le dégoût qui montait en elle.

— J'ai peur que tu aies froid, mentit-elle.

— T'en fais pas — son geste ne l'avait pas trompé — je te trouve pas plus belle que tu me trouves.

Cela finissait toujours ainsi. Et elle ne se révoltait jamais devant ses insultes, aussi dures maintenant qu'il l'avait possédée qu'avant.

— Je ne veux plus que ça recommence, lui disait-elle presque chaque fois. Je vais ficher le camp.

— Frangine, si tu t'imagines que je vais te dire : je t'en supplie, ne t'en va pas, tu te goures drôlement. Quand j'ai un verre dans le nez, n'importe quelle fille que je baise y a pas de différence. Pour moi, les filles en brêmes elles se ressemblent toutes.

— Dans ce cas, je ne te manquerai pas. Salut.

Mais quand il s'était rhabillé alors qu'elle était encore couchée il sautillait vers la commode avec une poignée de billets. Elle restait les yeux fermés en faisant semblant de ne pas savoir ce qu'il manigançait.

— Y a cent et quéque chose sous ton peigne et tes brosses, lui disait-il... Ça peut toujours te servir pour aller n'importe où. J'irai te voir en taule.

Et il la quittait ainsi, l'orgueil sauf, et le cœur déchiré.

« Je pourrai bien te répondre quelque chose un de ces jours », se promettait Hallie après son départ.

Et, dans l'obscurité moite de sa petite chambre, Hallie s'endormait.

Un gars qui faisait la joie de Schmidt, c'était Charlie le Manchot, un clodo dont le visage était un masque d'effroi et dont les bras se terminaient par de délicats crochets au niveau des coudes. Personne ne savait quel vent de misère l'avait poussé du côté de Perdido

Street. Mais il était là, une pièce de dix cents entre les dents qu'il déposait soigneusement sur le comptoir. « Chut, écoutez ça... » disait Schmidt en réclamant le silence. Et dans le silence on entendait le mendiant demander en zézayant comme un gamin d'une école primaire de l'Est :

— M'sieur Dockawee, ze peux avoir une bière, siou plaît ?

— Et maintenant regardez tous ! réclamait à nouveau Schmidt.

Charlie saisissait le verre entre ses dents et l'inclinait jusqu'à ce que la bière lui coule sur la figure... Il avalait alors frénétiquement en essayant d'en perdre le moins possible. Trempé et suffoquant, il ne lâchait cependant jamais le verre avant de l'avoir vidé. Il le déposait alors aussi délicatement qu'il l'avait pris, s'inclinait légèrement et disait :

— Me'ci, m'sieur Dockawee.

— Bon Dieu, quel porc ! s'exclamait Schmidt en se tapant sur les moignons et en ruant sur sa planche. Vous croyez qu'il peut y avoir *pire ?*

Il y avait encore un innocent d'une espèce particulière, qui n'entrait jamais chez Dockery mais toujours chez Mama. C'était un très vieux Nègre qui transportait une cage garnie de rideaux encore plus vétuste que lui. Il la posait sur ses pieds en fer torsadés, ôtait et remettait sa petite casquette de jockey rouge devant chaque femme et, pour finir, tirait sur une petite ficelle qui relevait le store de la cage.

Démasquant un perroquet qui jetait un regard vitreux autour de lui et se mettait à nasiller : « J' veux sortir ! J' suis marié ! J' veux sortir ! » Puis pinçant le barreau dans son bec il se balançait d'un air méprisant.

Le vieux se tenait un peu à l'écart, laissant entendre

par là que l'oiseau n'appartenait plus maintenant à personne. Mais il gardait sa casquette à la main, pour le cas où quelqu'un aurait eu l'idée d'y laisser tomber une pièce. Lorsque cela se produisait, il ouvrait un tiroir au fond de la cage qui était rempli de papiers de couleurs vives pliés en quatre. Le perroquet en choisissait un que le client pouvait alors lui retirer du bec. Le message était identique sur tous :

Imbécile ! N'essaie pas de revenir par le chemin que tu as pris.
Tu ne sais donc pas qu'un tigre te suit à la trace ? Reste
A l'écart des chemins fréquentés : on a posé des mines
Pour que tu sautes dessus. Ne regarde pas sous cette pierre,
[crétin :
On y a placé une vipère rouge exprès pour toi.
Si tu as un peu de bon sens tu ne te mettras pas dans le vent :
Six hyènes au nez plat sont en train de flairer la piste.
Evite les plaines rases : les busards t'ont repéré.
Ne t'occupe pas de ce qu'il y a dans les arbres, ce ne sont
Que des singes qui rigolent de toi. Les indigènes
Battent les fourrés pour te trouver. Et tu appelles encore ça
La « civilisation » ?

Appelle ça comme tu voudras. Moi j'appelle ça la jungle.
Maintenant tu me dois 15 cents pour que je m'achète un bol de
[gombo
Et qu'il y en ait au moins un qui ne soit pas à tes trousses.

— Je crois pas que ce vieux-là ait écrit tout ça, déclara Finnerty. Il est pas assez malin pour ça.

— Qui est-ce qui l'a écrit alors ? demanda Hallie.

— C'est ce con de perroquet, pardi, lui affirma Finnerty.

Et il alla rendre visite à Kitty la Tordue. La nouvelle gosse qui avait encore une ou deux petites choses à apprendre de sa souris.

Un autre phénomène, ni fou à lier ni prophète, débarqua un beau soir chez Mama, fit son numéro, et ne revint jamais plus.

— *En personne!* se présenta-t-il. Adler, le Roi des Acrobates! Meilleur que jamais!

Pansu et blême, chauve et tatoué; meilleur que jamais. Il s'avança au milieu du salon dans un complet à rayures bleues et blanches si sale et plein de taches qu'on se demandait de combien d'endroits on l'avait mis à la porte depuis la dernière fois qu'il l'avait fait laver.

— Autrefois acrobate, toujours acrobate! annonça-t-il... c'est moi qui ai inventé le double saut périlleux en arrière sur un fil.

— Tu l'as inventé, mais qui c'est qui l'a exécuté? demanda Kitty la Tordue. Mais le roi ignorait des questions de ce genre. Bombant le torse et souriant à son nouveau public, il se laissa admirer un moment, puis demanda très simplement :

— Comment est-ce qu'on se sent, quand on a vu le roi?

— On se sent d' la merde, lui dit Kitty.

— Ces jeunes personnes attendent que vous alliez leur dire un petit bonjour, lui dit Mama pour qu'il comprenne que tout le monde se fichait éperdument de sa grandeur. S'il voulait rester, il fallait qu'il les allonge.

Adler ne s'émut pas pour si peu. Il savait comme les gens sont taquins, et qu'ils faisaient seulement semblant de n'avoir jamais entendu parler d'Adler.

— Vous êtes dans le cirque, ou quelque chose

comme ça, m'sieur ? s'enquit Floralee pleine d'espoir, et Adler sauta sur l'occasion à pieds joints.

— Dégagez la piste ! dit-il avec l'autorité d'un metteur en scène de cinéma faisant dégager le plateau, du moins à ce qu'on nous dit. Dégagez, dégagez ! Défense de fumer ! Puis avisant Dove qui ne portait même pas ses bottes de cow-boy ce jour-là : Vous, là-bas ! Mettez les tables l'une contre l'autre.

Dove se transforma illico en garçon de piste plein de zèle et écarta vivement les filles qui se rassemblèrent peureusement sous l'aile de Mama. C'est alors que Finnerty entra pour voir Dove s'agiter sous les ordres du roi des acrobates.

— Un peu plus bas. Non, un peu plus haut... là, voilà, très bien comme ça.

— Nom de Dieu, qu'est-ce qui se passe ici ? C'est un bordel ou un cirque, c'te taule ? demanda Finnerty.

— C'est lui qui a demandé, expliqua Dove. On va voir ce qu'il sait faire.

— Eh bien je lui conseillerais de savoir, déclara Oliver en acceptant un compromis.

Le roi s'était déshabillé jusqu'à la ceinture, et dans son épaisse toison grisonnante quelques poils noirs brillaient encore ; une poitrine meilleure que jamais. Mais il n'avait pas l'air pressé de commencer.

— Le roi dit toujours quelques mots avant de commencer, déclara-t-il.

— Alors dites-en quelques-uns, supplia Floralee.

— Un ou deux ça suffira bien, suggéra Kitty.

— Ça va, grouille-toi, dit Finnerty.

— Mesdames et Messieurs, déclara Adler en faisant un signe de tête à Hallie, je dédie cette surprenante démonstration d'agilité humaine à la dame à la robe brune avec les boucles d'oreilles vertes.

— Casse-toi la gueule mais dédie-la-moi plutôt, le pria Kitty.

Hallie ne fit pas mine d'accepter le cadeau. Ex-clowns, ex-flics, ex-acrobates, ex-n'importe quoi, tous semblaient chercher à plaire à cette femme brune et indifférente de toutes les façons imaginables sauf en la payant au-dessus du tarif. Ils avaient l'air de croire que l'argent ne l'intéressait pas.

— Allez, fais ton truc, merde, tu nous les casses, à la fin, dit Finnerty.

Le roi tourna le dos aux tables, fléchit les genoux et arqua le dos avec une surprenante souplesse, fit un petit pas en avant, se lança cul par-dessus tête en se projetant sur le bord de la table et s'aplatit, les épaules secouées d'un rire silencieux.

— Ben, c'est pas grand-chose, c' qu'y sait faire ! Dove n'en croyait pas ses yeux.

— Pourquoi qu'on vend pas l' bastringue à rengaines et qu'on s'achète pas des lits avec le fric ? demanda Kitty. Toutes les fois que j' regarde dans c'te turne y a un mec qu'est étendu raide.

Finnerty délogea le jobard à coups de botte, lui fit passer la porte par le même procédé, fit un paquet de sa casquette, sa veste et sa chemise, qu'il dégagea d'un shoot direct dans les buts. Puis balança un crachoir dans la même direction pour faire bonne mesure. L'ustensile sonna et rebondit sur les pavés, tinta encore en tressautant, et alla mourir dans le caniveau dans un éclaboussement d'eaux grasses. Pendant un moment tout fut calme. Puis la binette loufoque d'Adler jaillit de nouveau dans la rue. « Meilleur que jamais ! » Et, sa casquette à la main, sa chemise hâtivement enfilée formant un bourrelet à la ceinture, il chercha du regard quelque porte derrière laquelle tout le monde s'écrierait à sa vue : « Champagne pour tout le monde ! Le roi est de retour ! »

Un endroit où il pourrait faire le saut périlleux en arrière toute la nuit sous un tonnerre d'applaudissements qui ne cesserait jamais.

— Maintenant tu vas pas dire que c'est de ma faute, Oliver, dit Mama. C'est pas moi qui lui ai dit d'entrer. J'arrive pas à comprendre pourquoi c'est ici que rappliquent tous les cinglés de La Nouvelle-Orléans.

Les tables avaient été remises en place quand le cul-de-jatte entra sur sa planche à roulettes. Tout le monde alors, sauf Floralee, essaya de lui montrer le spectacle qu'il venait juste de manquer. Mais Floralee paraissait si transportée de joie au souvenir de la chose que tout ce qu'elle pouvait faire c'était chanter :

Joie ! Joie ! Joie !
Depuis que Jésus est venu parmi nous !

— Ma chérie, monte là-haut comme une bonne fille, la pria Mama, car elle savait que la pauvre simplette adorait faire n'importe quelle commission pour Hallie. Va dire à Hallie que son mari vient d'arriver.

Floralee fut si longue à redescendre que Mama finit par monter elle-même, à pas pesants. Elle trouva Floralee au milieu de la chambre de Hallie, regardant vaguement autour d'elle comme si Hallie se cachait pour lui faire une farce.

Mais le placard était vide, le rayon à chaussures dégarni, et on avait raflé toutes les brosses, les peignes et les boîtes à poudre sur la coiffeuse.

Tout le monde fut abasourdi par la nouvelle, et personne ne pensa même à demander où Double

Nœud était parti, en abandonnant ses bottes de cow-boy sous son lit.

Achille Schmidt avait eu son quart d'heure de célébrité, cette odeur qui l'emporte sur tous les parfums. Né de père et de mère forains dans les faubourgs de Mobile, il s'était formé le caractère et avait appris à lire et à écrire en dressant les baraques foraines.

Il avait débuté dans la boxe professionnelle à dix-sept ans et avait perdu deux rounds de sa première reprise : il ne ferait jamais un boxeur. A dix-sept ans il avait déjà des muscles trop lourds pour cela.

Les affiches le présentaient comme ACHILLE, L'HERCULE DE BIRMINGHAM, et les filles de la campagne venaient admirer le gars à la cervelle électronique dans un corps d'ours gavé de miel. Pour attirer les campagnards il savait tenir une salle en haleine, faire peur au shérif et de l'œil aux filles tout à la fois.

Mais ce n'est que lorsqu'il entreprit une longue tournée de l'Atlantique au Pacifique comme lutteur professionnel qu'il trouva sa voie : il disputait des matches qu'il perdait tous volontairement avec un prétendant au titre de champion du monde.

Une voie qui lui donna bientôt une telle conscience de sa supériorité physique sur les autres qu'il commença, tel l'ours gavé de miel, à protéger les autres contre sa force. Car il n'était pas seulement le plus fort par les biceps et la poitrine, il s'en rendit compte sans vanité, mais également par l'esprit et par le cœur. Le garçon ne considéra pas le fait d'être incapable des bassesses qu'il voyait chez les autres comme une vertu en soi, mais plutôt comme un avantage au même titre que son tour de poitrine, et il était heureux que les choses soient ainsi. Il ne savait pas qui l'avait si bien doué, mais il voulait se montrer à la hauteur de ce magnifique privilège. Appuyé sur les cordes du ring dans une ample cape rouge, il contemplait les rangées de spectateurs dans les « palais des sports » et les chapiteaux enfumés et il voyait avec certitude que la richesse, les femmes et la gloire, viendraient à lui. Il avait le temps, le gars Schmidt, il avait tout le temps pour laisser les choses venir à lui.

— Quand vas-tu t'arrêter de grandir ? lui demanda un jour une fille qui était venu l'attendre à la porte de sa roulotte.

— Quand j'aurai gagné le grand titre, lui avait-il dit en plaisantant, car le sentiment de sa puissance lui était venu si rapidement qu'il n'avait pas encore eu le temps de réaliser pleinement qu'il n'y avait en réalité aucun obstacle entre lui et ce grand titre. Mais comme n'importe quel gars de dix-neuf ans il pouvait prendre la main d'une fille comme ça et lui dire :

— J'ai pas envie de grandir encore. J' veux pas faire peur aux gens.

— T'es assez costaud pour faire peur au champion, lui dit-elle cette nuit-là, mais à moi tu me fais pas peur ; et elle avait levé son visage vers le sien pour qu'il la prenne.

Un visage oublié depuis vingt ans. Mais l'empreinte de cette main qui s'était glissée dans la sienne y demeurait encore aussi légère.

Elle avait eu raison. Il avait été assez costaud pour tout cette nuit-là. Et quand il reprit sa tournée avec l'Etrangleur, il avait dû se retenir pour ne pas perdre son boulot. Quand ils arrivèrent dans les villes minières de l'Est il avait compris que personne au monde ne pourrait battre le garçon intelligent et fier qui avait le cœur d'un ours gavé de miel.

Mais l'Etrangleur n'avait plus que quelques années devant lui, il avait fait son temps. Et il l'aimait bien, son Etrangleur ; cette pauvre brute.

Un des sacs à vin de chez Dockery, ancien manager, prêchait encore une grande admiration pour l'Hercule de Birmingham…

— Il pouvait vous percuter le cul si fort qu'il vous en cassait une patte. Et je l'ai vu souffrir l'agonie des damnés quand il laissait un athlète de cambrousse le traîner d'un bout du ring à l'autre, alors qu'il ne craignait personne qui serait venu à lui sans arme. Un jour il a étendu raide un type qui l'énervait d'un petit revers de la main. Y avait personne qui pouvait lui tenir tête, et si vous voulez mon avis il pourrait encore dire merde aux flics au jour d'aujourd'hui.

Mais c'est à ce moment qu'il avait été battu pour de bon et que toute sa force d'homme en pleine possession de ses moyens avait été écrasée et réduite à une moitié d'homme sur une planche à roulettes. Les roues du train de marchandises de Santa Fe avaient eu raison de lui.

Ce qu'on avait réussi à sauver, après des heures d'atroces souffrances durant lesquelles il n'avait même pas daigné s'évanouir, ce n'était plus Achille l'Hercule de Birmingham, mais seulement Schmidt le cul-de-jatte. Schmidt-un-à-la-hanche-et-un-au-genou pour qui maintenant tout possesseur de deux jambes pouvait être celui qui l'avait poussé sous les roues.

D'accord, il était saoul, mais ce n'était pas la première fois qu'il prenait une petite biture, et il lui était déjà arrivé de piquer un bon roupillon après ça dans la roulotte de l'Etrangleur entre deux étapes.

Si cela avait été entièrement sa faute, il aurait eu

moins de peine à accepter la chose maintenant. Mais du fond de sa mémoire se dressait toujours l'horrible soupçon qu'on l'avait délibérément fourré sous les roues. Il y avait même des moments où il pouvait presque sentir la main qui le prenait à l'épaule, le genou qui le poussait dans le dos.

Deux années dans un hôpital en plein désert, et le sang impétueux d'Achille s'était remis à couler avec une fierté plus farouche dans le corps estropié de Schmidt.

Tout ce qu'il se rappelait maintenant de l'hôpital, c'était la poussière qui battait inlassablement les vitres, une odeur d'alcali, et le visage de la femme d'un interne qui lui avait taillé une vareuse à col rond dans sa glorieuse cape rouge.

Sur laquelle, en lettres jadis dorées, maintenant gris pâle et pâlissant de jour en jour, s'étalait tout ce qui subsistait de sa brève gloire :

Achille Le Cadet

La gloire et la puissance, les filles et l'argent, le métier et l'orgueil, tout y avait passé en une seule nuit, tout s'était volatilisé, si bêtement...

Après cela il s'était exhibé quelque temps, s'était exposé aux regards des fermiers descendus en ville pour regarder les phénomènes et les monstres. « Achille l'Homme-Tronc », assis au soleil sur la planche à roulettes qu'il s'était fabriquée de toutes pièces. Et l'ours gavé de miel qui autrefois rentrait ses griffes aurait voulu maintenant n'être rien d'autre qu'une seule et vivante griffe...

« Achille l'Homme-Tronc »... Cette affiche de foire avait été la grande humiliation de sa vie, et il avait tiré le rideau dessus. Jamais il n'en parlait, et il sentait que son secret était assez en sécurité parmi les épaves et les damnés de Perdido Street.

Mais dans son cœur, « Achille l'Homme-Tronc » pesait trop lourd dans un des plateaux de la balance.

Un jour qu'il bavardait avec quelques filles derrière une porte de Perdido Street, il vit un homme qui descendait la rue à toute allure malgré une allonge de bois pour compenser une jambe plus courte que l'autre. Il tenait une mallette sous son bras et les poches de sa veste révélaient tout un assortiment de plumes et de crayons. Un type en retard pour quelques rendez-vous d'affaires, c'était clair.

Schmidt vit rouge et, s'élançant sur ses roulettes contre l'estropié rival, l'envoya valdinguer si brutalement que si le mur ne s'était pas trouvé là pour le retenir le pied-bot se serait étalé les quatre fers en l'air. Schmidt, d'un habile coup de volant, fit face à son homme, la tête baissée, le corps menaçant.

Mais le pied-bot n'avait pas envie de se battre et ne désirait que poursuivre son chemin. Il s'écarta en boitillant, tourna le coin de la rue et s'enfuit sans demander son reste.

Schmidt retourna vers les filles d'un petit air triomphant.

— Hein, pourquoi lui donner une chance ? demanda-t-il. Est-ce qu'il m'aurait donné ma chance, lui ?

Et les filles sous leur masque dur et luisant acquiescèrent avec un sourire glacé :

— Pourquoi que tu lui aurais donné une chance ? Est-ce qu'il t'aurait donné une chance, lui ?

Hallie et Dove habitaient derrière une grille en fer forgé, loin de Perdido Street. La grille entourait un petit balcon, au deuxième étage au-dessus de Royal Street. En face, quelqu'un avait peint, il y avait bien longtemps de cela, une blanche lune d'étain contre un ciel d'étain bleu. Un ciel bleu minuit. Une blanche lune de Noël. Il y avait bien longtemps de cela.

Maintenant la rouille et la pluie avaient mangé les couleurs. Le soleil avait écaillé la neige de minuit. Il ne restait plus, là, qu'une lune en ruine dans un ciel effondré.

Et là, à l'heure des lucioles, tandis qu'il regardait avec Hallie scintiller les lumières du Vieux Quartier, Dove connut enfin le bonheur. L'unique bonheur de sa vie. D'une cour invisible, tantôt loin, tantôt proche, un piano les invitait à se joindre à la danse. Toutes les nuits ils entendaient le même piano, et savaient que le bal avait recommencé.

Derrière eux, la chambre, pas plus grande qu'une bouteille de bière renversée, ne contenait guère plus qu'un lit où l'élève dormait les doigts écartés sur la poitrine de son professeur ; et elle se serrait contre lui en dormant. Jusqu'au matin qui les éveillait de ses cris :

> *V'là l' rempailleur !*
> *Qui veut d' la bonne pommade pour la peau ?*
> *Des fritons, des fritons, cinq cents la livre !*

Un jour, en s'éveillant, il vit qu'elle lui avait souri. Quand il lui demanda pourquoi, elle lui dit que c'était parce qu'elle avait de la peine « de voir comme tu es et que tu n'as pas l'air de t'en soucier ».

Sur la commode, une rangée de livres reliés, tout ce qui restait de son passé d'institutrice. Parfois c'était le tour de Dove de lire dans ces livres, et parfois c'était le tour de Mlle Hallie. Car dans la fuite de leurs jours passés ensemble il avait appris, en faisant d'extraordinaires grimaces pour articuler, à lire sans aide :

On a changé l'eau en pierre :
Nous pouvons marcher dessus.
Mais dans le livre d'images
Coule encore une rivière.

Nous voyons toute la terre,
Les montagnes et les mers
Et les fées de la lumière
Dans notre livre d'images.

Près du feu comme on est bien
Entre nounours et le chien.
Mon Dieu, je veux être toujours sage,
Pour avoir de beaux livres d'images.

Et quand il avait fini sa dernière grimace, il pinçait les lèvres d'un air si satisfait qu'elle le grondait :

— Tu ressembles à un chat qui mange de la bouillie chaude par un matin de grand froid, et elle refermait le livre. Tu n'as pas de quoi être fier, tu ne sais même pas encore faire tout ce que sait un gamin de six ans, disait-elle encore pour faire taire le gras ricanement de chat. Tiens, lis ça maintenant... et elle lui donnait un passage où sa langue se mettait à patauger si lamentablement qu'elle prenait pitié de lui et recommençait tout depuis le début :

Nous ne dormirons pas, mais nous serons tous changés
En un moment, en un clin d'œil, à la dernière note de la [trompette :
Car la trompette sonnera, et les morts seront ressuscités
Incorruptibles, et tous nous serons changés,

car de ce corps incorruptible naîtra la pureté
Et de ce mortel naîtra l'immortalité...

— Que penses-tu de *ça ?*

— J'en pense rien du tout, déclara Dove. Ça me rappelle trop mon pauvre cinglé de papa. Maîtresse chérie, lis-moi celui où le papa de je sais plus qui s'est noyé dans la flotte.

Par cinq brasses de fond gît ton père...

— Oui, c'est çui-là.

Ses os sont devenus corail ;
Voici les perles qui étaient ses yeux :
Rien de lui qui ait pâli.
La mer lui a seulement donné
Des formes plus étranges, de plus riches couleurs.

— Ça changerait pas grand-chose si mon papa changeait comme ça, réfléchit Dove. Il avait déjà quelque chose de pas mal fêlé par endroits. C'est p't-êt' la vie qu'il avait menée.

— On est tous un peu fêlés à cause de la vie que nous avons menée.

Et lui prenant la main, elle l'entraînait vers le lit.

— Non, je n'ai pas envie de faire l'amour, dut-elle lui dire une minute plus tard. Tiens-moi seulement. *Tiens-moi.*

Dove la tenait comme elle voulait, sans bien comprendre qu'en la tenant ainsi il la sauvait.

Car dans les marges de son esprit, comme autour d'un plancher légèrement incliné, le tyrannique Homme-Tronc roulait et tournoyait.

L' marchand d' maïs qui vient chez vous...

lançait une voix dans la rue...

Pour vend' sa bonne bouillie d' maïs !

Les derniers tintements métalliques du jour se mêlaient au sourd gémissement du premier ferry-boat du soir. Puis, dans le grand crépuscule bleu elle lui parlait de batailles perdues en mer et de cités vieilles comme le temps. Ensemble ils lisaient :

« Les cendres en de nombreux endroits arrivaient à la hauteur du genou ; et les averses suffocantes que crachait le volcan pénétraient dans les maisons avec des vapeurs mortelles. D'énormes fragments de rocher projetés par-dessus les toits des maisons fondaient parfois dans les rues et provoquaient une confusion de ruines qui obstruaient les issues de la ville ; et, comme le jour s'avançait, la terre se mit à trembler. Le sol semblait se dérober sous les pieds et ni les chariots ni les litières ne pouvaient plus avancer.

« Il arrivait que les plus grosses pierres qui tombaient en s'entrechoquant se brisassent en d'innombrables fragments et en émettant des étincelles qui aussitôt faisaient flamber tout ce qui était combustible alentour. Dans les plaines environnantes les ténèbres s'écartaient devant des flammes épaisses qui jaillissaient brutalement des maisons et même des vignes qui s'embrasaient à leur tour. Pour repousser encore les ténèbres, les citoyens avaient tenté de placer des rangées de torches dans les lieux les plus fréquentés tels que les portiques des temples et les entrées du forum ; mais les averses de cendre et les rafales de vent en avaient vite raison, et la soudaine nuit où ils se trouvaient alors plongés témoignait d'une façon doublement terrible et doublement impressionnante de l'impuissance des espoirs humains. »

— Poissons ! Poissons ! criait un autre marchand. Mulets ! Mulets ! Carrelets ! Merlans ! Tranches de requin pour ceusses qui z'aiment ça ! Espadon pour ceusses qui z'aiment pas le requin ! Poissons ! Poissons !

Vers minuit ils descendirent par les ruelles de la ville basse vers l'embarcadère. Comme les lumières de la côte est s'approchaient d'eux en dansant il déclara brusquement :

— Quelle bande de cons ! Habiter au pied d'une montagne prête à sauter et à cracher l' feu à tout moment ! Ça leur était bien égal alors de vivre ou de crever ?

— Pourquoi restais-tu dans un endroit où tout le monde se fichait bien de savoir si tu étais vivant ou mort ?

— Ben, j'ai foutu l' camp, pas vrai ?

— Et tu y retourneras, pas vrai ?

— J' crois ben qu' oui, avoua-t-il. Un jour. C'est mon bled, quoi.

— Eh bien, le pied de cette montagne, c'était leur bled, aux gens de Pompéi. Et ils habitaient là depuis bien plus longtemps que les gens de chez toi à Arroyo.

Ils traversèrent Gretna et arrivèrent à Algiers. Ils entrèrent dans un tout petit bar où ils pouvaient boire du vin rouge ou du vin blanc et où un pianiste noir jouait et chantait :

Toutes les fois que le soleil descend
Mon amour descend pour toi...

Mais que ce fût à la lumière des docks ou du ferry, devant un verre de vin rouge ou blanc, les leçons continuaient, la main dans la main.

— Moi, j'aurais pas aimé marcher sur Moscou, lui dit-il en se penchant vers elle après avoir examiné le problème sous tous les angles.

— Ecoute la musique, Dove.

Toutes les fois que la pluie tombe
Mon amour tombe pour toi...

— Moi j'aurais attendu jusqu'à ce que la glace elle fonde, comme ça les chevaux ils auraient eu de l'herbe de printemps.

— Bois ton vin, Dove.

— Parce que tu vois, j'aurais bien bouffé d' la viande de cheval, moi, pour être le roi d'une sacrée ville comme ça.

Toutes les fois que le soleil se lève
Mon amour se lève pour toi.

Sous la cloche du bateau, sous la lampe du lit, sous les chansons d'amour et sous les étoiles, les leçons se poursuivaient, la main dans la main, en revenant par les étroites rues européennes, en montant les deux étages, jusqu'à ce qu'ils se retrouvent dans la sécurité de leur chambre, au-dessus de la rue des lucioles.

— Si on avait de si bons généraux qu' ça, comment qu' ça se fait-y qu'on se soye fait battre, Hallie ?

— Les Nordistes avaient plus de canons. Allons, dors maintenant, Dove.

Mais au beau milieu de la nuit bleue elle sentait qu'on la poussait du coude.

— Alors en somme c'était pas seulement une

histoire qu' le droit fait la force, c'était plutôt qu' la force faisait le droit.

— La force fait la force, murmura-t-elle tout endormie.

— Mais, comme je vois les choses, la raison que l' Nord a eu plus d' canons, c'est qu'y z'avaient le droit de commencer. C' que j'arrive pas à piger c'est comment qu'il leur a fallu quatre ans pour battre une bande de mecs qu'avaient une cause aussi mauvaise que la nôtre.

Il savait comment la réveiller tout à fait. Tout l'être de Hallie criait obscurément vengeance. Elle s'éveillait comme s'il lui avait tiré dessus avec une carabine Sumter.

— Pour *les tiens,* qui se planquaient dans les collines Cookson, il n'y avait qu'une bonne cause, celle de fabriquer de l'alcool de maïs.

— *Les miens? Les miens?* Qu'est-ce que tu veux dire par là?... Les miens?

— Tu sais rudement bien c' que je veux dire — lui aussi se trouvait piqué au vif — parce que t'as les ch'veux frisés...

— Je suis Française et Espagnole, et un seizième d'Indienne.

Maintenant il la faisait marcher.

— Eh ben parlons un peu de c' petit seizième-là...

— Ça suffit, j'en ai assez...

Elle sauta du lit et commença à tirer ses affaires du placard et de la commode.

— Où tu vas, Hallie? Dove prenait peur tout à coup.

Pour toute réponse elle ouvrit un sac qu'elle n'avait pas touché depuis des semaines, et son contenu roula sur le lit... tous les instruments de son ancienne profession.

Il les éparpilla sur le plancher d'un coup de pied et attira Hallie contre lui, trouva sa bouche qui avait encore un goût de vin rouge. Avec lassitude elle se soumit, en femme qui en avait eu assez de l'amour qui dure le temps d'un verre.

Plus tard, dans son sommeil, elle accusa quelqu'un d'invisible :

— Si tu avais accepté l'enfant, il ne serait pas mort.

Elle portait un chapeau de paille blanche ce jour-là, au zoo, à la saison où la pluie vient flirter avec le soleil. Mais ils avaient assez de bonheur ensemble pour se moquer du soleil comme de la pluie. Dove, vêtu d'un complet d'occasion en serge bleue, la laissa planter une petite plume verte dans sa casquette à carreaux noirs et blancs et se sentit plus élégant que jamais. L'amour allumait un peu son regard. L'amour, et la fierté de pouvoir lire le *Times-Picayune* ou l'*Item*, au choix.

L'amour et la fierté. Et la présence d'un certain billet de cent encore intact.

La musique des manèges les attira : tournaient de grands étalons blancs et de grands étalons noirs, blancs comme neige et noirs comme nuit, et tous avec de longues crinières qui flottaient et ondulaient avec la musique, et il avait bien envie de monter dessus, mais il avait honte de le dire. A côté de lui Hallie souriait tout bas : il n'était pas bien difficile de deviner de quoi il avait envie. Elle l'entraîna loin de la tentation.

Quand ils arrivèrent aux singes il s'arrêta net. Dans une cage un petit personnage poilu tapait sur le crâne de sa copine et voulait la faire grimper à un arbre pour quelque raison connue de lui seul.

— Regarde ! Voilà Oliver et Reba ! cria Dove à Hallie, tout excité ; et il se mit à lancer des pop corns à Finnerty. Puis brusquement cela ne leur parut plus drôle du tout et ils tournèrent le dos aux singes.

Un hibou gris fer, immobile dans l'ombre pâle de midi, attendait, comme seul un rêve sait attendre que la nuit tombe pour vivre sa vie de rêve. Et il émanait de lui une odeur de décomposition, comme s'il pourrissait sous ses plumes.

Comme s'il pourrissait à regarder l'éléphant avec sa couronne d'enfants, l'éléphant qui se balançait en marchant pour exciter les enfants. Un gros lourdaud d'enfant qui en portait de plus faibles sur son dos.

Dove acheta deux surprises. Hallie trouva un petit clown en métal rouge et bleu. Elle l'épingla au revers de Dove. Dans la surprise de Dove il y avait un petit sifflet à roulette dans lequel il s'époumona un bon moment au soleil.

Sifflets et cris d'enfants, tours de poney et chevaux de bois, tout ce que Dove voyait ou entendait au zoo ce jour-là bougeait et bruissait dans une ville nouvelle, innocente et radieuse.

Qui n'appartenait qu'à lui et à Hallie.

Dans la cage au serpent le serpent se tordait en huit. Un gardien lui tenait la tête et la queue, un autre lui ouvrait la gueule pendant qu'un troisième le faisait boire à une espèce de biberon.

Quand le lion rugit Dove fit un pas en arrière.

— Il doit avoir faim lui aussi, dit-il à Hallie.

— Je crois plutôt qu'il a le mal du pays, estima Hallie chérie.

Les grands loups gris des steppes glacées attendaient décembre, couchés sur le flanc. Mais dans les cages voisines les petits renards toujours en mouvement couraient et couraient comme si l'été ne devait jamais finir.

Dove resta un moment en arrêt devant les coulées de lumière qui suivaient le rideau de la pluie jusque sur l'herbe jonchée de débris : il n'avait encore jamais remarqué comment la lumière tombait. Et dans sa tête une vielle jouait des airs d'automne qu'il n'avait encore jamais entendus.

La gazelle faisait les pointes dans un coin d'ombre embaumé de foin, exécutant un ballet dont elle serait certainement l'étoile.

Et comme un pochard de caniveau, insoucieux de la pluie ou du beau temps, le gros ours se roulait les quatre pattes en l'air tandis que sa marmaille trottinait et se chamaillait autour de lui. Puis, lentement, d'un trou entre les roches primitives, sortit l'antique mère des ours, toute brune. Une mère besogneuse mariée à une vieille carcasse inutile, seule soutien de ce grand veau d'ours et d'une progéniture grandissante.

Sortit en boitant sur ses honnêtes pattes torses ; comme si elle s'approchait du premier homme sur la terre. Dove lui lança une cacahuète, et elle se décida, juste pour cette fois, à aller la prendre.

Vers le milieu de l'après-midi la pluie se mit à tomber de nouveau, faisant scintiller les allées, les cavernes et les cages. Ils se précipitèrent, des journaux sur la tête, dans un pavillon à claire-voie. Un endroit rêvé pour les amoureux d'octobre. Ils venaient de commander de l'orangeade et des sandwiches quand une vieille femme en bas gris s'avança vers eux, un journal mouillé à la main.

— Quarante ans de bonne vie, leur affirma-t-elle. Quarante années mariée à un brave homme. Il est mouillé, aussi je vous le laisse pour un penny. Et elle leur tendit le journal.

— Mais il est d'hier, lui dit Hallie ; et elle lui donna un nickel. Gardez-le.

— Je ne peux pas accepter la charité, répliqua la vieille d'un ton de fierté offensée, et elle fit mine de partir. Dove la retint.

— J' vais l'*acheter*, vot' journal, lui dit-il. Y a quéque chose qui est arrivé hier et que je voudrais justement lire.

La vieille femme comprit et lui tendit le journal. Dove lui tendit un billet d'un dollar et attendit sa monnaie.

— Faut-y que je vous rende l'argent ? implora-t-elle. Elle n'avait pas de monnaie.

Pendant qu'ils mangeaient leur sandwich le soleil fit une trouée à travers la pluie qui tombait toujours.

— Le diable bat ses filles, dit Hallie pour expliquer un temps aussi capricieux.

— Est-ce qu'elle a voulu me r'faire d'un dollar ? demanda Dove qui ne l'avait pas bien digéré.

Hallie se mit tout à coup à lui raconter comment elle était devenue une prostituée. Après le reniement de son mari et la mort de son bébé elle était restée longtemps malade, et un ami de son mari était devenu son seul ami blanc. Quand elle s'éveillait il était au pied de son lit qui la regardait dormir. Quand elle fut mieux il lui acheta une paire de chaussures, juste de la bonne pointure, avec des talons à la française. Puis il l'emmena sur une plage.

Il s'était étendu au soleil et regardait les petites vagues lui lécher les talons tandis qu'elle allait et venait au bord de l'eau. Puis il l'avait ramenée chez elle. Ça n'avait pas été plus difficile que ça.

— Mais j'aimais encore mieux avoir un homme couché à côté de moi que debout au pied de mon lit sans que je le sache, dit-elle à Dove, parce que ce qui peut passer par la tête d'un homme comme ça me fait peur.

La fille du diable revenait, mendiant son journal mouillé comme si elle n'avait encore jamais vu Dove et Hallie.

— Pourrais-je avoir votre journal ? J'ai eu une bonne vie, quarante ans de mariage, quarante ans de bonne vie. Merci. Je ne sais vraiment pas comment vous remercier... Je reviendrai peut-être un autre jour et vous me donnerez un autre journal.

On aurait dit que c'était un bon jour pour tout le monde.

Vers le soir une petite brise se leva et commença à emporter les minutes, et bientôt il fut temps de partir.

En sortant ils passèrent à nouveau devant la prison des loups qui avaient maintenant leur fourrure trempée par la première pluie d'hiver. Et les renards d'hiver faisaient toujours les cent pas et paraissaient encore plus agités avec ces sautes de temps.

Devant l'éléphant obéissant qui transportait les enfants sur son dos en balançant sa trompe comme un chef d'orchestre qui aurait dirigé une valse démodée.

Devant les chevaux de bois à la crinière flottante, et le noir battit le blanc d'une courte tête quand la musique s'arrêta.

Devant le lion qui avait le mal du pays et qui rugissait pour sa tanière natale. Devant le hibou aux plumes de bronze qui n'attendait que la nuit pour s'envoler sans bruit vers les rêves des gens et être de retour sur son arbre au matin.

Devant l'amie de Finnerty grimpée sur une branche trop fragile pour qu'il pût la suivre et qui geignait entre la peur de tomber et la peur de Finnerty.

Devant l'ombre odorant le foin frais où la vive gazelle faisait les pointes, répétant inlassablement quelque ballet animal dont elle était sûre d'être la danseuse étoile.

Devant les rocs du commencement du monde où la vieille ourse s'était enfoncée, et cette fois aucune cacahuète ne pourrait la séduire.

Et ils se retrouvèrent enfin dans ces rues où l'animal le plus sauvage de toute la création circulait en toute liberté.

Au bas de Canal Street ils virent un grand bateau d'excursion tout blanc qui venait de descendre le fleuve depuis Bâton Rouge ce jour-là. Au pied de la passerelle une pancarte joliment ornée les invita :

CE SOIR
OTHELLO

Hallie n'avait pas été au théâtre depuis qu'elle avait quitté son école. Dove n'avait jamais vu jouer une pièce de sa vie.

— C'est notre jour, voilà tout, décida-t-elle.

Et elle se sentait trop lasse de cette longue journée de soleil pour souhaiter rien d'autre maintenant que de s'asseoir sur le pont et regarder le vieux fleuve rouler ses caisses d'emballage vers la mer.

Toutes les dix minutes il revenait lui apporter les nouvelles : la bateau lèverait l'ancre à huit heures et demie et la pièce commencerait à neuf ! Il avait été faire un tour en bas et il s'était assuré que les machines étaient en état de marche. Ils étaient maintenant en train d'essayer les lumières dans la salle. Il avait vu un grand type et une jeune femme en train de boire de la bière au bar et ils lui avaient dit qu'ils étaient O'Thello et Dessie-Mona.

Puis ils sentirent le bateau vibrer de toute sa coque et les grandes roues accomplirent leur premier tour, lent et puissant : en route pour la pleine mer ! Il retourna de son pas lourd voir si le capitaine n'avait pas besoin de ses services.

Comme les lumières de la côte disparaissaient, Hallie entendit chanter des années dont elle avait presque perdu le souvenir.

On a dix enfants à la maison
On va tous en faire des bouffons...

et elle sentit comme un frisson de joie lui parcourir la peau ; puis quelque chose monta du fond de sa poitrine et lui étreignit la gorge, quelque chose qui avait été là toute la journée mais à quoi elle n'avait pas prêté attention.

Elle vit passer les fanaux d'une péniche qui descendait le courant derrière un remorqueur. Et les hommes, et les lits, et les odeurs, tout le monstrueux cauchemar qui avait été sa vie depuis la mort de son bébé semblait descendre le fleuve vers la mer à la suite de ce remorqueur. Et dans le tombeau de son cœur quelque chose se mit à battre à nouveau, quelque chose qui voulait vivre à nouveau.

Le bateau tangua sur le sillage de la péniche, et elle ferma les yeux car elle éprouvait une agréable nausée. Et elle revit les chevaux de bois à la crinière flottante qui tournaient autour d'elle, tournaient et tournaient. « — Un seizième », se dit-elle sans bien savoir pourquoi, et elle eut envie de rire, mais elle ne savait pas de quoi, à moins que ce ne fût du garçon à la crinière rousse qui venait lui apporter les nouvelles.

Elle écouta mais elle entendit à peine. Ce ne fut que lorsqu'il lui prit la main qu'elle comprit qu'une pièce allait commencer.

Au milieu du premier acte le bateau fut pris dans

des remous et la scène se mit à osciller. Les premiers rangs s'aperçurent alors qu'Othello, sous son maquillage mal fait, titubait lui aussi légèrement, pour une autre raison. Mais il gardait assez de présence d'esprit pour tituber à droite quand le plancher vacillait à gauche, et inversement. Grâce à ce truc, il parvint à tenir les premiers rangs en haleine, les gens se demandant de quel côté il tomberait quand il calculerait mal son coup.

Mais le bateau aurait pu se retrouver la quille en l'air que Dove ne s'en serait même pas aperçu. Il était sous le charme du ronronnement et des sonorités des vers que les siècles passés avaient tenus en telle estime qu'ils justifiaient toute l'humanité :

J'ai baisé ta bouche avant de te tuer ; il ne me reste plus
Qu'à me tuer, et mourir d'un baiser.

« — Un seizième » insistait la petite voix dans la tête d'Hallie tandis que la scène penchait en arrière, et elle s'entendit faire une curieuse prière : « Seigneur, faites-en une femme ou un homme, faites-le noir comme minuit, mais faites qu'il soit tout à moi cette fois. » Et son cœur se referma vite à la pensée qu'un homme blanc pourrait partager cet enfant avec elle. Et dans son esprit ses ancêtres français et espagnols commencèrent à ballotter comme les caisses d'emballages jetées par-dessus bord.

Elle désirait, et comprit qu'elle y songeait déjà depuis quelques jours, retourner au village où elle était née. Et porter des nattes à la mode indienne jusqu'à ce que le bébé vienne au monde. Il faudrait faire vite avant que cet homme blanc se doute de quelque chose.

Mais une bienfaisante langueur s'insinua en elle et

lui souffla, contre toute raison, qu'il y avait un temps pour tout.

Quand ils quittèrent le bateau, épuisés par cette longue journée, Dove entendit un tintement de boîtes de conserves et vit une petite voiture de marchand de glaces arrêtée au bord du trottoir. La nuit était chaude, et c'était justement une bonne glace qu'il lui fallait.

— Quel parfum tu veux, Hallie ?

— Orange.

La glace à l'orange dans sa main, il essayait de se décider entre framboise et ananas quand il entendit une voix derrière lui demander : « Chocolat » tandis qu'une ombre interminable tombait en travers de la voiture. Dove ne prit pas le temps de se décider : il se passerait de glace ce soir.

— Quelqu'un que tu connais ? s'étonna Hallie.

— Ça fait déjà un bout d' temps.

— Pourquoi as-tu peur ? Il te cherche ?

— J' sais pas.

Au coin de la rue il risqua un regard en arrière. Fort avait le nez sur la glace que le marchand lui tendait pour s'assurer qu'on ne lui refilait pas une boule à la pistache au lieu d'une au chocolat, et Dove comprit comme cela devait être difficile de distinguer les couleurs en pleine nuit derrière des lunettes noires.

Les jours suivants Hallie se lassa un peu d'entendre : « J'ai baisé ta bouche avant de te tuer ; il ne me reste plus qu'à me tuer, et mourir d'un baiser. »

— Si seulement tu comprenais ce que tu dis, ça me fatiguerait moins, lui dit-elle.

Elle ne put jamais être sûre qu'il ne comprenait pas ce qu'il disait. Un soir elle l'entendit qui lisait à haute voix :

Jusqu'au tombeau de Christ
Sous la croix bénie de Qui nous sommes enrôlés maintenant
Et nous sommes engagés à combattre, nous lèverons une armée
[d'Anglais
Dont les armes furent forgées dans le sein de leur mère
Et chasseront les impies de ces champs
Que Ses pieds bénis ont foulés, Ses pieds qui furent cloués
Il y a quatorze cents ans, pour notre rachat, sur la cruelle
[croix...

et quand elle lui demanda ce qu'il pensait que cela signifiait il répondit comme s'il l'avait toujours su :

— Oh, c'est quéqu' chose sur un roi d'autrefois et des gens de par là-bas aussi. Il va y avoir une guerre, et ça m'a tout l'air que nos gars y vont s' faire foutre la pile. Tu veux que j' descende te chercher des crevettes ?

Plus tard, quand la question des crevettes eut été tranchée et les crevettes avalées, elle lut :

Quand je n'étais encore qu'un tout petit garçon
Avec le vent, tra-la-la, et la pluie,
J'avais des jouets pour m'amuser
Car la pluie, la pluie tombait toute la journée.

Mais quand je devins un homme pour de bon,
Avec le vent, tra-la-la, et la pluie,
Les gens m'ont fermé la porte au nez
Car la pluie, la pluie tombait toute la journée...

— Ben, c'est pas mal ça aussi, lui dit-il. Et jamais il ne se douta que derrière tous les mots qu'elle disait un torse puissant tournait et tournait sur sa planche à roulettes.

Les nuits devinrent plus fraîches. La pluie tombait tous les jours.

Une nuit que Hallie était couchée depuis longtemps Dove était assis sur leur balcon. Toutes les fois qu'un souffle de brise venait du fleuve, une lumière s'éteignait au-dessous. On aurait dit que le vent les soufflait comme des bougies. Quand les deux côtés de la rue furent noirs il alluma la lampe dans la petite chambre où elle dormait.

Une ombre barrait son visage, laissant sa bouche désarmée contre la lumière. Elle continuait à dormir sans savoir que la brise du fleuve venait d'éteindre la dernière lumière dehors. Et que le vent chargé de pluie rendait leur chambre plus froide qu'avant.

Sans savoir qu'il n'y avait presque plus personne en bas, dans la rue. Sans savoir que pour la première fois de sa vie il n'éprouvait plus le tourment d'être un ignorant. Et que la seule chose qui importait à ce moment, semblait-il, était que cette femme puisse dormir, et ne sache jamais que le vent éteignait les lumières.

Quelque part dans une cour, un piano se mit à jouer doucement, comme s'il craignait de la réveiller. Assis sur le bord du lit, il se rappela le premier jour où elle lui avait appris comment les lettres faisaient des mots :

On a changé l'eau en pierre :
Nous pouvons marcher dessus.
Mais dans le livre d'images
Coule encore une rivière.

Nous voyons toute la terre,
Les montagnes et les mers
Et les fées de la lumière
Dans notre livre d'images.

Quand il éteignit la lumière et s'allongea à côté d'elle, elle se retourna à demi de l'autre côté.

Près du feu comme on est bien
Entre nounours et le chien.
Mon Dieu, je veux être toujours sage,
Pour avoir de beaux livres d'images.

Il dut s'endormir presque aussitôt, parce qu'il lui sembla qu'il venait à peine de s'écouler quelques secondes quand il se réveilla et vit que la lampe était allumée.

Il resta un moment à se demander s'il avait oublié de l'éteindre. Dehors il faisait grand jour, et la rue grouillait de bruits.

Sur la commode il vit son rouge à lèvres, son peigne et sa boîte à poudre. Et c'est alors seulement qu'il s'aperçut qu'il était seul dans le lit.

Elle n'était ni dans la salle de bains ni en bas dans le corridor. Il s'habilla, et se dit qu'elle avait dû retourner chez Mama. Il en était sûr, parce qu'il ne pouvait rien imaginer d'autre.

La dernière chose que Dove vit de la petite chambre au-dessus de Royal Street fut un peigne cassé qui gisait dans une flaque de lumière.

Il partit sous la pluie battante, la plus triste qui fût jamais tombée. Il traversa un quartier de rues étroites et raides, et la pluie ne cessait de tomber.

C'était l'heure où les remorqueurs appellent, appellent, comme des amoureux qui ont perdu leur chemin.

3

Oliver Finnerty, la gorge pleine de dégoût, entra chez Dockery dans l'espoir de le noyer. Elevages de volailles, avertissements de Mama, organes de Reba, souris dans sa boîte à poudre, gonzesses arrogantes, gonzesses humbles, gonzesses sobres, gonzesses ivres, amputés balançant des dollars aux gonzesses à quatre pattes... fièvre et lubies, rêves brûlants et fric glacé, tout cela s'accumulait comme de la bidoche morte au fond de sa gorge, trop au fond pour qu'il pût la recracher, pas assez pour qu'il parvienne à l'avaler.

— Y a un maquereau qui se sent pas bien, ce soir !

Et il s'envoya coup sur coup deux bourbons canadiens, si vite qu'ils se coincèrent au passage et firent gonfler un peu plus le morceau de bidoche morte.

Le petit homme enfouit son visage dans ses mains et plongea dans la nuit de sa cervelle : un drap mortuaire immobile pesait comme de la fumée de charbon ou du brouillard de ville sur les toits d'une étrange rue : deux courtes rangées de pavillons qui n'avaient pas été repeints depuis longtemps, comme les boutiques d'une rue commerçante ; et une seule lumière au-dessus de la dernière porte.

Mais ce n'était ni la fumée ni l'absence de peinture

ni même la flaque de lumière, comme un feu vivant devant la porte, qui troublait le rêve du maquereau.

Car bien que les vêtements des femmes fussent toujours pendus dans leurs étroits placards et que les poêles répandissent encore une faible chaleur, les demis de bière étaient encore à moitié pleins et le whisky n'était encore qu'à moitié bu. On avait fourré une pantoufle entre le mur et le miroir pour l'empêcher de branler. Un chien trottait d'un air pressé et flairait entre les armoires vides. Et dans les chambres vides flottait un air de fureur et de hâte qui donnait à entendre que le pire n'était pas encore venu.

Et cela vint, dans des voitures qui faisaient gicler la boue sur leurs pare-chocs ; des hommes et de jeunes brutes bondirent sur le trottoir, et il entendit la première vitre voler en éclats, et il vit la première flamme jaillir d'une fenêtre.

Causant au maquereau un chagrin mêlé de plaisir, une sorte de soulagement total.

Toujours le même plaisir maladif dans le même rêve d'effroi. Bien qu'il ne pût situer cet endroit bizarre ni le nom des femmes qui l'habitaient, brunes ou blondes.

Il ne connaissait pas ces jeunes brutes. Il n'avait jamais vu cette lampe allumée au-dessus de la dernière porte de la nuit qui jetait comme une flaque de fièvre brûlante sur le trottoir.

Avait-il assisté à une descente de ce genre quand il était enfant, de la vitre d'un train se hâtant dans la nuit, ou n'était-ce qu'un obscur désir de son esprit de se débarrasser une bonne fois de toutes ses femmes ? Ce pauvre maquereau de Finnerty n'en savait rien.

— Oliver, t'as pas l'air en forme.

Le maquereau leva son visage vidé de toute vie, un visage d'embryon un peu plus intelligent que la moyenne des embryons, mais un visage mort-né tout de même. Et peut-être même que cela faisait partie de sa maladie de voir apparaître tout à coup devant lui son vieux pote du Texas.

Son bon vieux poteau, le seul et unique pote qu'il ait jamais eu. Qui attendait quelqu'un en tirant une langue d'un mètre.

Quelqu'un avait planté sur sa tête une casquette à carreaux blancs et noirs d'une pointure trop grande, et quelqu'un l'avait habillé d'un complet de serge bleu à peine d'une taille trop juste. Quelqu'un lui avait coupé les cheveux, quelqu'un lui avait ciré ses bottes. Quelqu'un avait épinglé à son revers un petit clown rouge et bleu... mais c'était toujours le même bon vieux poteau. Comme la poussière devant l'espoir du monde, l'âme malade du barbeau se trouva miraculeusement balayée. Un sentiment de bien-être le remplit comme un verre qui se remplit de la liqueur de vie. Il éprouva un immense sentiment de reconnaissance pour toutes les joies du monde, les petites comme les grandes, et il aurait voulu que ce soit l'heure de se mettre à table pour pouvoir dire son *Benedicite :* son vieux poteau à face de soupe. La même grande bouche à la grosse haleine rampante, tout aussi bon à rien que jadis.

— Double Nœud ! s'écria-t-il, et il se recula et mit sa main en visière au-dessus de ses yeux comme s'il n'arrivait pas à croire que la plus invraisemblable personnalité de la ville était revenue lui faire une petite visite.

— Tu sais, là, pendant une seconde, j' te reconnaissais pas dans ce déguisement.

— On dirait que j' t'ai manqué, Oliver ?

— Si tu m'as manqué ? Il défit la cravate serrée de Dove d'une brusque secousse et lui refit soigneusement un nœud plus lâche, plus à la mode. Si tu m'as manqué ? Mais c'est moi qui t'ai fait ce que tu es devenu, et j'ai pas honte de mon travail. Alors quoi, qu'est-ce qui se passe ? Il tira un petit livre de la poche de Dove et son sourire s'amincit. Tu lis toujours ces conneries de mômes ? C'est-y que t'en vends maintenant ? J' vois que t'as pris un virage à la corde à voir tes nouvelles fringues, et ça m'intéresse bougrement. Quand j'en avais une bien bonne, j' te la servais toute chaude, alors j' pourrais pas croire si tu m'affranchissais pas de c' qui t'est arrivé.

— J' sais lire et écrire maintenant, voilà tout c' qui y a, Oliver, dit Dove avec une légère pointe agressive dans le ton de sa voix, et il remit son livre dans sa poche.

— Eh ben !... J' te crois sur parole, tiens, et j' te paie à boire. Finnerty parut soulagé. Même que quand j' leur ai dit : « Vous en faites pas pour Monsieur Groscul ! J' connais une gonzesse qu'est en train de lui donner des leçons à c' t' heure ! Elle lui apprend à lire ! » ils s' foutaient à rigoler à s'en faire péter le bide. « Le mec que vous avez vu baiser deux ou trois fois par le trou, que j' leur disais, c'est de lui que j' vous cause... » et il laissa tomber sa voix pour marquer qu'il était temps de parler de choses sérieuses. Alors, raconte-moi un peu comment que c'est qu'elle baise, la grande jaunasse ?

— J' sais pas où qu'est c'te fille, Oliver, c'est la vérité. Et j' voudrais bien l' savoir.

— Elle était justement ici, elle te cherchait, figure-toi.

— Ben, ça s' peut guère, réfléchit Dove.

— Bien sûr que ça s' peut pas, avoua Finnerty très vite maintenant qu'il avait appris tout ce qu'il avait besoin de savoir. Pourquoi qu'elle serait venue te chercher quand elle savait très bien où te trouver, hein ? Dockery, deux raides par ici.

— J' bois plus autant qu'avant, Oliver.

— Envoies-en des doubles !

La porte s'ouvrit brusquement toute grande et la lumière de la rue scintilla sous les roulettes du cul-de-jatte. Il entra dans le bistrot d'un déhanchement et l'obscurité se referma derrière lui tandis qu'il s'avançait en silence au milieu de la salle. Schmidt savait rendre ses roues silencieuses quand il ne se sentait pas d'humeur folâtre.

Finnerty tendit un pied. « Grand Mec ! On allait justement faire une petite fête *en ton honneur !* Y a là un de tes admirateurs de l'ancien temps, il t'a vu au ciné ! Viens prendre un verre !

— On se connaît, dit l'infirme en déclinant l'offre. Je bois pas avec les admirateurs ce soir. »

Il posa ses mains sur ses roues, puis s'arrêta pour regarder Dove de la tête aux pieds. Finnerty lut très bien l'hésitation dans son regard.

— Allez, rien qu'un verre, Grand Mec, insista le maquereau.

— Gars, dit Schmidt en s'adressant à Dove et en ignorant Finnerty, t'as l'air d'être entré dans un bon fromage. Si t'as du fric sur toi, je vais prendre ma part.

— Et si t'en as pas, promit Finnerty à Dove en grimaçant un sourire, il veillera à c' que t'en ayes. Faut bien tous qu'on vive, pas vrai, dit-il en savourant à l'avance les deux possibilités. L'étudiant qu'est là il se demandait justement si t'étais pas des fois en tournée avec l'Etrangleur en c' moment. Et il se baissa pour tendre son verre à Schmidt.

— Ben, j'y pouvais rien, dit Schmidt qui avait un moment tout compte fait. L'Etrangleur m'avait fait une clef et je laissais la foule hurler un moment parce que je travaillais au pourcentage à cette époque. Puis je me secouais et je lui faisais toucher une épaule, et après ça je redevenais mou pour que les bouseux s'imaginent qu'il allait sûrement m'avoir. Je le laissais essayer jusqu'à ce que je le sente fatigué. Puis je prenais mes ciseaux — il croisait deux doigts pour figurer deux cuisses serrées — je me débarrassais de lui et je lui faisais *ma clef* — ses poignets croisés enserraient la tête de l'Etrangleur. Vous comprenez que si j'avais continué à serrer j'aurais perdu mon boulot. Mais jamais il m'a fait sauter ma clef. Et il tendit en l'air son verre vide. Non, jamais il a pu me faire lâcher.

— Bois, commanda Finnerty sans ciller. Il a jamais pu te faire lâcher.

— J'ai renversé un gosse mexicain une fois par là-bas chez moi, raconta Dove à son tour, mais après ça il m'a foutu par terre et il y a été si fort que j'ai jamais plus recommencé c' truc-là depuis.

— Non, il a jamais pu me faire lâcher, répéta l'infirme comme si Dove ou quelqu'un d'autre l'avait contredit, et il fit claquer ses mains sur ses deux moignons pour donner plus de force à son « Non ! ». Zybysko a jamais pu défaire ma clef !

— Du calme, Papa, du calme, lui dit Finnerty pour l'inciter à poursuivre. J'imagine que les pépées ont dû te faire pas mal d'une clef que t'as jamais essayé de desserrer... hein ? Qu'est-ce que t'as à répondre à ça, Papa ? Je parle naturellement, ajouta-t-il précipitamment, de ta carrière au ciné.

— Ma carrière ? Au ciné ? Schmidt mordit à l'appât comme une perche affamée. Ben oui, j'ai joué un p'tit rôle avec Beery, mais je savais pas que j'avais jamais parlé de ça.

« T'as parlé de pas mal d'autres choses encore depuis vingt ans », se dit Finnerty, et il dit à haute voix :

— J' l'ai entendu dire par des relations que j'ai dans l' ciné. C'était une scène de lutte que t'as tournée, pas vrai ? Comment c'était, dis, Grand Mec ? J'aimerais bien entendre ça de ta bouche.

— Tout ça, c'est du passé, lui dit Schmidt. J'ai rencontré une femme qui avait elle aussi un petit rôle dans le film. On a été engagés juste avant que je fasse la grande tournée avec l'Etrangleur. Mais le spectacle a foiré dans l'Est, et mon ticket d'autocar s'est tourné en eau de boudin. J'étais tellement pressé de retrouver cette fille que j'ai pas voulu perdre une heure de plus. Au lieu de lui télégraphier de m'envoyer du flouze, j'ai claqué mes derniers faffes dans une boutanche et j'ai fini sous les roues. A minuit moins une, le trente et un décembre mil neuf cent treize.

« Quand je l'ai revue ç'a été après l'opération. Elle m'a soigné et m'a fait revenir à la vie de ses deux mains. M'a supplié de l'épouser comme si rien ne s'était passé... Ça c'est une femme, non ? Mais est-ce que j'avais le droit de profiter d'un tel désintéressement ? Avec toute la carrière qu'elle avait devant elle ? On n'a pas le droit de détruire deux carrières parce qu'il y en a un qui est resté en rade, pas vrai ? Je l'ai envoyée promener et depuis j'ai pris soin de moi tout seul, et mieux que beaucoup d'autres qui ont plus de chance que j'en ai eu.

— Mais, demanda froidement Finnerty, est-ce que ça demande pas un sacré bout de temps pour s'habituer à être plus p'tit que les autres après que t'avais été le plus grand bonhomme qu'on aye jamais vu ?

Etait-ce la question elle-même, ou le ton du maquereau ? Mais Schmidt se moquait de l'une comme de l'autre.

— J' vois personne par là autour qu'est plus *grand* que moi, dit-il en regardant Finnerty dans les yeux, et quand Dockery posa trois whiskies sur le comptoir il ne daigna pas prendre le sien. S'il y a quelque chose que tu peux faire et que je peux pas, c'est maintenant que t'as une chance de me le dire.

— Allez, Grand Mec, te fâche pas avec moi, lui dit Finnerty d'un ton serein. J' prétends pas me mesurer avec toi. Mais Zozo, là, c'est pas pareil... y pourrait enfoncer n'importe quel bonhomme vivant, Grand Mec.

Schmidt se tourna vers Dove d'un quart de roue.

— Tu peux faire quelque chose que j' peux pas, mec ?

— Y a un tas d' choses que j' peux pas faire et qu' des gens qui sont pas infirmes y peuvent faire, m'sieur, se hâta de dire Dove. Mais même à ses propres oreilles cela sonnait un peu faux.

— Par exemple, l'aida Finnerty, il pourrait jamais trouver un boulot d'HOMME-TRONC.

Voilà, la chose était lâchée à la fin.

— J' vous souhaite à tous les deux bien de la joie dans votre commerce, leur dit Schmidt, et il partit sur ses roulettes aussi silencieusement qu'il était entré.

Mais Finnerty trouva tout de même le moyen de lui dire d'un ton goguenard avant qu'il soit trop loin :

— Si t'as pas du matériel champion, tu f'rais aussi bien d' te laisser bouffer par les femmes tout d' suite !

Puis, enfonçant son doigt dans la poitrine de Dove, il lui dit :

— Tu sais de qui il causait quand il a balancé cette vanne : « Bien de la joie dans vot' commerce ? » C'est de toi qu'il causait, Tex. Mais t'as pas à t'en faire, vieux pote, j' suis derrière toi.

Dove vida son verre, puis celui de Schmidt.

— J' suis avec toi aussi, Oliver. Et il regretta qu'il n'y eût pas un autre verre de plein.

— Et quand j' suis derrière un type, j' suis derrière lui tout l' temps. Tu sais que Finnerty se bat jamais. Il tue et il se tire.

Tantôt un de ses verres était plein, tantôt les deux. Dans le poli du comptoir les têtes des gens le regardaient trop fixement. Derrière le comptoir les têtes des poupées regardaient les gens. Les têtes des gens et les têtes des poupées, et son verre était plein de nouveau. Il était venu chercher quelqu'un dont il avait le nom sur le bout de la langue, mais juste à ce moment le bastringue à musique se mettait à gueuler quelque chose sur les saints qui vont entrer quelque part. Les gens se mettaient à défiler derrière les saints et les poupées derrière les gens et Dove se mettait à défiler derrière eux. Les cloches sonnaient, les trains roulaient interminablement sur des aiguillages, les saints marchaient, le temps coulait et son verre était plein de nouveau.

Et puis il entendit une voix du fond de sa brume qui disait qu'il n'y avait pas un seul Linkhorn qui sache lire.

— Qui c'est qui peut pas lire ? entendit-il une voix demander, une voix prête à se battre. Qui c'est qui dit qu' j' sais pas lire ?

— Personne a dit que tu savais pas, fiston. Reste tranquille et va-t'en.

— Me parle pas comme ça, Ol-i-ver, dit-il d'un ton menaçant.

— C'est pas Oliver.

— Qui qu' t'es ?

— C'est Dockery qui te cause.

— Et c'est Double Nœud, voilà qui c'est... Qui c'est-y ?

Le plancher vacillait un peu mais il s'agrippait à quelque chose et se retenait. Se retenait, sans plus. Puis des lumières s'allumaient à droite ou à gauche, avec des halos sur les bords, et son verre de whisky était plein de nouveau. Parce qu'il était amoureux du whisky, il se mit à pleurer. Tandis que les poupées étaient en marche, que les saints étaient en marche et que les gens riaient. A travers une jungle interminable de poupées d'enfants.

— Ça va se tasser, Doc, dit quelqu'un qui était le meilleur ami que quelqu'un ait jamais eu à quelqu'un qui ne l'était pas. Il tira Finnerty par la manche pour qu'il écoute.

— Les gens y veulent que j' les fasse encore rigoler, Oliver.

— Lis-leur une histoire pour les mômes dans ton bouquin.

Mais les lettres, apeurées, sautillaient comme des oiseaux sans cervelle sur les pages, en sorte que celui qui avait dit que pas un seul Linkhorn ne savait lire avait raison tout compte fait, et tout le monde fut si déçu qu'il se mit à pleurer pour tout le monde, pour les poupées, pour tous ceux qu'il avait déçus.

— J' vais chanter pour les gens ! J' danserai et j' chanterai !

Il comprit que c'était là la solution. Et se retenant d'une main à l'appareil il leva un grand pied, comme si de lever un grand pied comme ça était déjà un exploit en soi. Et il tenta de percer les brumes épaisses qui l'enveloppaient pour s'assurer que les gens regardaient ça. Après tout, se tenir sur un pied n'était pas à la portée de tout le monde. Et il était le seul à savoir *exactement* comment il fallait s'y prendre. Et les gens virent ça, parce que quelqu'un applaudit. Ça y était. Il les tenait. Si seulement il pouvait changer de pied, il ferait crouler la salle.

Et, lentement, il se mit à changer de pied.

Il réussit, les mains ballantes, la tête molle, le corps dangereusement incliné en avant. Quelqu'un battit encore des mains, puis un autre, un autre encore. Alors la danse se fit plus rapide, un pied, l'autre pied, un pied, l'autre pied... Certains y voyaient l'amour, d'autres le désespoir. A travers une jungle de poupées, le roi des éléphants se remettait à danser.

Il mit les mains sur les hanches et entreprit un pas lent et obscène. La musique s'arrêta, mais cette fois personne n'applaudit.

— Quelle honte ! protesta quelqu'un. Il y a des femmes ici !

— Laissons-le montrer ce qu'il sait faire, dit un autre qui ne voyait pas les choses de la même façon.

Puis essayant de sortir de son nuage de whisky, il se pencha en avant, les yeux tout près de ceux de Dockery, trop brillants, trop fixes, comme ceux d'une abeille.

— Maintenant tu dépasses la mesure, fiston. Si tu ne peux pas te tenir comme il faut, fous le camp. J' te le dirai pas deux fois.

— Qui qu' t'es ?

— Dockery. C'est lui qui te le dit.

Les gens se mirent à le pousser à droite, à gauche, il était venu chercher quelqu'un, mais où donc qu'elle était ? *Qui ça ?* se demandait-il sans arrêt. *Qui ?* Mais qui c'est-y donc ?... et il les repoussa tous.

— Laissez-moi partir. Qui t'es ? leur demandait-il.

— Si on te laisse aller tu vas tomber sur la tête.

— Tomber su' la tête... c'est ça que j' veux ! Un beau plongeon que j' veux faire ! Et il se débattit follement pour faire un beau plongeon sur la tête.

Mais ils ne voulaient pas le lâcher, et il ne pouvait pas les supplier de le laisser tomber sur la tête, et il ne pouvait pas les acheter. Les cloches se mirent à écouter leurs airs idiots, les trains à se précipiter à toute vapeur les uns contre les autres. Les femmes l'attendaient dans les encoignures de leurs portes. Son verre était plein de nouveau.

— Si t'as pas du m-ma-matériel... champion, déclara-t-il, t'as qu'à t'... laisser bouffer tout d' suite par les femmes.

— Il veut que les femmes le bouffent... Alors laissons-le s' faire bouffer ! Tous étaient d'accord maintenant.

— Sortez-le d'ici !

Dockery en avait assez, et parmi la foule ricanante des barbeaux, la plume de sa casquette un peu plus haute qu'avant, il passa la porte en s'emmêlant les pieds et en essayant toujours de faire son plongeon sur la tête. Mais à chaque fois quelqu'un l'en empêchait.

Quand il arriva à la porte de chez Mama, la veste de son costume bleu avait disparu, une jambe de son pantalon était fendue de la ceinture au genou, et la poche de sa chemise ne tenait plus que par un fil. Mais il avait gardé sa casquette sur la tête, bien que la plume pendît maintenant d'un air triste, l'arête brisée.

— V'là Double Nœud prêt à troncher, cria un des barbeaux.

— L'est v'nu pour s' faire bouffer par les filles, expliqua un autre.

— On le veut pas! Sur ce point les femmes paraissaient catégoriques.

Tandis que dans le corridor, fidèle à lui-même, Finnerty contemplait la scène.

Et sentait que sa vieille nausée, lentement, s'apaisait.

Quand les taxis désertent les bordures des trottoirs et que l'obscurité devient plus dense entre les lumières ; quand le verre de whisky qu'on a devant soi est un whisky dont on n'a plus envie, et quand le ciel retient encore une sorte de lueur criminelle pleine de désirs vagues et d'abandons, alors sonne l'heure où sortent tous les quémandeurs de la nuit : Viens voir un peu par ici, chéri ; m'sieur, v'nez donc me dire un p'tit bonjour ; m'sieur, cinquante balles me remettraient à flot ; m'sieur, filez-moi vingt balles et j' pourrai dormir dans des couvertures c'te nuit. C'est l'heure où le pâle fantôme de la fille perdue dans l'ombre de la dernière porte de la nuit voit que rien n'empêchera la dernière des lumières de s'éteindre, et où même les maquereaux commencent à renoncer aux affaires.

Le cul-de-jatte fuma la première et âcre cigarette de la journée qui allait se lever et regarda le dernier passant se dépêcher, se dépêcher sur ses deux jambes ; se dépêcher de rentrer chez lui pour l'amour et le sommeil. Et un frisson d'angoisse étreignit son cœur, comme la morsure d'une défaite totale, comme un vent passant sur la banquise infinie de la mort.

Ils s'étaient payé une tranche de rigolade à ses dépens ? Et alors ? Il en arrivait tous les jours de bien pires aux gens. Un estropié devait se résigner à prendre l'amer avec le doux ; cela faisait partie du jeu. Tout le monde savait qu'ils n'étaient qu'un couple de maquereaux de la plus basse espèce, tandis que lui, Schmidt, n'avait jamais pris un cent à une femme.

Mais il baissa la tête vers ses moignons et se prit à rêver à ses grandes cuisses d'autrefois.

Et il ne vit aucun moyen de retrouver sa vie, cette bonne vie qui avait été sienne et qui était partie trop loin, trop loin.

Un à la hanche et un au genou.

Pourquoi *leur* donner une chance ?

Personne ne lui avait laissé sa chance.

Quels que pussent être les motifs qui faisaient croire à Floralee que Dieu ne pouvait plus la supporter, il ne s'ensuivait pas nécessairement que c'était Lui qui avait téléphoné à Police-Secours.

Le phono entonnait *Please Tell Me How Many Times* quand le salon se trouva tout à coup envahi par des gars en uniforme bleu, et quelqu'un brisa la vitre du phono... Pourquoi faire ça ? La voix sortit plus grave de l'appareil estropié... *Ça m' ferait tout triste si tu en avais trop embrassé mais ça me f'rait encore plus triste si tu n'en avais jamais embrassé une seule.*

Où était Reba quand la vitre avait volé en éclats ? Au paradis des rêves, sûrement.

Où était Cinq quand on avait éventré le phono ? En train de galoper de porte en porte, vêtue en tout et pour tout de ses boucles d'oreilles et d'un tapis de bain, et de crier « Foutez ces gars à la porte ! » Et de pousser dans le corridor trois michetons qui se débinaient, leur grimpant à la main, n'ayant pas plus envie que Cinq qu'on les trouve ici. Elle en fit passer un par la fenêtre, un autre passa devant un flic qui tenait un papier à la main et qui s'écria en apercevant le troisième : « Oncle Charles ! » et le laissa passer.

Où était Mama quand la vitre du phono avait éclaté ? En train d'étudier un reçu de deux mille deux cents dollars en acompte sur une maison et un terrain, et de concevoir ses premiers soupçons.

Où était Finnerty quand tout ce chahut se déclencha ? Dans son avion avec deux mille deux cents dollars en billets de cinq et de dix, en route pour Miami où il allait se faire dorer les côtelettes. Et se rongeant les ongles de remords en se demandant sans arrêt : « Oh, pourquoi donc que j' l'ai pas enterré, c' t'estropié ? »

Où était Floralee pendant tout ce temps-là ? En train de s'humilier sous l'œil du Seigneur en supportant le poids d'un ivrogne qui rugissait tandis que d'autres ivrognes l'encourageaient de leurs rugissements.

Où était Kitty la Tordue, cette adorable môme ? En train de penser à Finnerty et de souhaiter qu'il crève. Quand elle entendit la vitre éclater, elle prit une grosse lampée de gin, balança la bouteille par la fenêtre et prit le même chemin... pour tomber dans les bras de deux des gars en bleu.

— Ben j'ai pas d' pot, quoi, dit la tordue et peu émotive Kitty.

— T'as autant d' pot que les autres qui vont suivre, voilà tout, dit le flic. Allez, relève-toi, frangine.

Et Kitty la Tordue entra tout droit dans le panier à salade.

— Qui c'est qu'est là ? demanda-t-elle en écarquillant les yeux dans le noir. Qui c'est qui parle encore dans c'te bagnole ?

— C'est pas Herbert Hoover, dit la voix de Frenchy.

— M'sieur l'agent, dit Kitty au flic qui gardait la porte du fourgon. Qu'est-ce qu'on attend ? C'est-y pour aujourd'hui ou pour demain qu'on démarre.

— On en ramassera peut-être d'autres, dit l'agent.

— Vous avez pris qu'une voiture, putain d' Dieu ? lui reprocha Kitty.

— On va essayer de tout faire en un seul voyage, frangine, s'excusa-t-il.

A ce moment un rugissement plus puissant que le cri de guerre d'une tribu de sauvages ébranla les étoiles. Les filles pointèrent leurs tristes figures de carême à la porte et entendirent des vociférations démentes à l'intérieur.

— Sûr qu'on dirait qu' c'est quelqu'un qui veut pas venir, paria Frenchy.

Quelqu'un apparut dans le rectangle lumineux de la porte. C'était Dove, sans rien d'autre sur le corps qu'un tricot de coton et qui hurlait : « Me touchez pas ! Me touchez pas ! » Frappant à gauche et à droite avec un livre qu'il tenait ferme, fou de whisky et ivre de peur. Kitty vit un flic attraper un coup de livre en travers de la joue... « Me touchez pas ! » Un autre prit un cocard dans l'œil. Puis un des cognes le saisit par le creux de la nuque, un autre lui attrapa la main qui tenait le livre. « Allons, sois un bon gars comme j'étais à ton âge », lui dit l'un d'eux, tandis qu'un troisième lui saisissait la jambe. A eux trois ils finirent par le tenir bon.

— Une ! Deusse ! Trois... Et Kitty et Frenchy eurent juste le temps de se reculer au moment où le grand corps sans caleçon arrivait par la voie des airs... *Bang*... et l'ex-représentant en pommades et onguents atterrit le derrière en l'air sur le plancher blindé du fourgon.

— Cette fois, au moins, t'es venu, lui dit Kitty pour le féliciter. Et elle lui donna un coup d'orteils pour voir. Le corps ne bougea pas.

Kitty s'aperçut alors qu'elle ne s'était jamais vraiment souciée qu'il soit venu ou non. Elle se foutait de tout et de tout le monde, et encore plus d'elle-même. Tout ce qui arrive, c'est que ça doit arriver, alors qu'est-ce que ça peut bien foutre que cela arrive à celui-ci ou à celui-là ? C'était là, du moins, la façon de voir de Kitty.

— J'ai entendu éternuer dans le placard, raconta le flic aux filles, et quand j'ouvre la porte je vois ce grand connard presque à poil, avec sa casquette sur la tête, son tricot de corps et un livre sous le bras.

— C'est quelqu'un qu'a pas dû avoir le temps d'enfiler son grimpant, dit Frenchy d'un ton neutre, pour voir ce que le flic savait au juste.

— Si c'est pas un intime de la maison il aura pas beaucoup d'histoires, estimait le condé. Il m'a pas l'air d'être un maquereau.

— Moi j' l'ai jamais vu, c' gars-là, dit Frenchy en poussant Kitty du coude.

— Moi non plus, dit Kitty.

Dove revint à lui dans l'étuve d'un cachot avec quelque chose en travers de la figure.

Salut, falzard.

Il sentit que sa tête enflait, désenflait, puis essayait d'enfler de nouveau. S'il n'ouvrait pas les yeux elle lui faisait un peu moins mal. Lorsque quelqu'un souleva le pantalon de la figure, il fit les yeux blancs.

— M'a tout l'air d'être clamcé, l' cochon, entendit-il déclarer d'une voix indifférente. Puis il sentit la fumée d'un cigare.

— J' vois pas d' sang, Harry.

— Ils saignent à l'intérieur.

— Ben, on est tous les deux dans l' coup.

— Tous les deux ? Et depuis quand que Smitty l'est plus dans c' coup ? Le pantalon tomba par terre.

— Ouais, c'est vrai. Oh, ce Smitty ! Doit encore être en train de r'luquer les putes dans l' panier à salade, à moins qu'y soit en train d' montrer qu'il joue maintenant arrière dans l'équipe de rugby.

— Tu t' rappelles la fois qu'il a sonné l' Nègre pour le compte rien qu'avec sa main ouverte ? Ça te dit c' que le jiu-jitsu peut faire.

— Non, mais j'étais avec lui quand il s'est foutu en rogne sur le p'tit espingousse qui disait qu'y pouvait pas parler anglais comme il faut. Voilà c' que c'est quand on fait semblant.

— M'sieur l'agent, susurra une voix à l'étage en dessous, j' peux payer pour une aspirine, si c'est pas trop d'mander.

— Justement, c'est trop d'mander, mec. Tu t' paieras de l'aspirine quand tu s'ras arrivé à destination, promit Harry au susurreur de l'étage en dessous, et il balança à Dove un coup de pied craquant dans les côtes, juste une craquante petite surprise.

— J'ai déjà reçu des coups plus durs que ça, réfléchit Dove, et il avait bien envie qu'ils s'arrêtent de fumer. Cela avait quelque chose d'irrespectueux en un moment comme celui-là.

— Tu sais à quoi je pense ? demanda Harry doucement.

— Quoi donc ? Jeff était impatient de le savoir.

— J' crois que l' cochon il a fini par crever.

Tout au fond de la gorge de Dove une grosse larme trembla, produisant une bulle qui lui chatouilla la glotte. Il n'y avait pas un souffle d'air dans la cellule, et s'ils ne s'arrêtaient pas de fumer il serait obligé de tousser et de revenir une fois de plus au nombre des vivants. Dove se dit qu'il préférait être mort plutôt que *ça*.

— Pauvre connard. Entre le whisky et les putes, son cœur a fait ouf.

— Tu t' figures que c'était son cœur qui a sonné comme une cloche quand il a atterri dans l' fourgon ? Si t'as que des conneries à dire, tu f'rais mieux de la boucler.

— Le Capitaine s'ra avec nous, tenta de poursuivre Jeff, connerie ou pas.

— C' bêcheur ? T'es pas tombé sur la tête, des fois ? J' suis sûr qu'il aimerait pas voir la photo de c' corniaud sur la première page du *Picayune* pour avoir nettoyé l' secteur des voyous. Sûr qu'il aimerait pas ça.

Un silence, marquant que cette idée se frayait un chemin vers l'entendement du cogne. Puis Dove sentit qu'on le prenait par les pieds et par les bras.

— Les gens vous traitent mieux quand vous êtes mort, comprit Dove tandis que les deux flics le transportaient avec précaution. Sûrement c'est quéqu' chose comme ça.

— Où qu'on l'emmène, Harry ?

— Où que tu crois ? Au Casino ?

Un bateau sur le fleuve gémit comme une vache épuisée, abandonnant tout espoir de lutter contre la marée et l'obscurité.

Dove sentit l'air frais sur sa figure et comprit qu'ils étaient en pleine nuit. Quelque part au-dessus de lui une fenêtre claqua. Dove entendit une autre voix, plus autoritaire que celle de Harry, qui disait :

— Qu'est-ce que vous foutez encore, bande de cons ?

— Encore un qui nous a calenché entre les pattes, capitaine.

— Combien de fois faut-il vous répéter qu'un homme peut tout aussi bien mourir à l'hôpital qu'en taule ? Emmenez-le à la Charité et prenez un reçu. J'en ai marre de vous le répéter à chaque fois. La fenêtre claqua. Dove espéra qu'ils ne le laisseraient pas choir : il lui semblait qu'il était suspendu au-dessus d'une dalle en ciment.

— Qu'est-ce qu'il veut dire, Harry ? Prenez un reçu ?

— Il veut dire enregistrer le cadavre à l'hôpital.

— Est-ce qu'on pourrait pas le laisser simplement sur les marches pour que les infirmières s'occupent de lui ?

— J'aimerais autant qu'on m' prenne à l'intérieur, si ça vous f'sait rien, réclama Dove poliment.

Les deux flics se figèrent, telles deux statues de la stupéfaction. Dove réalisa à ce moment que la voix qui avait parlé était la sienne, et, secouant bras et jambes, se libéra, courut, et entra droit dans un mur de briques.

Harry le saisit au rebond et le conduisit par la main vers Jeff.

— J' savais pendant tout l' temps qu'il faisait semblant, déclara alors Harry. J'attendais seulement qu'il fasse un faux mouvement. Tu vois, c'est moi qui l'ai fait se rendre.

Dove plia soigneusement son pantalon pour en faire un oreiller, le glissa proprement sous sa tête, s'étendit avec satisfaction et attendit qu'on le soulève à nouveau.

— Vous voyez, s'excusa-t-il aux étoiles du sud qui brillaient par-dessus la tête des condés, j'avais vraiment pas envie de quitter c' monde, parce que c'est l' seul que j' connaisse.

Jeff regarda Harry. Harry regarda Jeff.

— Fiston, annonça enfin Jeff, on a été d' service tous les deux pendant toute cette sacrée bon dieu d' journée d' chaleur, et on a assez sué comme ça. Est-ce que ça t'ennuierait d' rentrer à pinces dans ta cellule ?

— Ben, dit Dove en sautant sur ses pieds et en se mettant à enfiler son pantalon, tout plein de bonne volonté, comme si on l'invitait à aller manger du poulet, ben, j'aim'rais mieux ça, oui. Un p'tit bout d' promenade à l'air d' la nuit me rafraîchirait la tête. Puis il les regarda l'un après l'autre d'un petit air malicieux. Vous avez quéqu' chose contre moi, dites, les gars ?

— Bien sûr que non, fiston, le rassura Harry d'un ton bourru et paternel. T'es quelqu'un, toi. Faut qu'on raconte ça à tous les copains. Et il lui balança du plat de la main, à toute volée, une telle mornifle que Dove fit trois pas en avant sans l'aide de ses jambes et manqua de peu s'étaler. Ensuite il s'ébroua comme un chien mouillé, pour que la nuit lui rafraîchisse encore un petit peu les esprits. Pas de doute, les nuits commençaient à se faire plus fraîches.

— Promets-nous que tu diras au tribunal tout ce qui est arrivé, le menaça Harry de sa grande main levée. *Promets !*

Dove resta à se frotter le derrière de la tête : une grosse idée s'efforçait d'y prendre naissance.

— J' vais vous dire, décida-t-il lentement, j' crois

pas que j'oserais dire au tribunal une chose comme ça. J' crois qu' ça m' donnerait l'air d'un couillon.

— J' t'avais bien dit que c'était un gars qu'a d' l'éducation, dit Jeff en venant à son aide.

Harry l'étudia attentivement, la main toujours en l'air.

— J' crois que t'as eu ton compte ce soir, fiston, dit-il, et j' vais p't-être ben pas t'en filer plus.

— Oh, baisse ta main, Harry, il en a assez comme ça, décida Jeff. C'est un bon gars, et il pense ce qu'il dit.

Une minute plus tard la grosse porte se referma sur Dove.

— J' crois que j' vais me reposer un p'tit coup, décida-t-il, et il tâtonna dans le noir jusqu'à ce qu'il trouve un banc.

Tous les matins, les locataires du Quartier Dix se relayaient à l'unique fenêtre du quartier. Elle s'ouvrait sur la cour des Protecteurs du Royaume des Animaux, où des hommes en gros gants s'activaient à protéger les petits pensionnaires du royaume de la pointe du jour jusque tard dans la nuit.

SOYEZ BONS AVANT QU'IL SOIT TROP TARD, telle était la devise du royaume, peinte en lettres blanc hôpital. Parfois une femme en uniforme d'infirmière au visage avenant venait prêter son concours à l'œuvre pie. Qui consistait à frapper chaque chien juste entre les deux yeux et à entasser ensuite les carcasses dans un camion. Les chats donnaient moins de mal, Dove le vit tout de suite, car il suffisait de les prendre par la queue et de faire éclater leur petite cervelle contre un poteau en fer. Et il n'était absolument pas nécessaire de les entasser : ils volaient tout droit dans le camion : *plop ! plop ! plop !*

La coutume s'était établie parmi les prisonniers, sans qu'elle leur eût été imposée, de tenir le compte séparé des chats et des chiens. Un transfuge de la Grande Courbe appelé Murphy l'Esbroufe s'institua bookmaker et prit des paris en Bull Durham sur les totaux de la journée. Un prisonnier qui ne pariait pas et qui n'était ni pro-chiens ni pro-chats était requis pour tenir un compte digne de foi. Dove se porta volontaire, et ne quitta jamais son poste sans transmettre à celui qui le relevait le nombre exact d'animaux de chaque espèce exécutés durant sa garde.

Et parfois il se demandait où étaient enfermés les vrais criminels si le Quartier Dix était le foyer des hors-la-loi.

— Les meilleurs jours de ma vie, ma plus heureuse période, se rappelait un déchet humain appelé Pinky, c'était quand je faisais la manœuvre le soir avec la garde nationale.

Pinky avait volé vingt mètres de tuyau d'arrosage en guise d'arriéré de solde. Si l'arriéré de solde était purement imaginaire, le tuyau, lui, était bel et bien réel, et Pinky avait encore cinq mois à tirer.

Son compagnon de cellule était un malabar taillé à la hache avec de gros sourcils noirs, une fente rouge sang d'où pendait une langue humide et des mains velues aux doigts tors faits pour étrangler et déchirer. Un vrai ogre de contes de fées à vous donner des cauchemars. Il avait commis le crime d'entrer dans une serre par le soupirail et d'en ressortir avec un pot de violettes d'Afrique dans chaque main. Malheureusement il avait passé au travers d'un châssis et s'était retrouvé les quatre fers en l'air dans un semis de chrysanthèmes et un affreux gâchis de verre. Quand on l'avait capturé dans cette trappe, il tenait toujours ses pots de violettes intacts. Cette chute avait dû réduire le côté le plus sauvage de sa nature, car maintenant il paraissait tout heureux d'avoir la permission de laver et d'essuyer deux fois par jour la cuillère de Pinky.

Il y avait aussi un vieux et triste libertin au teint blême de champignon de couche et qui n'avait la sympathie de personne, ni de lui-même. Le gaffe l'avait surnommé L'Homme à l'Imper, ce qui était plus tendre que le nom que lui donnaient les autres détenus.

Le crime de ce vieux satyre solitaire avait été rien moins que de mettre sur pied l'opération « économie 100 % ». L'Homme à l'Imper avait trouvé le moyen idéal de faire l'amour en économisant temps et argent, et en épargnant de surcroît au candidat à la luxure toutes complications sentimentales. Deux bandes de caoutchouc et un imperméable dépourvu du troisième bouton constituaient la partenaire idéale.

Ainsi accoutré, il allait se promener du côté de Canal Street par les belles et tendres soirées d'avril. Après avoir pris, naturellement, la raisonnable précaution de laisser pendre son pantalon jusqu'aux genoux et de l'attacher sur ses mollets à l'aide des deux élastiques, donnant ainsi aux passants l'impression qu'il était entièrement et correctement vêtu. Lorsqu'il passait près d'une femme qui lui paraissait convenir, il ouvrait tout grand son imperméable pour son étonnement et son plaisir, puis le rabattait modestement sur sa nudité, et modestement se hâtait plus loin.

Le talent souffle où il veut.

— Je n'ai jamais insulté une femme, disait-il d'un ton de doux reproche à l'adresse de toute la société, je suis ici pour n'en avoir pas insulté une. Je lui ai fait voir mon petit spectacle innocent, mais au lieu de continuer son chemin pour aller à ses affaires, elle se retourne comme pour m'inviter à la suivre. Elle devait me prendre pour un anormal, pour penser que j'allais faire une chose pareille. Bon Dieu, c'est comme ça qu'on peut attraper des maladies.

« Puis elle s'est approchée de moi... « — N'ayez pas peur, qu'elle me dit, je ne vous ferai pas de mal. » Oh non, qu'elle ne voulait pas me faire de mal. Je les connais bien, moi. Mais je ne m'attendais pas à ce qu'il y en ait une qui se mette à me suivre. Elle se rapprochait de plus en plus, j'étais cloué sur place, sa main s'avançait vers moi... Seigneur !... » L'Homme à l'Imper enfouit son visage dans ses mains, les autres criminels faisant cercle autour de lui. Ils avaient tous eu affaire à la Brigade des Mœurs et ils savaient par où le type avait passé. Ils attendaient poliment que l'homme se ressaisisse.

L'Homme à l'Imper se tamponna les yeux et reprit...

— Vous savez quelle *chose* m'a demandée cette fille ? « Est-ce que t'aimerais coucher avec une jolie fille ? » Voilà ce qu'elle m'a demandé, et elle était à *moins d'un mètre* de moi ! Une vierge folle, voilà ce que c'était que cette femme. Mais vous savez ce que je lui ai répondu ? « J'aimerais mieux coucher avec un chien de berger mouillé ! »... Je ne lui en ai pas dit plus. Comment une telle idée a-t-elle pu me passer par la tête ? Et puis j'ai pris mes jambes à mon cou.

« Mais avant d'avoir eu le temps de dire ouf il y en avait déjà une demi-douzaine autour de moi, je ne sais pas encore d'où ils sortaient. Et qui me tiraient par-ci et qui me tiraient par-là et qui me déchiraient mes vêtements en criant « Sale cochon ! Sale cochon ! » Si j'étais un sale cochon j'aurais été avec cette femme au lieu de courir, pas vrai ? »

Il y avait toujours une demi-douzaine de buveurs et de distillateurs ; il n'était donc pas étonnant que ceux qui achetaient trop et ceux qui ne fabriquaient pas assez partagent les mêmes cellules. Ce qui l'était davantage était que ces hommes qui ne pouvaient plus communiquer avec le monde extérieur et n'avaient plus que le droit de s'asseoir et de chuchoter, tombaient automatiquement ensemble. Citoyens de la République des Pauvres Cloches, ils se sentaient comme des prisonniers en terre étrangère.

Le compagnon de cellule de l'Homme à l'Imper, par exemple, était une pauvre cloche que sa femme avait fait enfermer parce qu'il avait décidé d'avoir un bébé avec sa fille âgée de quinze ans. Personne n'avait pu en dissuader Pauvre Cloche. Il se serait fait rôtir ou couper en morceaux plutôt que d'abandonner son idée. Il *savait* qu'il avait raison. Mais l'Homme à l'Imper était le seul à qui il exposait son système de défense.

— Il dit que la gosse est un petit brin de fille bien plus jolie que sa femme. Et pas seulement ça, mais elle est aussi beaucoup plus jeune.

Et il y avait toujours, dans une cellule ou dans une autre, l'inévitable tante asexuée, édentée, reine des fauteuils de balcons, des bancs de squares ou des buissons. L'un de ceux-là était Devant-Derrière, qui prétendait avoir été joueur de saxophone avant de s'adonner à quelque chose, il n'avait jamais su quoi. Tout cela était bien trop loin derrière maintenant.

— Le toubib a pas voulu me le dire, et j' sais pas lire le latin, disait-il à sa décharge. Mais y avait quelqu'un qui montait sans arrêt les prix du machin au toubib, alors naturellement le toubib était obligé de me faire payer plus cher.

Les prix étaient montés si haut qu'il avait été obligé

de mettre son dentier au clou. Puis il avait été obligé d'engager son saxophone pour pouvoir dégager son dentier parce qu'il ne pouvait pas jouer sans ça. Et quand il avait été prêt à se mettre au boulot il n'avait plus de saxophone. Il fallait faire quelque chose. Il faisait un an et un jour.

— Vous comprenez, insistait-il pour que tout le monde comprenne bien, j' pouvais pas jouer du saxo sans mon dentier.

— On la connaît, ton histoire, l'interrompait Gros Malin, t'es pas seulement Devant-Derrière, t'es encore plus Cul-Con que ça. Et pendant un moment pas un mot ne sortait de la bouche de la reine des fauteuils de balcons, des bancs de squares et des buissons, la pauvre tantouse sans dents, sans sexe, sans saxo, sans drogue, sans espoir.

Gros Malin, lui, en connaissait un bout sur la question drogue. C'était un vieux mineur plein de santé qui avait pris de la morphine pour des maux de tête contractés dans les mines de zinc rouge en Oklahoma. Puis il avait été se faire désintoxiquer à l'Hôpital Fédéral de Lexington, Kentucky. Il se rappelait cette cure de désintoxication avec une réelle émotion.

— C' qu'il y avait de bien à Lex, c'est qu'ils vous débarrassent de votre habitude en vous donnant un truc nouveau dont personne a jamais entendu parler parce qu'ils ont pas encore de nom pour ça. Alors tout ce qui vous reste à faire c'est de vous débarrasser de deux habitudes au lieu d'une. J'aimais bien leur machin. Un gars serait bien le roi des cons de ne pas se débarrasser d'une petite habitude de rien du tout pour une autre qui en vaut vraiment la peine, pas vrai ?

Gros Malin préférait la compagnie d'un autre camé,

mais il n'arrivait pas à s'accommoder d'un déséquilibré sexuel.

— T'as une maladie pire que la mienne, disait-il à des gars comme Devant-Derrière.

Mais ce qu'il encaissait encore le moins c'étaient les poivrots. Pour lui, les chevaliers du godet formaient une tribu ennemie qui ne méritait pas la honteuse indulgence des pouvoirs publics. Pourquoi une seule petite pilule blanche suffisait-elle à condamner un homme à la guirlande pour des mois tandis qu'un affreux pochard zigzaguant, une bouteille pas encore débouchée dépassant de sa poche, pouvait rentrer tranquillement chez lui s'il pouvait donner son adresse aux flics ?

— Quand vous voyez un mec plonger dans le ruisseau pour piquer un clope et pas pouvoir se relever, vous pouvez être sûr qu'il carbure au mazout. Y a pas un camé qui se respecte qui tomberait si bas.

Dundee se vantait d'avoir passé tous ses week-ends depuis treize ans dans la même cellule. Sa femme avait un frère dans la police, et pour l'empêcher de claquer sa paie au troquet du coin, le frangin le cueillait tous les samedis à la sortie du boulot, le bouclait pour vagabondage et refilait l'argent à la bourgeoise. « — C'est pour te protéger contre toi-même », lui disait-il à chaque coup. Le lundi matin, Frangin tendait à Dundee sa gamelle à soupe, et mon gars retournait au turbin sans avoir pu s'offrir sa petite biture.

— Y a une chose que j'ai toujours exigée, proclamait fièrement Dundee, c'est qu'il m'embarque jamais avant que j'aie fini mon déjeuner de midi, le samedi.

Le compagnon de cellule de Dundee avait été, lui aussi, drôlement refait. Il s'appelait Wren et il aimait acheter des Fords le dimanche ; en particulier, dans les petites villes. Il les payait dans les mille dollars, donnait un chèque et montrait au négociant le relevé de son compte en banque. Puis il conduisait la bagnole chez le marchand d'en face et la revendait pour six cents dollars. Quand le premier vendeur de la Ford le faisait arrêter pour qu'il soit détenu jusqu'au lundi à l'heure d'ouverture des banques, Wren prétendait qu'il poussait l'honnêteté jusqu'à le prévenir : « Vous commettez une grave erreur, mon ami. »

Le lundi matin on s'apercevait que le chèque était parfaitement valable, et Wren réclamait cinquante mille dollars de dommages et intérêts pour détention abusive. Le plus qu'il obtenait généralement, c'était trente mille.

— J'ai dû me faire dans le million, évaluait-il.

Mais un changement inquiétant s'était produit chez les marchands de Fords du dimanche ; en particulier dans les petites villes. Ils s'étaient mis à avoir confiance en lui. Il avait été obligé de prendre de plus en plus de précautions, de déménager à la cloche de bois, et même de se coller sur la lèvre supérieure une fausse moustache qui semblait prête à se décoller à tout moment ; et malgré cela ils s'obstinaient à ne pas vouloir le faire arrêter. Wren était entré dans un solide mur de confiance humaine. Et toutes les fois qu'il rentrait dedans, il lui en coûtait quatre cents dollars. Il aurait fini par être complètement fauché s'il n'avait eu un petit foret, un rouleau de fil et quelques crayons de couleur. La police locale l'avait arrêté dans un bistrot en train de trifouiller les machines à sous.

— Je fore un trou de vingt-cinq centimètres sur le côté de la machine... c'est une plaque d'aluminium, rien de plus. Quand les trois leviers se soulèvent je bloque les rouages avec mon fil et elle crache. Alors je rebouche le trou avec un crayon de la même couleur que l'appareil : généralement bleu, rouge ou argent. Quand les pleins-de-soupe se ramènent pour remplir le pot, j' reviens derrière eux. Parfois je prends un pote pour occuper la galerie pendant que je creuse mon trou. Les associations fraternelles ça rend encore mieux. Qu'est-ce qu'ils peuvent faire ? Les machines à sous sont pas légales.

Il était certain que les autorités avaient mauvaise conscience de le maintenir en détention.

Les portes des cellules du Quartier Dix n'étaient pas fermées à clef. Seule la grosse barre de la porte du bloc, mue à l'aide d'un frein à air comprimé, isolait les prisonniers du monde extérieur. Ce qui permettait d'utiliser l'espace compris entre les murs de la prison et les cellules pour la récréation des prisonniers. Et comme ces récréations étaient laissées à l'imagination des prisonniers, il ne s'y passait jamais rien d'autre que la boucherie matinale du Royaume des Animaux ou des compétitions de crachats dans l'après-midi. Mais même les compétitions de crachats étaient suivies avec assez peu d'intérêt car c'étaient les chiqueurs qui gagnaient toujours.

Les hommes changeaient de cellule à volonté. Lorsque Wren en eut assez des jérémiades de Dundee contre son beau-frère, il déménagea, pour subir les jérémiades d'un crétin de village appelé Plume.

Plume avait été pris en flagrant délit, en train de donner la fessée à un poulet de grain.

— J'ai jamais entendu parler d'un crime comme ça, déclara Dove qui refusait de considérer le fait de donner la fessée aux poulets de grain comme un crime ; c'était sûrement qu'il avait dû essayer d' le voler, c' poulet.

— Plume a jamais essayé de voler les poulets de personne, affirmait Murphy l'Esbroufe. Tout c' que

Plume faisait, c'était d' mettre une leghorn sur ses genoux et de lui taper sur le derrière. J' prétends pas qu'il était dans son droit. Après tout, c'te volaille elle avait rien fait pour mériter qu'on lui donne la fessée.

— J'aime bien les p'tits poulets, gloussait Plume du fond de sa cellule.

— Je l' défendrai d'vant l' tribunal, bien que j' me foute de son affaire, déclara l'Esbroufe à Dove. Murphy semblait s'être institué Défenseur Public du Tribunal Secret. Qui se chargerait de la défense de Murphy ? Dove n'osa pas le demander.

Gonzales contre Gonzales était davantage du goût de Murphy que *Plume contre Etat de la Louisiane*. Gonzales, qui travaillait les six jours que le Seigneur a faits, se reposait le septième lorsque Madame avait suggéré à son époux de passer une seconde lune de miel. Cette suggestion avait bouleversé Vincente, car ils n'avaient jamais eu de première lune de miel. Il avait alors parcouru méthodiquement la maison avec une pelle numéro Cinq à la main, en fracassant sur son passage images pieuses, ustensiles de verre et de porcelaine, chaises, poteries et un gramophone Victor, en criant chaque fois qu'il abaissait sa pelle : « Tiens, voilà une lune de miel ! »

Il était en train de desceller les griffes tenaces de la baignoire émaillée lorsqu'il avait entendu Consuela traverser la chambre en courant, s'emparer de quelque chose et sortir de la maison à toutes jambes. Il l'avait rattrapée et avait vu qu'elle avait voulu sauver leur photographie de mariage. Il lui avait alors montré le poêle, et comme elle avait toujours été une épouse obéissante elle avait fait ce qu'il lui ordonnait : elle avait jeté la photo.

Puis ils s'étaient tenus par la taille jusqu'à ce que les flammes l'aient consumée.

— Monsieur Gonzales, lui avait dit alors Consuela, c'est fini. Et elle avait téléphoné à la police, l'avait fait enfermer, et lui promettait maintenant, toutes les fois qu'elle venait lui rendre visite, les bras chargés de friandises, qu'elle allait le faire condamner à quatre-vingt-dix jours pour mauvaise conduite même si cela devait être la dernière chose qu'elle ferait de sa vie.

— Pourquoi qu' t'as fait ça, Vincente, s'enquit Dove d'un air inquiet.

— Quand j'ai envie d'y aller, j'y vais, expliqua Vincente pour sa propre satisfaction, sinon pour celle des autres.

— T'étais dans ton droit, lui souffla Murphy, tu réorganisais ta maison. Y a pas un tribunal dans tout l' pays qui pourrait te condamner pour ça.

— J' regrette seulement qu'il lui ait pris aussi l'idée de réorganiser c'te photo, déclara Dove. Si vous voulez mon avis, c'était pas chouette.

— Je suis heureux que tu éclaires cet aspect de la question, dit Murphy, et je vais balayer cette objection-là aussi. Mon client avait l'intention de ne brûler que sa moitié à lui de la photo.

— Ç'aurait pas guère arrangé la moitié de sa femme, se crut obligé de faire remarquer Dove.

— Je vois, dit Murphy en lui jetant un regard glacial, t'es le genre de type qui priverait un homme de sa liberté juste à cause d'une vieille photo toute jaunie, hein ? Quel genre d'homme es-tu donc ?

— J' vais juste te dire de quelle sorte que j' suis, lui fit savoir Dove. J' suis l' genre qu'aurait foutu au feu c'te pelle mexicaine, si j'étais sa femme, avant que je l' laisse revenir à la maison. V'là le genre de type que j' suis, moi.

— La pelle elle est pas la question, affirma Gonzales gaiement. Quand j'ai envie d'y aller, j'y vais.

— Un peu le genre tête de mule, dut concéder Murphy l'Esbroufe en s'accroupissant à côté de Dove. C'était un grand flandrin de nulle part qui avait été laissé pour compte en cours de route. Un ou deux ans de plus que Dove, mais les détenus plus âgés toléraient ses rodomontades, car ils savaient que les façons de faire de Murphy n'étaient pas tellement différentes de celles des professionnels.

— Grande Main de Dieu, s'étonnait-il maintenant, avec ce que ça coûte au pays de nous garder ici, nous autres criminels, on pourrait envoyer une flotte au Mexique.

— Pour quoi faire, s'étonna Dove à son tour. On est pas en guerre contre les Mexicains.

— Eh ben, nom de Dieu... eh ben, si on est pas en guerre, on a qu'à leur en déclarer une.

Le seul criminel véritable dans tout ce quartier de cinglés, le seul qui se fût honnêtement insurgé contre l'ordre et la loi, était un vieux de la vieille nommé Cross-Country Kline, avec sa bonne vieille bouille toute ronde bosselée et couturée qui semblait avoir été placée au centre d'une mêlée de rugby. Et ils avaient dû avoir du mal à le sortir, Cross-Country.

— Réfléchis bien à ça, gars, conseilla-t-il à Dove : c'est toujours plus facile de condamner un homme pour quelque chose qu'il n'a pas fait que de prouver que ce qu'il a fait était vraiment un crime. C'est pour ça que les flicards sont beaucoup plus vaches avec un gars qui n'a pas de dossier qu'avec un vieux cheval de retour. Quand ils ont agrafé le vieux cheval, ils peuvent le tabasser quand ils veulent, aussi ils peuvent se permettre d'être aimables. C'est l'oiseau qui débouche au coin de la rue qu'ils n'ont encore jamais vu dans le secteur qui les emmerde, celui qui gueule qu'il a jamais été arrêté, qui n'a pas de traces de piquouses, qui n'a pas été pris sur le fait en train de cambrioler une vitrine et qui n'a pas d'empreintes dans leurs fichiers. Celui-là, ils se figurent que ça doit être un petit mariole à la coule. Alors ils vont lui dégotter un bon petit crime à lui coller sur le paletot. Et s'il est innocent, ils emploieront les moyens persuasifs.

« Tu sais que plus de la moitié des hommes qui tirent leur temps en cabane sont là à la place d'un autre ? Qu'on les juge à la place d'un autre ? Qu'on les condamne pour un crime plus grave que celui qu'ils ont vraiment commis ?

« Réfléchis bien à ça, gars, réfléchis bien à ça : joue jamais aux cartes avec un homme appelé Doc. Bouffe jamais dans un endroit appelé « chez M'man ». Couche jamais avec une gonzesse qui a des ennuis pires que les tiens. Laisse jamais un homme te proposer une affaire mirobolante. Et t'occupe jamais des emmerdements d'un autre. J'ai connu tous ces trucs, et je sais. Y en a pas un qui vaut tripette.

« La vie au mètre, c'est plein de chausse-trapes, fiston. Mais t'as pas besoin de la vivre au mètre. Au centimètre c'est plus sûr. Et on peut pas tout acheter avec du fric. Exemple : la pauvreté.

« Prends mon expérience de l'argent, tiens. J'étais censé être écrivain sur la côte, mais tout ce que j'ai jamais écrit, c'est des numéros de téléphone. J'arrive à une soirée où je suis invité, j'avise une gonzesse qui m'a tout l'air d'avoir laissé son coffret à bijoux à la maison, je lui demande son adresse, et je téléphone à deux mecs qui se trouvent justement dans une chambre d'hôtel en train de discuter de théologie. Quand elle est rentrée chez elle le coffre à bijoux était vide. Comment j'aurais pu savoir quel genre c'était, ces deux petits mecs ?

« On a ramassé un tel pacson que j'ai pas eu le temps de le dépenser. Et encore je sentais que ces mecs m'avaient entubé. Je les ai quittés et je suis parti de mon côté. J'ai préparé un joli petit coup — tu comprends, je me prenais pour un petit malin à l'époque. Le mari était plein aux as. Elle avait sa voiture personnelle. Un jour elle m'a donné la clef de sa voiture avec un trousseau de clefs après, pour que je fasse un petit tour pendant qu'elle faisait les magasins. J'ai foncé à cent trente chez elle, j'ai raflé tous ses bijoux, et des bricoles du mari par-dessus le marché, et quand elle a eu fini ses courses j'étais là qui l'attendais.

« Je fauchais comme ça à droite et à gauche, en bourrant une valise pour aller faire un tour à Chicago. Là-bas j'avais un fourgue en qui j'avais confiance. Ce qui m'a perdu c'est que je m'imaginais que ç'allait bientôt être mon tour de donner des réceptions.

« C'était au début de la Prohibition. J'habitais Catalina et j'ai débarqué à Los Angeles, je me suis acheté une valise d'occasion et je l'ai bourrée de bourbon canadien. Je suis descendu du bateau avec ma valise pour la grimper dans mon chalet de montagne. Fallait passer devant le poste de police. Je connaissais tous les bourres. Je dépose ma valise et je commence à leur tenir le crachoir. Puis il y en a un qui me demande : « — Qu'est-ce qu'il y a dans cette valise, Kline ? »

« — Justement ce que vous pensez, MacElheny, mon gars, je lui dis : du carbure. » Ils se mettent tous à rigoler, et moi je rigole avec eux.

« J'entrais juste dans mon chalet quand on frappe à la porte. Quatre bourres que j'avais jamais vus de ma vie. « Qu'est-ce qu'il y a dans la valise, Kline ? » Seulement celui-là, il ne rigolait pas.

« — D' la gnôle, que je lui dis tout de go. Vous en voulez un coup ? »

« — Faut qu'on vous emmène au poste, on a un rancard comme quoi vous faites du trafic d'alcool. »

« Je les suis. Qu'est-ce que ça pouvait bien me foutre leur histoire de gnôle ? Une espèce de péquenot qui me dit qu'il était juge de paix me tape d'une amende de cent cinquante dollars. Je n'avais pas la somme sur moi, alors ils me mettent au ballon. J'ai joué aux cartes avec le gaffe et je suis allé me coucher. Je rigolais toujours, mais pas trop fort.

« Vers les trois heures du matin, un shérif suppléant s'amène et me secoue, m'emmène au bureau de la prison et tend le doigt : tout était étalé sur la table. Cent vingt mille dollars de diams. Ils avaient dû passer mon chalet au peigne fin pour les trouver, ma parole.

« Ma cervelle a tourné comme une toupie tout le reste de la nuit pour essayer de trouver un moyen de me débarrasser de la camelote. J'avais jamais été piqué pour vol ni escroquerie, et s'ils avaient pas les diams je me retrouverais propre. Le matin, le chef m'envoie devant un substitut, et on a pris le bateau pour Los Angeles.

« Le substitut était un chaud lapin. Dès que l'orchestre s'est mis à jouer, il s'est précipité vers la salle de danse, en tenant la joncaille sous son bras, dans une boîte à chaussures. Il l'a donnée au drummer en lui demandant de la garder pendant qu'il allait gambiller avec une souris.

« J'avais pas les menottes. Où est-ce que j'aurais pu aller ? J'aurais seulement pu sauter à la flotte, mais je ne savais pas assez bien nager pour m'en tirer. Alors je me suis assis en me rongeant les ongles à attendre qu'une occasion se présente. Il y avait encore vingt-huit milles à faire. Quand on a été presque arrivés, l'occasion s'est présentée.

« Le substitut a pris sa boîte à chaussures et on est montés sur le pont pour regarder la jetée qui approchait. Je lui dis que je suis malade et je m'avance vers la rambarde. On était dans le détroit, presque dans le port de Wilmington. Le substitut se penche avec moi... pour me tenir la tête je suppose... et quand on arrive devant la rambarde je lui file un croche-pattes et il s'étale sur le dos. J'attrape la boîte à chaussures et je la balance dans la flotte. Elle s'enfonce dans le sillage de l'hélice et là elle éclate comme une bombe. V'là mes 120 000 dollars de diams qui se répandent en pluie dans la boue du chenal.

« Le flic tire son pétard et moi je lève les mains bien haut, aussi il a pas osé me descendre devant tous les passagers. Il baisse alors son pétard et il se met à brailler, me passe les menottes, m'attache à la rambarde et se met à chialer comme un gosse. Après ça ils ont réuni une équipe de plongeurs qui ont barboté au fond du chenal pendant dix jours sans remonter une seule pièce.

« Au moment où on atteignait la jetée il y avait quatre voitures de la police fédérale. En chemin, le substitut m'a arrêté trois fois pour me supplier — il suppliait comme un gosse qui veut avoir une sucette — de ficher le camp et de me débiner. « Donne-moi une chance, qu'il me disait, tu me dois bien ça. » Mais moi j'ai pas bougé, tu penses.

« Les fédés m'ont alors pris en main. Ils m'ont chambré pendant soixante-dix-huit heures. Ce qu'une poignée de flicards peuvent imaginer sur un mec qui la boucle, ça me fait encore trembler quand j'y pense. Je pourrais te raconter des trucs qui feraient virer au noir les moustaches de l'Oncle Sam.

« Ils me sautaient sur les pieds. Ils me cognaient sur les oreilles jusqu'à ce que je puisse plus rien entendre. Ils me mettaient le projecteur dans les yeux et me maintenaient les paupières ouvertes jusqu'à ce que je devienne presque aveugle, et pendant tout le temps quelqu'un que je ne pouvais pas voir me hurlait dans l'oreille à s'en faire péter les veines. J'ai maintenant une dent à pivot à la place d'une qu'un cogne m'a fait sauter. Mais j'ai pas bronché. Des années plus tard je me réveillais encore en croyant qu'ils étaient toujours sur moi, mais je ne bronchais pas. Ils ont fini par m'envoyer un avocat, et c'est là que mes ennuis ont vraiment commencé.

« Si t'avais vu ce qu'ils m'ont collé sur le paletot ! Un chef d'accusation pour chaque pierre qui s'était enfoncée dans la boue du chenal. J'étais bon pour faire de la taule jusqu'à la fin du monde. J'ai appris que j'étais le Bandit en Taxi d'Hollywood, et aussi le casseur de San Diego qui s'était retiré du circuit depuis un an. Ils m'ont amené devant un mec qui gueulait que j'étais le gars qui lui avait cogné dessus à Pasadena et qui lui avait volé sa machine à écrire portative. Alors tu parles ce qu'ils m'auraient collé si j'avais encore eu tous ces diams sur le dos.

« Mais je voulais pas l'ouvrir à propos de cette joncaille. On m'a refait, c'est tout ce que j'ai dit. Je suis revenu et j'ai parlé aux connards de flics dans la taule. Ils m'ont dit que la seule façon de m'en sortir c'était de prendre comme avocat une gonzesse dont le paternel était juge... Elle présenterait mon affaire au tribunal et la ressortirait blanche comme neige.

« Un vieux de la vieille m'avait prévenu : « Te laisse jamais entourlouper par un bavard », mais je ne l'ai pas écouté. J'ai filé à la gonzesse avocat une bonne provision et j' suis resté trois mois dans cette taule puante au lieu que j'aurais dû être en train de donner ma réception à Chicago. Puis elle m'a dit que ce que j'avais de mieux à faire c'était de demander ma mise en liberté surveillée. J'avais pas de casier, ça pouvait se faire. J'ai fait comme elle me disait et j'ai plaidé coupable à deux de ces gros lards. Un autre connard m'a dit qu'il fallait qu'ils aient une preuve et ils m'ont renvoyé devant un tribunal de délits primaires. Puis ma gonzesse avocate s'est mise à leur balancer, juste à côté de moi : « Votre Honneur, cet homme a eu sa chance. » *Vlan !* Le paternel me colle deux condamnations : quatre ans et demi pour l'une et un an pour l'autre avec confusion des deux peines.

« Me revoilà avec tous mes diams dans le port de Wilmington sans qu'ils aient rien pu faire, mais attaché à deux autres mecs et en route pour St-Quentin.

« Je rigolais toujours, mais j'avais toujours de bonnes raisons de la boucler.

« Je me fous d'être maltraité ; tout le monde est maltraité ; que ce soit en taule ou dehors, y a toujours quelqu'un qui cherche à emmerder les autres. Mais ce qui me faisait râler c'est que la seule fois que j'étais innocent on m'a mis en taule pour ça. T'en as marre de ces conneries, hein, vieux ? Allons voir les gars. Peut-être qu'ils ont des ennuis, et qu'ils ont besoin que j'aille les dépanner. »

Cross-Country Kline prétendait que c'était à cause de sa bonne conduite, mais ce devait être parce qu'il avait mal fait son compte ; toujours est-il qu'on l'avait relâché de Leavenworth neuf jours avant que son temps ait officiellement expiré. Cette erreur le troubla, et il parcourut toute la Louisiane et tout le Mississippi en quête d'un shérif qui voulût bien l'enfermer pendant les neuf jours qui lui restaient, puis lui donner un reçu afin qu'il soit en règle avec la Loi Fédérale. Il craignait un peu de frapper à la porte de Leavenworth de peur de se retrouver nez à nez avec le juge qui l'avait déjà condamné. « Il aurait pu se foutre en rogne et me coller encore un an pour outrage à magistrat ou quelque chose comme ça. » Voilà ce que craignait Kline.

Il avait roulé pendant des jours et des jours, en s'arrêtant devant tous les pompistes pour leur demander s'ils pensaient qu'il était un évadé. Mais il ne trouva pas un seul shérif qui consentît à le boucler. « Si tu as encore neuf jours à tirer, fiston, ce n'est pas à nous que tu les dois, mais à l'Etat. Retourne au Kansas, fiston. Eux, ils te prendront. Nous, on ne veut pas de toi. »

Il attendait maintenant les fédés avec un mélange d'espoir et de crainte qu'il n'arrivait pas à démêler, la casquette penchée sur le côté d'un air effronté, une chique de Red Seal dans le coin de la joue. Dove étudia cette binette de philosophe ridée comme un poing de premier batteur et conclut qu'il n'aurait pas pu mieux tomber comme compagnon de cellule.

De toute façon, et c'était la grande consolation de Cross-Country, il avait battu les fédés sur leur propre terrain. Il devait tellement d'années à la loi un peu partout que même s'il pouvait cumuler il serait encore redevable d'au moins cinquante ans quand il mourrait. Ils ne pourraient jamais tout réunir.

Dove apprit encore de nouvelles méthodes pour rouler les flics, jusqu'à des trucs qui ne pouvaient sortir que de cervelles fêlées. Un jour, Fada sortit un nouveau truc tout chaud. Quand un gardien lui disait : « Si j'étais toi, je ferais pas ça », Fada répondait du tac au tac : « Si j'étais toi, je ferais pas ça. » Quand le toubib tendait le cou à l'intérieur de la cellule en demandant : « Comment ça va par ici ? » Fada répondait aussi sec : « Comment ça va par ici ? » Toute tentative de conversation avec lui, qu'il s'agisse de la pluie ou du beau temps, de la mort en général ou de la libération sur parole d'un détenu, se desséchait sur pied.

— Quand on cause avec toi, ça vous guérit de l'envie de causer, lui disait d'un air dégoûté son compagnon de cellule.

— Quand on cause avec toi, ça vous guérit de l'envie de causer... La réponse était automatique.

— Il est pas plus fada que toi ou moi, affirmait Cross-Country. Tout ce qu'il veut c'est qu'on lui foute la paix, et c'est pas moi qui le blâmerai. Je veux même pas penser aux ennuis que je me serais évités si j'avais trouvé un truc aussi simple dans le temps.

Tous les détenus du Quartier Dix étaient blancs. La nuit, ils entendaient rire les Nègres à l'étage au-dessus, et la plupart des prisonniers n'avaient pas les Nègres à la bonne. Murphy prétendait ferme que c'était grâce à son influence que l'étage restait blanc comme un lis, mais Dove, en son for intérieur, soupçonnait que les autorités devaient aussi y être pour quelque chose.

Le Quartier Dix n'était pas la cage aux grands loups gris des steppes glacées, ni même aux chats sauvages aux dents et aux griffes acérées ; ce n'était que la cage des petits renards d'été sans dents qui avaient été chassés et capturés pour le sport plus que par nécessité. Les petits renards qui s'agitaient et aboyaient à tous les changements de temps.

Les dupés et les estropiés, les torturés et les sournois, coupables de petits méfaits, venaient tous de la rue vieille comme le temps où l'aventure s'achète et se vend dans les boutiques du Tout-A-Dix-Balles. Leur vie avait été bornée des deux côtés par ces fenêtres qui affichaient CHAMBRES A LA JOURNÉE, HÔTEL DE VOYAGEURS. Ces hôtels où l'employé vous suggère, en vous présentant la plume au-dessus du grand livre où sont enterrés des milliers de noms : « Glissez-moi la pièce, m'sieur. Comme ça on sera plus tranquilles tous les deux. »

Tout le monde est toujours plus tranquille après ça.

Où vous longez d'étranges murs verdâtres et traversez d'interminables corridors hantés par les ombres spectrales que jettent des meubles d'un autre âge. Ce vert humide et lugubre qui est la teinte même de la méfiance. Où le lit que vous louez pour une nuit vous rend complice du passé douteux du précédent locataire.

Ils étaient de ceux qui préfèrent jouer aux machines à sous plutôt que de présenter leur requête au bureau des petites annonces. Ils préféraient se terrer au fin fond de cet hinterland boueux, dans ce dédale de ruelles jonchées de poubelles toujours pleines, bien trop étroites pour qu'une Chrysler osât s'y engager, où de sordides caniveaux charriaient leur vie noirâtre et personnelle, et ils s'intitulaient « Artiste en Chômage », « Cuisinier à mi-temps », « Spécialiste en Produits de Beauté », « Moniteur de Ski-Nautique » ou « Professeur de Danse ». Et ils allaient, d'une démarche assurée, dans la lumière titubante du cauchemar de leur vie. Leurs noms étaient les noms d'un tas de petites inventions bleu de nuit, et ils se couchaient rarement pour se reposer.

Leurs crimes étaient la maladie, l'oisiveté, l'alcool, l'ennui et le guignon. Ils étaient de ceux qui n'avaient pas réussi à se mettre en cheville avec les tribunaux, les bureaux des procureurs ou les commissariats de police. La plus petite pierre les faisait trébucher, et ils ne s'en relevaient jamais. Si la vie se courait au centimètre, ils l'avalaient au mètre. Ils trouvaient toujours un nommé Doc pour jouer aux cartes. Ils trouvaient toujours le moyen de s'écarter de leur route pour aller manger « chez M'man ». Ils ne couchaient qu'avec des femmes qui avaient encore plus d'ennuis qu'eux. Bouclés ou libres, ils étaient toujours avides d'une affaire exceptionnelle, s'occupaient toujours du cas d'un autre, et se faisaient avoir à la place d'un autre. Ils n'avaient aucune attache, aucune spécialité.

Amants, poivrots, fadas, couillonnés, estropiés, torturés, écrasés et combinards. Tous ceux qui n'ont personne dans la vie. Tous ceux pour qui personne ne prie jamais.

Ceux que le Défenseur Public défend d'un mot : « Votre Honneur, cet homme a eu sa chance. »

Cross-Country roula sa cigarette d'une main, tira le cordon du paquet de tabac avec les dents et l'alluma avec une espèce de briquet qu'il abritait soigneusement dans le creux de sa main, comme s'il craignait que Dove puisse en découvrir le mécanisme et le fasse breveter. Comme s'il était sûr que Dove serait libéré avant lui.

— Mon allumette à roulette, expliqua-t-il d'un ton sibyllin, et il tendit à Dove une cigarette tout allumée.

Dove aspira une profonde bouffée.

— Moi aussi j'ai fait une p'tite erreur, avoua-t-il : j' m'imaginais que ça marcherait mieux la deuxième fois que la première, parce que j'avais déjà un peu de pratique au truc.

Et il attendit que Kline lui demande : « Quel genre de pratique ? »

— Quel genre de pratique, finit par lui demander Kline pour lui faire plaisir.

— J' faisais l' mort. Y m'avait semblé qu' c'était comme ça qu' les trouillards y s'en tiraient, alors c'est c' que j'ai fait. J'ai retenu mon souffle et j'ai fait les yeux blancs et j' bougeais pas un muscle. Mais j'ai oublié qu'une chose : c'est de pas parler. Alors y m'ont trimbalé toute la s'maine sur une civière et dans leurs paniers à salade, y m'emmenaient dans un autre commissariat et y disaient aux aut' flics : « L'est clamsé, c' mec-là, vous aurez pas b'soin de lui donner à bouffer », et y me plantaient là. Quand c'était l'heure d' la bouffe, tous les aut' mecs on leur donnait leur bouffe sauf à moi. « Couche-toi, fantôme », qu'y m' disaient. J'avais pas droit à la bouffe parce que j'étais censé êt' mort, tu comprends ?

— Je comprends, l'assura Cross-Country. Continue.

— Tous les autres criminels y comprenaient aussi, et y gueulaient « Comment qu' tu t' sens aujourd'hui, fantôme ? » « — J' me sens comme si l'enfer était à un kilomètre et qu'on aurait enlevé toutes les barrières », que j' leur disais, parce que j' me sentais comme si l'enfer il était à un kilomètre et qu'on aurait enlevé toutes les barrières.

— Et ça a duré combien de temps ?

— Ben ces gars y d'vaient croire qu'y aurait rien qui pourrait m' tuer. Y m'ont baladé dans cinq commissariats la s'maine dernière. A la fin j' leur z'y ai dit que si y m' donnaient pas quéqu' chose à bouffer tout d' suite j'allais vraiment crever et que c'est eux qui s'raient responsables. Tu sais un autre truc marrant : de rien bouffer comme ça, ça m'a fait branler toutes les dents sauf celle qui branlait déjà.

Et Dove ouvrit toute grande la bouche pour lui montrer la dent qui branlait déjà et qui ne voulait pas vraiment branler.

Au-dessus de sa couverture, quelqu'un qui s'était taillé depuis longtemps avait griffonné sur le mur : *Pauvre John Mendoza. Il a été dans l'Est. Il a été dans l'Ouest. Il a été là où il croyait que c'était le meilleur. Il aimait sa femme mais personne ne voulait le croire.*

Aux heures pesantes de la nuit, dans le reflet bleu de la lune, Dove songeait au pauvre John Mendoza et il regrettait que sa femme ne l'ait pas cru.

Il apprit l'art de tirer une bouffée de plus d'une cigarette en se mouillant les lèvres quand le mégot est devenu si petit qu'on ne peut plus le tenir avec les doigts. Il apprit à faire craquer quatre fois une allumette. Et tous les soirs avant de se mettre au lit il faisait la chasse aux poux sous sa couverture avec des allumettes brûlantes. Quand il en avait attrapé un, il le faisait craquer sur l'ongle, et le pou mourait.

Un matin, Murphy l'Esbroufe s'attribua les fonctions de gameleur. Bien que toutes les gamelles fussent pratiquement identiques, il décréta que chacune d'elles avait été préparée à l'intention particulière d'un prisonnier. Dieu sait pourquoi, tous se prêtèrent à cette absurdité sans protester, tandis que Murphy identifiait chaque gamelle à la façon dont les tranches de pain étaient coupées.

— Yo tengo hambre, Campañero, se plaignit Gonzales un jour qu'il se sentait lésé.

— On a tous faim, vieux, l'assura Murphy, en gardant sa main gauche fermée. Y a personne qui sera lésé ici.

— Alors t'as qu'à ouvrir ta main, dit Dove à Murphy, pour qu'on soye sûrs qu'y a personne de lésé.

— J'ai pas à ouvrir ma main pour personne, dit Murphy en serrant son poing si fort que des miettes de pain écrasé s'échappaient entre ses doigts. Ou c'est-y que tu te crois assez fort pour me la faire ouvrir ?

— J'ai pas à te faire ouvrir la main, concéda Dove. Mais si tu le fais pas ça prouvera que tu veux piquer dans la part de c' type.

Murphy ouvrit lentement la main, comme s'il espérait que le pain se serait envolé. Mais une bonne moitié de la tranche de Vincente y était encore et plaidait coupable. Dove prit le pain dans la main de Murphy et l'envoya à Vincente.

Murphy rougit mais n'ajouta rien.

— J'aurais pas fait ça, si j'étais toi, dit Cross-Country à Dove un peu plus tard. C'est des affaires entre Mexicains, c'est pas à nous de nous en mêler. Tu te rappelles déjà plus ce que je t'ai dit : « T'occupe jamais du procès des autres ? »

— Y a toujours quelqu'un qu'y faut qu'on s'en occupe, Kline, déclara Dove.

Kline était le seul parmi tous les prisonniers qui ne se souciait pas qu'on lui donne du pain ou pas. « Mange le mien », disait-il parfois à Dove en lui tendant sa gamelle, et tout en regardant Dove se jeter sur la nourriture, il fredonnait sur un air joyeux un lugubre couplet :

J'aimerais bien rentrer chez moi, mais c'est pas la peine,
Le portier ne me laisserait pas passer.

De grosses bosses fourmillantes se formèrent sous la peau de Dove, et qui voyageaient si vite qu'il n'avait pas le temps de les voir bouger. S'il se grattait sous le genou, l'instant d'après c'était sa cheville qui était tout enflée et qui se mettait à le démanger. Il attendit le passage du gardien, et il ouvrit alors toute grande sa chemise :

— Ces saloperies de bestioles a m' grattent vachement, m'sieur.

Le gardien regarda les écœurantes bosses baladeuses et revint avec un pulvérisateur rempli d'insecticide.

— Tout c' que t'as, c'est de l'urticaire, dit-il à Dove. Ça va te brûler un bon coup, et après ça tu seras guéri.

Dove refusa.

— J'aime mieux garder mes boutons que d'avoir la peau brûlée. Il votait pour le maintien de son urticaire.

Cette nuit-là il se vit dormant dans un lit à deux étages au-dessus d'une rue grouillante de murmures. Des lumières semblables à des lucioles tournoyaient ; un piano jouait dans une cour invisible. Et, dominant la musique, tandis qu'il dormait et se voyait endormi, Dove entendit un roulement métallique, comme un chariot d'enfant roulant sur du ciment.

Et il entendit le cul-de-jatte entreprendre la dure ascension d'un escalier éclairé au gaz. Avançant comme il avait avancé depuis des années, que ce soit à la lumière des étoiles, de l'escalier ou du bar, en respirant plus lourdement à chaque marche, mais certain cependant de pouvoir revendiquer son heure à la dernière heure de sa vie. Dove eut tout juste le temps de fermer la porte avant qu'il arrive. La clef était sur la serrure, mais il n'avait plus la force de la faire tourner. Dove vit le bout caoutchouté de la courte béquille que l'infirme utilisait pour monter les escaliers traverser la porte comme si elle n'était qu'un rideau de poussière, et s'éveilla en souhaitant de n'avoir jamais rêvé.

Parfois, au milieu d'une semaine grise et sale, venait un jour si bleu que le cœur se sentait comme une barque à la dérive... un jour trop bleu pour une barque trop pleine de naufragés. Les jours de pluie étaient mélancoliques, mais les jours de soleil étaient pires. Quand il pleuvait dehors il pouvait s'enfoncer dans un demi-rêve morose d'où rien ne pouvait le toucher. Mais les journée de ciel bleu lui rappelaient toutes ses joies par le menu, et il songeait : « Tout ce temps perdu ! Et il reste si peu de temps maintenant ! A peine assez pour permettre à un garçon de s'élever dans la vie ! »

Murphy était assis dans sa cellule, penché sur un petit opuscule intitulé : *Guide*, et qui indiquait comment, pour un dollar par an, devenir riche par la prière.

— Ça sert à rien à un homme aujourd'hui de s'élever, fiston — telle était la curieuse philosophie de Cross-Country Kline — parce qu'on ne peut le faire que sur le dos des autres. Et quand tu fais ça de cette façon, il n'y a plus de satisfaction. Fiston, j'espère que tu ne te fâcheras pas si je te dis ça, mais t'as le mot MAQUEREAU écrit en grandes lettres partout sur toi, et c'est la façon la plus triste qui soit de s'élever, je vais te dire pourquoi : si Dieu a jamais fait quelque chose de mieux qu'une pute sur la terre, alors sûr qu'il l'a gardée toute pour lui. C'est pas difficile de ne pas descendre dans l'égout quand on ne vit pas sur l'évier. Mais si tu prends une femme qui gagne sa vie là où les eaux sales entraînent les punaises les plus faibles vers le trou du tuyau et qu'elle tombe pas, celle-là je dis qu'elle est deux fois plus une vraie femme que celle qui n'a jamais eu à se battre pour défendre son âme.

Un jour le quartier se trouva plongé dans une étrange immobilité. Murphy vint s'appuyer d'un air trop négligent contre sa porte. Ils ne s'étaient pas adressé la parole depuis une semaine.

— Jusqu'où va ton *instruction ?* demanda-t-il brusquement à Dove.

— Elle va nulle part, vu que j'en ai jamais eu aucune, reconnut Dove.

— Et qu'est-ce que t'a fait pour être ici ? insista Murphy.

— J' buvais trop sec.

— Vous autres Inciens, vous vous saoulez presque tous.

Murphy avait dû pas mal réfléchir à la chose.

— J'ai même pas la plus p'tite goutte de sang indien, m'sieur, protesta Dove.

— Si t'as pas du sang indien, alors pourquoi que tu t'accroupis comme un Indien ?

Dove, accroupi par terre avec sa couverture sur la tête, laissa sortir un filet de fumée de ses narines avant de répondre, sachant que quoi qu'il dise, ce ne serait pas la bonne réponse.

— Chez moi on s'accroupit toujours comme ça, m'sieur. J'ai même remarqué que vous aussi vous vous asseyez comme ça, des fois.

Ça y était.

— Lève-toi et jette ce clope dehors, ordonna Murphy. T'as envie de foutre le feu à cette baraque pour que nous autres, les Blancs, on grille tous dedans ?

— J'ai pas l'intention d' foutre l' feu, m'sieur. J' l'ai j'té, c' clope.

— Rejette-le.

— M'sieur, dit Dove en s'adressant à un voyou au teint d'aubergine qui rôdait par là pour faire croire qu'il avait été promu prévôt, ça vous ennuyerait-y d' me j'ter c' clope dehors pour moi ?

— C'est pas à lui que j'en ai donné l'ordre, coupa Murphy, c'est à toi.

— Alors j'tez-le dehors vous-même, m'sieur.

— Garde ! dit Murphy en appelant un invisible comparse, emmenez le prisonnier devant le tribunal !

Quelqu'un fit pivoter Dove, lui fit franchir la porte ouverte de sa cellule et le projeta à l'intérieur d'une cellule déjà pleine de monde. Il n'avait encore jamais vu tous les détenus du Quartier Dix réunis, et maintenant il regrettait d'avoir vu ça et il se sentit terriblement seul.

Il ressemblaient à des bulldogs, ils ressemblaient à des coyotes, ils ressemblaient à des durs de durs : le torchon humain avec des cheveux et des sourcils si décolorés qu'il avait plus l'air d'une chose pendue à une corde à linge que d'un être vivant ; à côté de lui, son fidèle ogre, une cuillère à la main pour le cas où le torchon lui demanderait de la laver, de l'astiquer ou de la mettre dans la soupe ; Devant-Derrière, sans une seule dent dans la bouche, et Gros Malin qui avait assez de dents pour deux ; Wren, qui tenait la gamelle de Dundee pour empêcher Plume d'y pondre un œuf, et le Grand Père Fouettard des Petits Poulets en personne, qui regardait autour de lui de ses petits yeux ronds comme s'il avait envie de becqueter quelqu'un ;

et Gonzales sans pelle numéro Cinq, mais qui était prêt à y aller tout de même.

Même Murphy était effaré.

— Vise un peu le matériel qu'on me donne? Qu'est-ce qu'on peut faire avec du matériel comme ça?

L'homme à l'Imper était en retard : on ne l'avait pas prévenu que la cour se réunissait. Il arriva en courant et s'excusa pour la façon dont il était habillé. Seul Cross-Country n'assistait pas aux débats, et Dove lui en fut reconnaissant.

— Greffier! réclama Murphy. Qui est le juge de cette cour?

Les membres de la cour jetèrent autour d'eux des regards mornes de myopes, car ils ne savaient pas de quel greffier il s'agissait.

— Imper, t'es l' greffier, rugit le Juge Murphy, éclairant ainsi la lanterne de chacun, la cour vous a posé une question.

— Quelle était la question, Votre Honneur?

Son Honneur soi-même avait oublié la question.

— Aucune importance, improvisa-t-il avec à-propos. Dites seulement à la cour qui c'est qui a dit qu'il pouvait sonner n'importe qui s'il le voulait, et *qui* c'est qui a admis qu'*il* le pouvait s'il le voulait?

— Vous pouvez me sonner toutes les fois que Votre Honneur vous voudrez me sonner, déclara le grand méchant Ogre qui voulait toujours être le premier.

— Vous m'avez sonné moi aussi! Tous eurent la même idée en même temps, allant jusqu'à prétendre que Murphy leur avait réellement accordé cette faveur.

— Vous m'avez sonné, terrible, mentit le Torchon.

— M'avez sonné encore plus fort, déclara le Loup qui ne voulait pas être en reste.

— M'avez rossé encore plus fort, fit écho le Fada.

— Emmenez-le, *celui-là,* décida le Juge Murphy.

— Menez-le, celui-là... Le Fada eut juste le temps de donner son accord avant qu'on le rende à sa cellule et qu'on lui dise de ne plus en bouger ; on viendrait lui annoncer le verdict plus tard.

— Noncer le verdict plus tard, acquiesça-t-il, étant le plus conciliant des fadas.

— Avec quoi que je vous ai sonnés, nobles amis ? demanda Murphy.

— Deux gros poings ! s'écria le greffier, comme s'il en ressentait à l'instant seulement la douleur.

— Deux gros poings, c'est exact, opina Murphy, et il fourra son poing droit sous le nez de Dove. A quoi qu'il ressemble ? lui demanda-t-il. Est-ce qu'il ressemble à un poing d'homme, oui ou non ?

— Ça s'rait ben surprenant qu'y r'ssemble pas à c' qu'il est, dit Dove d'un air indifférent.

Murphy se recula d'un pas, tira de sa poche une feuille de papier chiffonnée et lut, tandis que tous écoutaient, pleins de déférence.

« Voici les règles du tribunal secret. Tout homme reconnu coupable d'avoir pénétré dans cette prison sans le consentement de ses habitants sera taxé de deux dollars, sinon il passera quarante jours par terre au taux de cinq cents par jour. Si le jury recommande l'indulgence de la cour, le coupable pourra porter Son Honneur à cheval sur son dos à la place.

« Tout homme pénétrant dans ce quartier doit rester propre et décemment vêtu. Tous les jours de la semaine sont jours de lessive, à l'exception du dimanche. Tout homme doit se laver la figure et les mains avant de toucher la nourriture, même la sienne. Tout homme reconnu coupable de cracher par terre ou par la fenêtre se plongera volontairement la tête dans la tinette, sinon il y sera plongé. Tout homme utilisant les toilettes doit vider de l'eau avec un seau immédiatement après. Tout homme jugé coupable par le jury de ses pairs aura la tête plongée dans la tinette, qu'il le veuille ou non.

« Tous les papiers doivent être jetés dans le seau affecté à cet usage. Défense de coller des images cochonnes sur les murs : la sœur de quelqu'un pourrait venir en visite. Quand vous utilisez un torchon, laissez-le propre. Tout homme surpris à voler un autre criminel aura affaire au Juge William Murphy. William Murphy est également trésorier du Quartier Dix. »

Le Juge William Murphy replia sa feuille et regarda Dove, qui n'en menait pas large maintenant.

— A partir de désormais, toutes les fois que tu ouvriras la bouche, ça pourra être retenu contre toi. Pas de quartier, telle est la devise de ce tribunal.

— Alors j' dirai rien.

— Le prisonnier fait le malin ! gloussa le Torchon... Gars, t'as osé faire *ça ?*

— Il a raison, dit le juge, adoptant le point de vue de son pair. Tu fais le malin, et ça, c'est quelque chose de terrible.

— Pourquoi ? demanda Dove.

— Parce que c'est un outrage, voilà pourquoi, mec. Puis Murphy affecta le ton condescendant. Je veux t'aider, moi, mais ici tu fais rien pour m'aider. Si j'étais toi, j'étalerais franchement tous les crimes répugnants que t'a commis, et je m'en remettrais à la clémence de la cour. Je crois que tu te sentirais l'esprit soulagé après ça.

— Mais vous avez dit que la devise du tribunal, c'est pas d' quartier ou quéqu' chose comme ça.

— Utiliser une échappatoire légale est un outrage

encore plus outrageant. Mec, tu t'enfonces encore un peu plus qu'avant.

— Voilà qui est parlé, Juge ! applaudit le Torchon. V'là qu'y recommence à marcher dans sa merde ! Maintenant, faut qu'y confesse tout c' qu'il a fait.

— Ben, j'ai jamais fait franchement aucun crime, dit Dove qui ne pouvait compter que sur lui-même pour se défendre.

— Bien sûr que non, parce que t'es un petit ange des cieux, pas vrai ? le félicita Murphy. Seulement fais voir un peu tes ailes ?

Ce trait d'humour fit exploser littéralement la cellule. « Où qu'elles sont, tes ailes... Tiens, attrape celle-là... Ça lui apprendra à faire le malin... »

Dove dut attendre une minute que la cour retrouve un calme relatif.

— Je voulais seul'ment dire que j'étais coupable de rien de c' que vous avez lu dans les règles de c' papelard, expliqua-t-il.

— Coupable de rien, que tu dis ? Alors donc, il s'ensuit naturellement que t'es complètement innocent de *quelque chose ?* Voyons ce que tu auras à dire à ça.

— Naturellement que j' suis innocent de rien du tout, se fâcha Dove qui commençait à perdre le fil.

— Alors c'est que t'es coupable de tout, c'est clair.

— Coupable de tout ! bêla le Torchon ; et Plume croassa : Coupable ! Tout le monde est coupable de tout !

— On dirait bien que t'as encore marché en plein dans ta merde, s'affligea Murphy. Si seulement tu le reconnaissais, la cour pourrait se montrer plus indulgente. On appelle ça les circonstances atténuantes.

— J' dis plus rien, décida brusquement Dove.

— Trop tard, dit Murphy d'un ton compatissant, t'as déjà avoué.

— J'ai rien avoué du tout, protesta Dove, j'ai rien avoué du tout !

— T'as dit que t'étais innocent de rien du tout, et ça, si c'est pas avouer...

— Innocent de rien ! Coupable de tout !

— T'as entendu le verdict, l'informa Murphy. Qu'est-ce que tu fais encore là ? La tinette est dans le coin.

— J' mettrai pas ma tête dans point d' tinette à merde du tout... Dove prenait une résolution inébranlable.

Cross-Country vint s'appuyer contre la porte.

— Je suggère que vous acquittiez le prévenu, messieurs, dit-il en ne s'adressant à personne en particulier.

— Six fois le tour à dos de cheval ! Et y s'ra acquitté, décida Torchon.

Son Honneur attendit pour voir si le prisonnier acceptait la commutation de peine. Dove regarda Kline. Kline inclina la tête.

Dove s'accroupit, les mains sur les genoux, comme pour jouer à saute-mouton, et Son Honneur s'installa sur son dos. Puis Dove transporta le grand échalas de cellule en cellule, en ployant sous le fardeau, tandis que le jury de ses pairs courait derrière lui en tenant le compte des tours.

Quand Dove eut expié sa faute, Murphy mit pied à terre et lui dit doucement :

— Ça ferait bien de distribuer un peu de perlot aux gars, rien que pour leur montrer que tu leur en veux pas.

Dove offrit à la cour ses Picayunes. Sa vengeance satisfaite, Murphy en alluma une pour Dove.

La paix régnait de nouveau au Quartier Dix.

Et les pauvres cloches regagnèrent leurs lits à punaises.

Le lendemain matin, bien avant l'heure du café, le gardien fit tinter sa clef contre les barreaux de la cellule.

— Kline ! Habille-toi, le shérif t'attend. C'est tout ce que je sais.

Mais le quartier en savait davantage : les fédés étaient enfin venus chercher Cross-Country. Kline s'habilla en prenant tout son temps, comme s'il ne savait pas déjà ce que le juge allait lui annoncer.

— J'ai besoin de réfléchir à tout ça, dit-il au gardien qui commençait à s'impatienter. Comme si cela pouvait changer quelque chose. Comme s'il avait encore le choix.

A la fin il serra les mains qui se tendaient autour de lui. Il serra la main de Dove en dernier en lui disant :

— On se reverra dans une centaine d'années. Dove fut triste de le voir partir.

Partir sous une pluie battante, alors que la mascarade était finie, mais que les ampoules brûlaient encore.

La veilleuse qui s'éteignait d'ordinaire à six heures du matin eut la permission de brûler jusqu'à ce que le carillon du palais de justice se mette à sonner neuf coups ce matin-là. Une minute plus tard l'ampoule commença à baisser. Lentement, comme une lampe qui s'éteint faute d'huile. Et les cellules furent plongées dans la pénombre de cette nuit qui venait de s'achever.

Une heure sombre et perdue, la première que Dove

passait seul dans une cellule. Un train hurla au loin tristement, comme un train qui s'en va à regret, et Dove se dit : « L'a l'air de s'ennuyer bougrement, c' mécanicien. »

Plus tard, à la fenêtre qui donnait sur le Royaume des Animaux, il vit que le massacre avait recommencé. Mais il n'avait plus aucune envie de tenir les comptes. Quelqu'un essaya d'organiser un concours de crachats, mais personne n'avait envie de gagner un paquet de Bull Durham. Une Lincoln traversa la cour, en cahotant dans les trous, et quand elle déboucha dans la rue ses phares trouèrent le brouillard et sa sirène s'éloigna à toute vitesse.

— V'là les flics qui s'en vont, annonça-t-il à l'étage, et tout le monde vint s'agglutiner à la fenêtre pour voir. Mais il n'y avait plus rien à voir. On entendit encore un moment la sirène dans le brouillard spongieux, et une envie de rentrer chez lui lui monta à la gorge.

La pluie d'hiver ne cessa de tomber tout l'après-midi. Vers le soir, les prisonniers, mal à l'aise, se réunirent pour lire les règles du Tribunal Secret, comme des naufragés perdus en pleine mer sur un radeau lisant la Genèse. Puis il se fit une accalmie, et ils entendirent un pas de bottes alourdies monter l'escalier.

Le shérif prenait toujours plus de temps pour ouvrir la porte du Quartier Dix que les autres portes parce qu'elle se bloquait à l'aide d'un frein à air comprimé que l'on manœuvrait d'une boîte placée contre le mur d'enceinte et que la clef de la boîte, plus petite que les autres, lui glissait toujours des doigts pendant une bonne minute.

Les hommes l'écoutaient s'escrimer avec son trousseau. « Y a quelqu'un avec lui. »

Le shérif était avec un flic à la casquette ornée d'un écusson, et ils soutenaient Kline, plié en deux. Ils étaient trempés tous les trois. Kline semblait avoir rapetissé ; ses talons ne touchaient pas terre, et la pointe de ses chaussures raclait le sol. Plié en deux, moitié porté, moitié tiré.

Sous son insolente casquette rouge son visage était si barbouillé de sang qu'il n'avait plus aucune expression. Quelqu'un tassa une couverture et la fit passer entre les barreaux. Cross-Country s'affaissa, la bouche ouverte.

Quand il fut étendu sur sa couchette, il étreignit sa casquette et la pressa sur son ventre, tout en léchant la pluie qui ruisselait de ses cheveux. Puis ses doigts se mirent à errer en cherchant sa blessure.

— J'ai compris que je l'avais eu quand je l'ai vu dégueuler, expliqua le flic. Dove n'avait jamais vu un visage aussi gris que celui de Kline à ce moment-là. Ses yeux étaient exorbités par la souffrance.

— T'aurais pas dû nous faire ce coup-là, papa, le gronda le shérif, tandis que le docteur nettoyait la blessure avec un tampon de ouate.

— Il a sauté de voiture, dit le flic qui estimait probablement devoir une explication aux hommes qui regardaient à travers les barreaux. J'ai fait les sommations, mais il s'est juste plié en deux et il est parti en zigzaguant. C'est pas que je le blâme. Quatre-vingt-dix-neuf ans, ça fait une sacrée paye.

La poitrine de Cross-Country était du même gris livide que ses doigts : la couleur du ciment qui l'avait retenu si longtemps ; la couleur de la seule maison qu'il ait eue depuis longtemps ; et aussi la couleur de cette côte lointaine à laquelle il avait rêvé pendant si longtemps.

— Faudra qu'on t'opère, papa. Dis « Oui », lui demanda le shérif.

Pris entre la double déception de mourir trop tôt ou de rester en vie pour rien, Kline tourna les yeux à l'intérieur pour choisir ; comme s'il ne savait pas encore qu'il n'avait plus le choix. Et Dove vit, à la place du moribond, un renard qui courait dans un cercle se resserrant inexorablement. C'était dur de s'en aller, c'était dur de rester, tout était trop dur, quoi qu'on fasse. Les doigts, humides de pluie ou de sueur, crispés sur la casquette, essayaient de se raccrocher à quelque chose ; les yeux essayaient de comprendre.

Le shérif colla une oreille sur ses lèvres pour surprendre le murmure du consentement légal. Il se disait que si c'était lui qui avait tenu le pétard, il aurait tiré aux genoux.

Les doigts lâchèrent la casquette et se mirent à tâter les bords grisâtres de la blessure, touchant les tissus déchirés pour s'assurer que c'étaient bien les siens.

— Dis-nous qu'on peut t'opérer, papa, insista-t-il. Faut qu'on te recouse maintenant.

Dehors, la pluie s'arrêta une minute, comme si elle voulait surprendre elle aussi le murmure qui ne venait pas. Le docteur leva la tête vers le shérif et le shérif baissa la tête vers le docteur. Le visage du toubib était un masque d'impassibilité. L'odeur de l'iode commença à flotter et à se répandre dans le Quartier Dix.

— Dis oui, supplia Dove, dis oui. Cross-Country.

Le gaffe arriva, en essayant de se dépêcher tout en faisant le moins de bruit possible.

— Ils ont une gonzesse en bas qui dit qu'elle était sa vieille. Elle a amené des papelards pour le prouver, j'ai pas regardé de bien près. Non, je l'ai pas fouillée, j'avais trop peur de ce que je trouverais. P't-être qu'elle peut dire oui pour lui ?

— « Etait », ça colle pas, dit le shérif en hochant la tête comme un bulldog fatigué. Tant qu'il a sa lucidité, c'est lui qui doit dire oui. C'est quand il est dans les pommes qu'un parent légal peut dire oui à sa place, sinon, c'est moi qui trinque. Les premiers secours, c'est tout ce que la loi m'autorise.

Dehors, la pluie se remit à tomber, et Dove entendit le vent, entre les ondées, qui essayait de dire : « Oui. Oui. Oui. »

Mais personne ne prêta attention à la pluie sans cervelle, et personne n'entendit ce que le vent essayait de dire. Car le vent et la pluie venaient maintenant chaque jour dialoguer à voix basse comme deux avocats qui n'auraient pas touché leurs honoraires, décidant, pour les jours à venir, de dire ce que tout le monde souhaitait entendre dire.

— C'est affreux quand c'est comme ça, se dit Dove, et c'est comme ça que c'est, maintenant.

Du coin de l'œil il sentit qu'on l'observait, mais il ne tourna pas la tête. Il y avait quelque chose qui bougeait dans ce coin-là... le chat ! Encore le vieux tavelé de Hallie ! Il traversa la pièce d'un bond et au moment de disparaître, l'invita, d'un petit mouvement de la queue, à le suivre. Il le suivit dans une chambre où une vierge brillait faiblement en haut du mur, et où un poêle à bois jetait une flamme en forme de cœur qui avait la couleur ruisselante du sang. Une culotte de femme en dentelle noire et une salopette d'homme étaient enlacées à terre, et il ne savait pas où était passé le chat. Une couche de poussière recouvrait, depuis longtemps, le plancher et les murs. La culotte et la salopette qui, il n'y avait qu'un instant, avaient été des vêtements, n'étaient plus maintenant qu'un tas de poussière. Carreaux de la fenêtre, tableau, portes, rideaux, tout n'était plus que poussière.

Il tendit la langue et attrapa un atome de poussière au passage, et il sentit qu'il était salé. Et quand la veilleuse qui brûlait dans le verre rouge au pied de la vierge se mit à briller d'un éclat trop vif, il s'éveilla, et vit que l'ampoule de nuit lui tapait en plein dans l'œil.

Avec un goût de sel sur la langue.

— Comment qu'y va, Cross-Country ? demanda-t-il.

— Il s'est retourné vers le mur y a une demi-heure, lui répondit le gaffe.

Et il entendit Gonzales qui se lamentait :

Toda la noche estoy, ay, nina
Pensando en ti. Yo, do amores
Me muero, desde que te vi
Morena salada, desde que te vi.

— Y m' semble que j'ai déjà été partout sur cette terre, médita Dove, mais tout c' que j'ai trouvé c'est des gens qu'ont une vie d' chien. Tout c' que j'ai trouvé partout c'est saloperie et emmerdements. Et tout c' que j'ai vu c'est qu' c'est ceux qui ont le plus d'emmerdements qui sont toujours plus prêts à aider les autres que ceux qu'ont la vie facile. Tout c' que j'ai trouvé, c'est deux espèces de gens : ceux qu'aiment mieux garder la poisse avec ceux qu'ont la poisse, et ceux qui veulent toujours gagner, même si y faut qu'y passent su' l' corps des autres qui sont toujours par terre.

« J'ai rien trouvé qu' des hommes et des femmes, et toutes les femmes étaient tombées par terre. Pauvres mecs, pauvres poules, tout c' qu'y savent faire c'est de bayer aux corneilles, qu'on m'a dit. Pourtant j' voudrais pas échanger la pire du lot pour la meilleure de l'autre espèce, qu'y disait. J' crois que c'est eux le véritable sel de la terre. »

Et il revoyait en son cœur les rues des putains, et il finit par arriver au bout de la petite ville perdue, sur un chemin pavé de trous et d'ornières. Une ville où le temps, qui paraissait aller à reculons, avait laissé de grands pavés rouges rongés par le sable et le vent. Et il voyait que le vent, soufflant sur la grande prairie stérile, avait épargné une seule lumière, tout au bout de la ville, qui rougeoyait comme un feu solitaire. A minuit, sa lueur tremblotante éclairait encore une enseigne peinte en travers d'une vitre sombre :

LA FE EN DIOS
Bien venidas, todas ustedes

— Terasina, murmurait le garçon d'un ton craintif et plein d'espoir sous la fenêtre de la femme qui, jadis, avait eu pitié de son ignorance, êtes-vous là ? Etes-vous là, dans votre lit, au bout du monde, tandis que je suis ici, dans mon lit, à l'autre bout du monde ?

Le matin où sept gamelles montèrent au lieu de huit, une grande clameur s'éleva aussitôt. Lorsqu'un détenu devait être libéré dans la journée, il n'avait pas droit au petit déjeuner.

— Qui c'est qui se tire, aujourd'hui, m'sieur La Bouffe ?

Ils voulaient tous savoir.

— Qui c'est-y qui passe la grande porte ?

Dove, accroupi à l'indienne, la couverture sur les épaules, répondit à la place de m'sieur La Bouffe.

— Vous frappez pas, les gars. C'est Linkhorn qui se taille aujourd'hui. Il avait tenu le compte exact de son temps.

Le Torchon, l'Ogre, le Greffier, Le Fada, Devant-Derrière et Gros Malin, le Père Fouettard des Petites Poulettes et l'Honorable William Murphy le Redresseur de Torts vinrent aussitôt lui souhaiter le pire.

— Tu seras revenu demain, lui promit Devant-Derrière.

— Des clous, il sera déjà de retour ce soir, affirma Gros Malin.

— En attendant, fais durer ça, lui dit Murphy, et il offrit à Dove un sac de Bull Durham, proprement ficelé, comme doit l'être un cadeau.

Dove hésita. Ils avaient fait une collecte de miettes de tabac et de mégots, et le paquet était aux trois quarts plein. Et voilà des feuilles, ajouta fièrement Murphy, en tendant son humble présent de feuilles de papier à cigarettes.

Dove finit par accepter.

— On se r'verra, les gars, leur dit-il, et il leur serra à tous la main sur ce mensonge, car il savait qu'il ne reverrait aucun de ces hommes.

En ce douteux mois d'avril 1932, le nombre des chômeurs atteignit huit millions ; deux cent mille ouvriers de la métallurgie virent leur salaire réduit de quinze pour cent, et il fallut un cardinal pour s'apercevoir que la crise économique que traversait le pays était en réalité un coup de chance miraculeux, car chaque jour elle rapprochait des milliers de pécheurs de la pauvreté du Christ, plus près qu'ils ne l'avaient jamais été auparavant. Chaque jour, des milliers avaient la chance de pouvoir mener enfin une vie plus conforme à la simplicité que prêchait le Christ, disait le cardinal. Chaque jour, des milliers de familles entraient tout droit dans le cœur du Seigneur. Par tout le pays, des hommes, des femmes, et même des petits enfants commencèrent à bénéficier de cette chance spirituelle. Par tout le pays des bienfaits de cette sorte se mirent à fleurir, en ce douteux mois d'avril 1932.

Les intellectuels réclamèrent la déportation des chômeurs étrangers : à Atwood, Kansas, la foule lyncha un homme ; un détachement de la Garde Nationale nicaraguayenne tua son commandant qui était Américain ; l'Etat était à la veille de ne plus pouvoir verser d'allocations aux chômeurs ; quelqu'un assassina le Président de la République Française ; les cours du coton suivaient lentement la hausse du blé ; Huey Long dit que le moment était venu de redistribuer les richesses. Russ Colombo chantait toujours *Please*.

On estimait que le sucre cubain mettait le nôtre en péril ; le maire Walker annonça que New York gardait confiance. La chasse aux kidnappers de l'enfant de Lindbergh s'étendit à l'Angleterre ; Al Capone faisait route pour Atlanta. Le maire Walker se déclara hostile à la réduction des taxes locales et Huey Long déclara qu'il voterait Paysans avant de voter pour les Démocrates Baruch-Morgan-Rockefeller. Car le coton redescendait à la suite du blé, et le Congrès décida, en fin de compte, de ne pas redistribuer les richesses.

Au cours de cet étrange mois d'avril 1932 Mussolini écrivit une pièce et Calvin Coolidge dut faire amende honorable et payer à un agent d'assurance de Saint-Louis la somme de deux mille cinq cents dollars pour avoir, dans une allocution radiodiffusée, traité les abstracteurs de l'assurance de « mystificateurs ». Max Schmelling s'entraînait sérieusement en vue de son futur combat avec Sharkey; la Californie refusait de pardonner à Tom Mooney, et on chantait toujours *Je suis à toi, Chéri.* Le sénateur Borah réclamait la réduction des armements et les atomes d'hydrogène étaient transmutés en atomes d'hélium. Le président de l'Université du Wisconsin annonçait que la politique avait atteint un point mort; Herbert Hoover faisait peindre son portrait; on demandait au Congrès d'invalider le sénateur Bankhed, et il était plus que jamais question de supprimer les allocations de chômage.

Dans cette étrange et lointaine année de 1932 il y avait tant de gens qui prétendaient que la Prohibition était un échec que la Chambre de Commerce de New York le déclara officiellement. Les cours du coton remontaient derrière le blé, et les viticulteurs exigeaient que la culture de la vigne fût reconnue légale. On supposa que le fragment de mâchoire humaine découvert près du lac Victoria appartenait au premier homme. Le Congrès refusa d'invalider qui que ce fût. Le Kansas fut le dernier Etat à refuser l'abolition de la Prohibition, et encore de justesse. Sharkey s'entraînait sérieusement en vue de son futur combat avec Schmelling, et un nuage de cendres obscurcit le soleil de Buenos Aires pendant quarante heures.

« Plus la vallée est sombre, plus l'esprit de charité du Christ se manifeste », déclara encore le même cardinal au cours de ce bref et étrange printemps, et La Nouvelle Orléans préparait son carnaval.

Et dans la maison de poupées de Dockery, tandis que le phono jouait :

Chinatown, oh, Chinatown
Quand le soir se rappelle...

une putain aux cheveux raides, à la poitrine plate et à l'œil dur nommée Kitty Peau de Chèvre essayait d'obtenir un peu de crédit, rien que pour un petit bock.

Mais le bistrot, dont les méthodes étaient aussi étranges que celles de Hoover, faisait la sourde oreille.

— Est-ce que mon mari a jamais laissé une ardoise chez vous, non ? s'enquit-elle. Qu'est-ce que c'est donc qui vous rend si radin juste pour un petit verre de bibine ?

— Si c'est d'un bonhomme appelé Finnerty que tu causes, lui apprit Doc, c'est justement ça, parce qu'il est parti et qu'il ne reviendra pas dans le coin.

— Tant que j' suis dans l' secteur, tu peux êt' sûr qu'y va s' repointer par là un d' ces jours, lui affirma Kitty Peau de Chèvre sans se démonter. Y pense trop à moi pour me laisser toute seule sans un.

— S'il pense tellement à toi, lui demanda le vieil homme d'une voix mielleuse, où c'est donc qu'il perche à c't' heure ?

— J'ai pas l' droit de l' dire, répondit la fille avant même qu'il ait fini sa phrase.

— Ben moi j'ai pas l' droit de distribuer des bières gratis, répondit Doc presque aussi vite.

Alors elle tira de la poche de sa salopette délavée une petite bourse jaunie et la vida sur le comptoir : douze pennies et un nickel.

— J'ai assez pour une bière, dit-elle après avoir fait le compte, mais pas assez pour me saouler. Puis elle porta sur le monde un regard indifférent.

Le vieillard lui apporta sa bière et ramassa la moitié des pièces.

— J'ai mis un peu d'argent de côté, lui déclara-t-il d'un air innocent, et j'aimerais l'investir dans un bon petit élevage de volailles. Tu ne saurais pas, par hasard, à qui je pourrais m'adresser ?

— Ben, mais c'est justement c' que mon Oliver... et elle s'interrompit brusquement, la fille à qui on ne la faisait pas et qui était aussi crédule que la dernière des godiches. Et le vieux retourna caresser ses poupées.

Ses poupées qui ne se saoulaient jamais.

Juste comme on sonnait à la porte. Et soulevant une latte du volet, il vit ce jeune maquereau qui était resté absent longtemps, celui qui s'appelait Double Nœud.

Quand il entra dans la salle, tout le monde se rendit compte que Dove, si ce n'était pas de l'hôpital qu'il sortait, arrivait tout droit de prison. Mais il y en avait tant qui étaient entrés et sortis depuis la dernière fois que le vieillard avait vu celui-là qu'il ne savait plus bien qui était dehors et qui était dedans. Et d'ailleurs il ne s'en était jamais beaucoup soucié.

— Reste tant que tu as quelque chose à dépenser, prévint-il l'arrivant, et après fous le camp. Que je te prenne pas à mendier pour te faire payer à boire.

— J'ai payé des tas de tournées pour tout le monde ici, et ça a jamais eu l'air de t'embêter, vieux, lui rappela Dove.

— J' veux pas le savoir, lui dit Doc. Paie pour les autres tant que tu voudras. Qu'est-ce que ça sera pour toi ?

— Bière et whisky, lui dit Dove. Le vieil homme attendit qu'il ait posé sa monnaie sur le comptoir.

Dove versa son whisky dans sa bière, en prenant son temps. Puis il prit son verre et alla s'installer à une table libre, sans saluer personne. Dans la lumière terne les maquereaux et leurs femmes se déplaçaient comme des êtres au fond de l'eau. Au plafond les ventilateurs battaient lentement, comme des hélices de bateaux vues par en dessous. Il y avait à peine cinq mois il connaissait tout le monde ici par son prénom ; maintenant ils n'étaient plus que de vagues connaissances perdues de vue depuis longtemps. Quand il demanda à une femme si elle avait vu Hallie, il n'obtint qu'un haussement d'épaules. La femme ne savait pas, ou bien elle se méfiait trop pour parler. On oubliait vite les gens dans Perdido Street.

La seule qui parût se souvenir de lui était précisément celle dont il eût souhaité être oublié. Kitty s'avança vers lui, une grimace au coin des lèvres, mais avant même de lui laisser le temps de mendier un verre il secoua la tête. Non, il ne voulait rien avoir à faire avec elle.

C'était une après-midi paisible. Dockery venait jeter un coup d'œil de temps en temps pour voir si personne ne venait fureter derrière le comptoir pour lui barboter sa bouteille personnelle. Naturellement, barbeaux et putains salissaient de nouveau son parquet, mais une sorte de petite jouissance étouffée montait en lui quand il les voyait faire, car cela lui permettrait de tout remettre en ordre ensuite. C'était là une des rares petites joies qui restaient au vieillard.

Il remarqua la planche de Schmidt le cul-de-jatte dressée contre un mur, et Schmidt lui-même appuyé à une table, ses moignons inégaux pointés devant lui, en face de Kitty Peau de Chèvre. Le vieillard approuva cela d'un hochement de tête : elle ne serait pas avec lui s'il ne payait pas pour elle. Il songea même à leur apporter deux verres, avec les compliments de la maison, histoire de les étonner, mais il se ravisa, et se mit à épousseter ses poupées, en accordant une attention toute spéciale à Cendrillon.

Il n'entendit pas la première menace d'orage. Seul le léger murmure des voix enflait parfois au point de dominer le ronron des ventilateurs, puis retombait curieusement. Quand il leva les yeux, le maquereau aux cheveux rouges et au teint d'hôpital se tenait le dos collé au mur, et Schmidt était devant lui, les moignons écartés, la main à plat sur le plancher pour garder l'équilibre.

— J'ai rien contre vous, m'sieur, entendit Doc.

— Tu vas me dire que tu n'es pas parti avec elle ? Tu vas me dire que t'as pas vécu avec elle ?

— J' suis parti avec elle, et on a habité ensemble aussi. J' prétends pas l' contraire, m'sieur. Mais si j' savais où qu'elle est, j' vous l' dirais. Mais alors j' serais pas là.

— On ne me la fait pas comme ça, à moi. Tu sais où elle est, c'est elle qui t'a envoyé ici pour savoir ce que je fais. Si t'es venu, c'est qu'elle t'a envoyé, nom de Dieu... Il paraissait étrangement sûr de lui ; Kitty la Tordue se tenait juste derrière lui. Tu vas dire où elle est, et tu vas m'y emmener. Ou alors, putain de Dieu, tu t'en repentiras.

— Faites de la place aux hommes, les gars... Les voyous et les hors-la-loi rivalisaient de zèle, comme des défenseurs de l'ordre œuvrant pour le bien public.

— Si c'est ce qu'ils ont envie tous les deux, qu'ils y aillent, accepta Dockery, et que personne s'en mêle. Et que ça soit un combat loyal.

— Fais-les se serrer la main, Doc, pour qu'ils montrent qu'ils sont bons copains.

— Alors on va voir qui c'est qui va gagner, dit Kitty la Tordue, qui était prête à parier ses dix balles.

Les barbeaux écartèrent les femmes, et les femmes jouèrent des coudes pour être au premier rang.

Puis tous sentirent descendre le grand silence.

— Ar'cule-toi, dit Dove en brandissant un grand

crachoir luisant, j' te veux point d' mal. Et il fit un pas sur Schmidt.

Schmidt ne recula pas et se contenta de regarder son homme. Puis il se retourna et hommes et femmes s'écartèrent devant lui. Il alla prendre sa planche et s'arrima solidement dessus.

— Tu t'en retournes chez toi, Grand Mec ? demanda quelqu'un ; mais l'infirme ne daigna pas répondre. Sa planche lui servait d'arme aussi bien que de bouclier, et tous le savaient.

Dove se mit à avancer vers la fente de lumière qui passait par la porte entrouverte. S'il pouvait l'atteindre d'un bond il serait dehors. Et il ne reviendrait plus jamais.

Mais Schmidt s'avança lui aussi, lentement ; un monstre à roulettes, les mains sur les roues, prêt à pivoter, charger ou se retourner. Se maintenant toujours à la même distance de Dove. Derrière lui, pâles de frayeur et de plaisir, les visages des hommes et des femmes suivaient le mouvement, s'arrêtaient, suivaient à nouveau. Sans autre bruit dans la salle que le barattement des ventilateurs, et le souffle de plus en plus oppressé, comme un lapin pris au piège, d'un qui était presque pris.

Dockery vit les lèvres de Schmidt se mouvoir silencieusement, comme un homme qui essaye mentalement une combinaison avant de l'exécuter. Il feinta Dove à gauche, à droite, et à chaque fois Dove donnait un coup de crachoir, de gauche à droite.

— J' sais pas où qu'est vot' femme...

Au mot « femme », Schmidt imprima à ses roues une vive torsion et fonça, en se protégeant les yeux de l'avant-bras.

Dove balança le lourd crachoir comme un disque sous le bras qui protégeait le visage. Schmidt chancela comme un moignon perdu dans une tempête, mais la plate-forme continua à avancer. Dove lança de nouveau son arme.

La violence de ce second coup fit pivoter les roues de Schmidt, et il alla heurter le mur, aveuglé, et rebondit, tandis que les roulettes tournaient dans le vide.

— *Vas-y !* entendit Dove murmurer de tous côtés. *Allez ! Allez ! Vas-y maintenant ! Assomme-le pendant qu'il y voit pas clair !* Car la tête de Schmidt penchait tellement que c'était le sommet de son crâne qui avait l'air de le regarder.

— *Allez ! Vas-y ! Allez !*

Mais Dove, le crachoir pendant au bout de son bras, ouvrait la bouche devant cette tête sans défense, et ne pouvait pas lever la main.

L'infirme finit par relever la tête ; il avait tout le côté gauche barbouillé de sang qui s'échappait des deux profondes entailles que lui avait faites le bord tranchant du crachoir, au-dessus et au-dessous de l'œil. Dove lui tendit son propre foulard, car personne ne venait au secours de Schmidt. Et il attendit que le demi-géant ait fini d'essuyer le sang qui l'aveuglait. Puis Schmidt réunit les bouts du foulard, comme pour s'excuser de l'avoir sali, et le rendit à Dove.

— Merci, fiston, dit-il.

Dove crut comprendre, au ton de sa voix, que le combat était fini, et il voulut se frayer un chemin à travers la foule.

— Le combat est fini, dit-il.

La foule serra les rangs.

— Le combat ne fait que commencer, entendit-il Schmidt déclarer derrière lui. Tiens-toi bien, fiston.

Et il frappa.

Dove sauta sur la petite table à l'autre extrémité du

comptoir et s'y aplatit sur le ventre, tremblant de toutes ses jambes comme un chiot terrorisé. Schmidt fit sauter la table d'une seule torsion, et Dove alla s'étaler bras et jambes écartés, tel un personnage de bandes dessinées, tandis que le crachoir roulait en sonnant comme un carillon détraqué. L'estropié, d'une main puissante, maintint Dove face contre terre en le laissant barboter. Puis il le souleva entre ses grands battoirs et lui imprima un mouvement de rotation, comme s'il lançait un lasso. Dove heurta le sol de flanc, un bras étendu et l'autre en travers des yeux. Schmidt se propulsa sur le bras étendu de Dove, y appuya sa planche de tout son poids, et saisit le bras qui protégeait les yeux de Dove. Quand il le lâcha, le bras retomba mollement, comme une chose sans vie, un bras sans os.

— Il l'a eu, dit quelqu'un.

C'était vrai : ils se pressèrent pour voir. Etourdi par la chute ou anéanti par la peur, il gisait comme un animal acculé qui se réfugie dans un total abandon, l'œil brillant et aveugle, se livrant sans résistance à tous les coups du sort.

Schmidt contempla ce visage inerte qui ressemblait à un visage de gosse tout à coup. Puis il pencha le torse en arrière, en prenant appui sur son bras droit, le poing fermé crispé sur le plancher. Tout près des pieds de deux hommes qui auraient pu lui écraser la main. Mais l'un d'eux observait la saillie des articulations sous la peau hâlée. L'autre dit : « Froid comme une grenouille » ; rien de plus.

— Il fait semblant, répondit Schmidt. Et, levant son bras gauche, il abattit son poing à toute volée.

On entendit craquer les os dans un bruit de pâte molle.

— Faut que j' voye les accidents de tout près, dit

Kitty la Tordue en se frayant un passage ; et s'accroupissant près de Dove, elle colla son oreille contre la bouche écrasée qui essayait de parler tout en avalant du sang.

— Si vous m' laissez... entendit Kitty au milieu des gargouillis, et elle répéta les paroles de Dove pour ceux qui n'avaient pas la chance de se trouver aussi près : y dit que si vous l' laissez...

— J' dirai une prière pour vous...

— ... y dira une prière pour vous.

— Dis-lui de garder ses prières pour lui, lui dit Schmidt ; je veux savoir où est ma femme. Il se pencha sur Dove : et faut pas t'imaginer que ça me fait peur de voir un p'tit peu de sang.

Dove secoua faiblement la tête de droite à gauche pour dire qu'il ne savait toujours pas où elle était.

Quand le poing de Schmidt se leva de nouveau, tout le monde — barbeaux, estropiés et filles perdues — se dit : « ça suffit comme ça » ; mais tous éprouvèrent néanmoins une jouissance déchirante quand il s'abattit. Comme si chaque coup le vengeait de sa vie, le rachetait.

Plus tard, la femme qui vit que le visage à terre n'était plus un visage mais une bouillie de cartilages et de sang au milieu de laquelle un œil, un seul, sinistre, regardait sans voir, se rappela : « Quand je l'ai vu par terre sans pouvoir se relever pour se battre, je me suis dit : c'est du *meurtre*. Pourquoi *lui* donner une chance ? »

Et quand ce fut terminé Schmidt jeta un regard hébété autour de lui, comme un homme qui revient à lui. Il les regarda tous comme s'ils savaient quelque chose que lui ne savait pas. Et comme s'il ne comprenait pas pourquoi il avait les mains barbouillées de sang.

Kitty la Tordue s'agenouilla pour passer ses bras maigres autour du cou de l'infirme, et ses lèvres étaient presque sur les siennes quand il la repoussa, l'œil vitreux de dégoût.

— Aidez cet homme et ouvrez la porte, ordonna-t-il, et la porte s'ouvrit juste à temps pour laisser entrer le dernier rayon du jour.

Schmidt regarda la lumière du soir, mais resta immobile sur sa planche, jusqu'à ce que Dockery dise : « Foutez-le dehors. »

Alors, brusquement soulagés et gagnés par le mépris, ils allèrent s'en prendre au demi-géant comme si ce n'était qu'une sorte d'objet vil. Quelqu'un le poussa par-derrière. Un autre le tira par les cheveux. Un troisième se mit à lancer des coups de pied dans les roulements à billes dont il avait encore très peur une minute avant ; mais qui, maintenant, ne roulaient pas assez vite à son gré. Tandis que cette pauvre tordue de Kitty lui crachait dans le creux de la nuque.

Et il encaissa ; Schmidt encaissa tout sans réagir, comme une statue de l'affliction, comme s'il s'était contenté de faire le travail à leur place ; comme le saint des amputés en personne.

Et ils poussèrent le héros déchu qui, jadis, avait été un homme, à travers la porte d'un speakeasy qui avait survécu à son époque. Et le firent rouler jusqu'à une rue en pente.

Quelqu'un donna une violente poussée au grand objet, et tous regardèrent la chose partir en zigzaguant d'un trottoir à l'autre, perdant le contrôle de ses roues, prenant de la vitesse et affolant les passants, comme un conducteur ivre qui s'est jeté dans une voie à sens unique... Quand à la fin il percuta dans un réverbère, personne ne se mit à rire. Ils restèrent à leur place, simplement, en haut de la rue pour voir si la chose ratatinée, moitié sur le trottoir et moitié dans le ruisseau, faisait un mouvement. Mais ils virent que la chose ne bougeait plus.

Alors, au fond de leur cœur, le phono se mit à tourner :

T'as fait un tas d'argent dans les années vingt-deux
Mais l' whisky et les femmes t'ont rendu gâteux..

Et ils rentrèrent avec l'air décidé d'hommes prêts, si cela était nécessaire, à rivaliser de zèle pour maintenir l'ordre et veiller au bien de tous.

Les samedis soir, les indigènes arrivaient du fin fond de leurs campagnes à Arroyo en autos, en charrettes, ou, le plus souvent, à pied. Certains avaient des chaussures, et d'autres pas. Mais, chaussés ou nu-pieds, ils marchaient tous en traînant la jambe ; et les femmes se tenaient toujours un pas en arrière des hommes. Elles tenaient leur châle sur la bouche pour ne pas respirer la dangereuse humidité du soir, et les hommes respiraient à travers leur mouchoir ou leur foulard, à la mode mexicaine.

Mais dès qu'ils entraient dans la ville ils avaient tout à coup tant de choses à se dire qu'ils en oubliaient complètement la nocivité de l'air ; à moins que l'air ne fût meilleur dans les limites de la ville. Car les femmes s'arrêtaient devant toutes les vitrines en faisant d'abondants commentaires, et puis, s'ils en avaient les moyens, ils allaient voir un film avec Rod La Roque. Ils essayaient aussi d'emmener le vieux au cinéma, que ça lui plaise ou non : l'essentiel était qu'il n'aille pas se saouler.

Ça lui plaisait rarement. Il préférait se saouler en paix, et aller ensuite sur les marches du tribunal voir si Linkhorn sortirait quelque chose qu'il n'avait pas déjà dit un millier d'autres samedis.

Le bruit inquiétant courait que le vieillard n'avait plus la dent aussi dure contre le Pape qu'autrefois. La flamme de colère qui le brûlait comme un coup de tequila semblait s'être éteinte chez Fitz.

Etait-ce le whisky ou la vieillesse qui avait eu raison de lui ? Ou seulement que depuis qu'on avait enterré Byron il n'avait plus personne à qui poser des colles ? Quoi qu'il en soit, quand il les amenait tout au bord des abîmes de la Damnation et qu'il les forçait à regarder à leurs pieds, tout ce qu'ils voyaient maintenant c'était un gouffre d'un pied ou deux au-dessus d'une cour à charbon remplie de cendres mouillées par la pluie et de cadavres de boîtes de bière rouillées. Quelques bouteilles de gin brisées gisaient encore parmi les scories mortes et ne promettaient plus ni feu ni flammes. Ils reniflaient pour s'assurer que l'air sentait le soufre : mais ils ne percevaient que l'odeur du souci d'eau qui croupit dans les vieux marais.

Le souci d'eau et la poussière qui leur était si familière qu'elle n'avait pas plus d'odeur que l'air pour eux. Le vieillard ne les avait en somme menés nulle part.

Mais pour lui faire plaisir, et parce qu'ils n'avaient nulle autre part où aller, ils prêtaient encore l'oreille aux menaces de sa passion éteinte.

— La gloire a déserté la terre natale, leur disait-il. Les femmes qui fument et qui boivent et qui portent des pantalons ne sont pas dignes d'enfanter des hommes. Quelle monstruosité qu'une mère qui jure, qui boit, qui fume, qui se fait couper et teindre les cheveux ! Quand le Pape dit qu'une femme moderne est une insulte à son créateur, il a plus de sens que tous nos prédicateurs protestants. Est-ce qu'Il a pas dit, le Seigneur, que si une femme porte de longs cheveux, c'est une auréole de gloire pour elle ?

« Y a des femmes aujourd'hui qu'on voit porter en pleine rue des choses plus honteuses que celles qu'on portait dans les bordels y a quelques années », poursuivait inlassablement le vieillard ; et personne n'avait le courage de lui demander comment il savait ce qui se portait dans les bordels il y avait quelques années.

« Même nos petites filles, on les emmène maintenant presque nues dans la rue, en appelant sur elles la colère de Dieu. Est-ce que nous voulons payer le prix du péché noir comme Sodome ? demandait-il, et il répondait aussitôt à sa propre question. Quand Dieu veut s'occuper du péché de toute une nation, ça coûte cher. Est-ce que nous voulons payer le prix ? »

Ils le regardaient avec indifférence. S'ils pouvaient payer quoi que ce soit, ils iraient au cinéma ou au bordel, cela ne faisait pas l'ombre d'un doute.

Très peu remarquèrent ce soir-là, dans cette lumière crépusculaire, l'homme en complet de ville, une plume brisée à son chapeau, qui s'appuyait contre un arbre, à l'écart. Il y avait maintenant tellement d'étrangers qui allaient et venaient à toute heure du jour et de la nuit qu'on n'y faisait plus attention.

« L'a perdu ses forces, voilà tout », comprit Dove, en laissant descendre sa main dans le canon de l'obusier jusqu'à l'endroit où il se rétrécissait. Puis il tâta de son bâton un arbre à sa gauche, et poursuivit sa route. « L'est pas encore pavée », se dit-il quand le bâton eut exploré la poussière familière.

Sous le réverbère, devant un petit café, deux Mexicains le virent venir en suivant le bord du trottoir. L'un d'eux fit un pas vers lui pour l'aider à traverser la rue, mais l'autre le retint.

— S'il a besoin qu'on l'aide, il saura bien le demander.

L'homme ne semblait pas avoir besoin qu'on l'aide. Il attendit qu'une charrette soit passée, puis il alla sans hâte, tout droit au bout de cette vieille route qui était autrefois la route de l'Ouest.

C'était l'heure où les grenouilles se réveillent, l'heure où l'odeur douceâtre de la prairie se fait plus forte.

Enfouies dans l'herbe, les grenouilles clamaient. Elles se taisaient à son approche, se tenaient coites quand il passait ; puis reprenaient leur concert. C'était l'heure où les grenouilles commencent à faire de grosses bulles dans le silence, et où l'odeur de miel se fait plus forte dans la prairie.

Derrière lui, une voiture qui faisait plus un bruit de Chevrolet que de Ford s'avança en brimbalant, et s'arrêta à quelques mètres de lui.

— Tu veux monter, mon gars ? demanda une voix d'homme.

Quand il fut tout près de la voiture, Dove perçut un parfum de femme.

— Est-ce que je suis bien sur le chemin de l'auberge ? demanda-t-il.

— Il ne vous reste plus que vingt mètres, lui dit une voix de jeune femme.

— Est-ce que vous voyez s'il y a de la lumière ?

Il sentit son bras nu quand elle se pencha pour regarder.

— Il y a une lumière en haut, dit-elle. Voulez-vous que j'appelle pour vous ?

— Merci bien, lui dit-il, maintenant j' saurai trouver mon chemin.

Il entendit la voiture repartir en cahotant, et se sentit seul dans la grande nuit du Rio Grande.

Et il en éprouva un étrange plaisir.

« Si Dieu il a jamais fait quéque chose de mieux qu'une fille, songea Dove, alors sûr qu'il l'a gardée pour lui. »

C'était il y a bien longtemps, à la fin d'un bref et douloureux printemps, dans un endroit qui n'existe plus. A l'heure où s'éveillent les grenouilles et où l'odeur de la prairie se fait plus forte.

DU MÊME AUTEUR

Aux Éditions Gallimard

LE MATIN SE FAIT ATTENDRE

L'HOMME AU BRAS D'OR

LE DÉSERT DU NÉON

Composition Bussière
et impression S.E.P.C.
à Saint-Amand (Cher), le 24 avril 1991.
Dépôt légal : avril 1991.
Numéro d'imprimeur : 1003-677.
ISBN 2-07-072265-1. / Imprimé en France.

52210